Selbstfinanzierende Lohn- und Beschäftigungssubventionen

Björn Benken

Selbstfinanzierende Lohn- und Beschäftigungs-subventionen

PETER LANG
Frankfurt am Main · Berlin · Bern · Bruxelles · New York · Oxford · Wien

Die Deutsche Bibliothek - CIP-Einheitsaufnahme

Benken, Björn:

Selbstfinanzierende Lohn- und Beschäftigungssubventionen / Björn Benken. - Frankfurt am Main ; Berlin ; Bern ; Bruxelles ; New York ; Oxford ; Wien : Lang, 2002
Zugl.: Hannover, Univ., Diss., 2001
ISBN 3-631-39464-0

D 89
ISBN 3-631-39464-0

www.peterlang.de

INHALTSVERZEICHNIS

SYMBOLVERZEICHNIS

◆ Grundsätzliche Anmerkungen zur Notation:

1.) Tiefgestellte ***Ziffern*** kennzeichnen unterschiedliche Zeitpunkte oder unterschiedliche Individuen/Betriebe, tiefgestellte ***Buchstaben***-Indices bezeichnen Ableitungen nach diesen Größen. Eventuelle Ausnahmen von dieser Regel sind in der nachfolgenden Übersicht aufgeführt.

2.) Einige Größen werden teils mit Großbuchstaben, teils mit Kleinbuchstaben dargestellt. In diesem Fall bezeichnen die ***Kleinbuchstaben*** einzelwirtschaftliche (mikroökonomische) Größen, die ***Großbuchstaben*** ihr aggregiertes (makroökonomisches) Äquivalent.

3.) ***Griechische Symbole*** sind entsprechend ihrer Lautumschrift in die alphabetische Reihenfolge der lateinischen Buchstaben mit eingeordnet worden.

A	= Überstundenzuschlag ***oder*** Grenzproduktivität der Arbeit im Unternehmenssektor (Calvo-Modell)
A	= Summe der Arbeitskraft-Substitutionen (bei Snower = Beschäfti- gungs- veränderungen außerhalb der subv. Zielgruppe; dort ist $A \leq 0$ definiert)
$A^{(V)}$	= Summe der volkswirtschaftlichen Verdrängungseffekte
α	= Parameter einer Cobb-Douglas-Produktionsfunktion ***oder*** Parameter im Layard/Nickell/Jackman-Modell ***oder*** Arbeitsplatzinhaber-Verdrängungs-Koeffizient (im Snower-Modell)
b	= Arbeitslosenunterstützung ***oder*** fiskalische Kosten eines Arbeitslosen (einschl. Steuerausfällen) ***oder*** Koeffizient der Beschäftigungswirkung der Subvention (Abschn. 8.5.)
B	= Budgetgerade (Isokostenkurve)
$B^{(S)}$	= Budgetgerade bei Subventionierung
β	= Verhandlungsmacht der Gewerkschaften ***oder*** Parameter einer Cobb-Douglas-Produktionsfunktion ***oder*** Parameter im Snower-Modell
$C^{(a)}$	= fiskalische Kostenbelastung durch Substitutionseffekte bei Snower
$C^{(L)}$	= Arbeitskosten
$C^{(m)}$	= fiskalische Kostenbelastung durch Mitnahmeeffekte bei Snower
$C^{(\Delta)}$	= fiskalische Kostenbelastung durch Subventionierung der Netto-Beschäftigungszuwächse (im Snower-Modell)
$C^{(\sigma)}$	= Trennungskosten (Entlassungskosten) im Snower-Modell
$C/(\Delta N)$	= fiskalische Netto-Kosten pro neugeschaffenem Arbeitsplatz
χ	= Subventionsparameter (Abschnitt 4.5.6.2.)
$d^{(e)}$	= Beschäftigungsdauer (Abschnitt 4.5.6.2.)

$d^{(u)}$ = Dauer des Arbeitslosigkeits-Intervalls (Abschnitt 4.5.6.2.)
DM = Abk. für 'Deutsche Mark' (1 DM = 0,5113 Euro)
D = (Wert einer) Determinante
δ = Diskontierungsrate
ΔN = Netto-Beschäftigungserfolg
e = Arbeitsleistung eines Beschäftigten
e_1 = Ableitung von e nach $w/\tilde{w}$ im Layard/Nickell/Jackman-Modell
E = geschätzter Maßnahmeeffekt (Kapitel 7)
ε = gesamtwirtschaftliche Preiselastizität der Güternachfrage
ε_i = Preiselastizität der Güternachfrage eines einzelnen Betriebs i
ε_{NY} = Güternachfrageelastizität der Beschäftigung
ε_{YN} = Beschäftigungselastizität der Güternachfrage
η = Lohnelastizität d. Beschäftigung (= Lohnelastizität d. Arbeitsnachfrage)
$\overline{\eta}$ = „Subventionselastizität" der Beschäftigung (siehe Abschnitt 4.2.3.)
$\overline{\eta}_{min}$ = Subventionselastizität der Beschäftigung, die gerade noch mit der Selbstfinanzierungsbedingung vereinbar ist
η_{LR} = langfristige Lohnelastizität der Arbeitsnachfrage
η_{SR} = kurzfristige Lohnelastizität der Arbeitsnachfrage
η_{wh} = Überstundenelastizität des Lohnes
f = Aufnahmegebühr (im Calvo-Modell) ***oder*** Entlassungsrate („fire rate") bei Orzsag/Snower
$f(\cdot)$, $\mathrm{f}(\cdot)$ = Produktionsfunktionen
F = Zahl der geförderten Arbeitsplätze (Brutto-Beschäftigungserfolg)
ϕ = Subventionierungsquote (bei Lohnsubventionen)
φ = zusammengesetzter Term im Fehr-Modell
g = Wachstumsrate der Löhne (im Layard/Nickell/Jackman-Modell) ***oder*** Höhe des Streikgelds (im Fehr-Modell)
$g^{(S)}$ = Wachstumsrate der Beschäftigung in subventionierten Regionen
G = fiskalische Netto-Ertragsgröße bei Orzsag/Snower
γ = Parameter im Fehr-Modell ***oder*** Anteil der Arbeitslosen bei Stellen-Neubesetzungen (Snower-Modell)
γ_h = Elastizität der Einstellungsrate h in Bezug auf den Lohnsatz
γ_s = Elastizität der Trennungsrate in Bezug auf den Lohnsatz
h = Arbeitszeit (z.B. Wochenarbeitsstunden) ***oder*** Grenzproduktivität der Arbeit bei Selbstbeschäftigung (Calvo) ***oder*** Einstellungsrate („hire rate") bei Orzsag/Snower
h_0 = Standard-Arbeitszeit (in Überstunden-Modellen)
$\tilde{h}$ = Einrichtungszeit bzw. Arbeitsvorbereitungszeit
i = Unternehmensindex

$I^{(S)}$ = Index der Inanspruchnahme der Subvention (Abschnitt 8.5.)
J = (Wert einer) Jakobi-Determinante
j = Index (im Layard/Nickell/Jackman-Modell: Zeitindex)
k = Menge eines zweiten Produktionsfaktors (z.B. Kapital) ***oder*** Parameter im Calvo-Modell ***oder*** Anzahl offener Stellen im Fehr-Modell
κ = Maß für Wettbewerbsintensität im Layard/Nickell/Jackman-Modell ***oder*** Anzahl der Lohnvorschläge der Arbeitgeber (im Fehr-Modell)
L = Erwerbspersonen in der Volkswirtschaft ***oder*** Symbol für eine Lagrange-Funktion
$L^{(d)}$ = Arbeitsnachfragekurve
$L^{(s)}$ = individuelle Arbeitsangebotskurve (im Snower-Modell) ***oder*** gesamtwirtschaftliche Arbeitsangebotskurve (im Kaldor-Modell)
λ = Parameter einer Lagrange-Nebenbedingung (Lagrangemultiplikator)
λ_0 = Trennungsrate (Anteil der autonomen Jobverluste an Entlassungsrate f)
λ_1 = Parameter der Reaktionsempfindlichkeit der Entlassungsrate h auf ϕ
m = Anzahl der Unternehmen in der Volkswirtschaft
$\hat{m}$ = positive Zahl im Calvo-Modell
M = Summe der Mitnahmen
$M^{(P)}$ = Summe der partiellen Mitnahmen
μ = Nachfragemultiplikator
μ_0 = Anteil der Mitnahmen an der Einstellungsrate h
μ_1 = Parameter für die Reaktionsempfindlichkeit der Einstellungsrate h auf ϕ
n = Beschäftigtenzahl im Betrieb ***oder*** Beschäftigungsquote (N/L) bei Orzsag/Snower
n_0 = Beschäftigtenzahl zum Ausgangszeitpunkt
$n°$ = Basiswert (Subventionierungsschwelle) bei marginalen Subventionen
N = gesamtwirtschaftliche Beschäftigtenzahl (ΔN = Netto-Beschäftigungserfolg) ***oder*** Ausmaß der Zielgröße in der Nicht-Teilnehmergruppe (Kapitel 7)
N = Stichprobengröße
N_0 = gesamtwirtschaftliche Beschäftigungsmenge zum Ausgangszeitpunkt
ν = Anteil der Arbeitskosten an den Produktionskosten
Ω = Nash-Maximand
p = Güterpreis
$\wp$ = Gegenwartswert (von Unternehmensgewinnen bzw. Subventionen)
Π = Unternehmensgewinn
$\tilde{\Pi}$ = Unternehmensgewinn bei Scheitern der Lohnverhandlungen
Π_i = Isogewinnkurve (i = 0,1,2,...)

ψ	=	Parameter im Layard/Nickell/Jackman-Modell
q	=	Output
Q_i	=	Isoquante ($i = 0,1,2,...$)
r	=	Lohnersatzrate ***oder*** Preis des zweiten Produktionsfaktors (Kapital)
R	=	Erlös
$R^{(\Delta)}$	=	fiskalische Kostenentlastung durch Einsparung der Arbeitslosenunterstützung (im Snower-Modell)
ρ	=	Überwachungswahrscheinlichkeit (in Effizienzlohnmodellen)
$\rho^{(u)}$	=	Wiederbeschäftigungswahrscheinlichkeit
$\rho^{(x)}$	=	Entlassungswahrscheinlichkeit aus betrieblichen Gründen
s	=	Subventionsbetrag (bei Beschäftigungssubventionen)
S	=	Subventionsbetrag bei lohnsenkungsabhängigen Subventionen ***oder*** zusammengesetzter Term im Calvo-Modell
σ	=	Substitutionselastizität zwischen zwei Inputfaktoren ***oder*** Subventionsparameter bei lohnsenkungsabhängigen Subventionen ***oder*** Subventionsparameter im Snower-Modell
$\overline{\sigma}$	=	Fluktuationsrate
$\overline{\sigma}^{(\Delta)}$	=	Fluktuationsrate hinsichtlich der subventionsbedingt eingestellten Arbeitnehmer (im Snower-Modell)
σ_{nh}	=	Substitutionselastizität zwischen Beschäftigten und Arbeitsstunden
ς	=	Verhältnis des Gegenwartswerts einer Lohnsenkung zum Wert einer Lohnsubvention in gleicher Höhe (im Snower-Modell)
t	=	Zeitindex bzw. Zeitspanne in Jahren
$t^{(n)}$	=	beschäftigungsbezogene Steuer (für Unternehmen)
$t^{(t)}$	=	Lohnsteuer (für Arbeitnehmer)
$t^{(u)}$	=	Steuer auf Selbstbeschäftigung bzw. Arbeitslosigkeit (Calvo-Modell)
$t^{(w)}$	=	lohnbezogene Steuer (für Unternehmen)
$t^{(\pi)}$	=	Steuer auf Unternehmensgewinne
$t^{(\phi)}$	=	Steuersatz im Layard/Nickell/Jackman-Modell
T	=	Netto-Steuersatz im Layard/Nickell/Jackman-Modell ***oder*** Dummyvariable „Weiterbildung" (Abschnitt 4.5.6.2.) ***oder*** Ausmaß der Zielgröße in der Teilnehmergruppe (Kapitel 7)
τ	=	zusammengesetzter Term im Modell der Arbeitszeit-Substitution ***oder*** Anzahl der Perioden ohne Streikgeld (im Fehr-Modell)
θ	=	Koeffizient der relativen Beschäftigungswirkung von Subventionen im Vergleich zu Lohnerhöhungen (im Snower-Modell) ***oder*** zusammengesetzter Term im Layard/Nickell/Jackman-Modell
Θ	=	zusammengesetzter Term im Fehr-Modell

u = Arbeitslosenquote ***oder***
Anzahl arbeitsloser Gewerkschaftsmitglieder (Kapitel 5.2.1.) ***oder***
stochastische Störgröße
U_i = Isonutzenkurve (Indifferenzkurve) $(i = 0,1,2,...)$
w = (nominaler) Lohn (auch: Stundenlohn)
w_i = betriebsspezifischer Lohn
w_j = arbeitnehmerspezifischer Lohn
$w^{(e)}$ = durchsetzbarer Lohnsatz (im Verhandlungsmodell von Fehr)
w_0 = Ausgangslohn in $t=0$ ***oder***
Standardlohn (in Überstunden-Modellen) ***oder***
Referenzlohn bei Lohnsenkungssubventionen
$\tilde{w}$ = Alternativeinkommen bei Kündigung oder Entlassung
$\overline{w}$ = Reservationslohn im Verhandlungsmodell von Fehr
$\widehat{w}$ = in anderen Unternehmen erzielbarer Lohn („outside wage")
$\hat{w}$ = „kritischer" Lohnsatz bei marginaler Subventionierung
w^* = Lohngröße im Modell von Akerlof et al. (Abschnitt 5.2.3.)
W_i = Isolohnkurve $(i = 0,1,2,...)$
$W^{(d)}$ = Arbeitsnachfragekurve (im Fehr-Modell)
$W^{(e)}$ = Lohnsetzungskurve
$W^{(s)}_i$ = Isolohnkurve bei Subventionierung
x = Steuer auf Unterbeschäftigung (für Unternehmen) im Fehr-Modell
y = verkaufte Gütermenge ***oder***
Güternachfrage ***oder***
Einkommen (nach Steuern)
Y = gesamtwirtschaftliche Güternachfrage
υ = Nutzen
(z.B.: $\upsilon(w)$ = Nutzen aus Lohn, $\upsilon(\tilde{w})$ = Nutzen aus Alternativlohn)
$\upsilon^{(e)}$ = Disnutzen aus Arbeit
z = Einstellungs- und Einarbeitungskosten
Z = gewerkschaftliche Nutzenfunktion ***oder***
Zahl der subventionsinduzierten Beschäftigungszuwächse $(Z \equiv F-M)$
ζ = Anteil der Subvention, der von Arbeitnehmern abgeschöpft wird
$.^*$ = Sternchen: meist Symbol für Gleichgewichtswerte; in Abschnitt 4.5.3. symbolisieren Sternchen die maximal erzielbaren Werte.

VERZEICHNIS DER ABBILDUNGEN

TABELLENVERZEICHNIS

TEIL I: EINFÜHRUNG

„High unemployment represents a waste of resources so colossal that no one truly interested in efficiency can be complacent about it. It is both ironic and tragic that, in searching out ways to improve economic efficiency, we seem to have ignored the biggest inefficiency of them all.“

Alan Blinder [1]

1. DIE AUSGANGSSITUATION

Zu Beginn des 21. Jahrhunderts haben die meisten Mitgliedsstaaten der Europäischen Union eine hohe bis sehr hohe Arbeitslosigkeit zu verzeichnen. Im August 2000 lag die EU-Arbeitslosenquote bei 8.3 Prozent; in Deutschland betrug sie ebenfalls 8.3 Prozent.[2] Neben den negativen sozialpolitischen Auswirkungen der Arbeitslosigkeit - die hinlänglich bekannt sind - muß die herrschende Arbeitslosigkeit auch unter fiskalpolitischen Gesichtspunkten als schädlich eingestuft werden, da durch die hohe Zahl an arbeitslosen Personen die Staatsfinanzen erheblich belastet werden.

Die Gesamtausgaben für Arbeitslosengeld und Arbeitslosenhilfe beispielsweise lagen im Jahr 1999 bei knapp 80 Milliarden DM (≈ 40,9 Milliarden Euro); hinzuzurechnen sind Einnahmeausfälle des Bundes bei Steuern und Sozialbeiträgen sowie Ausgaben der Kommunen für Sozialhilfe und Wohngeld an Arbeitslose. Alle diese Transferleistungen an Arbeitslose zusammengenommen ergeben ein beachtliches Reservoir an Mitteln, welches - theoretisch - für beschäftigungspolitische Maßnahmen eingesetzt werden könnte. Insofern verwundert es nicht, daß die Forderung „Arbeit statt Arbeitslosigkeit finanzieren!“ zu einem gern benutzten Slogan vieler gesellschaftlicher Institutionen und politi-

---

[1] Blinder [1987: Seite 33].

[2] Quelle: EUROSTAT (zitiert nach http://www.mic.org.mt/pr's/eurostat/no.111.htm, 22.11.00).
Übrigens ist die Entwicklung der Arbeitslosenzahlen zum betrachteten Zeitpunkt leicht rückläufig; sie hatte im August 1999 in der EU noch 9.1 % betragen (in Deutschland 8.8 %), im August 1998 EU-weit sogar noch 9.9 % (bzw. 9.2 % in Deutschland). Quelle: ebenda.

schen Gruppierungen geworden ist. Die Vorstellung hinter dieser Forderung ist, daß durch eine erfolgreiche aktive Beschäftigungspolitik die passive Gewährung von Arbeitslosenunterstützung überflüssig gemacht und so der Abbau der Arbeitslosigkeit im Idealfall kostenneutral durchgeführt werden könnte.[3] Uneinig und oft genug ratlos ist man allerdings hinsichtlich der Frage, auf welchem Weg - d.h. mit welchen konkreten beschäftigungspolitischen Instrumenten - der Staat dieses Ziel erreichen könnte.

Ein sehr variables Instrument der Beschäftigungspolitik, welches zudem relativ einfach zu handhaben ist, ist das Instrument der Lohn- bzw. Beschäftigungssubvention. In der wirtschaftswissenschaftlichen Literatur gibt es eine Reihe von theoretischen Abhandlungen, die sich mit beschäftigungspolitischen Subventionen befassen, so unter anderem die Arbeiten von Kaldor [1936], Layard und Nickell [1980], Bassi [1985] oder Bohlen [1993]. Auch die umfangreiche Literatur zum Thema „Besteuerung der Arbeit" kann hier mit einbezogen werden, da jede Lohnsubventionierung als eine negative Lohnbesteuerung interpretiert werden kann und umgekehrt.[4]

Bisher wurde bei der wissenschaftlichen Beurteilung beschäftigungspolitischer Instrumente das Hauptaugenmerk meist darauf gerichtet, ob das Instrument ***überhaupt*** geeignet ist, den Beschäftigtenstand zu erhöhen. Teilweise wurden auch mehrere Instrumente miteinander verglichen mit dem Ziel, das ***effizienteste*** Mittel gegen Arbeitslosigkeit zu bestimmen. Nur sehr selten hingegen wurde in theoretischen Modellen bisher der Ansatz verfolgt, die bei dem Instrument zu erwarten-

[3] Auch in der Neufassung (1998) des Arbeitsförderungsgesetzes in § 5 SGB III wurde ein solcher Vorrang der aktiven Arbeitsförderung festgeschrieben: „Die Leistungen der aktiven Arbeitsförderung sind entsprechend ihrer jeweiligen Zielbestimmung einzusetzen, um sonst erforderliche Leistungen zum Ersatz des Arbeitsentgelts bei Arbeitslosigkeit nicht nur vorübergehend zu vermeiden."

[4] Angesichts dieser spiegelbildlichen Analogie zwischen beschäftigungspolitischen Subventionen einerseits und Steuersenkungen andererseits ist es verwunderlich, daß zwar der politische Ruf nach Steuersenkungen derzeit Hochkonjunktur hat, das Instrument der Lohn- und Beschäftigungssubventionen jedoch weit unten auf der Agenda der wirtschaftspolitischen Reformvorschläge rangiert. Die verbreiteten Vorurteile gegenüber diesen Subventionssystemen rühren vermutlich daher, daß sie oft fälschlicherweise mit den sogenannten Erhaltungssubventionen verwechselt werden, die gefährdeten Unternehmen oder ganzen Branchen aus politischen Gründen gewährt werden. Doch Lohn- und Beschäftigungssubventionen sind ordnungstheoretisch eindeutig den marktwirtschaftlichen Instrumenten zuzuordnen (vergl. Phelps [1997: 207] oder Soltwedel [1983: 340]). Anders als bei den diversen Instrumenten der Arbeitsmarktregulierung wird hier nicht ein bestimmtes Verhalten vorgeschrieben und erzwungen, sondern es wird den Unternehmen die Wahlfreiheit gelassen, auf Preisanreize zu reagieren (vergl. z.B. auch Schellhaaß/Kelp [1995: 399]).

den fiskalischen Kosten in Relation zu den hieraus resultierenden Einsparungen und Mehreinnahmen zu setzen. Dabei wäre gerade die Kenntnis, ob beschäftigungspolitische Maßnahmen ***aufkommensneutral*** für die öffentliche Hand durchgeführt werden können oder nicht, äußerst nützlich für die politische Beurteilung der Instrumente.[5] In Zeiten, wo der finanzielle Spielraum der öffentlichen Haushalte besonders knapp bemessen ist, scheint es eine plausible Forderung zu sein, Vorschläge für neue beschäftigungspolitische Maßnahmen am Ideal einer fiskalischen Budgetneutralität auszurichten. Doch ohne entsprechende Informationen muß diese Forderung unerfüllbar bleiben.

Zuverlässige Vorhersagen über die gesamtwirtschaftlichen Gewinne und Verluste beschäftigungspolitischer Programme und damit Aussagen über deren Selbstfinanzierungspotential können erfahrungsgemäß nur äußerst schwer getroffen werden; sie erfordern eine sorgfältige Auseinandersetzung mit den verschiedenen Wirkungen und Nebenwirkungen der jeweiligen Maßnahme. Darüber hinaus ist die ökonomische Bewertung des Selbstfinanzierungskriterium - und die Frage, welche politischen Konsequenzen aus seinem Vorliegen bzw. Nicht-Vorliegen zu ziehen sind - nicht so eindeutig, wie es auf den ersten Blick erscheinen mag. So wäre es zum Beispiel unangebracht, dieses Kriterium zu einer ***notwendigen*** Bedingung für die Durchführung beschäftigungspolitischer Maßnahmen zu erklären; denn es ist ja durchaus denkbar, daß mit diesen Maßnahmen andere, nicht-pekuniäre Nutzen erzielt werden, die - aus einer übergeordneten Perspektive heraus - die möglichen Netto-Ausgaben dennoch rechtfertigen würden. Umgekehrt taugt das eventuelle Ergebnis der Budgetneutralität auch nicht als ***hinreichende*** Bedingung für die Vorteilhaftigkeit des betreffenden Instruments, denn durch bestimmte dirigistische Gebote bzw. Verbote kann der Staat durchaus beschäftigungspolitische Maßnahmen ergreifen, die zwar selbstfinanzierend sind, aber gleichzeitig eine Gruppe von Wirtschaftssubjekten (oder mehrere) benachteiligen würden.[6] In diesen Fällen bestände die Gefahr, daß die geplanten Maßnahmen im politischen Reformprozeß nicht umgesetzt werden können[7] oder daß sie Ausweichhandlungen auf Seiten der benachteiligten Wirtschaftssubjekte provozieren, welche den angestrebten Beschäftigungserfolg reduzieren oder ganz verhindern. Bei manchen beschäftigungspolitischen Lösungsvorschlägen beruht der angebliche Selbstfinanzierungseffekt lediglich auf einer Weitergabe der Bela-

---

[5] Immer öfter werden - z.B. vom IAB - die Selbstfinanzierungsquoten bestimmter arbeitsmarktpolitischer Maßnahmen berechnet und veröffentlicht; vergl. z.B. Spitznagel/Bach [2000: 510 f.].

[6] Als Beispiele seien die höhere Besteuerung der Unternehmensgewinne oder ein Verbot von Überstunden genannt.

[7] Vergl. Klodt [1996: 290].

stungen an eine andere fiskalische Ebene. Prominentes Beispiel für eine solche Politik ist die Gründung kommunaler Beschäftigungsgesellschaften, mit deren Hilfe ehemalige Sozialhilfeempfänger (die als solche von der Kommune unterstützt werden müßten) durch vorübergehende Eingliederung in das Berufsleben Ansprüche auf Arbeitslosenunterstützung erwerben, für die dann im Falle erneuter Arbeitslosigkeit die Bundesanstalt für Arbeit bzw. der Bundeshaushalt anstelle der Kommune aufzukommen hätten.[8]

Um Entscheidungen über die ***gesamtwirtschaftliche*** Vorteilhaftigkeit beschäftigungspolitischer Maßnahmen treffen zu können, wäre es also nicht ausreichend, lediglich die Erreichbarkeit des ***partiellen*** Ziels der fiskalischen Selbstfinanzierung zu untersuchen. Vielmehr wäre eine Totalanalyse erforderlich, bei der die Nutzenveränderungen eines jeden einzelnen Wirtschaftssubjekts erfaßt werden. Die Durchführung einer solchen Totalanalyse wäre jedoch sehr aufwendig.[9] Und selbst wenn sich die Nutzenveränderungen aller Individuen tatsächlich in befriedigendem Maße ermitteln ließen, würde immer noch die Frage zur Diskussion stehen, wie politisch verfahren werden soll, wenn es - wie üblich - nach Einführung der betreffenden Maßnahme nicht nur Reformgewinner, sondern auch Reformverlierer gibt. Hier ständen den Politikern mehrere konkurrierende Entscheidungshilfen zur Verfügung. Strengstes Kriterium in diesem Zusammenhang ist das Pareto-Kriterium, demzufolge wirtschaftspolitische Eingriffe nur dann zulässig sind, wenn sie „pareto-superior" sind; das heißt: wenn mindestens ein Individuum besser und keines schlechter gestellt ist als im Ausgangszustand. Falls der wirtschaftspolitische Eingriff sowohl Reformgewinner wie auch Reformverlierer produziert, aber die Gewinner mehr gewinnen, als die Verlierer verlieren, so gäbe es in der Theorie (aber relativ selten auch in der Praxis) die Möglichkeit, daß die Reformverlierer von den Reformgewinnern für ihre Verluste kompensiert werden; in diesem Fall würde das Endergebnis wieder dem Pareto-Kriterium genügen.[10]

---

[8] Vergl. hierzu z.B. Berthold/Thode/v.Berchem [2000: 579] oder Feist/Schöb [2000: 163 ff.].

[9] Zudem müßten vor Durchführung einer solchen Analyse eine Reihe schwieriger methodischer Fragen beantwortet werden. Zum Beispiel: sollen immaterielle Nutzen berücksichtigt werden, und falls ja: in welcher Form? Sollen nur ***absolute*** Veränderungen berücksichtigt werden oder auch jene Nutzenveränderungen, die aufgrund Veränderungen der ***relativen*** Vermögens- oder Macht-Positionen entstehen? Sollen auch die Nutzenveränderungen derjenigen Individuen, die sich gesetzwidrig verhalten (und z.B. ohne Vorhandensein einer Arbeitsbereitschaft mißbräuchlich Arbeitslosenunterstützung kassieren) in die Kosten-Nutzen-Analyse mit einbezogen werden? (vergl. hierzu die ablehnende Meinung von Buchanan [1959: 131 f.]). Und schließlich: soll die Analyse empirisch (mit Hilfe von Abstimmungen, Interviews usw.) oder theoretisch (durch Simulation der Nutzenveränderungen) erfolgen?

[10] Zum Pareto-Wohlfahrtskriterium vergl. auch die Position der sog. „Neuen Politischen Ökonomie", die sich nachdrücklich dafür ausspricht, politische Reformlösungen zu entwickeln,

In der Realität hingegen wird an die (normative) Zulässigkeit wirtschaftspolitischer Reformen meist ein weniger anspruchsvoller Maßstab angelegt. Politiker beurteilen eine Maßnahme in der Regel bereits dann als durchführbar, wenn kein großer Widerstand einzelner Interessengruppen zu erwarten ist und die Mehrheit der Bevölkerung (oder besser gesagt die Mehrheit der Wähler) die Maßnahme billigt oder sogar aktiv unterstützt.[11]

2. UNTERSUCHUNGSZIEL UND AUFBAU DER ARBEIT

Die Durchführung beschäftigungspolitischer Maßnahmen hat in erster Linie eine Erhöhung des volkswirtschaftlichen Beschäftigungsstandes zum Ziel; doch wie schon in Kapitel 1 argumentiert wurde, ist es bei der Bewertung beschäftigungspolitischer Instrumente dennoch sinnvoll, auch die Frage der fiskalischen Selbstfinanzierung zu berücksichtigen (bei gegebenem Beschäftigungsziel) und zu untersuchen, ob bzw. bis zu welchem Grad dieses Ziel mit dem speziellen Instrument erreicht werden kann. Da in dieser Arbeit das konkrete Instrument der Lohn- und Beschäftigungssubvention untersucht werden soll, lautet die selbstgewählte Fragestellung folglich: **Können Lohn- und Beschäftigungssubventionen selbstfinanzierend durchgeführt werden - und falls ja: unter welchen Bedingungen?**

Von zentraler Bedeutung für die Beantwortung dieser Frage ist, auf welchen konkreten Übertragungswegen beschäftigungspolitische Subventionen die Entstehung neuer Arbeitsplätze begünstigen und ob es eventuell Folge- und Nebenwirkungen gibt, die sich kontraproduktiv auf den theoretisch erzielbaren Beschäftigungserfolg auswirken (vergl. Abschnitt 3.2.). Deshalb soll das erste Teilziel der vorliegenden Arbeit darin bestehen, die bisher verfügbaren Forschungsergebnisse auf diesem Gebiet zu sichten und systematisch darzustellen. „Systematisch" meint dabei eine Analyse, die zum einen die Auswirkungen der wichtigsten Subventionierungsvarianten (Lohnsubventionen vs. Beschäftigungssubventionen so-

---

welche so weit wie möglich dem Ideal der Pareto-Superiorität (gemessen durch einstimmige Zustimmung zu den Reformvorschlägen) angenähert sind; siehe Buchanan [1959].

[11] Vergl. Funk/Knappe [1997: 97]: „[D]er 'politische Ökonom' [muß] ... Vorschläge so entwickeln, daß zumindest einer Mehrheit ihre Vorteilhaftigkeit plausibel gemacht werden kann."

wie allgemeine vs. marginale Subventionen) auf die Beschäftigung getrennt behandelt und die außerdem nach den verschiedenen Lohnbestimmungsmodellen differenziert. Ein solcher systematischer Überblick über die Lohn- und Beschäftigungswirkungen bei verschiedenen institutionellen Subventionsarrangements ***und*** unter jeweils alternativen Lohnbestimmungsannahmen fehlt bislang in der Literatur.

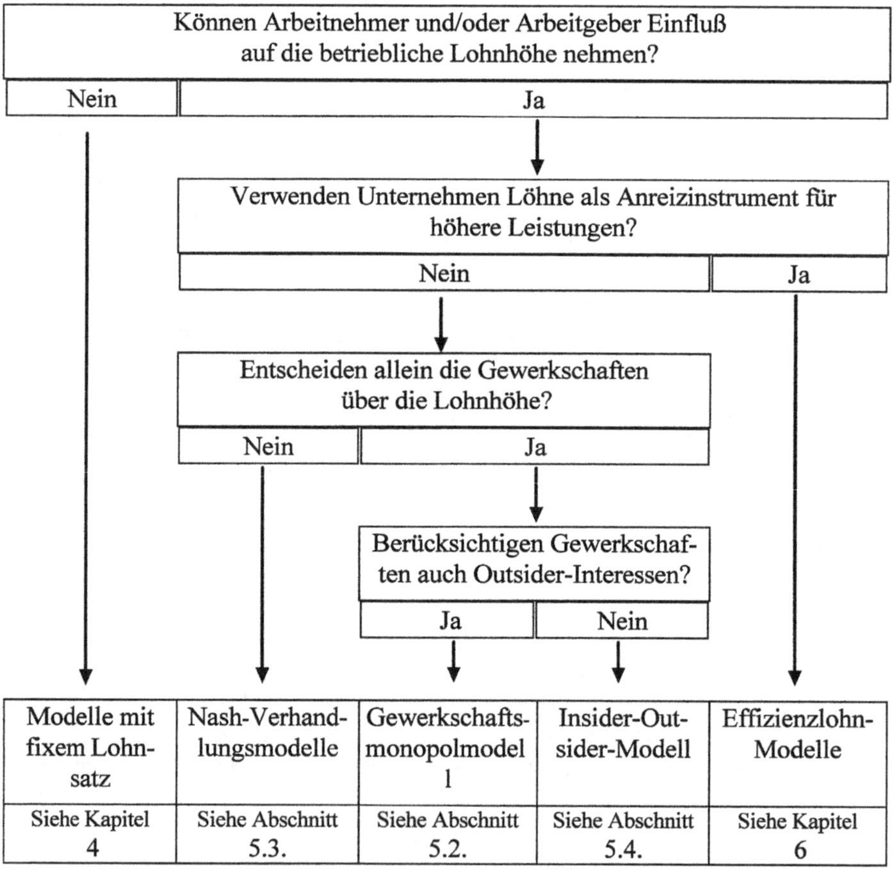

Abb. 2.1.: Typologie der verwendeten Lohnbestimmungsmodelle

Die in der Arbeit verwendeten Modelle der Lohnbestimmung lassen sich mit Hilfe eines vereinfachten Schemas (siehe Abbildung 2.1) herleiten, das in mehreren Stufen die Rolle der Arbeitgeber bzw. der (organisierten) Arbeitnehmerschaft bei der Lohnbestimmung abfragt. Zunächst wird geprüft, ob es für die Arbeitgeber und/oder die Arbeitnehmerseite überhaupt eine Möglichkeit gibt, Einfluß auf die betriebliche Lohnhöhe auszuüben. Ist dieser Einfluß nicht gegeben, ist von einem Fixlohnmodell auszugehen. Andernfalls wäre in einem nächsten Schritt zu prüfen, ob Unternehmen Löhne auch als Anreizinstrument zur Steigerung der Arbeitsleistung ihrer Beschäftigten einsetzen. Kann diese Frage positiv beantwortet werden, hat man es (zumindest partiell) mit einem Effizienzlohnmodell zu tun. Sind keine Effizienzlohnaspekte vorhanden, könnte der Lohnbestimmungsprozeß mittels eines reinen Verhandlungsmodells dargestellt werden. In einem solchen Modell besitzen beide Tarifparteien im Regelfall eine mehr oder weniger große Verhandlungsmacht; im Extremfall eines Gewerkschaftsmonopolmodells hingegen wird von einer uneingeschränkten Verhandlungsmacht der Gewerkschaften ausgegangen. Innerhalb dieses Szenarios kann ein weiterer Extremfall konstruiert werden, bei dem die Gewerkschaften ausschließlich die Interessen ihrer beschäftigten Mitglieder vertreten. Dieser Fall ist in der Literatur als Insider-Outsider-Modell bekannt.

Durch die Fallunterscheidungen der Abbildung 2.1 erhält man fünf verschiedene Szenarien der Lohnbildung, die in ihrer Grundidee fünf bedeutenden Lohnbildungstheorien entsprechen.[12] Sie sollen nacheinander den Analysen in den Kapiteln 4 bis 6 zugrundegelegt werden: Fixlohnmodelle (Kap. 4), Gewerkschaftsmonopolmodelle und Verhandlungsmodelle (einschließlich Insider-Outsider-Modell; Kap. 5) sowie Effizienzlohnmodelle (Kap. 6). Allen genannten Theorien gemeinsam ist einerseits ein vergleichsweise hoher Bekanntheitsgrad, andererseits die Fähigkeit, ein bestimmtes, empirisch relevantes Verhalten der Arbeitsmarkt-Akteure im Kern richtig abzubilden. Es werden in dieser Arbeit durchgehend „Right-to-Manage“-Modelle verwendet, d.h. in allen Modellen wird die Beschäftigungsmenge ausschließlich durch die Unternehmensseite festgelegt. Zwar haben McDonald/Solow in einem berühmt gewordenen Beitrag[13] nachgewiesen, daß beide Seiten (Arbeitgeber und Arbeitnehmer) Nutzengewinne realisieren könnten, wenn sie über Löhne ***und*** Beschäftigungsmengen gleichzeitig verhandeln würden. In der Realität allerdings sind diese sogenannten „effizienten Verhand-

[12] Es sei darauf hingewiesen, daß diese Abgrenzungen in Wirklichkeit keineswegs so überschneidungsfrei sind, wie das Schema vielleicht den Eindruck erwecken mag. Mögliche Mischformen zwischen den einzelnen Theorien werden in der Arbeit nicht berücksichtigt.

[13] McDonald/Solow [1981].

lungen" so gut wie nie zu beobachten[14], weshalb Modelle dieser Art in der vorliegenden Arbeit nicht berücksichtigt werden. Dagegen scheinen besonders die Effizienzlohntheorien mit ihrer Erklärung nach unten hin starrer Löhne durchaus empirische Unterstützung zu finden - möglicherweise sogar mehr als jede andere der hier erwähnten Lohnbildungs-Theorien.[15]

Das zweite und hauptsächliche Ziel dieser Arbeit besteht darin, die fiskalischen Auswirkungen von Lohn- und Beschäftigungssubventionen zu untersuchen. Insbesondere soll geprüft werden, unter welchen Bedingungen die Kosten, welche dem Staat durch den Einsatz eines Subventionsinstruments entstehen, durch subventionsinduzierte Einsparungen und Steuermehreinnahmen gedeckt werden können. Bisher existieren in der theoretischen wirtschaftswissenschaftlichen Literatur nur vereinzelte Modelle, die eine Selbstfinanzierungseigenschaft von Lohn- und Beschäftigungssubventionen aufzuzeigen versuchen. Sämtliche dem Autor bekannten Modelle mit dieser Fragestellung sollen im Verlauf der Arbeit vorgestellt und bewertet werden (wobei natürlich kein Anspruch auf Vollständigkeit erhoben wird).

Die einzelnen Kapitel der theoretischen Analyse (Kap. 4–6) sind so aufgebaut, daß zunächst ganz allgemein in die jeweiligen Lohnbildungstheorien eingeführt wird und die erwarteten Auswirkungen der Subventionen auf Löhne und Beschäftigung zunächst ohne Berücksichtigung der Finanzierungsfrage diskutiert werden. Gegen Ende jedes Hauptkapitels werden dann je zwei Modelle mit Selbstfinanzierungseigenschaft vorgestellt. Jeder dieser Unterabschnitte enthält zunächst eine Beschreibung des Selbstfinanzierungs-Modells und schließt mit einer meist kurzen Kommentierung seiner spezifischen Annahmen und/oder Implikationen ab. Alle vorgestellten Modelle unterscheiden sich teilweise stark in ihrem jeweiligen Aufbau und stehen deshalb zwangsläufig relativ unverbunden

---

[14] Layard/Nickell/Jackman [1991: 112-118] geben auch eine theoretische Erklärung hierfür.

[15] Vergl. Bewley [1995]; skeptisch hingegen Carmichael [1990]. Auch Fehr/Gächter/Kirchsteiger [1996] konnten bei Durchführung einer Experimentaluntersuchung („Rollenspiel") lediglich Hinweise auf die Gültigkeit des „Gift Exchange Approach" bzw. der Hypothese eines gerechten Lohnes (vergl. Akerlof/Yellen [1990]) finden. Zwar wird auch dieser Ansatz üblicherweise zu den Effizienzlohnmodellen gezählt, weil auch hier die Arbeitsanstrengung der Arbeitnehmer variiert werden kann; in diesem Fall allerdings nur dann, wenn sich die Gewinnsituation des Unternehmens oder die relative Lohnsituation verändert hat. Eine Veränderung der Arbeitslosenquote hingegen scheidet als direkte Ursache einer veränderten Arbeitsleistung aus. Letzterer Mechanismus wiederum ist das zentrale Element der „bekannten" Effizienzlohntheorie, wie sie sich zum Beispiel im Shirking-Modell von Shapiro/Stiglitz niederschlägt; dessen empirische Relevanz allerdings wird von Fehr/Gächter/Kirchsteiger [1996: 609] explizit verneint.

nebeneinander. Lediglich die unterschiedlichen Notationen wurden einander angepaßt, um eine bessere Vergleichbarkeit zwischen den einzelnen Modellen zu ermöglichen.[16]

Die Arbeit wird schließlich in Teil III eine kurze Darstellung jener Schwierigkeiten enthalten, die beim Versuch einer empirischen Evaluation beschäftigungspolitischer Instrumente typischerweise auftreten (Kapitel 7). Die Problematik wird am Beispiel ausgewählter Fallstudien vertiefend diskutiert (Kap. 8). Außerdem werden neuere Simulationsstudien vorgestellt, die sich mit den Auswirkungen einer allgemeinen Subventionierung des Niedriglohnbereichs auseinandersetzen (Kap. 9). Mit einer stichpunktartigen Zusammenfassung der wichtigsten Thesen (Kap. 10), einem Ausblick auf wirtschaftspolitische Implikationen, mögliche zukünftige Entwicklungen und Forschungsaufgaben (Kap. 11) sowie einem „Abstract" (Kap. 12) schließt die Arbeit.

3. DISKUSSION GRUNDLEGENDER BEGRIFFE UND ZUSAMMENHÄNGE

Lohn- und Beschäftigungssubventionen gehören zu den bekannteren potentiellen Instrumenten der Beschäftigungspolitik. Sie sind (für die Empfänger positive) Transferleistungen des Staates und werden daher auch als negative Steuern bezeichnet.[17] Ihre mikroökonomische Beschäftigungswirkung beruht auf einem einfachen Mechanismus: indem die Zahlung eines finanziellen Zuschußbetrags an die Existenz bzw. Neuentstehung von Arbeitsverhältnissen geknüpft wird, ergibt sich ein Anreizeffekt zur Steigerung der Zahl dieser Arbeitsverhältnisse. Grafisch ausgedrückt würde sich eine gegebene betriebliche Arbeitsnachfragekurve z.B. aufgrund einer ***allgemeinen Beschäftigungssubventionierung*** parallel nach oben

[16] Dies mag in Einzelfällen zu Verwirrungen führen, wenn der interessierte Leser die entsprechenden Abschnitte mit den Originalbeiträgen vergleicht. Aber eine Entscheidung für die Alternative, die teilweise stark voneinander abweichenden Originalnotationen unverändert zu übernehmen, hätte Verwirrung bereits beim Lesen dieser Arbeit garantiert. Bei Unsicherheiten über die Bedeutung bestimmter Symbole sei auf das Symbolverzeichnis am Anfang der Arbeit verwiesen.

[17] Bei entsprechender Ausgestaltung sind Subventionen inhaltlich identisch mit Steuernachlässen (Layard/Nickell [1980: 52], Hamermesh [1978: 101]). Allerdings werden mitunter psychologisch bedingte Unterschiede in der Wirkungsweise der beiden Instrumente behauptet (für einen Aspekt hierzu siehe Rehn [1980: 546]).

verschieben (siehe Abb. 3.1.[18]), da jedes Arbeitsverhältnis dem Unternehmen ein um den Betrag s erhöhtes Grenzprodukt einbringen würde und deshalb seine Lohnzahlungsbereitschaft im gleichen Umfang ansteigen ließe. Bei gegebenem Lohnsatz w_0 würde sich daher eine erhöhte Beschäftigungsmenge n_1 in diesem Unternehmen ergeben.

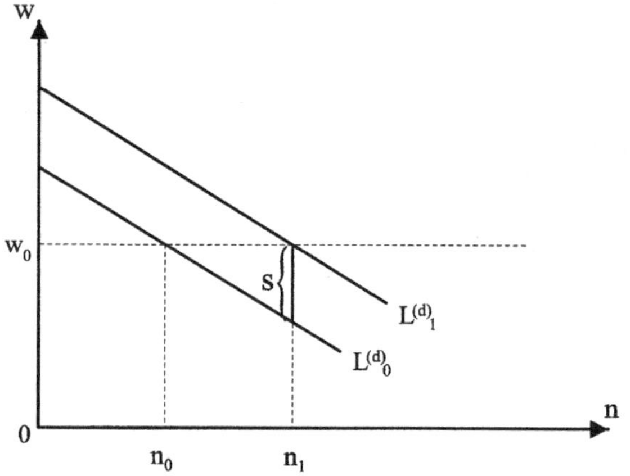

Abb. 3.1.:
Mikroökonomische Beschäftigungswirkung einer Beschäftigungssubvention bei Annahme eines konstanten Lohnsatzes

Die abgebildete betriebliche Arbeitsnachfragekurve kann interpretiert werden als Aufreihung der in diesem Unternehmen ***aktuell existierenden*** Arbeitsplätze (oberhalb w_0) bzw. ***potentiellen*** Arbeitsplätze (unterhalb w_0) nach ihrem jeweiligen Wertgrenzprodukt. Der vertikale Abstand zwischen dem jeweiligen Wertgrenzprodukt der potentiell Beschäftigten und dem Lohnsatz w_0 kann als betriebswirtschaftliche „Rentabilitätslücke" des Arbeitseinsatzes interpretiert werden, die mit Hilfe von Lohn- oder Beschäftigungssubventionen „übersprungen" werden kann. Obwohl sich durch die Subvention die Kosten des Faktors Arbeit (die „Produktlöhne") für die Arbeitgeber verringern, sinkt das nominelle Einkommen der Arbeitnehmer ceteris paribus nicht; es kommt zu einer „Entkopplung der Löhne von den Einkommen".[19]

[18] Hier und im folgenden wird aus Gründen der Übersichtlichkeit der Darstellung vereinfachend von einem ***linear*** fallenden Verlauf der Arbeitsnachfragekurve ausgegangen.

[19] Rabe [1993: 83] sowie Bellmann [1991: 404]. Wo eine Lohnbesteuerung durchgeführt worden ist, hat eine solche Entkopplung - allerdings in umgekehrter Richtung - bereits stattgefun-

Für beschäftigungspolitische Subventionssysteme gibt es verschiedene mögliche Ausgestaltungsvarianten; die wichtigsten sollen im folgenden kurz vorgestellt werden.

3.1. Ausgestaltungsoptionen beschäftigungspolitischer Subventionen

3.1.1. Unternehmenssubventionen vs. Einkommenstransfers an Arbeitnehmer

Lohnsubventionen können entweder an Unternehmen oder Arbeitnehmer gezahlt werden, wobei allerdings nach der klassischen finanzwissenschaftlichen Terminologie Subventionen als Zuwendungen an Arbeitgeber definiert sind, andernfalls von Einkommenstransfers an Arbeitnehmer gesprochen werden müßte.[20] Es ist in der theoretischen Literatur wiederholt darauf hingewiesen worden, daß es - zumindest in einem Modell vollständiger Konkurrenz - hinsichtlich der ökonomischen Folgen von Lohnsubventionen unerheblich sein müßte, ob diese an Arbeitgeber oder Arbeitnehmer gewährt werden.[21] Selbst wenn dies für den Fall allge-

---

den (vergl. Haveman [1982: 27]); in diesem Fall würde die Lohnsubventionierung die entstandene Lücke zwischen dem Produktlohn (den der Arbeitgeber zu zahlen hat, einschließlich Sozialbeiträgen und anderen Lohnnebenkosten) und dem niedrigeren Konsumlohn (dem Nettolohn des Arbeitnehmers) wieder verkleinern.

[20] Klös [1997: 69 (Fn 4)]. Vergl. auch Hübler [1982: 8 f.] oder Albeck [1982: 9].

[21] Vergl. Johnson/Layard [1986: 953] oder Kopits [1978: 494 (Fn)]; skeptisch ist dagegen die Position von Blinder [1988: 12]; sehr ablehnend auch Riphahn/Zimmermann [1999]. - In einem interessanten Experimental-Programm in Illinois konnte die Hypothese von der Irrelevanz der Empfängerseite nur teilweise bestätigt werden. Das Programm gewährte einen Zuschuß von 500 $ für den Fall, daß Arbeitslose innerhalb von höchstens elf Monaten nach Beginn ihrer Arbeitslosigkeit eine Beschäftigung (von mindestens vier Monaten Dauer) gefunden hatten; dieser Zuschuß wurde in der einen Untersuchungsgruppe an die Arbeitslosen ausgezahlt, bei der anderen Gruppe an ihre neuen Arbeitgeber. Die Untersuchungsgruppe und die Kontrollgruppe umfaßten jeweils ca. 4.000 Personen (Woodbury/ Spiegelman [1987: 514-517]). Es zeigte sich, daß der Bonus etwa viermal so oft von Arbeitnehmern wie von Arbeitgebern in Anspruch genommen wurde; die Dauer der Arbeitslosigkeit in der „Arbeitnehmergruppe“ verringerte sich im Durchschnitt um ca. 7 ½ Tage, die in der „Arbeitgebergruppe“ dagegen nur um durchschnittlich 2 ½ Tage (Woodbury/Spiegelman [1987: 517, 520]). Dies scheint die These gleicher Wirkungen von arbeitgeber- bzw. arbeitnehmerseitigen Subventionen zu widerlegen. - Buslei et al. [1999: 8] weisen darauf hin, daß es auch in jenem Fall, wo gesetzliche oder faktische Mindestlöhne existieren, zu unterschiedlichen Auswirkungen arbeitgeber- bzw. arbeitnehmergewährten Subventionen kommen muß. Denn eine Lohnsubvention an Arbeitnehmer würde die Arbeitskosten im Unternehmen unter diesen Bedingungen nicht senken können, und eine Beschäftigungsexpansion aufgrund einer erhöhten Arbeitsnachfrage würde ausbleiben.

meiner Lohnsubventionen zutreffen würde, so können beispielsweise marginale Subventionen von der Natur der Sache her nur als arbeitgeberseitige Subventionen durchgeführt werden.

Im Rahmen dieser Arbeit sollen Subventionen ausschließlich als ***Zuwendungen an Unternehmen*** verstanden werden.

3.1.2. Lohnsubventionen versus Beschäftigungssubventionen

In der Literatur werden die Begriffe Lohnsubvention und Beschäftigungssubvention oft synonym verwendet, doch lassen sich beide Instrumente anhand des Merkmals der unterschiedlichen Bemessungsgrundlage gut voneinander abgrenzen. Bei Beschäftigungssubventionen werden ***Arbeitsverhältnisse*** mit einem bestimmten Festbetrag subventioniert, bei Lohnsubventionen berechnet sich die Subventionshöhe als prozentualer Anteil an den ***Lohnkosten*** des Betriebs an einem bestimmten Stichtag. Formal läßt sich der verschiedenartige Einfluß der Subventionsvarianten auf die Arbeitskosten $C^{(L)}$ eines Unternehmens wie folgt darstellen:

(3.1) $$C^{(L)} = \sum_{j=1}^{n} w_j (1-\phi)$$ (allgemeine Lohnsubvention) bzw.

(3.2) $$C^{(L)} = \sum_{j=1}^{n} w_j - sn$$ (allgemeine Beschäftigungssubvention),

mit w_j = Lohn des Arbeitnehmers j, n = Beschäftigungsstand im Unternehmen, ϕ = Subventionierungsrate und s = absolutem Subventionsbetrag.

Unter der realistischen Annahme, daß die Arbeitnehmer heterogen und die Löhne flexibel sind, wird eine ***Lohnsubvention*** in den einzelnen Einkommensgruppen zu proportional gleich starken Beschäftigungseffekten führen, während eine ***Beschäftigungssubvention*** einen Anreiz für die Unternehmen darstellen würde, gerade im Niedriglohnbereich überproportional viele zusätzliche Arbeitsplätze anzubieten (wegen des dort zwangsläufig höheren Anteils der Subvention am Bruttolohn). Dies ist der sogenannte flat-rate-Effekt.[22] Obwohl der Pro-Kopf-Beschäftigungseffekt bei Beschäftigungssubventionen also höher ausfällt als bei Lohnsubventionen, wäre es falsch, aus dieser Tatsache den Schluß ziehen zu wollen,

---

[22] Vergl. z.B. Rabe [1993: 20] oder Solow [1980: 133 f.]. Bezüglich einer empirischen Bestätigung dieses Effekts siehe Layard [1979: 194].

daß Beschäftigungssubventionen fiskalisch effizienter sind als Lohnsubventionen. Vielmehr müßten die Beschäftigungserfolge gewichtet werden mit den Einsparungen bei den Leistungen der Arbeitslosenversicherung sowie mit den Steuermehreinnahmen, und diese Größen fallen bei einer Schaffung niedrigentlohnter Arbeitsplätze natürlich entsprechend geringer aus. Nicht fiskalische Überlegungen also, aber möglicherweise soziale Gründe können für die politische Bevorzugung von Beschäftigungssubventionen gegenüber Lohnsubventionen sprechen.[23] Nur in einem speziellen theoretischen Fall bestände kein Unterschied zwischen der Wirkungsweise von Lohnsubventionen bzw. Beschäftigungssubventionen. Die erste notwendige Voraussetzung hierfür ist, daß im Modell identische Arbeitnehmer mit einem homogenen Lohnsatz $w_j = w$ unterstellt werden, d.h. für Σw_j in (3.1) und (3.2) läßt sich $w \cdot n$ schreiben; man erhält

(3.3) $$C^{(L)} = wn(1-\phi)$$ (allgemeine Lohnsubvention) bzw.

(3.4) $$C^{(L)} = wn - sn = (w-s)n$$ (allgemeine Beschäftigungssubvention).

Ist als zweite notwendige Bedingung erfüllt, daß der Lohnsatz konstant ist (also $w = w_0$ gilt), und berücksichtigt man ferner, daß sich die Subventionierungsquote ϕ auch als s/w_0 schreiben läßt, dann lassen sich die Gleichungen (3.3) und (3.4) ineinander überführen, und man erhält für beide Varianten einen identischen Einfluß der Subvention auf die Arbeitskosten $C^{(L)}$. Bei variablem Lohn ist diese Gleichsetzung nicht möglich. Wie in Abb. 3.2. für den Fall einer linearen Arbeitsnachfragekurve dargestellt ist, würde sich die negative Steigung der Arbeitsnachfragekurve durch eine Lohnsubventionierung stärker erhöhen als durch eine Beschäftigungssubvention.

Dies sei formal für jene (nicht-linearen) Arbeitsnachfragekurven gezeigt, welche sich aus den Gleichungen (3.3) und (3.4) ergeben, wenn $C^{(L)}$ konstant gesetzt wird. Außerdem sei $\phi \equiv s/w$ definiert, um beide Subventionsformen miteinander vergleichbar zu machen. Formt man nun nach n um und leitet anschließend nach w ab, erhält man

(3.5) $$\frac{dn}{dw} = \frac{-C}{w^2 - ws}$$ (für allgemeine Lohnsubventionen) bzw.

(3.6) $$\frac{dn}{dw} = \frac{-C}{(w-s)^2}$$ (für allgemeine Beschäftigungssubventionen).

---

[23] In einer von Hamermesh [1978: 105, 91] durchgeführten Simulationsrechnung hingegen schneidet die Beschäftigungssubvention („dollar-amount subsidy“) auch hinsichtlich der fiskalischen Kosten pro Arbeitsplatz etwas besser ab als die Lohnsubvention („percentage subsidy“).

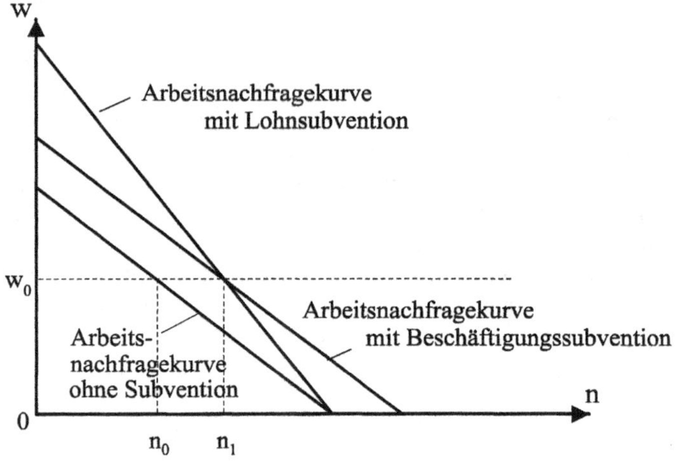

Abb. 3.2.: Veränderungen der Arbeitsnachfragekurve durch Lohn- bzw. Beschäftigungssubventionen

Da unter der Nebenbedingung $0 < s < w$ der Nenner aus (3.5) für jedes w größer ist als der Nenner von (3.6), ist der absolute Wert der Steigung der Arbeitsnachfragekurve, dn/dw, nach einer Lohnsubventionierung an jeder Stelle von w kleiner als nach einer Beschäftigungssubventionierung; folglich verläuft die Arbeitsnachfragekurve nach einer Lohnsubventionierung steiler als nach einer Beschäftigungssubventionierung. Dieses Ergebnis sagt allerdings noch nichts darüber aus, welche Subventionsform aus fiskalischen und wirtschaftspolitischen Gründen vorzuziehen wäre. Würde eine ***Lohnsubvention*** eingeführt werden, könnten durch Lohnsenkungen vergleichsweise weniger Arbeitsplätze neu geschaffen werden, aber andererseits würden im Falle steigender Löhne auch vergleichsweise weniger Arbeitsplätze verlorengehen (denn in diesem letzteren Fall würden die Lohnsteigerungen durch die höheren Subventionszahlungen teilweise kompensiert werden; aus der Perspektive des Staates allerdings würden die positiveren Beschäftigungswirkungen durch ein höheres Subventionsvolumen erkauft werden müssen).[24]

---

24 Im Zweifelsfall kann bei der politischen Entscheidung zwischen Lohn- und Beschäftigungssubventionen die Faustregel von Andel [1977: 496] zugrundegelegt werden: „Was die Wahl der Bemessungsgrundlage betrifft, d.h. der Größe, nach der sich bei gegebenem Subventionstarif der individuelle Subventionsbetrag richtet, so sollte sie möglichst mit dem Tat-

3.1.3. Nicht-selektive versus selektive Subventionen

Eine beschäftigungspolitische Subventionierung wird entweder selektiv oder nicht-selektiv durchgeführt, je nachdem ob sich die Subventionsberechtigung auf bestimmte Gruppen von Arbeitnehmern oder Arbeitgebern beschränkt oder nicht. Oft diskutiert wird z.B. die selektive Förderung niedrigentlohnter Beschäftigungsverhältnisse; zur Begründung ihrer Vorteilhaftigkeit wird neben dem „flatrate"-Argument (das nur einen *scheinbaren* Effizienzvorteil beschreibt; vergl. Abschnitt 3.1.2.) auch mitunter das Argument angeführt, daß Arbeitnehmer mit geringem Einkommen eine höhere Konsumneigung haben und deshalb höhere Multiplikatoreffekte der Arbeitsplatzschaffung auslösen.[25]

Nachteilig wirken sich jedoch die durch selektive Subventionen induzierten Substitutionsprozesse von nicht-subventionierten zu subventionierten Arbeitskräften aus, da sie lediglich zu einer Abschöpfung von Fördergeldern führen, ohne eine Beschäftigungswirkung zu erzielen. Allerdings wird eine solche positive Beschäftigungswirkung von vielen Ökonomen auch gar nicht gefordert; der Erfolg selektiver Subventionen wird vielmehr bereits in dem herbeigeführten Austausch zwischen nicht-subventionierten und subventionierten Arbeitnehmern gesehen. Warum eine solche Rotation - bei gleichbleibendem Gesamtniveau der Beschäftigung - vorteilhaft sein soll, wird auf drei unterschiedlichen Wegen begründet: mit dem Disziplinierungs-Argument, dem Humankapital-Argument und/oder sozialpolitischen Argumenten. Alle drei Begründungen sollen im folgenden näher betrachtet werden.

(1) In den letzten Jahren sind von ökonomischer Seite immer wieder solche selektiven Lohnsubventionen empfohlen worden, die die Einstellungschancen der Outsider am Arbeitsmarkt (insbesondere der Langzeitarbeitslosen) fördern. Die Arbeitskraft-Substitutionseffekte werden hierbei nicht als unliebsame Nebenwirkungen hingenommen, sondern im Gegenteil als die positiv zu bewertende Hauptwirkung angesehen, da hierdurch die Arbeitsplatzinhaber einem verstärkten Konkurrenzkampf ausgesetzt werden und der latent vorhandene Lohndruck damit verringert wird.[26] Nach Ansicht von Bohlen können Lohnsubventionen „... eine wohlfahrtserhaltende Wirkung haben, wenn sie die Fluktuation im Arbeitslosenbestand erhöhen und damit die ökonomische Funktion der Arbeitslosigkeit im

---

bestand zusammenfallen oder jedenfalls so eng wie möglich verbunden sein, der gefördert werden soll". Dieser Regel folgend sollte man das Ziel einer gesamtwirtschaftlichen Beschäftigungssteigerung mit einer ***Beschäftigungssubvention*** zu erreichen versuchen.

[25] Solow [1980: 134]. Vergl. auch Rabe [1993: 21].

[26] Calmfors [1994: 32]. Vergl. ähnlich auch Snower [1997: 191], Fay [1996: 20] oder Layard [1986: 106].

Hinblick auf die Erhaltung der Arbeitsdisziplin stützen".[27] Bei einer nicht nur partiellen Betrachtung allerdings kann die These, daß eine erhöhte Fluktuation am Arbeitsmarkt lohnsenkend oder wohlfahrtserhaltend wirkt, schwerlich aufrechterhalten werden; denn das - durchaus richtige - Argument, daß bei einer größeren Durchlässigkeit zwischen Beschäftigung und Arbeitslosigkeit die Lohnansprüche der bisher Beschäftigten gedämpft werden würden, muß relativiert werden durch die Tatsache, daß gleichzeitig auch die Anspruchslöhne der bisher Arbeitslosen entsprechend steigen würden.[28] Durch die erhöhte Rotation zwischen Arbeitslosen und Arbeitsplatzbesitzern wird man zwar schneller aus dem Arbeitsmarkt herausgetragen, aber gleichzeitig kann man auch schneller wieder in ihn hineingelangen, und dieser letztere Effekt führt zu einer tendenziellen ***Stärkung*** der Verhandlungsmacht der Arbeitnehmer.[29]

(2) Als ein zusätzlicher ökonomischer Pluspunkt einer erhöhten Rotation zwischen den Zuständen „Beschäftigung" und „Arbeitslosigkeit" wird oft gewertet, daß hierdurch das Humankapital von Langzeitarbeitslosen vor weiterer Entwertung geschützt werden könnte. Dieses Argument erweist sich jedoch in gesamtwirtschaftlicher Betrachtung (d.h. unter Einbeziehung der durch die Subvention verdrängten Arbeitnehmer) als nicht haltbar, da sich nachweisen läßt, daß die monatlichen Verfallraten des Humankapitals um so geringer werden, je länger die Arbeitslosigkeit dauert.[30] Das heißt: bei isolierter Betrachtung des Humankapital-Aspekts wäre es vorteilhafter, ***einen*** Arbeitnehmer ein ***ganzes*** Jahr lang in der Arbeitslosigkeit zu belassen als ***zwei*** Arbeitnehmer je ein ***halbes*** Jahr.

(3) Schließlich ist noch das sozialpolitische Argument zu begutachten, daß insbesondere diejenigen selektiven Einstellungssubventionen, welche eine ***strukturelle*** Veränderung der Beschäftigten- bzw. Arbeitslosenbestände anstreben, nicht allein nach ökonomischen Kriterien bewertet werden dürfen.[31] Auch hier wird argumentiert, daß diese Beschäftigungsprogramme selbst ohne jeden Netto-Beschäftigungserfolg einen Wert an sich darstellen würden, da die durch sie in-

---

[27] Bohlen [1993: 72].

[28] Vergl. sinngemäß Baily/Tobin [1978: 65 f.].

[29] Vergl. die ähnliche Argumentation bei Bellmann/Jackman [1996: 151 f.], daß eine erhöhte Rotation zwischen Langzeitarbeitslosen und Beschäftigten die Furcht vor Langzeitarbeitslosigkeit verringert und damit auch lohntreibend wirken könnte.

[30] Vergl. z.B. Möller [1990: 212 f.], der eine monatliche Verfallsrate des Humankapitals von durchschnittlich 2,9 % bzw. 2,6 % für die ersten zwei Jahre der Arbeitslosigkeit ermittelt, jedoch von einem annähernd konstanten Wert des Humankapitals bei einer Arbeitslosigkeitsdauer von mehr als zwei Jahren ausgeht.

[31] Vergl. OECD [1982: 11], Fay [1996: 20] oder Atkinson/Meager [1994: 45].

duzierte erhöhte Fluktuation zwischen Arbeit und Arbeitslosigkeit eine größere (Chancen-)Gleichheit bewirken und das Schicksal der Arbeitslosigkeit auf mehr Schultern als bisher verteilen würde. Allerdings kann das erzwungene Hinausrotieren der schwächsten Arbeitnehmer aus Beschäftigungsverhältnissen unter ethischen Aspekten auch anders beurteilt werden.[32] Analog zur obigen Humankapital-Diskussion ließe sich zudem argumentieren, ob nicht Arbeitslose im allgemeinen in der jeweils ersten Phase ihrer Arbeitslosigkeit eine vergleichsweise starke Nutzenreduktion empfinden, während sich bei Langzeitarbeitslosen die empfundene Lebensqualität in der Regel auf einem mehr oder weniger konstanten, niedrigen Niveau eingependelt hat.[33]

Letztlich kann es aber noch nicht einmal als gesichert gelten, daß sich selektive Lohnsubventionen auf die Beschäftigungschancen der jeweils geförderten Zielgruppe immer positiv auswirken. So beschreibt z.B. Burtless [1985] ein experimentelles Gutscheinprogramm, mit dessen Hilfe Arbeitslose bessere Chancen zur Wiedereingliederung in den Arbeitsmarkt erhalten sollten, indem ihr neuer Arbeitgeber finanzielle Unterstützung im Falle ihrer Beschäftigung in Anspruch nehmen konnte. Es zeigte sich jedoch, daß diese selektive Subventionierung eine „Stigmatisierung" der geförderten Arbeitnehmergruppen bewirkte, die offensichtlich so ausgeprägt war, daß sich die Beschäftigungschancen der Arbeitslosen aufgrund der Subventionsberechtigung eher verschlechterten.[34] Arbeitgeber nutzten die Information als Signal, um aus der Tatsache der Förderungsberechtigung auf die (mangelhafte) Qualität des Arbeitsangebots zu schließen. Einige der Arbeitslosen, die förderungsberechtigt gewesen wären, haben diese Tatsache deshalb bei Bewerbungsgesprächen bewußt nicht zur Sprache gebracht.[35]

---

[32] Siehe Lindley [1987: 26]. Richardson [1980: 59] hält es außerdem für moralisch bedenklich, daß die Diskriminierung von Arbeitnehmern - anderswo verboten oder wenigstens unerwünscht - durch selektive Lohnsubventionen explizit gefördert wird.

[33] Einen solchen Eindruck erhält man beispielsweise bei der Lektüre der bei Kronauer/Vogel/Gerlach [1993: 204 f. u.a.] zitierten Falluntersuchungen. Es gibt jedoch auch Untersuchungen (siehe z.B. Brinkmann [1984: 462] oder Pelzmann [1985: 123, 160 ff.]), die eher zum entgegengesetzten Ergebnis gelangen, daß sich die psychische Lage der Arbeitslosen mit zunehmendem Fortbestehen der Arbeitslosigkeit immer weiter verschlechtert. Der Großteil der theoretischen Literatur geht - explizit oder implizit - von dieser letztgenannten Annahme aus (vergl. hierzu als ein Beispiel Buslei et al. [1999: 37]: „Eine bevorzugte Förderung von Langzeitarbeitslosen erscheint .. dann gerechtfertigt, wenn Arbeitslosigkeit mit zunehmender Dauer zu immer stärkeren Belastungen führt").

[34] Burtless [1985: 112 ff.]. Vergl. auch Johnson [1983: 296], Hamermesh [1978: 89 f., 95 f., 110] oder Hamermesh [1993: 194] zur Existenz von Stigmatisierungseffekten sowie Altzinger [1990: 150 f.] mit empirischen Beobachtungen.

[35] Burtless [1985: 113].

Da nach Würdigung aller angesprochenen Aspekte nicht davon auszugehen ist, daß selektive Subventionen systematische Vorteile gegenüber nicht-selektiven Subventionen aufweisen, soll im folgenden theoretischen Teil der Arbeit grundsätzlich von ***nicht-selektiven Subventionen*** ausgegangen werden und auf die Besonderheiten selektiver Subventionen nur an einzelnen Stellen eingegangen werden.

3.1.4. Allgemeine versus marginale Subventionen

Bestandsgrößensubventionen sind entweder als „allgemein“ oder als „marginal“ definiert. Bei ersterem werden ***alle*** Arbeitsplätze subventioniert, bei letzterem nur derjenige Bestand an Arbeitsplätzen, der über einen bestimmten Schwellenwert hinausgeht. Die sicherlich meistgewählte Ausgestaltungsvariante einer marginalen Subvention ist diejenige mit einem Basiswert von 100 %, bei der jedes Beschäftigungsverhältnis oberhalb der am Ausgangsstichtag gemessenen Beschäftigungsmenge gefördert wird, doch sind auch schon andere Varianten (z.B. mit Basiswerten von 90 %[36] oder 102 %) vorgeschlagen worden.
Wenn mit n° der Basiswert der Beschäftigung bezeichnet wird, oberhalb dessen subventioniert wird, ergeben sich die Arbeitskosten eines Unternehmens bei ***marginaler Beschäftigungssubventionierung*** als

$$(3.7) \qquad C^{(L)} = w \cdot n - s \cdot \max(0, n - n^{\circ}) .$$

Analog hierzu müßte eine ***marginale Lohnsubvention*** zur Arbeitskostengleichung

$$(3.8) \qquad C^{(L)} = w \cdot n - \phi \cdot n \cdot \max(0, w - w^{\circ})$$

führen. Diese Subventionsform ist allerdings in Praxis und Theorie sehr selten anzutreffen. Eine Mischform wäre z.B. die marginale Subventionierungsvariante

$$(3.9) \qquad C^{(L)} = w \cdot n - \phi \cdot w \cdot \max(0, n - n^{\circ})$$

die einerseits - nämlich wegen der Subventionierung des (einheitlichen) Lohnsatzes w - als Lohnsubvention eingestuft werden muß, andererseits jedoch auf die Beschäftigungsgröße zur Begründung des Subventionierungsanspruchs zurückgreift.

---

36 Vergl. Rehn [1980: 545]. Nach den Simulationsberechnungen von Hamermesh [1978: 104 f.] ist ein derart niedriger Basiswert allerdings nicht zu empfehlen.

Jedes Modell einer marginalen Subventionierung führt zu einer mehr oder weniger starken Bevorzugung expandierender Unternehmen[37], so daß es zu einer Forcierung des Strukturwandels kommt. In einer Unternehmensbefragung wurde festgestellt, daß trotz der offensichtlichen Ungleichbehandlung expandierender und schrumpfender Unternehmen durch marginale Beschäftigungsubventionen dieses Instrument nicht als ungerecht empfunden wird.[38]

3.2. Intendierte Wirkungen vs. Nebenwirkungen von Subventionen

Die fiskalische Bewertung von Lohn- und Beschäftigungssubventionen wäre relativ einfach, wenn die Zahl derjenigen Arbeitsverhältnisse, die als Folge der Subventionierung neu entstehen, der Zahl der geförderten Arbeitsverhältnisse entsprechen würde. Dem ist aber nicht so; vielmehr gibt es verschiedene Nebenwirkungen, die dazu führen, daß durch Subventionen Arbeitsplätze finanziert werden, die ***nicht*** zu einer Erhöhung der Gesamtzahl der Arbeitsplätze in der Volkswirtschaft führen. Die wichtigsten dieser meist unerwünschten Nebenwirkungen sind als Mitnahme-, Substitutions- und Verdrängungseffekte[39] bekannt.

Mitnahmen treten - allgemein gesprochen - immer dann auf, wenn der Subventionsempfänger diejenige Aktivität, die nach Absicht des Gebers die Subvention bewirken sollte, auch ohne diesen Anreiz entfaltet hätte.[40] Entweder kann es sein, daß die beabsichtigte Aktivität (hier: die Schaffung neuer Arbeitsplätze) ***gänzlich*** ohne die gewährte Subvention durchgeführt worden wäre, oder die Mitnahmen sind ***„partiell"*** in dem Sinne, daß auch ein kleinerer Betrag als der gewährte Subventionsbetrag für die Erreichung des Zieles ausreichend gewesen wäre. Für eine vertiefende Diskussion der Bedeutung von Mitnahmeeffekten in der beschäftigungspolitischen Praxis siehe die Abschnitte 4.6.2. und 4.6.4..

Substitutionseffekte dagegen treten auf, wenn durch die Gewährung selektiver Subventionen subventionierte Arbeitskräfte ***nachträglich*** gegen nicht-subventio-

---

[37] Dieser Umstand sollte wirtschaftspolitisch eher als ein Vorteil denn als Nachteil gesehen werden; vergl. Rehn [1980: 545, 548] oder Layard/Nickell [1980: 53]. Auch Gerlach/Stephan/Gold/Lehmann [1996: 14] befürworten eine selektive Lohnsubventionierung zugunsten der Wachstumsbranchen.

[38] Rajan [1985: 41].

[39] Vergl. z.B. auch den Überblick beim Employment Department UK [1990: 162 f.] sowie bei Hagen/Steiner [2000: 40 ff.].

[40] Zimmermann [1987: 339].

nierte Beschäftigte ausgetauscht werden (Ex-post-Arbeitskraftsubstitution) oder subventionierte Bewerber ***bei Neueinstellungen*** gegenüber gleichqualifizierten, doch nicht-subventionsberechtigten Mitbewerbern bevorzugt werden (Ex-ante-Arbeitskraftsubstitution). In dem Ausmaß, in dem eine solche Arbeitskraftsubstitution im Verhältnis 1:1 stattfindet, kommt es in volkswirtschaftlicher Perspektive nicht zu einer Steigerung des Beschäftigungsniveaus, sondern lediglich zu einer Umschichtung des Arbeitslosenbestandes. Für Schätzungen bezüglich der Höhe dieser Effekte siehe unten Abschnitt 4.6.3.. Im übrigen muß eine Arbeitskraftsubstitution nicht zwangsläufig interpersonell ablaufen, sondern kann z.B. auch darin bestehen, daß ein Arbeitsvertrag offiziell erst dann abgeschlossen wird, wenn der betreffende Bewerber die Voraussetzungen für eine Subventionierung erfüllt (intertemporale Arbeitskraftsubstitution)[41].

Als **Verdrängungseffekte** schließlich werden die durch die Subventionierung ausgelösten Verschiebungen der Beschäftigung zwischen den Unternehmen bezeichnet. Auf diese Effekte wird speziell in Kapitel 4.3.3. näher eingegangen. Hingegen wirkt der **Nachfragemultiplikator** (Abschnitt 4.2.3.) zugunsten einer tendenziellen Erhöhung des Netto-Beschäftigungserfolgs.

Die aus fiskalischer Sicht wichtigsten Nebenwirkungen beschäftigungspolitischer Subventionen, die bei einer Kosten-Nutzen-Analyse berücksichtigt werden müssen, seien hier noch einmal im Überblick dargestellt mit den Bezeichnungen ihrer zugehörigen Variablen:

Symbol	Größe
M	Zahl der Mitnahmen
A	Zahl der Arbeitskraft-Substitutionen
$\mathbf{A}^{(V)}$	Zahl der durch Verdrängungseffekte entfallenden Arbeitsplätze
μ	Nachfragemultiplikator der Arbeitsplatzschaffung

Tab. 3.1.: Nebenwirkungen beschäftigungspolitischer Subventionen

---

[41] Minford [1997: 355] weist darauf hin, daß sich dann, wenn eine bestimmte Dauer der Arbeitslosigkeit Voraussetzung für eine Förderung ist, bestimmte Beschäftigungsmuster herausbilden könnten, bei denen sich Phasen der Beschäftigung und Phasen der Arbeitslosigkeit in schöner Regelmäßigkeit abwechseln. Buslei et al. [1999: 10,12] sprechen hier von „Drehtüreffekten".

Zwischen dem **Brutto-Beschäftigungserfolg F** einer Subvention und ihrem **Netto-Beschäftigungserfolg ΔN** besteht dann folgende Beziehung:

(3.10) $\Delta N = [F - M - A - A^{(V)}] \cdot \mu$.

Dieser Zusammenhang wird weiter unten vor allem im Modell von Snower (Kap. 4.5.) und bei den empirischen Evaluationsstudien (Kapitel 8) von Bedeutung sein.

TEIL II: THEORETISCHE ANALYSE

4. MODELLE MIT KONSTANTEM LOHNSATZ

4.1. Überblick

In diesem ersten Kapitel im Rahmen der theoretischen Analyse sollen ausschließlich Modelle vorgestellt werden, die von einem im Betrachtungszeitraum konstanten Lohnsatz ausgehen. Solche Modelle sind nicht unbedingt gleichzusetzen mit Modellen vollkommener Konkurrenz, weil letztere einen ***exogenen*** Lohnsatz (aus Sicht des einzelnen Betriebes) implizieren, der aber weder hinreichende noch notwendige Bedingung für einen ***konstanten*** Lohnsatz darstellt.[42] Die Fixierung des Lohnes auf einen bestimmten Wert w_0 soll in diesen Modellen lediglich dazu dienen, die Schwierigkeiten der Modellierung eines Lohnbestimmungsverfahrens zunächst auszublenden und statt dessen den Blick auf die ***unmittelbaren*** Beschäftigungswirkungen der Subventionen zu lenken.[43] Im Hinblick auf das quantitative Ausmaß der Beschäftigungseffekte ist dies die am stärksten optimistische Variante und der hieraus resultierende Schätzwert der Beschäftigungsänderung der maximal erzielbare Wert.[44]

In Abschnitt 4.2. wird zunächst diskutiert, aus welchen Gründen ***allgemeine*** Subventionen in Modellen mit Fixlohnannahme zu neuen Arbeitsplätzen führen kön-

[42] Vergl. z.B. Buslei et al. [1999: 121 ff.], in deren Modell vollkommener Konkurrenz die Löhne positiv von der Beschäftigung bzw. von der Subventionshöhe abhängen. Umgekehrt lassen sich Modelle unvollkommener Konkurrenz konstruieren, die konstante Löhne beinhalten.

[43] In den meisten Modellen dieses Kapitels wird ein konstanter ***nominaler*** Lohn unterstellt; in Snowers Modell hingegen ist der ***reale*** Lohn konstant. Der methodische Unterschied zwischen Modellen mit fixem Reallohn und jenen mit fixem Nominallohn ist allerdings geringer, als es auf den ersten Blick erscheinen mag. Denn erstens kann ein fixer Nominallohn einen fixen Reallohn beinhalten, nämlich dann, wenn das Preisniveau konstant ist. Gerade in einfach gehaltenen Modellen wird oft eine entsprechende Annahme getroffen. Und zweitens würde man nicht nur mit der Annahme fixer Nominallöhne, sondern auch mit der Annahme fixer Reallöhne ausschließen, daß über den Lohnsatz verhandelt werden kann. Der Nominallohn ist in letzterem Fall zwar möglicherweise flexibel, aber er wird sich definitionsgemäß immer synchron zum Preisniveau bewegen (müssen). Ein Spielraum für Lohnentscheidungen besteht nicht, weder für die Arbeitgeber noch für die Arbeitnehmer. Allein dieser Spielraum soll in den Modellen des Kapitels 4 ausgeschlossen werden.

[44] Vergl. Buslei et al. [1999: 121].

nen, während in Abschnitt 4.3. die gleiche Frage unter Berücksichtigung der Besonderheiten ***marginaler*** Subventionen behandelt wird. In beiden Abschnitten werden sowohl mikroökonomische Mechanismen (Outputeffekt, Substitutionseffekte) wie auch makroökonomische Aspekte (Verdrängungs- und Multiplikatorwirkungen) angesprochen. Innerhalb der beiden dann folgenden Abschnitte werden zwei relativ einfache Modelle mit Selbstfinanzierungseigenschaft vorgestellt: das Modell von Kaldor sowie dasjenige von Snower - letzteres sowohl in seiner komparativ-statischen Variante wie auch in der dynamischen Form des Orszag/Snower-Modells. Abschnitt 4.8. bringt eine kurze Zusammenfassung der bis hierher vorliegenden Ergebnisse.

4.2. Allgemeine Subventionierung

Warum sich die Beschäftigungsmenge eines Betriebes bei Annahme einer fallenden Arbeitsnachfragekurve und konstanten Löhnen im Zuge einer allgemeinen Lohn- oder Beschäftigungssubventionierung auf jeden Fall erhöhen muß, wurde grafisch bereits am Anfang des zweiten Kapitels verdeutlicht. Formal kann dieses Ergebnis wie folgt hergeleitet werden: Man geht wie üblich von einem gewinnmaximierenden Unternehmen aus, das sich einer Gewinnfunktion

(4.1) $\Pi = R(n) - w_0(1-\phi)n$ (bei allgemeiner Lohnsubvention) bzw.

(4.2) $\Pi = R(n) - (w_0 - s)n$ (bei allgemeiner Beschäftigungssubvention).

gegenübersieht. R(n) bezeichnet in beiden Gleichungen die Erlöse des Unternehmens. Diese sind das Produkt aus Preis mal abgesetzter Menge bzw. - unter der Annahme, daß sich im Marktgleichgewicht die produzierten und die abgesetzten Mengen entsprechen - das Produkt aus Preis und Output, also $R(n) = p \cdot q(n)$. Es sei ferner angenommen, daß sich die Erlöse durch eine streng konkave Erlösfunktion beschreiben lassen, d.h. es gilt $R'(n) > 0$ und $R''(n) < 0$; außerdem sei wie üblich $R(0) = 0$. Die Gewinnmaximierungsbedingung erster Ordnung verlangt, daß die Ableitung des Gewinns nach der Beschäftigung gleich Null ist; also

(4.3) $\frac{d\Pi}{dn} = R_n - w_0(1-\phi) = 0$ (bei allgemeiner Lohnsubvention) bzw.

(4.4) $\frac{d\Pi}{dn} = R_n - (w_0 - s) = 0$ (bei allgemeiner Beschäftigungssubvention).

Man erhält das bekannte Ergebnis, daß das Unternehmen die Beschäftigungsmenge stets so wählt, daß der Grenzerlös einer zusätzlichen Beschäftigungseinheit $R_n \equiv R'(n)$ genau dessen Grenzkosten (hier: (w_0-s) bzw. $w_0(1-\phi)$) entspricht.

Erhöhen sich nun s oder ϕ, sinken die Grenzkosten, und die Optimalbedingung kann nur dann weiterhin erfüllt sein, wenn R'(n) ebenfalls sinkt. Wegen $R''(n) < 0$ muß n also steigen. Die Arbeitsnachfragekurve verschiebt sich nach rechts.[45]

Im folgenden Abschnitt soll der Gesamtbeschäftigungseffekt einer Subventionierung gedanklich in mehrere Einzeleffekte zerlegt werden. Dabei soll entweder von der Existenz zweier gegeneinander substituierbarer Produktionsfaktoren ausgegangen oder die (variierbare) Arbeitszeit als ein solcher Produktionsfaktor interpretiert werden.

4.2.1. Outputeffekt und Substitutionseffekte

Bei Einführung einer allgemeinen Beschäftigungssubvention ergibt sich im Zwei-Faktoren-Fall die Gewinnfunktion eines Unternehmens als

(4.5) $\quad \Pi = R(n,k) - (w-s)n - rk \ ,$

wobei k für die eingesetzte Menge des zweiten Faktors (z.B. Kapital) und r für dessen Preis steht (r sei an dieser Stelle als konstant angenommen). Die getrennte Differentiation der Gewinngleichung nach den zwei Faktoren und das Zusammenfügen der Ableitungen führt zu dem bekannten Ergebnis, daß die Unternehmen die Einsatzmengen der beiden Produktionsfaktoren stets so anpassen, daß das Verhältnis ihrer Preise gleich dem Verhältnis ihrer Grenzproduktivitäten ist.[46] Verändern sich die relativen Faktorpreise aufgrund der Subventionierung des einen Faktors, muß das Unternehmen die eingesetzte Menge des subventionierten Faktors zu Lasten des nicht-subventionierten Faktors erhöhen, um eine ***gegebene*** Outputmenge weiterhin gewinnmaximierend zu produzieren. Zusätzlich kommt es aufgrund der insgesamt gesunkenen Produktionskosten zu einer ***Erhöhung*** des produzierten Outputs.

Diese gedankliche Zerlegung der Subventionswirkung in einen Substitutionseffekt und einen Outputeffekt (auch „Skaleneffekt" genannt) läßt sich grafisch veranschaulichen durch ein Diagramm, in dem auf den beiden Achsen die Inputfaktoren aufgetragen sind und wo die Budgetgerade B alle Inputkombinationen angibt, die zu gegebenen Kosten durchgeführt werden können. Wo die Budgetgera-

---

[45] Alternativ kann dieses Ergebnis dadurch hergeleitet werden, daß aus (4.3) bzw. (4.4) mittels totalem Differenzieren oder der Anwendung des Implizite-Funktionen-Theorems (vergl. Chiang [1984: 198 ff.]) die Ableitungen $\partial n/\partial \phi$ bzw. $\partial n/\partial s$ berechnet werden; beide sind positiv.

[46] Zur mathematischen Herleitung siehe z.B. Chiang [1984: 418 ff.].

de die Isoquante mit dem höchsten Outputniveau tangiert, ist das optimale Verhältnis der Inputfaktoren erreicht (in Abb. 4.1. ist dies zunächst im Punkt G_0 der Fall). Eine Subventionierung des Inputfaktors n würde nun eine Drehung der Budgetgerade auf $B^{(S)}$ veranlassen, und aufgrund der flacheren Steigung der neuen Budgetgeraden (d.h. aufgrund der Änderung der relativen Faktorpreise) kommt es bei einer kurzfristig konstanten Produktionsmenge zunächst zu einem isolierten Substitutionseffekt, bei dem sich der Optimalpunkt ***auf*** der Isoquante Q_0 zum neuen Gleichgewichtspunkt G_1 verschiebt. Durch die Drehung der Budgetgeraden ist aber zusätzlich auch ein höherer Output für das Unternehmen erreichbar, d.h. langfristig befindet sich das neue Gleichgewicht im Punkt G_2 [47].

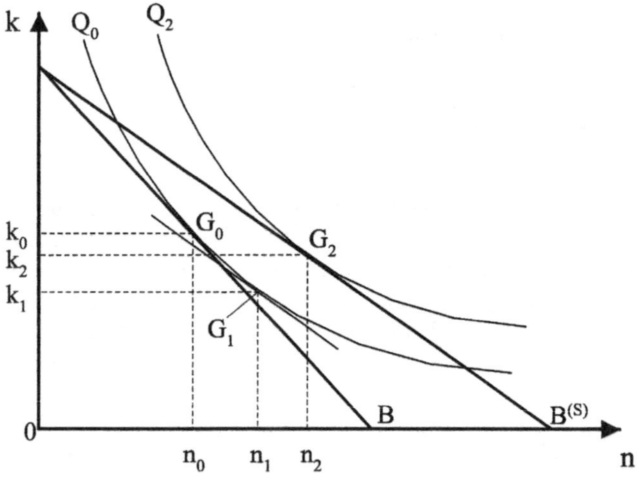

Abb. 4.1.: Output- und Substitutionseffekt bei allgemeinen Lohn- und Beschäftigungssubventionen

[47] Vergl. Bassi [1985: 673 f.]. Der Punkt G_2 bezeichnet die outputmaximierende Inputkombination bei konstanten Gesamtkosten, während G_1 die kostenminimierende Inputkombination bei konstantem Output darstellt. Welche Inputkombination ein ***gewinnmaximierendes*** Unternehmen wählen wird, ist a priori nicht zu beantworten (sofern man nicht pauschal unterstellt, daß Gewinnmaximierungs- und Kostenminimierungsziele zu jeweils gleichen Ergebnissen führen; vergl. zu einem solchen Vorgehen Franz [1991: 136 f.] oder Bassi [1985: 674 f.]). Borjas hat darauf hingewiesen, daß es für ein gewinnmaximierendes Unternehmen in der Regel nicht optimal ist, zu den gleichen Gesamtkosten wie vor der Subventionierung zu produzieren. Folglich müßten die Gesamtkosten der Produktion, die das Unternehmen nach der Subventionierung des einen Faktors zu tragen bereit ist, ***höher*** sein als vorher, und die beiden Budgetgeraden B bzw. $B^{(S)}$ würden nicht mehr den selben Achsenabschnitt besitzen (siehe Borjas [1996: 116 ff.]).

Die Bewegung von G_1 auf G_2 würde nur in jenem Spezialfall nicht stattfinden, wo es eine völlig preisunelastische Nachfrage nach den Produkten des Unternehmens gibt (d.h. wo Preissenkungen den Güterabsatz nicht steigern könnten).[48] Hier würde es dann ausschließlich zu Substitutionseffekten kommen. Ein anderer Spezialfall würde unter limitationalen Produktionsbedingungen auftreten, wo alle Produktionsfaktoren in einem festen Verhältnis zueinander eingesetzt werden müssen. Unter dieser Nebenbedingung würden sich die Isoquanten auf jeweils einen einzigen Punkt reduzieren, und die Höhe der Beschäftigung wäre nicht mehr von dem relativen Verhältnis der Faktorpreise abhängig. Folglich könnten in diesem besonderen Fall nur Outputeffekte als Folge einer Beschäftigungssubventionierung auftreten.

Formal lassen sich Substitutionseffekt und Outputeffekt als Argumente der Lohnelastizität der Arbeitsnachfrage η (bzw. der „Subventionselastizität" der Beschäftigung $\overline{\eta}$) ausdrücken. Die Werte dieser Elastizitäten geben an, um wieviel Prozent sich die Arbeitsnachfrage bezogen auf ein herrschendes Niveau verändert, wenn sich der Lohnsatz um ein Prozent ändert. Unter Verwendung bestimmter Annahmen (z.B.: konstante Skalenerträge, vollständige Konkurrenz) kann die bekannte Formel[49]

$$(4.6) \qquad \eta = -[(1-\nu)\sigma + \nu\varepsilon]$$

hergeleitet[50] werden, mit ν als dem Anteil der Arbeitskosten an den Gesamtkosten der Produktion, ε als der Preiselastizität der Nachfrage nach dem produzierten Gut und σ als der Substitutionselastizität zwischen Arbeit und Kapital. Je leichter die beiden betrachteten Inputfaktoren gegeneinander substituierbar sind (d.h. je größer σ ist), desto stärker wird die Beschäftigungsgröße auf eine Lohn- oder Beschäftigungssubventionierung reagieren.

Das Ausmaß der subventionsinduzierten Substitutionseffekte dürfte in der Praxis recht klein sein. Denn man muß davon ausgehen, daß im Regelfall nur eine Ex-ante-Entscheidung zwischen den Produktionsfaktoren Arbeit und Kapital möglich ist, während der nachträgliche Umstieg von kapital- zu arbeitsintensiven Produktionsverfahren angesichts der Höhe der aufgewandten Implementierungskosten

---

48 Ausgefeilte Modelle, die diesen Spezialfall implizieren, sind von der „Neuen Keynesianischen Makroökonomik" entwickelt worden; vergl. die Einführung in diese Modelle bei Felderer/Homburg [1991: 287–346].

49 Siehe z.B. Hamermesh [1993: 24, Gl. 2.7a'].

50 Die mathematische Herleitung ist relativ aufwendig (siehe z.B. Allen [1950: 372 ff.]) und soll deshalb an dieser Stelle nicht im einzelnen wiedergegeben werden.

meistens nicht in Frage kommt. Bei der Wahl des Faktoreinsatzverhältnisses handelt es sich um eine langfristige Investitionsentscheidung der Unternehmen, die sicherlich nur wenig von den typischerweise kurzfristig wirkenden Subventionsanreizen beeinflußt wird.[51]

Eine andere Möglichkeit der Faktorsubstitution könnte für Unternehmen darin bestehen, den Bezug von Vorprodukten und externen Dienstleistungen durch die Eigenerstellung dieser Güter und Dienstleistungen zu ersetzen.[52] Vorausgesetzt, eine solche „vertikale Integration" ist technisch möglich, so kann durchaus in manchen Fällen[53] der Subventionsanreiz groß genug sein, um die bisherigen komparativen Nachteile der Eigenleistung gegenüber Fremdaufträgen (z.B. ein geringeres Know-how, schlechtere Sachausrüstung, „economies of scale") zu kompensieren und die Umstellungskosten zu finanzieren.

Die bisherigen, mikroökonomischen Überlegungen gingen von der Annahme aus, daß r, der Preis des zweiten Produktionsfaktors, konstant sei. In gesamtwirtschaftlicher Betrachtung dürfte diese Annahme jedoch nicht länger haltbar sein. Bei ***allgemeinen*** (und nicht-selektiven) ***Lohnsubventionen*** würden zum Beispiel die inländischen Unternehmen der Investitionsgüterindustrie ebenso wie alle anderen Unternehmen subventioniert werden, und damit könnten diese Unternehmen dem drohenden Verlust an Nachfrage nach ihren Produkten dadurch entgehen, daß sie ihre Subventionsgewinne vollständig in Preissenkungen weitergeben. Folglich könnten nach einer allgemeinen Lohnsubvention die Preise der Faktoren Kapital („Maschinen"), Vorprodukte etc. im gleichen Maße sinken wie der Preis des Faktors Arbeit, und innerbetriebliche Substitutionseffekte sowie volkswirtschaftliche Verdrängungseffekte würden dann nicht stattfinden.

4.2.2. Der Arbeitszeit-Substitutionseffekt

Eine weitere Möglichkeit für Unternehmen, ihre Beschäftigtenzahl trotz eines gleichbleibenden Produktionsvolumens zu erhöhen, stellt die Substitution von Arbeitszeit durch Beschäftigung dar. Diese soll im folgenden anhand eines Modells von Hart [1989] näher untersucht werden, und zwar zunächst für den Fall

---

[51] Vergl. Rabe [1993: 7 f.], Albeck [1982: 15 f.] oder Hamermesh [1978: 100].

[52] Vergl. z.B. Rehn [1980: 548], Rabe [1993: 23] oder Bishop [1981: 215 f.].

[53] Man denke hier vor allem an gering qualifizierte Tätigkeiten (wie z.B. Reinigungsarbeiten) oder an solche Dienstleistungen, die ohnehin eine enge Zusammenarbeit mit dem Auftraggeber erfordern (wie z.B. die Entwicklung von Werbekonzepten).

allgemeiner Lohn- und Beschäftigungssubventionen. Es wird von einem kostenminimierenden Unternehmen ausgegangen, dessen Arbeitskosten $C^{(L)}$ sich im Subventionierungsfall bestimmen als

$$(4.7) \qquad C^{(L)} = [t^{(w)}w(h) + z + t^{(n)}]n \ ,$$

wobei $t^{(w)}$ und $t^{(n)}$ zwei unterschiedliche Arten von lohn- bzw. beschäftigungsbezogenen Steuern („payroll taxes") und z die einmaligen Einstellungs- und Einarbeitungskosten bezeichnen (letztere umgelegt auf einen Monat und entsprechend abgezinst). Wenn zur Vereinfachung

$$(4.8) \qquad \tau \equiv (z + t^{(n)}) / t^{(w)}$$

definiert wird, läßt sich (4.7) schreiben als

$$(4.9) \qquad C^{(L)} = t^{(w)}[w(h) + \tau]n \ .$$

Die Lohnkosten w(h) pro Periode und Arbeitnehmer bestimmen sich nach der Gleichung

$$(4.10) \qquad w(h) = \begin{cases} w_0 h_0 + a w_0 (h - h_0) & \text{für } h > h_0 \\ w_0 h & \text{für } h \le h_0 \ , \end{cases}$$

mit w_0 als Standardlohnsatz pro Arbeitsstunde, h als Arbeitszeit (die vom Unternehmen flexibel festgesetzt werden kann), h_0 als Standardarbeitszeit und a als Überstundenzuschlag ($a > 1$). Ferner definiert Hart die Produktionsfunktion als

$$(4.11) \qquad q = f\left[n^{\alpha}\left(h - \tilde{h}\right)^{\beta}\right] \qquad \text{mit } 0 < \alpha \le 1,\ 0 < \beta < 1,\ h > \tilde{h},\ q' > 0,\ q'' < 0,$$

mit q als Output und $\tilde{h}$ als Arbeitsvorbereitungszeit („set-up time").

Indem Hart die Kostenfunktion (4.9) in Verbindung mit (4.10) minimiert unter der Lagrange-Nebenbedingung der Produktionsfunktion aus Gleichung (4.11)[54], erhält er für h einen Gleichgewichtswert (vor Subventionierung) von

$$(4.12) \qquad h^* = \frac{-h_0 \beta w_0 (a-1) + \beta\tau + \alpha \tilde{h} a w_0}{(\alpha - \beta) a w_0} \ .$$

Es ergibt sich $\partial h^* / \partial \tau > 0$, was bedeutet, daß für ein Unternehmen, welches im Ausgangsgleichgewicht Überstundenzuschläge zahlt, jede Reduzierung der lohnabhängigen Steuer bzw. Sozialabgabe $t^{(w)}$ (oder gleichbedeutend die Einführung

---

54 Zur Erläuterung des Lagrange-Verfahrens siehe zum Beispiel Chiang [1984: 372 ff.] oder Felderer/Homburg [1991: 394 ff.].

einer allgemeinen ***Lohnsubvention***) zu verlängerten Arbeitszeiten führt, während eine Reduzierung der beschäftigungsabhängigen Steuer $t^{(n)}$ (oder gleichbedeutend die Einführung einer allgemeinen ***Beschäftigungssubvention***) zu einer Verringerung der Arbeitszeiten führen muß.[55] Aufgrund der substitutiven Beziehung zwischen den „Produktionsfaktoren" n und h verändert sich das Beschäftigungsniveau dabei stets in die entgegengesetzte Richtung zur Entwicklung der Arbeitszeit. (Werden hingegen die Wirkungen von allgemeinen Lohnsubventionen in einem Gewinnmaximierungsmodell untersucht, wird dieser auf n negativ wirkende Substitutionseffekt durch einen positiven Skaleneffekt mehr als ausgeglichen[56]; hier würde dann also auch die Beschäftigungsmenge nach einer Lohnsubventionierung steigen, wenn auch weniger stark als die Arbeitszeit.)

Ein ernsthaftes Problem in diesem Zusammenhang stellt allerdings die Tatsache dar, daß die abgeleiteten Ergebnisse nur bei bestimmten Parameterkonstellationen gültig sind, in diesem Fall nur unter der Bedingung $\alpha > \beta$. Bei $\alpha < \beta$ hingegen ließe sich - unabhängig von der anschließend gewählten Subventionsform - kein Ausgangsgleichgewicht begründen, weil entweder die Bedingungen zweiter Ordnung für ein Kostenminimum das „falsche" Vorzeichen aufweisen oder sich negative Optimalwerte für h bzw. n ergeben würden (zu letzterem vergl. Gleichung (4.12)). Nach Auskunft von Hart sind die empirischen Indizien dafür, ob die Bedingung $\alpha > \beta$ in der Praxis erfüllt ist, geteilt.[57]

Ein ganz ähnliches Problem mit dem Definitionsbereich stellt sich auch im bekannten Modell der simultanen Bestimmung der Faktornachfrage, das auf Nadiri/ Rosen zurückgeht; bei Annahme einer Arbeitskostenfunktion

(4.13) $$C^{(L)} = (wh + z + t^{(n)})n$$

und unter der Nebenbedingung einer Cobb-Douglas-Produktionsfunktion des Typs

(4.14) $$q = n^{\alpha} h^{\beta}$$

errechnet sich dort der Gleichgewichtswert von h (nach dem Lagrange-Verfahren) als

(4.15) $$h^* = \frac{z + t^{(n)}}{w\left((1+\eta_{wh})\frac{\alpha}{\beta} - 1\right)},$$

[55] Hart [1989: 392 f.].

[56] Hart [1989: 393].

[57] Hart [1989: 388 (Fn 3)].

wobei $\eta_{wh} = (dw/dh)\cdot(h/w)$ die Überstundenelastizität des Lohnes bezeichnet.[58] Im folgenden sei der Einfachheit halber angenommen, daß $\eta_{wh} = 0$ ist. Mit dem Term $(z+t^{(n)})$ sind wie oben die lohnunabhängigen Personalkosten bezeichnet, und $t^{(n)} < 0$ würde für eine Beschäftigungssubvention stehen. Unter der Annahme $z+t^{(n)} > 0$ ist für ökonomisch relevante Werte $h > 0$ ein Minimum der Kostenfunktion nur dann existent, wenn $\alpha > \beta/(1+\eta_{wh})$, d.h. $\alpha > \beta$ ist.

Natürlich sagt die bloße Tatsache, daß sich unter bestimmten Bedingungen keine Gleichgewichtslösung berechnen läßt, nichts darüber aus, ob unter diesen Bedingungen Substitutionseffekte stattfinden oder nicht. Wenn beispielsweise im Nadiri/Rosen-Modell der Saldo aus beschäftigungsabhängigen Steuern/Fixkosten und der Beschäftigungssubvention negativ ausfällt $(z+t^{(n)} < 0)$ ***und*** gleichzeitig $\alpha < \beta/(1+\eta_{wh})$ ist, dann zeigen die zweiten Ableitungen, daß man in diesem Fall statt des gesuchten Kostenminimums ein Maximum erhält, so daß der mathematisch ermittelte „Optimalwert" für h nicht der ökonomisch relevante Optimalwert ist. Dieser läßt sich jedoch näherungsweise bestimmen, wenn man in die Kostengleichung (4.13) die durch die Produktionsfunktion (4.14) festgelegte Beziehung $n = q^{1/\alpha}h^{-(\beta/\alpha)}$ einsetzt und dann den Grenzwert der Funktion mit h gegen Null bildet (man beachte die Bedingung $\alpha < \beta$). Es zeigt sich, daß in diesem Fall ***starke*** Substitutionseffekte stattfinden müßten: denn die für die Unternehmen optimale Zahl an Arbeitsstunden geht gegen Null, während n gegen unendlich und die Arbeitskosten $C^{(L)}$ gegen minus unendlich laufen. Unglücklicherweise ergibt sich jedoch bei diesem ad hoc vorgenommenen Wechsel zur Parameterkonstellation $\alpha < \beta$ dasselbe Problem wie oben im Hart-Modell: daß nun nämlich die Existenz eines ***Vor-Subventions***-Gleichgewichts (dieses bedingt $(z + t^{(n)}) > 0$) mathematisch nicht mehr erklärbar ist.

Generell stellt es sicher auch ein gewisses Problem dar, daß Harts Modell deterministisch angelegt ist, während Überstunden vor allem im Zusammenhang mit Unsicherheit relevant sind.[59] Doch das grundsätzliche Ergebnis, daß allgemeine Beschäftigungssubventionen eine betriebliche Substitution von Arbeitsstunden durch Beschäftigte hervorrufen, erscheint plausibel. Dieses Ergebnis wird übrigens auch bei Hamermesh erzielt, in dessen Modell von einer Outputmaximie-

[58] Vergl. Franz [1991: 155, Gl. (4.92)], wobei die Notation dem Hart-Modell angepaßt wurde.

[59] Diese Aussage ist in dem Sinne gemeint, daß sich im vorhinein oft nicht bestimmen läßt, wieviel Arbeitszeit die Erfüllung einer bestimmten Aufgabe in Anspruch nimmt; vergl. z.B. das Modell von Bell/Hart [1999: 272 f.], wo Arbeitgeber und Arbeitnehmer nur die Wahrscheinlichkeitsverteilung der für die Durchführung der Aufgabe benötigten Arbeitsstunden kennen und auf dieser Grundlage den zu zahlenden Lohnsatz aushandeln.

rung bei konstanten Arbeitskosten ausgegangen wird.[60] Hamermesh weist allerdings darauf hin, daß bei der Aufnahme weiterer Produktionsfaktoren in die Produktionsfunktion die Frage, ob Beschäftigungssubventionen zu Arbeitszeitverkürzungen führen, unter diesen Umständen nicht mehr eindeutig zu beantworten ist (während hingegen immer noch mit Sicherheit gesagt werden kann, daß die Subventionierung zu einem höheren Beschäftigtenstand führt).[61]

4.2.3. Volkswirtschaftliche Multiplikatoreffekte

Da sich im Regelfall nach einer beschäftigungspolitischen Subventionierung das gesamtwirtschaftliche Arbeitsvolumen und damit ceteris paribus die Summe der Einkommen der privaten Haushalte erhöht und dieses zusätzliche Einkommen wenigstens zum Teil wieder nachfragewirksam wird, würde dies in der Folge weitere Beschäftigungsexpansionen in der Volkswirtschaft hervorrufen, die dann nur noch ***indirekt*** auf die anfängliche Subventionierung zurückgeführt werden können. Die positive Rückkopplungsschleife zwischen Nachfrage und Beschäftigung führt zu einem multiplikativen Prozeß der Arbeitsplatzschaffung, dessen Wachstum sich allerdings in jeder neuen Runde weiter abschwächt.

Eine vollständige Analyse der Beschäftigungswirkungen von Lohn- und Beschäftigungssubventionen muß diesen Unterschied zwischen einer betrieblichen Einperiodenbetrachtung und der volkswirtschaftlichen Dimension der Arbeitsplatzschaffung berücksichtigen. In der ***Einperiodenbetrachtung*** ist n_1, der Beschäftigungsstand nach Subventionierung, eine Funktion des Beschäftigungsstandes vor Subventionierung (n_0) und des Subventionsbetrags s:

$$(4.16) \quad n_1 = n_1(n_0, s) \; .$$

Konkret kann diese Abhängigkeit wie folgt spezifiziert werden:

$$(4.17) \quad n_1 = n_0 + \Delta n(s) \; .$$

Der letzte Term dieser Gleichung, die durch die Subvention induzierte Beschäftigungsänderung Δn, läßt sich auch anders ausdrücken; denn da die Lohnelastizität der Beschäftigung[62] bekanntlich definiert ist als $\eta = (\Delta n/\Delta w)\cdot(w_0/n_0)$,

---

[60] Hamermesh [1993: 49 ff.]. In Hamermeshs Modell kann eine Beschäftigungssubvention als eine Verringerung der Fixkosten F pro Arbeitsplatz interpretiert werden.

[61] Hamermesh [1993: 52, 54, 128].

[62] Wird oft auch als Lohnelastizität der ***Arbeitsnachfrage*** bezeichnet.

läßt sich analog dazu eine „Subventionselastizität der Beschäftigung" $\overline{\eta}$ wie folgt konstruieren:

$$(4.18) \quad \overline{\eta} = \frac{\Delta n}{s} \frac{(w-s)_0}{n_0}, \quad \text{mit } \overline{\eta} \geq 0 .$$

Die Einführung einer Beschäftigungssubvention, die vorher nicht existiert hat, würde $(w-s)_0 = w_0$ bedeuten. Dies eingesetzt in (4.18) und umgeformt nach Δn ergibt einen subventionsbedingten Beschäftigungszuwachs von

$$(4.19) \quad \Delta n = \overline{\eta} \frac{n_0}{w_0} s .$$

Gleichung (4.19) eingesetzt in (4.17) und dieses wiederum abgeleitet nach s ergibt

$$(4.20) \quad \frac{\partial n_1}{\partial s} = \overline{\eta} \frac{n_0}{w_0} .$$

Der im folgenden zu vollziehende Übergang von der mikroökonomischen zur makroökonomischen Betrachtungsweise soll durch die Verwendung von Großbuchstaben symbolisiert werden. Analog zu oben (Gleichungen (4.16) und (4.17)) gilt zunächst

$$(4.21) \quad N_1 = N_1(N_0, s) = N_0 + \Delta N(s) \qquad \text{sowie:} \quad \frac{\partial N_1}{\partial s} = \overline{\eta} \frac{N_0}{w_0} .$$

Für alle weiteren Perioden $t > 1$ ist nun zu berücksichtigen, daß die gesamtwirtschaftliche Güternachfrage Y_t eine positive Funktion der aggregierten Beschäftigung N_t ist:

$$(4.22) \quad Y_t = Y_t(N_t) \qquad (\partial Y / \partial N > 0) ,$$

während die umgekehrte Kausalität, die Abhängigkeit der Beschäftigung von der gesamtwirtschaftlichen Nachfrage, ebenfalls positiv ist:

$$(4.23) \quad N_t = N_t(Y_{t-1}, s) \qquad (\partial N / \partial Y > 0) .$$

Es sei angenommen, daß die Beschäftigung mit einer Zeitverzögerung von einer Periode auf Nachfrageänderungen reagiert. Wenn man (4.22) in (4.23) einsetzt, erhält man

$$(4.24) \quad N_t = N_t\big(Y_{t-1}(N_{t-1}), s\big) .$$

Zur Untersuchung der Beschäftigungswirkung der Subvention soll zunächst der ***Zweiperioden-Fall*** untersucht werden. Die Ableitung von N_2 nach s in Gleichung (4.24) ergibt

$$(4.25)\quad \frac{dN_2}{ds} = \frac{\partial N_2}{\partial Y_1}\frac{\partial Y_1}{\partial N_1}\frac{\partial N_1}{\partial s} + \frac{\partial N_2}{\partial s}.$$

Der Gesamteffekt dN_2/ds ergibt sich somit als die Summe seiner zwei Teileffekte: dem ***direkten*** Effekt des anhaltenden Subventionsanreizes auf die Beschäftigungsmenge im Zeitpunkt $t=2$ einerseits (ganz rechts in der Gleichung) und dem ***indirekten*** Effekt (der über den Kreislaufzusammenhang wirkt) andererseits. Letztgenannter Ausdruck kann vereinfacht werden, indem man ihn mit Y_1N_1 erweitert und sich bewußt macht, daß sich die Güternachfrageelastizität der Beschäftigung als $(\partial N/\partial Y)\cdot Y/N \equiv \varepsilon_{NY}$ bzw. die Beschäftigungselastizität der Güternachfrage als $(\partial Y/\partial N)\cdot N/Y \equiv \varepsilon_{YN}$ schreiben läßt. Man erhält also

$$(4.26)\quad \frac{dN_2}{ds} = \left(\frac{\partial N_2}{\partial Y_1}\frac{Y_1}{N_1}\right)\left(\frac{\partial Y_1}{\partial N_1}\frac{N_1}{Y_1}\right)\frac{\partial N_1}{\partial s} + \frac{\partial N_2}{\partial s} \approx \varepsilon_{NY}\varepsilon_{YN}\frac{\partial N_1}{\partial s} + \frac{\partial N_2}{\partial s}.$$

Wenn man zudem annimmt, daß die Höhe der direkten Beschäftigungswirkung der Subvention zeitinvariant ist, also $(\partial N_1/\partial s) = (\partial N_2/\partial s) \ldots = (\partial N_t/\partial s)$ ist, dann kann man (4.26) vereinfachen zu

$$(4.27)\quad \frac{dN_2}{ds} \approx \left(1+\varepsilon_{NY}\varepsilon_{YN}\right)\frac{\partial N_1}{\partial s}.$$

Verlängert man den Betrachtungszeitraum um eine weitere Periode, ergibt sich die Beschäftigungswirkung als

$$(4.28)\quad \frac{dN_3}{ds} = \frac{\partial N_3}{\partial Y_2}\frac{\partial Y_2}{\partial N_2}\left(\frac{\partial N_2}{\partial Y_1}\frac{\partial Y_1}{\partial N_1}\frac{\partial N_1}{\partial s} + \frac{\partial N_2}{\partial s}\right) + \frac{\partial N_3}{\partial s}$$
$$\approx \left(1+\varepsilon_{NY}\varepsilon_{YN} + \left(\varepsilon_{NY}\varepsilon_{YN}\right)^2\right)\frac{\partial N_1}{\partial s}$$

(wobei hier implizit unterstellt wurde, daß auch die Elastizitäten ε_{NY} und ε_{YN} zeitinvariante Parameter sind). Für ein beliebiges t schließlich erhält man

$$(4.29)\quad \frac{dN_t}{ds} \approx \left(1+\varepsilon_{NY}\varepsilon_{YN} + \left(\varepsilon_{NY}\varepsilon_{YN}\right)^2 \ldots + \left(\varepsilon_{NY}\varepsilon_{YN}\right)^{t-1}\right)\frac{\partial N_1}{\partial s}.$$

Da allgemein gesprochen eine geometrische Reihe $g=a^0+a^1+a^2+a^3\ldots+a^t$ $(0<a<1)$ für t gegen unendlich zu $g=(1-a)^{-1}$ führt, kann unter der Annahme $0<\varepsilon_{NY}\cdot\varepsilon_{YN}<1$ Gleichung (4.29) überführt werden in

$$(4.30)\quad \frac{dN_t}{ds} \approx \mu\frac{\partial N_1}{\partial s} \qquad \text{mit } \mu \equiv \left(1-\varepsilon_{NY}\varepsilon_{YN}\right)^{-1}.$$

Langfristig gesehen ist also die Beschäftigungswirkung einer Subvention um den Faktor μ größer als diejenige der Einperiodenbetrachtung; zumindest gilt dies bei

Gültigkeit der Ceteris-paribus-Klausel.[63] Je näher dabei das Produkt der beiden Elastizitäten bei Eins liegt, desto höher wird der Wert, den der Multiplikator μ annimmt.[64] Eine Güternachfrageelastizität der Beschäftigung von $\varepsilon_{NY} = 1$ wäre mit der Annahme konstanter Skalenerträge der Produktion vereinbar[65] und deshalb ein nicht gerade unplausibler Schätzwert. Dagegen muß bei der Schätzung der Beschäftigungselastizität der Güternachfrage berücksichtigt werden, daß die Einkommenszuwächse der zusätzlich beschäftigten Arbeitnehmer vermutlich nur zum Teil in eine erhöhte inländische Konsumnachfrage umgewandelt werden. Vielmehr wird ein Teil dieses Einkommens von den privaten Haushalten zur Ersparnisbildung verwendet und ein weiterer Teil der Einkommenserhöhung für den Kauf ausländischer Güter eingesetzt. Aufgrund dieser Abflüsse müßte der Schätzwert für die Beschäftigungselastizität der Güternachfrage ungefähr bei $\varepsilon_{YN} = 0{,}66$ liegen.[66] Allerdings ist zu berücksichtigen, daß dieser Schätzwert wohl eher eine Untergrenze für den tatsächlichen Wert der Elastizität darstellen dürfte, denn erhöhtes Sparen bzw. der erhöhte Verbrauch ausländischer Güter haben ***langfristig*** eine ebenfalls positive Wirkung auf die Nachfrage nach inländischen Gütern. Höhere Sparguthaben würden ceteris paribus zu Zinssenkungen führen und damit zu steigenden Investitionen und/oder Überführung von Ersparnissen in den Konsum, während höhere Importe langfristig eine Abwertung der einheimischen Währung und damit verbesserte Exportmöglichkeiten der einheimischen Industrie zur Folge haben müßten.[67]

Das Einsetzen der genannten Schätzwerte in Gleichung (4.30) führt zu $\mu \approx 2.97$. Die wirtschaftspolitische Bedeutung dieses Ergebnisses müßte zwar insofern relativiert werden, als sich die vollständige Realisierung aller Multiplikatoreffekte über einen extrem langen (strenggenommen unendlichen) Zeitraum erstrecken

---

[63] Insbesondere wird von konstanten Löhnen ausgegangen. Auch darf es keine Beschränkung der Produktion durch Kapitalknappheit o.ä. geben.

[64] Ist das Produkt der Elastizitäten gleich Eins, ist μ nicht definiert, doch der Grenzwert von μ geht gegen unendlich.

[65] Bei konstanten Skalenerträgen ist eine langfristige Beschäftigungselastizität des Outputs von Eins zu erwarten; vergl. Hamermesh [1976: 518].

[66] Im Jahr 1998 beispielsweise betrug die Sparquote 10,1 % und der Anteil der Importe am Bruttoinlandsprodukt 27,2 % (Quelle: Sachverständigenrat [1999: 247 ff.]), so daß sich hier - unter der Prämisse, daß diese Sparquote der ***marginalen*** Sparquote entspricht und die ausgewiesene Importquote mit der ***marginalen*** Importquote identisch ist - eine marginale Konsumquote inländischer Güter von $(1-0.101)\cdot(1-0.272) \approx 0.663$ ergeben würde.

[67] Die Begründung für den letztgenannten Mechanismus ist, daß es keine ***dauerhaften*** Ungleichgewichte der nationalen Handelsbilanz geben kann. Vergl. hierzu beispielsweise die einprägsamen Kommentare von Friedman [1975/79: 166 ff.].

würde; doch kann dieser Schätzwert für μ zumindest das beachtliche Potential an mittel- und langfristigen Beschäftigungssteigerungen aufdecken, welches sich hinter kurzfristig vielleicht nur bescheidenen Beschäftigungserfolgen verbergen kann.

An dieser Stelle soll die Analyse der Beschäftigungswirkungen allgemeiner Lohn- und Beschäftigungssubventionen vorläufig abgebrochen werden, um im folgenden Abschnitt zur Untersuchung der Beschäftigungswirkungen ***marginaler*** Subventionen in einem Fixlohnmodell überzugehen.

4.3. Marginale Subventionierung

4.3.1. Output- und Substitutionseffekte

Prinzipiell treten die mikroökonomischen Output- und Substitutionseffekte, die im obigen Abschnitt über die allgemeinen Lohn- und Beschäftigungssubventionen beschrieben worden sind, bei marginalen Subventionen ebenfalls auf - wenn auch in anderen Anteilen. Dies läßt sich anhand von Abbildung 4.2. demonstrieren.

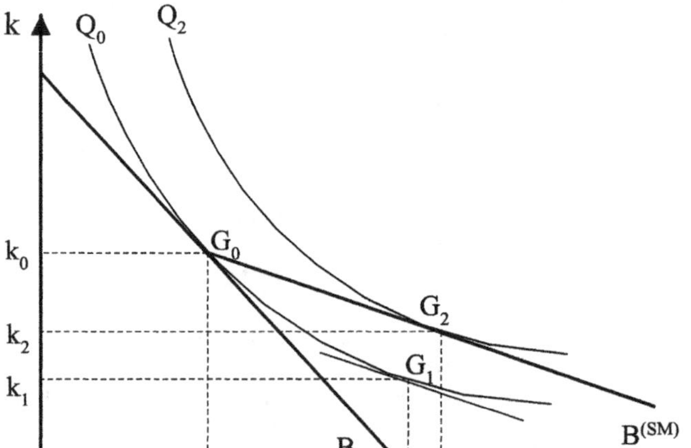

Abb. 4.2.: Output- und Substitutionseffekt bei marginalen Lohn- und Beschäftigungssubventionen

Bei einer ***marginalen*** Subventionierung verändert sich die Budgetgerade B nur im Bereich $n > n_0$. Deshalb kommt es im Falle einer marginalen Lohn- oder Beschäftigungssubvention mit Basiswert 100 % ***immer*** zu einer Abnahme des zweiten Produktionsfaktors, d.h. $k_2 < k_0$ (während bei ***allgemeinen*** Subventionen die Einsatzmengen des Faktors Kapital gegebenenfalls auch steigen können, wenn nämlich der Outputeffekt den Substitutionseffekt dominiert).

Im Gegensatz zu allgemeinen Subventionen ist bei marginalen Subventionen auch eine Substitution zwischen den Faktoren Arbeit und Kapital auf ***betrieblicher*** Ebene viel wahrscheinlicher, denn maschinenherstellende Unternehmen würden in der Regel nicht in der Lage sein, ihre ***durchschnittlichen*** Absatzpreise derart stark zu senken, daß sie nach wie vor geringer wären als jene veränderten ***Grenz***kosten der Arbeit, denen sich die subventionierten Betriebe gegenübersehen.[68] Bei rein mikroökonomischer Betrachtungsweise würde die Beschäftigung also zunehmen. Zu einem möglicherweise anderen Ergebnis könnte man allerdings bei einer ***gesamtwirtschaftlichen*** Betrachtung kommen. Denn je größer die subventionsbedingte Substitution von Kapital durch Arbeit in den Betrieben wäre, desto mehr Arbeitnehmer würden in der Investitionsgüterindustrie entlassen werden müssen. Wegen dieses Effektes dürfte es a priori unklar sein, ob sich in gesamtwirtschaftlicher Perspektive tatsächlich ein positiver Netto-Beschäftigungserfolg ergeben würde.[69]

4.3.2. Der Arbeitszeit-Substitutionseffekt

Auch beim Arbeitszeit-Substitutionseffekt führt der Einsatz ***marginaler*** Subventionen zu leicht abweichenden Ergebnissen, wie im folgenden gezeigt werden soll. Wird in dem oben vorgestellten Modell von Hart die Gleichung (4.7) ersetzt durch die entsprechende Kostenfunktion des Unternehmens bei marginaler Lohnsubventionierung, dann ist

$$(4.31) \qquad C^{(L)} = \left[t^{(w)}w(h) + z + t^{(n)}\right]n - \phi\, t^{(w)}w(h)\left[\max(0, n-n_0)\right] .$$

[68] Dies gilt zumindest unter der Annahme, daß Preisdifferenzierungen am Absatzmarkt nicht möglich sind.
[69] Insoweit Maschinen oder Vorleistungen aus dem Ausland bezogen werden, sind kurzfristige Beschäftigungseffekte denkbar, die jedoch wegen der veränderten Zahlungsbilanz und der dann zu erwartenden Aufwertung der einheimischen Währung vermutlich nicht von Dauer wären. - Zu den betrieblichen versus volkswirtschaftlichen Substitutionseffekten vergl. auch die Position der sogenannten Produktionsumwegstheorie (z.B. Teschner [1978: 355]).

Die Subventionierung bezieht sich hierbei ausschließlich auf ***zusätzliche*** Arbeitsplätze (jenseits der Beschäftigungsmenge n_0).[70] Wird Gleichung (4.10) in (4.31) eingesetzt und die Produktionsfunktion (4.11) wieder als Nebenbedingung verwendet, läßt sich die für das Unternehmen optimale Anzahl an Arbeitsstunden pro Arbeitsverhältnis leicht berechnen. Denn ein Gleichgewicht existiert dort, wo die Steigung der Isoquante Q_i, also

$$\text{(4.32)} \qquad \frac{dn}{dh} = \frac{\partial q}{\partial h} \Big/ \frac{\partial q}{\partial n} = \frac{-\beta n}{\alpha(h-\tilde{h})} < 0 ,$$

mit der Steigung der Isokostenkurve übereinstimmt. Letztere wird ermittelt, indem Gleichung (4.31) nach n umgeformt und - bei gegebenem $C^{(L)}$ - nach h abgeleitet wird; man erhält zunächst

$$\text{(4.33)} \qquad n = \frac{C^{(L)}/t^{(w)} - \phi w(h) n_0}{\tau + (1-\phi) w(h)} \qquad (\text{mit } \tau \equiv (z + t^{(n)})/t^{(w)})$$

und dann

$$\text{(4.34)} \qquad \frac{dn}{dh} = \frac{-w_h \left[\phi \tau n_0 + (1-\phi) C^{(L)}/t^{(w)}\right]}{\left[\tau + (1-\phi) w\right]^2} .$$

Da $d^2n/dh^2 > 0$ ist, ist die Isokostenkurve konvex. Um zu berechnen, wie sich die Steigung der Isokostenkurve, also dn/dh, im Punkt (n_0,h_0) durch eine marginale Lohnsubventionierung $\phi > 0$ verändern würde, bildet Hart die entsprechende Ableitung $\partial(dn/dh)/\partial\phi$ für gegebene $C^{(L)}, n=n_0$ sowie $h=h_0$; diese erweist sich als negativ.[71] Das bedeutet, daß die Erhöhung von ϕ gegenüber dem Ausgangszeitpunkt zu einer stärker negativen Steigung der Isokostenkurve im Punkt n_0 führt.

In der grafischen Darstellung dieses Sachverhalts (Abb. 4.3.) verschiebt sich aufgrund der marginalen Subvention der linke Ast der bisherigen Isokostenkurve B vom Drehpunkt (n_0, h_0) aus nach oben. Der rechte Ast der Kurve hingegen bleibt unverändert, weil bei einem Beschäftigungsstand von $n < n_0$ trotz positivem ϕ definitionsgemäß keine Subventionszahlungen stattfinden. Die neue Isokostenkurve $B^{(S)}$ erreicht eine höhere Isoquante Q_1 in einem Tangentialpunkt, der in je-

---

[70] Es ist anzumerken, daß die Ergebnisse des Modells nur für jenen speziellen Fall einer marginalen Subvention Gültigkeit beanspruchen können, wo die Subventionierungsschwelle $n°$ identisch ist mit dem Ausgangswert der Beschäftigung n_0 (vergl. hierzu unten die zentrale Bedeutung, die die Existenz eines Knickpunkts der Isokostenkurve exakt im Punkt n_0 für die Herleitung des Ergebnisses hat).

[71] Hart [1989: 388 f.] sowie Hart [1987: 212 ff.].

dem Fall oberhalb von n_0 liegt. Aufgrund der gegenläufigen Entwicklung der Faktoreinsatzmengen n und h, welche bei vorgegebenen Kosten bestehen ***muß*** (sowohl $\partial n/\partial h$ wie auch $\partial h/\partial n$ sind kleiner Null), ist somit jede Steigerung von n mit einer Reduzierung von h verbunden und umgekehrt. Marginale Lohnsubventionen führen also zu einer höheren Beschäftigung im Betrieb ***und*** zu verringerten Arbeitszeiten.[72]

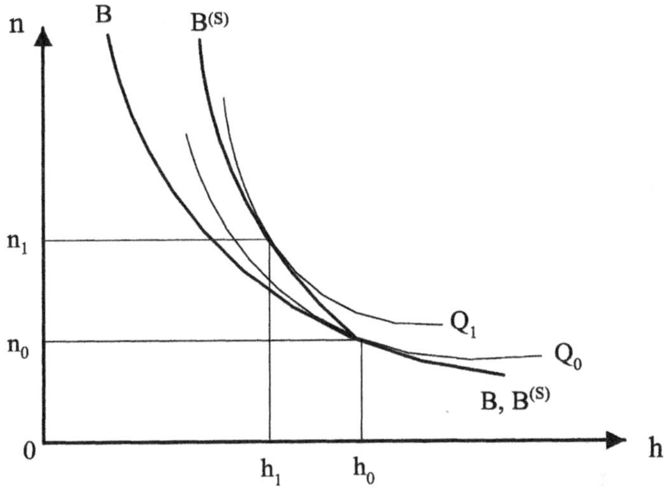

Abb. 4.3.: Substitution von Arbeitszeit durch Beschäftigte aufgrund einer marginalen Subvention

Das tatsächliche Ausmaß der Substitution zwischen Beschäftigten und Arbeitsstunden dürfte empirisch nicht leicht zu bestimmen sein, da Arbeitsplätze und Arbeitszeitpräferenzen sehr heterogen sind sowie gesetzliche und betriebsverfassungsrechtliche Schranken auf dem Gebiet der Arbeitszeitregulierung zu beach-

[72] Es ist übrigens interessant, daß eine administrativ verordnete Verkürzung der Normalarbeitszeit nicht unbedingt zu den gleichen Ergebnissen führt, denn eine solche Maßnahme würde wahrscheinlich - entgegen den ersten intuitiven Vermutungen - eher zu einem Rückgang als zu einem Ansteigen der Beschäftigung führen. Sofern nämlich zusätzliche Arbeitsverhältnisse zusätzliche Fixkosten verursachen, kann es für Unternehmen günstiger sein, die alte Arbeitszeit beizubehalten oder diese sogar auszuweiten, selbst wenn sie hierfür zukünftig mehr Überstundenzuschläge zahlen müssen. Außerdem kann die Verteuerung der Normalarbeitsverhältnisse sinkende Skaleneffekte auslösen. (Zum mathematischen Nachweis siehe z.B. Calmfors/Hoel [1988: 52 f., 60]).

ten sind. In Hamermeshs Buch „Labor Demand" sind als einzige empirische Untersuchungen, die direkte Schätzwerte für diese Substitutionselastizitäten liefern, zwei Studien von König/Pohlmeier aufgeführt, die beide auf derselben Datenbasis aufbauen. Ihre Schätzwerte liegen - je nach Schätzverfahren - im Bereich zwischen $\sigma_{nh} = -0.16$ und $\sigma_{nh} = -0.78$.[73]

Die konkreten betrieblichen Möglichkeiten einer Umstrukturierung der Arbeitszeit zugunsten eines höheren Beschäftigtenstandes sind vielfältig: sie reichen von der Umwandlung von Überstunden in reguläre Beschäftigungsverhältnisse über Arbeitsplatzteilungen (z.B. Job-Sharing) bis hin zu verschiedenen Formen betrieblicher Arbeitszeitverkürzungen (wie z.B. 4-Tage-Wochen, 6-Stunden-Schichten[74], aber auch Sabbatjahren etc.). Die Praxis zeigt, daß für offensichtlich immer mehr Unternehmen die Vorteile einer Arbeitszeitflexibilisierung die hiermit verbundenen Kosten überwiegen.[75] Dies käme dem Wunsch der meisten Beschäftigten nach kürzeren und flexibleren Arbeitszeiten entgegen.[76] Die derzeitige Entwicklung läuft dahin, die bislang fixen Regelarbeitszeiten durch einen (tariflich vereinbarten) Arbeitszeitkorridor abzulösen, innerhalb dessen die Arbeitszeit je nach Konjunkturlage variiert werden kann.[77] Wie in diesem Abschnitt gezeigt werden konnte, würde eine Einführung von marginalen Lohn- und Beschäftigungssubventionen diese generell herrschende Tendenz zur Arbeitszeitflexibilisierung weiter vorantreiben, und es erscheint wahrscheinlich, daß durch den Subventionsanreiz zusätzliche Innovationsschübe auf dem Gebiet der betrieblichen Arbeitszeitorganisation ausgelöst werden würden.

---

[73] Hamermesh [1993: 128 f.].

[74] Vergl. Raivio [1995].

[75] Vergl. z.B. zur Frage der Vorteilhaftigkeit von Teilzeitarbeit die bei Albach [1996: 11] angeführten Literaturstellen.

[76] So ergab z.B. die Auswertung des Sozioökonomischen Panels für 1993 (mit $N = 5963$), daß vollzeitarbeitende Frauen eine Absenkung ihrer Arbeitszeit von durchschnittlich 41 auf 35 Wochenarbeitsstunden präferierten, während vollzeitarbeitende Männer ihre Arbeitszeit gerne von durchschnittlich 43 auf ca. 38½ Stunden pro Woche reduzieren wollten; siehe Schramm/Schlese [1995: 573 f.] oder Schulze-Buschoff [1999: 12 ff.].

[77] Vergl. Bosch [1997: 146, 154 f.] oder Hegner [1995: 566]. Besonders hervorzuheben ist in diesem Zusammenhang das Beispiel der Volkswagen AG, welche 1994 zur Überbrückung von Absatzengpässen die „4-Tage-Woche" bzw. „28,8-Stunden-Woche" (ein konzernweit geltendes Arbeitszeitmodell mit partiellem Lohnausgleich) eingeführt hat; vergl. Hartz [1994].

4.3.3. Volkswirtschaftliche Verdrängungseffekte

Verdrängungseffekte finden dort statt, wo die subventionsbedingte Neuschaffung von Arbeitsplätzen nicht-subventionierte Arbeitsplätze in anderen Unternehmen verdrängt. Diese Verdrängungswirkungen sind bei marginalen Subventionen deshalb besonders ausgeprägt, weil die Entwicklung der Durchschnittskosten wegen des unterschiedlichen Grades der Subventionierung sehr ungleich verläuft. Im Extremfall würden die expandierenden (sprich: subventionierten) Unternehmen in einer bestimmten Industrie einen derart großen Kostenvorteil gegenüber den restlichen Unternehmen in diesem Markt erhalten, daß letztere zum Marktaustritt gezwungen werden.[78]

Nach einem Ansatz von Layard/Nickell würden Verdrängungseffekte nach einer marginalen Subventionierung selbst bei Annahme vollkommen identischer Unternehmen auftreten können. Denn nach dem Postulat der mikroökonomischen Theorie setzt das gewinnmaximierende Unternehmen stets Grenzkosten gleich Grenzerlöse (vergl. Gleichungen (4.3), (4.4)). Dies würde jedoch, wenn alle Unternehmen gleicherweise marginal subventioniert würden, unweigerlich zu einer (zeitweiligen) Überproduktion führen - ein Effekt, der von Layard/Nickell wie folgt beschrieben wird:

„A naive microeconomic analysis might conclude that since a profit-maximising firm is solely concerned with the ***marginal*** wage in determining its output and employment levels, a large subsidy on the wages of marginal employees would have a dramatic effect on the firm's level of employment at very little cost. This argument is, however, grossly misleading at a more aggregate level at least in a closed economy. Suppose ***all*** the firms in a competitive industry in equilibrium are offered a marginal wage subsidy and there is a consequent dramatic expansion in industry output. This will immediately lead to an equally dramatic fall in price in this industry and since average costs will have fallen but a little, the firms will be making losses. The industry will then contract, and in the new equilibrium the price of output will be equal to average cost in the marginal firm. Aggregate employment in the industry will have risen only to the extent that average cost has fallen as a result of the marginal subsidy; that is, not very much. This is of course a long-run argument, and since the subsidy is but a short-term phenomenon it is difficult to say precisely what will happen in a short period ...“[79]

Tatsächlich sind die kurzfristigen Wirkungen einer Subventionierung äußerst schwierig vorherzusagen, und entsprechend unklar ist, welche Auswirkungen jene Kurzfrist-Wirkungen auf die Erreichung des langfristigen Gleichgewichts haben werden. Die Befürchtung, daß spätere Verdrängungseffekte die anfänglichen relativen Beschäftigungsvorteile einer marginalen Subventionierung wieder voll-

---

[78] Layard/ Nickell [1980: 66].

[79] Layard/Nickell [1980: 55 f.] (Hervorhebungen im Original).

ständig zunichte machen, dürfte jedoch zu pessimistisch sein. Denn wenn das von Layard/Nickell prognostizierte Warenüberangebot erst einmal produziert worden ist und die Arbeitnehmer hierfür ihren entsprechenden Lohn erhalten haben, dann würde die dadurch gestiegene gesamtwirtschaftliche Kaufkraft nachträglich die zunächst unerwünschte „Überproduktion" ganz oder teilweise rechtfertigen.[80] Oder anders ausgedrückt: die Multiplikatorwirkung der Subventionierung (siehe Abschnitt 4.2.3.) würde das Auftreten einer subventionsinduzierten Nachfrageverdrängung ganz oder teilweise eliminieren können.

Theoretisch und empirisch ist das Phänomen der subventionsinduzierten Nachfrageverdrängung außerordentlich schwer in den Griff zu bekommen[81] - doch fiskalisch ist das Thema verständlicherweise von großem Interesse. Ob Lohn- und Beschäftigungssubventionen selbstfinanzierend oder sogar pareto-superior durchgeführt werden können, hängt in der Tat entscheidend davon ab, ob die auf der mikroökonomischen Ebene finanzierten Beschäftigungszuwächse auch auf der aggregierten Ebene Bestand haben oder ob sie dort lediglich entsprechende Verdrängungsprozesse hervorrufen würden.

In den nächsten beiden Unterkapiteln sollen zwei Modelle aus der Literatur vorgestellt werden, die die Frage einer eventuellen ***Selbstfinanzierung*** beschäftigungspolitischer Subventionen unter der Fixlohnannahme untersuchen.

4.4. Das Modell mit Selbstfinanzierungseigenschaft von Kaldor

Dieses Modell von Kaldor [1936] ist die erste ausführliche Abhandlung zum Thema Lohn- und Beschäftigungssubventionen überhaupt und trotz des frühen Entstehungsdatums teilweise immer noch aktuell.[82] In der Arbeit wird unter anderem auch die Frage einer eventuellen Selbstfinanzierung allgemeiner Lohnsubventionen angeschnitten.

---

[80] Dieser Mechanismus kann als ein Ausdruck des Sayschen Theorems (vergl. Felderer/Homburg [1991: 84 ff.]) angesehen werden, demzufolge sich jedes Angebot seine eigene Nachfrage schafft.

[81] Dies ist z.B. auch die Meinung von Buslei et al. [1999: 55]. Vergl. auch Employment Department UK [1990: 162] sowie Heckman/LaLonde/Smith [1999: 151 ff., 17 f.].

[82] Auch heute noch bezieht sich manche Veröffentlichung zum Thema Lohnsubventionen explizit auf Kaldors Ergebnisse; siehe z.B. Rabe [1993: 6-9] oder Bohlen [1993: 22 f., 30].

4.4.1. Lohnsenkungen versus Lohnsubventionen und die optimale Form einer Lohnsubvention

Da Lohnsubventionen ebenso wie Lohnsenkungen die Arbeitskosten eines Unternehmens verringern, wägt Kaldor zunächst die Vor- und Nachteile dieser beiden Maßnahmen gegeneinander ab.[83] Er geht hierbei von der Annahme aus, daß die vorgefundene Arbeitslosigkeit nicht strukturell, sondern konjunkturell bedingt ist[84] und daß auch nach der Subventionierung in keinem Teilarbeitsmarkt Arbeitskräfteknappheit herrschen würde (eine Annahme, die um so wahrscheinlicher erfüllt ist, je kleiner der Subventionsanreiz ist).

Aus mikroökonomischer Sicht hat eine Lohnsubvention in Höhe s die gleiche Beschäftigungswirkung wie eine Lohnänderung $\Delta w = -s$. Beide Ereignisse unterscheiden sich jedoch hinsichtlich ihrer makroökonomischen Auswirkungen. Bei Lohnsenkungen finden auf aggregierter Ebene kontraktive Beschäftigungswirkungen statt, da die Einkommensverluste der Beschäftigten Nachfrageausfälle hervorrufen. Wenn die Unternehmen ihre unveränderte Produktion weiterhin in voller Höhe absetzen wollen, muß dies zu Preissenkungen führen, so daß die Reallohnsenkungen (die für die Beschäftigungsentscheidungen der Unternehmen maßgeblich sind) hinter den Nominallohnsenkungen zurückbleiben. Kaldor schließt daraus, daß bei sinkenden Löhnen die von ihm so genannte Lohnelastizität der ***nominalen*** Arbeitsnachfrage kleiner sein muß als die Lohnelastizität der ***realen*** Arbeitsnachfrage[85]; bei ungünstiger Wirtschaftslage kann erstere sogar Null oder negativ sein. Bei Lohnsubventionen hingegen würde eine ***Steigerung*** der Güternachfrage auftreten, weil einerseits die bisher Beschäftigten auch weiterhin die gleichen Nominallöhne erhalten und andererseits das Einkommen der wiedereingegliederten Arbeitslosen ansteigt. Die Unternehmen hätten in diesem

---

[83] Kaldor [1936: 723-726].

[84] Kaldor [1936: 721] begründet diese wichtige Annahme wie folgt: „In so far as unemployment is only *partial*, i.e., is restricted to certain industries or certain geographical areas while there is at the same time a scarcity of labor in other industries or geographical areas, the existence of unemployment is merely an outcome of a maldistribution in the supply of labor; and a permanent remedy for this kind of unemployment can only consist in the correction of this maldistribution. Such a correction is brought about - in time - automatically, through the operation of the forces of the market; and all that the state or any other authority could do is to speed this process of adjustment (by schemes of labor transference, etc.). Any other measure in this case would merely represent a palliative, not a solution of the problem, and would retard the essential readjustment." (Hervorhebung im Original).

[85] Kaldor [1936: 726]. Er folgt hierbei einer Terminologie von Pigou [1933/68: 100-106]. - Es ist ferner zu beachten, daß Kaldor die Lohnelastizitäten so definiert, daß diese im Normalfall ein positives Vorzeichen aufweisen; vergl. Fußnote 90.

Fall keinen Anlaß zu nachfragebedingten Preissenkungen, sondern allenfalls zu Preiserhöhungen; die Reduzierung der realen Arbeitskosten wäre somit mindestens ebenso groß wie der Rückgang der nominalen Arbeitskosten, und die Beschäftigtenzahlen würden in jedem Fall steigen. Sofern man die Finanzierungsseite der Subvention nicht berücksichtigt[86], führen deshalb Lohnsubventionen zu insgesamt höheren Beschäftigungswirkungen als Lohnsenkungen.

Bezüglich der Wahlmöglichkeit zwischen selektiven Lohnsubventionen, welche nur für bestimmte Regionen oder Industriesektoren gelten, sowie nicht-selektiven Subventionen entscheidet sich Kaldor bei seiner Analyse für eine Zugrundelegung nicht-selektiver Subventionen[87], obwohl er zunächst vermutet, daß eine abgestufte Subvention, deren jeweilige Höhe z.B. von der lokalen Arbeitslosenquote abhängig gemacht wird, für den Staat wahrscheinlich zu deutlich besseren Ergebnissen pro Kosteneinheit führen würde. Offensichtlich bezieht er diese Aussage jedoch nur auf jenen „Idealfall", wo zwischen den einzelnen subventionierten Bereichen Mobilitätsschranken für den Faktor Arbeit bestehen. Ist dies nicht gegeben, sind nach seiner Meinung Verzerrungen der Produktivitätsrelationen zwischen den verschiedenen Industriesektoren zu erwarten, während gleichzeitig die notwendigen Anpassungsvorgänge in der Verteilung des Arbeitsangebots behindert würden. Da Kaldor die räumliche Mobilität des Faktors Arbeit als geringer einschätzt als dessen branchenbezogene Mobilität, hält er folglich die selektive Förderung bestimmter Regionen für vertretbarer als die Subventionierung einzelner Industriezweige.

Weiterhin schätzt Kaldor marginale Lohn- bzw. Beschäftigungssubventionen als nicht so effektiv ein wie allgemeine Subventionen, weil erstens marginale Subventionen seiner Ansicht nach verwaltungstechnisch schwierig zu handhaben sind und weil zweitens bei gegebenem Subventionssatz der Beschäftigungseffekt marginaler Subventionen (mit denen ja definitionsgemäß nur die Teilmenge der ***zusätzlichen*** Arbeitsplätze gefördert wird) zwangsläufig kleiner sein muß als bei einer allgemeinen Subventionierung.[88] Gewisse Einsatzmöglichkeiten für marginale Lohnsubventionen sieht Kaldor dennoch bei der Bekämpfung kurzfristiger Beschäftigungseinbrüche, während hingegen ein Zustand chronischer Unterbe-

[86] Kaldor unterstellt hier implizit, was erst an späterer Stelle seines Beitrages ausführlicher begründet werden soll: daß Umweltbedingungen denkbar sind, unter denen eine allgemeine Lohnsubvention kostenneutral für den Staat durchgeführt werden kann. Zur Frage der Zulässigkeit dieses Vorgehens siehe Abschnitt 4.4.4..

[87] Kaldor [1936: 727].

[88] Kaldor [1936: 727 f.]. Zur kritischen Diskussion dieses nicht überzeugenden Arguments siehe Abschnitt 4.4.4..

schäftigung in seinen Augen nach allgemeinen Lohnsubventionen verlangt. Im folgenden Verlauf der Analyse wird von ihm nur noch das letztgenannte Instrument zugrundegelegt.

Schließlich stellt Kaldor die These auf, daß ein Steuernachlaß bzw. eine Reduzierung von Sozialabgaben die optimale Form sei, eine solche allgemeine Lohnsubventionierung durchzuführen. Er begründet dies damit, daß eine Subventionszahlung, die in gleicher Höhe wie ein Steuernachlaß gewährt wird, insofern teurer für den Staat werden müßte, weil sie von einer größeren Zahl an Personen (nämlich zusätzlich von denjenigen Beschäftigten, die aufgrund des Subventionsanreizes neu eingestellt werden) in Anspruch genommen wird.[89]

4.4.2. Fiskalische Wohlfahrtswirkungen einer allgemeinen Lohnsubvention

Kaldor untersucht zunächst den fiskalischen Spielraum einer Steuerreduzierung, anschließend den einer allgemeinen Lohnsubventionierung. Da beide Analysen formal nahezu identisch sind, soll hier nur der letztere Gedankengang dargestellt werden. Die subventionsbedingten Ausgaben des Staates belaufen sich in seinem Modell auf $s\cdot(N_0+\Delta N)$, mit s als Subventionsbetrag, N_0 als der Beschäftigtenzahl im Ausgangszustand und ΔN als der Beschäftigungsänderung aufgrund der Subvention. Die Einsparungen, die dem Staat durch die Subvention entstehen, betragen $b\cdot\Delta N$, mit b als Höhe der Arbeitslosenunterstützung. Die Selbstfinanzierungsbedingung verlangt, daß sich Einsparungen und Ausgaben wenigstens entsprechen, d.h.

(4.35) $$s(N_0+\Delta N) = b\,\Delta N\,.$$

Die Elastizität der Arbeitsnachfrage η hinsichtlich einer Arbeitskostenänderung ist (mit w als Lohnsatz)

(4.36) $$\eta = \frac{w}{N_0}\frac{\Delta N}{s}$$

$$\Rightarrow \quad \frac{N_0}{\Delta N} = \frac{w}{\eta s}\,.$$[90]

Bei Einsetzen von (4.36.) in (4.35) erhält man

---

[89] Kaldor [1936: 729]. Auch hier siehe Abschnitt 4.4.4. für eine ausführlichere und kritische Betrachtung des Arguments.

[90] Indem Kaldor $\Delta w = s$ (anstelle von $\Delta w = -s$) setzt, erhält er für η positive Werte.

(4.37) $$\frac{w}{\eta}+s = b\ .$$

Bezeichnet man $b/w \equiv r$ als die Lohnersatzrate und formt nach η um, ergibt sich

(4.38) $$\eta = \frac{1}{r-\frac{s}{w}}\ .$$

Da $s/w > 0$ ist, ist $\eta > 1/r$ ***notwendige*** Bedingung (nicht zwangsläufig auch hinreichende Bedingung) für ein Selbstfinanzierungs-Gleichgewicht. Die Elastizität der Arbeitsnachfrage hinsichtlich einer subventionsbedingten, realen Arbeitskostenänderung muß bei Selbstfinanzierung unter allen Umständen größer sein als das Verhältnis des Lohnes zur Arbeitslosenunterstützung. Wenn beispielsweise die durchschnittliche Arbeitslosenunterstützung zwischen einem Drittel und der Hälfte des durchschnittlichen Lohnsatzes beträgt, dann wäre eine Elastizität der Arbeitsnachfrage von ***mindestens*** $2 < \eta < 3$ erforderlich, um der Selbstfinanzierungsbedingung zu genügen.[91]

4.4.3. Gesamtwirtschaftliche Wohlfahrtswirkungen einer Lohnsubvention

Wenn der engere Rahmen einer rein fiskalischen Kosten-Nutzen-Analyse aufgegeben wird und durch eine gesamtwirtschaftliche Kosten-Nutzen-Analyse ersetzt wird, ergibt sich in Kaldors Modell ein (noch) positiveres Bild der Wohlfahrtswirkungen von Lohnsubventionen. Für die Gemeinschaft der Steuerzahler als Ganzes kann Kaldor zeigen, daß unter vernünftigen Annahmen ***jede*** Lohnsubventionierung zu Nettogewinnen führt, selbst unter so ungünstigen Bedingungen wie einer extrem geringen Elastizität der Arbeitsnachfrage. Seine Argumentation geht wie folgt: Subventionen für bereits bestehende Arbeitsplätze (in heutiger Terminologie also die „Mitnahmen") gehen in volkswirtschaftlicher Sicht nicht verloren, sondern stellen lediglich eine Einkommensumverteilung vom Staat zu den Unternehmen dar, während andererseits bei der Subventionierung genuin zusätzlicher Arbeitsplätze der Verlust für die Gesellschaft („deadweight loss") ungefähr die Hälfte der gezahlten Subventionsbeträge umfaßt. Diese letzte Aussage läßt sich grafisch leicht erklären, wenn man wie Kaldor von der Annahme einer linear fallenden Arbeitsnachfragekurve $L^{(d)}$ ausgeht. Dann sind die Kosten, die für

[91] Dies sind aus heutiger Sicht unrealistisch hohe Werte; vergl. hierzu Fußnote 159 in Abschnitt 4.5.6.5..

die Beschäftigung der ΔN zusätzlichen Arbeitnehmer insgesamt aufgewendet werden müssen, gleich $\Delta N \cdot w$ (was in Abbildung 4.4. der Summe der hellgrau ***und*** dunkelgrau unterlegten Flächen entspricht), während der Wert, der aus dieser zusätzlichen Produktion für die Volkswirtschaft resultiert, durch die hellgraue Fläche unter der Arbeitsnachfragekurve $L^{(d)}$ wiedergegeben wird, also in diesem Fall $(\Delta N \cdot (w - \frac{1}{2} \cdot s))$ ist.[92] Die Differenz zwischen Kosten und unmittelbaren Erträgen eines zusätzlichen Arbeitsplatzes beträgt daher im Durchschnitt $\frac{1}{2} \cdot s$. Um nun die Gesamtkosten für die Gesellschaft zu berechnen, muß neben dem „deadweight loss" $\frac{1}{2} \cdot s$ auch ein „windfall gain" für die Gesellschaft in Höhe der eingesparten Arbeitslosenunterstützung b berücksichtigt werden. Solange also $\frac{1}{2} \cdot s < b$ ist, d.h. der Subventionssatz weniger als das Doppelte der durchschnittlichen Arbeitslosenunterstützung beträgt (was in der Praxis immer der Fall sein dürfte), ist der gesamtwirtschaftliche Nutzensaldo einer Lohnsubventionierung positiv. Besonders beachtenswert ist, daß diese Schlußfolgerung ***unabhängig von der Höhe der Elastizität der Arbeitsnachfrage*** gilt (sofern diese nur größer als Null ist).[93]

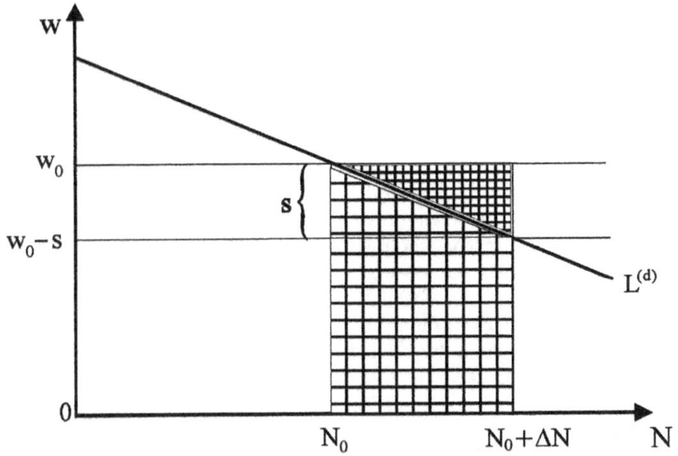

Abb. 4.4.: Darstellung des „deadweight loss" einer Lohnsubventionierung

Um auch in diesem Szenario noch nachträglich eine Budgetneutralität erreichen zu können, schlägt Kaldor vor, daß der Staat die allgemeinen Steuern im entsprechenden Ausmaß erhöht. Die Höhe der Netto-Steuerlast (d.h. der Saldo aus Steu-

---

[92] Kaldor [936: 733, Fn 17].

[93] Kaldor [1936: 733 f.].

ern und Subventionen) würde sich dann seiner Meinung nach von denjenigen Unternehmen, die relativ arbeitsintensiv produzieren, zu jenen Unternehmen verschieben, die relativ wenig Arbeitskräfte im Produktionsprozeß einsetzen.[94]

Wie Kaldor in einem weiteren Kapitel anmerkt, sind die bisherigen Überlegungen von der Annahme ausgegangen, daß es im Zuge der Subventionierung nicht zu nennenswerten Lohnsteigerungen kommt. Diese Annahme ist für Kaldor solange plausibel, wie die Arbeitslosigkeit in den einzelnen Teilarbeitsmärkten noch ausreichend groß ist. Ist dies nicht der Fall, könnte es zu einer Abschöpfung der Subventionen durch die Beschäftigten kommen, und es bestände bei dauerhaft garantierten Subventionen die Gefahr, daß die Unternehmen keinen Anreiz mehr hätten, sich gegen zu hohe Lohnforderungen zur Wehr zu setzen. Die Einführung langfristiger Lohnsubventionen empfiehlt Kaldor deshalb nur für den Fall, daß es technische Möglichkeiten gibt, die Nominallöhne zu stabilisieren; der Staat könnte z.B. die Subventionszahlungen von der Beibehaltung eines stabilen Lohnniveaus abhängig machen.[95] Wie Kaldor anmerkt, muß dies nicht gleichzeitig auch

---

[94] Kaldor [1936: 734 ff.]. Zur Kritik an dieser Argumentation siehe den letzten Absatz in 4.4.4.

[95] Die Formulierung von Kaldor [1936: 737] läßt keine Schlüsse darauf zu, ob er die Entscheidung für bzw. gegen den Einsatz des Subventionsinstruments von der Entwicklung des ***aggregierten*** Lohnniveaus abhängig machen will oder ob er vor allem ***betriebliche*** Lohnsteigerungen bestrafen möchte. Heutzutage wird Kaldors Vorschlag eines „Lohnstillhalteabkommens" oft mit Mißtrauen betrachtet, weil viele in ihm eine dirigistische Maßnahme sehen. In Wirklichkeit würde es sich hierbei aber nicht um eine staatliche Regulierung, sondern um eine vertragliche Selbstbindung der wirtschaftspolitischen Akteure handeln. Indem Lohnsubventionen allein unter der Voraussetzung nicht-steigender Löhne gezahlt würden, ergäbe sich ein marktwirtschaftlicher Anreiz (kein Zwang!) zu vertragskonformem Verhalten. Die theoretische Versuchung (moral hazard) für die Gewerkschaften, die ausgehandelten Lohnhöchstgrenzen nach der Einführung der Subvention zu ignorieren, würde durch die Tatsache niedrig gehalten, daß es sich - in der Terminologie der Spieltheorie - um ein wiederholtes Spiel („Superspiel") handelt, bei dem die langfristigen Gewinnmöglichkeiten bei kooperativem Verhalten die kurzfristigen Gewinne bei Vertragsabweichung übertreffen. Eine noch elegantere Möglichkeit, die Zahlung der Subventionen von der Lohnentwicklung abhängig zu machen, wird übrigens in Kapitel 5.2.3. vorgestellt. Nicht unbeachtet bleiben sollte in beiden Fällen die Befürchtung des Wissenschaftlichen Beirats beim Bundesministerium für Wirtschaft, ein Lohnstillhalteabkommen könne nicht alle Inhalte der kollektiven Arbeitsverträge umfassen, so daß es möglicherweise zu einer Verlagerung der tarifpolitischen Auseinandersetzungen käme (Wissenschaftlicher Beirat [1991: 37]). Zu prüfen wäre ferner, ob das Instrument nicht eventuell einen unzulässigen Eingriff in die Tarifautonomie darstellen würde. (Vergl. hierzu das ähnlich gelagerte Urteil des Bundesverfassungsgerichts vom 4.8.1999 zur Lohnabstandsklausel bei Arbeitsbeschaffungsmaßnahmen (ABM); dort wurde die Frage, ob mit einer solchen Regelung die Verhandlungsposition der Gewerkschaften beeinträchtigt wird, bejaht, doch wurde dies mit Hinweis auf das übergeordnete Ziel der Arbeitsplatzschaffung in Zeiten hoher Arbeitslosigkeit als zulässig angesehen). Schließlich sei noch darauf hingewiesen, daß ein

eine Fixierung des Reallohnniveaus bedeuten. Sofern zum Beispiel eine im Zeitablauf steigende Arbeitsproduktivität in sinkende Güterpreise weitergegeben wird, würden die Reallöhne bei Konstanz der Nominallöhne steigen.

4.4.4. Diskussion

Kaldors Annahme, daß die vorgefundene Arbeitslosigkeit in seinem Modell nicht strukturell, sondern konjunkturell bedingt sei, hat einige nachfolgende Autoren zu der Schlußfolgerung geführt, daß Kaldors Subventionsvorschläge ***ausschließlich*** in einem Umfeld konjunkturell bedingter Arbeitslosigkeit Anwendung finden dürften; bei Vorliegen struktureller Arbeitslosigkeit hingegen würde sich der Einsatz dieses Instruments verbieten. Auf diese These soll im weiteren kurz eingegangen werden. Das Ausmaß struktureller Arbeitslosigkeit bemißt sich Kaldors Vorstellungen zufolge nach der Anzahl der dauerhaft offenen Stellen in der Volkswirtschaft, die zum herrschenden Lohn und zu den üblichen Arbeitsbedingungen nicht besetzt werden können. Diese Größe kann in der Praxis nur schwer geschätzt werden, da es keine Meldepflicht für Vakanzen gibt. Nur ein Teil aller offenen Stellen wird den Arbeitsämtern bekanntgemacht. Doch auch unter Berücksichtigung dieser Tatsache ist zur Zeit die aktuelle Zahl der Vakanzen deutlich kleiner als die Zahl der Arbeitslosen.[96]

Kaldors Abgrenzung von Zuständen konjunktureller versus struktureller Arbeitslosigkeit im Zusammenhang mit der Subventionsentscheidung wirft (mindestens) zwei wichtige Fragen auf. Erstens, ob Kaldors Argumenten folgend Lohnsubventionen auch in einer Volkswirtschaft eingeführt werden sollten, wo ***sowohl*** konjunkturelle ***wie auch*** strukturelle Arbeitslosigkeit herrscht. Und zweitens, ob Subventionen nicht sogar auch in einer Welt, die ***ausschließlich*** strukturelle Arbeitslosigkeit kennt, ihre Berechtigung haben können. Diese Frage muß bei genauerem Hinsehen bejaht werden. Kaldors Annahme von der allokativen Kraft der Märkte kann dabei übernommen werden (auch wenn natürlich zu beachten ist, daß es einen erheblichen Zeitbedarf erfordert, bis ein akutes Überschußangebot beispielsweise an Bergleuten mit Hilfe der Preisanreize des Marktes so umgelenkt worden ist, daß eine bestehende Überschußnachfrage z.B. nach Programmierern gedeckt werden kann). Bei der Analyse der Auswirkungen von

---

Lohnstillhalteabkommen in einem Effizienzlohnmodell (wie z.B. dem in Kap. 6.5. vorgestellten Modell) keinen Sinn machen würde; vergl. hierzu auch Abschnitt 6.3..

[96] So waren beispielsweise im Mai 2000 ca. 570.000 offene Stellen bei der Bundesanstalt für Arbeit gemeldet; dem standen knapp 3.800.000 Meldungen von Arbeitslosen gegenüber (Quelle: Amtliche Nachrichten der Bundesanstalt für Arbeit (ANBA), Nr. 7/2000, S. 801).

Subventionen auf den Strukturwandel ist eine Fallunterscheidung erforderlich. Wenn Lohnsubventionen gezielt an Unternehmen bzw. Arbeitnehmer in ***expandierenden*** Branchen gewährt werden, kann der Reallokationsprozeß zweifellos beschleunigt werden[97]; würden sie dagegen an Betriebe und/oder Beschäftigte in ***schrumpfenden*** Unternehmen verteilt, würde die notwendige Umstrukturierung verlangsamt werden (oder richtiger ausgedrückt: die Notwendigkeit der Umstrukturierung würde sich reduzieren). ***Allgemeine*** Subventionen schließlich - die ja von Kaldor präferiert werden - dürften sich eigentlich nicht strukturverzerrend auswirken, da sie sowohl schrumpfende wie auch expandierende Unternehmen begünstigen und deren relative Positionen zueinander nicht verändern würden.

Der Vergleich der Beschäftigungswirkungen von Lohnsenkungen und Lohnsubventionen, den Kaldor zu Beginn seiner Abhandlung präsentiert, bezieht seine Originalität vor allem aus der Annahme, daß sich Lohnsubventionen unter geeigneten Bedingungen selbst finanzieren, während bei Lohnsenkungen zwangsläufig kontraktive Beschäftigungswirkungen über den Einkommenskreislauf zu erwarten sind. Ergo wären ***bei gleicher Reduzierung der nominalen Arbeitskosten*** bei Lohnsubventionen höhere Beschäftigungszuwächse zu erwarten als bei Lohnsenkungen - vorausgesetzt, die Selbstfinanzierungs-Annahme ist zutreffend. Da jedoch beide Instrumente in den Händen ***unterschiedlicher*** Akteure liegen (die Bestimmung des Subventionsbetrages unterliegt ausschließlich der Macht des Staates, während ein direkter Einfluß auf das Lohnniveau i.d.R. ausschließlich von den Tarifparteien ausgeübt wird), wäre es allein schon aus diesem Grunde unangebracht, aus diesem Ergebnis eine eventuelle „Effizienzüberlegenheit" von Lohnsubventionen gegenüber Lohnsenkungen herauslesen zu wollen. Auch das bewußte Ausblenden der Finanzierungsfrage im Falle von Lohnsubventionen erscheint problematisch, was weniger an der Selbstfinanzierungs-Annahme selbst liegt (diese läßt sich durchaus plausibel begründen) als vielmehr an der Tatsache, daß hier mit zweierlei Maß gemessen wird. Kaldor übersieht nämlich, daß eine Einsparung von zu zahlendem Arbeitslosengeld auch dann stattfinden würde, wenn die Beschäftigung aufgrund von ***Lohnsenkungen*** gestiegen ist. Diese Entlastungswirkung müßte beim direkten Vergleich beider Maßnahmen gegengerechnet werden.

---

[97] Expandierende Unternehmen weisen oftmals Vakanzen auf. Das heißt, sie würden auch bereits zum herrschenden Lohn gerne mehr Arbeitnehmer einstellen, können diese aber nicht in der benötigten Qualifikation auf dem Arbeitsmarkt finden. Lohnsubventionen würden hier die Unternehmen in die Lage versetzen, stärker als bisher in betriebliche Umschulungsmaßnahmen für (potentielle) Beschäftigte zu investieren oder höhere Löhne zu zahlen. Beide Maßnahmen sind tendenziell geeignet, die Zahl der offenen Stellen abzubauen und somit strukturelle Arbeitslosigkeit zu reduzieren.

In der wirtschaftswissenschaftlichen Literatur werden Lohnsubventionen stets als negative (lohnbezogene) Steuern interpretiert und ihre wirtschaftspolitischen Auswirkungen bei entsprechender Ausgestaltung als völlig äquivalent angesehen. Der dagegen von Kaldor behauptete angebliche Effizienzvorteil von Steuersenkungen im Vergleich zu Subventionen entpuppt sich als Gedankenfehler. Dies sei an einem kurzen Beispiel erklärt. Es sei N_0 die Beschäftigung in einem Marktgleichgewicht ohne Besteuerung und $N^{(T)} < N_0$ die Beschäftigung nach Einführung einer lohnbezogenen Steuer bzw. Sozialabgabe mit dem Steuersatz t. Der völlige Verzicht auf die Steuer würde den alten Beschäftigungszustand N_0 wiederherstellen; das gleiche würde durch eine Lohnsubventionierung in Höhe $s = t$ geschehen. Im Falle der Abschaffung der Steuer würden sich für den Staat Steuermindereinnahmen in Höhe von $t{\cdot}N^{(T)}$ gegenüber dem Status quo ergeben, während umgekehrt die Finanzierung der Subvention fiskalische Mehrausgaben in Höhe von $s{\cdot}N_0 = t{\cdot}N_0 > t{\cdot}N^{(T)}$ erforderlich machen würde. Dies verleitet Kaldor offensichtlich zu seiner These, daß Lohnsubventionen bei gleicher Beschäftigungswirkung für den Staat teurer wären als Steuernachlässe. Dabei vergißt er jedoch die Steuermehreinnahmen im Falle der Subventionierung (bei gleichzeitiger Beibehaltung der Steuer) zu berücksichtigen; diese Mehreinnahmen würden $t{\cdot}(N_0 - N^{(T)})$ betragen und damit die von Kaldor konstatierte Finanzierungslükke zwischen Steuersenkungen und Subventionen exakt schließen.

Bis in die heutigen Tage hinein hat sich bei manchen Ökonomen und bei vielen Wirtschaftspolitikern das hartnäckige Vorurteil gehalten, daß Steuersenkungen positive, Lohnsubventionen hingegen weniger positive Wohlfahrtswirkungen hervorrufen. Offensichtlich ist diese Einschätzung - unter anderem auch bei Kaldor - zurückzuführen auf eine ungenaue Interpretation des sogenannten „Excess Burden"-Arguments, mit dem behauptet wird, daß ***jede*** Besteuerung und ***jede*** Subventionierung Wohlfahrtsverluste mit sich bringen muß (selbst wenn von Verwaltungskosten abgesehen wird). Die Diskussion dieses bekannten Phänomens geht bis auf Dupuit [1844] zurück; der Kern des Problems wird üblicherweise mit einem einfachen, von Marshall[98] eingeführten Diagramm (siehe Abbildung 4.5.) erklärt: Es sei ein Markt angenommen, wo im Ausgangszustand vollkommener Wettbewerb herrscht und wo bisher keine fiskalischen Eingriffe erfolgt sind, so daß der Schnittpunkt der Arbeitsangebotskurve $L^{(s)}$ mit der Arbeitsnachfragekurve $L^{(d)}_0$ die pareto-optimale Beschäftigungsmenge festlegt. Es sei ferner angenommen, daß diese Modellökonomie derart verändert wird, daß die Arbeitgeber auf jedes Arbeitsverhältnis nunmehr einen Steuerbetrag t zahlen müssen, so daß sich eine neue Arbeitsnachfragekurve $L^{(d)}_1$ ergibt. Lohnsatz und

---

98 Marshall [1920: 811].

Beschäftigung sinken aufgrund der Besteuerung von w_0 und N_0 auf w_1 bzw. N_1. Die Summe der Konsumentenrenten und Produzentenrenten kann im Ausgangszustand durch die Fläche des Dreiecks $P_1G_0P_2$ beschrieben werden. Nach der Besteuerung wird sie durch die Dreiecksfläche $P_1G_1P_3$ wiedergegeben, ist also um den Flächeninhalt des Trapezes $P_2P_3G_1G_0$ geschrumpft. Der Staat hingegen hat aufgrund der Besteuerung Mehreinnahmen in Höhe des Parallelogramms $P_2P_3G_1A$ zu verzeichnen, so daß sich bei der Aggregation der Nutzenveränderungen aller Beteiligten (Arbeitsnachfragern, Arbeitsanbietern und Staat) ein Nettoverlust in Höhe des grau unterlegten Dreiecks AG_1G_0 ergibt. Diese Zusatzlast der Besteuerung („excess burden" oder „deadweight loss") kann auch durch eventuelle Transferzahlungen des Staates an die Arbeitgeber bzw. Arbeitnehmer nicht beseitigt werden.

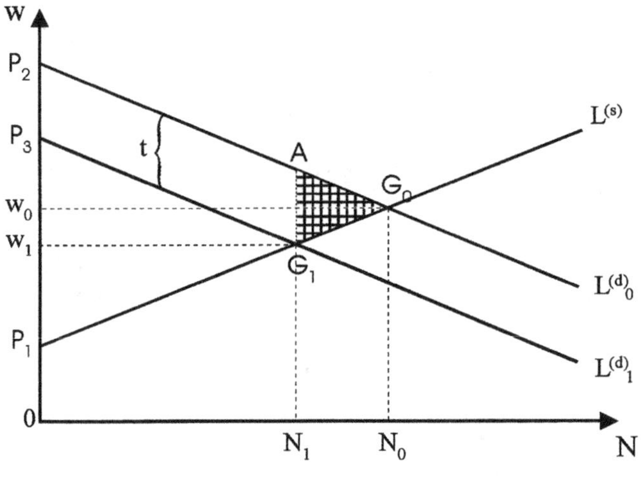

Abb. 4.5.: Wohlfahrtswirkungen einer lohnbezogenen Unternehmensbesteuerung

Der „deadweight loss" wird dabei nicht durch eine ***Reduzierung*** der Beschäftigungsmenge verursacht, sondern durch das Abweichen von ihrem paretooptimalen Wert, d.h. durch die Verzerrung der natürlichen Marktergebnisse.[99] Dies wird deutlich, wenn man sich den gegenteiligen Fall einer allgemeinen Lohnsubventionierung ansieht, die die Arbeitsnachfragekurve von $L^{(d)}_0$ zu $L^{(d)}_2$ verschiebt (Abbildung 4.6.). Die Summe aus Konsumenten- und Produzentenrenten steigt zwar an (vom Flächeninhalt $P_1G_0P_2$ auf $P_1G_2P_4$), aber der Staat hat

[99] Vergl. Auerbach [1985: 67 f.].

nunmehr Subventionen in Höhe von $P_4P_2DG_2$ zu zahlen. Abzüglich der Gewinne bei den Arbeitsnachfragern und Arbeitsanbietern verbleibt unter dem Strich eine Zusatzbelastung von G_0DG_2 (dies ist das grau markierte Dreieck in Abb. 4.6.).

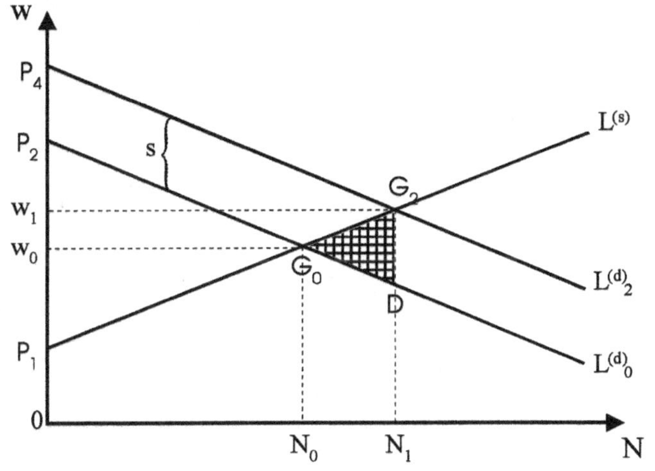

Abb. 4.6.: Wohlfahrtswirkungen einer Lohnsubventionierung der Unternehmen

Bei der Interpretation dieses Modells wird oft übersehen, daß seine Ergebnisse, nämlich die wohlfahrtsmindernde Wirkung von Steuern ***und*** Subventionen, von der Annahme abhängig sind, daß im jeweiligen Ausgangszustand ein echtes Marktgleichgewicht besteht, welches insbesondere nicht bereits durch die Existenz von lohnbezogenen Steuern oder Sozialabgaben verzerrt sein darf. Ist diese Bedingung nicht erfüllt - und in der wirtschaftspolitischen Realität muß man davon ausgehen[100] -, dann würde die Einführung von Lohnsubventionen im Gegenteil eine Korrektur der verzerrten Allokationsergebnisse zugunsten der Marktkräfte bedeuten. Bei der gegebenen Ausgangslage würde deshalb die Subventionierung von Beschäftigung ***positive*** Wohlfahrtseffekte im Sinne der Excess-Burden-Theorie implizieren, weil hiermit die Wohlfahrtsverluste aus der Besteuerung rückgängig gemacht würden. Fraglich ist allerdings der praktische Wert dieser Erkenntnis. Wenn man davon ausgeht, daß der Staat Steuereinnahmen in einer gewissen Höhe schlichtweg ***benötigt*** (um damit z.B. öffentliche Güter zu finan-

[100] Die derzeitige Verzerrung der Faktorpreise zu Lasten des Faktors Arbeit ist unstrittig; vergl. z.B. HWWA [2000: 247], Drèze/Malinvaud [1994: 498], Rabe [1993: 9] oder Klös [1997: 66].

zieren, eine größere Verteilungsgerechtigkeit zu erreichen oder Versicherungsleistungen anzubieten, die der Markt nicht bereitstellen kann[101]), so wäre der bloße Verzicht auf Steuereinnahmen nicht hilfreich.

Nun geht die eigentliche Stoßrichtung des Kaldor-Vorschlags ja dahin, daß unter bestimmten Bedingungen eine Selbstfinanzierung des Instruments zu erwarten wäre, was im Klartext nichts anderes bedeuten würde, als daß trotz einer faktischen Steuersenkung der Saldo aus Steuereinnahmen und Sozialtransfers unverändert bliebe. Gäbe es eine solche Situation tatsächlich, dann hätte dieses an sich erfreuliche Ergebnis allerdings eine höchst unerwünschte Kehrseite: denn der Nachweis einer sich selbst finanzierenden Lohnsubvention wäre in Kaldors Modell untrennbar verbunden mit der Erkenntnis, daß die bestehende Arbeitslosigkeit allein durch Steuern und Sozialabgaben „künstlich" erzeugt worden ist. Denn wenn eine Subvention selbstfinanzierend sein soll, kann dies nach Kaldors Analyse nur bei $\eta > 1/r$ der Fall sein[102]; unter diesen Bedingungen jedoch hätte nie eine Besteuerung durchgeführt werden können, welche nicht von ihren eigenen Folgewirkungen „aufgefressen" worden wäre. Die Steuer, die die Regierung in einem solchen Fall erheben würde, würde restlos dazu benötigt werden, diejenigen Arbeitnehmer zu unterstützen, die ***aufgrund dieser Maßnahme*** erst arbeitslos geworden sind. Mehr noch: die Regierung würde sogar ***zusätzliche*** Steuern erheben müssen, um diese Aufgabe erfüllen zu können. Die Gefahr einer sich selbst beschleunigenden Kostenspirale hat übrigens auch Kaldor gesehen: er weist darauf hin, daß eine steuerfinanzierte Arbeitslosenversicherung nur bei einer ausreichend kleinen Lohnelastizität der Arbeitsnachfrage möglich wäre, weil es andernfalls zu einem kumulativen Anwachsen der Arbeitslosigkeit und zum totalen Zusammenbruch des Sozialsystems kommen müßte.[103]

Die Selbstfinanzierungs-Eigenschaft einer Lohnsubvention im Kaldor-Modell ist also davon abhängig, daß erstens hohe (aus Sicht der heutigen Wirtschaftswissenschaft illusorisch hohe) Lohnelastizitäten der Arbeitsnachfrage herrschen und daß zweitens ein Status quo vorliegen muß, der nur durch ein irrationales Verhalten der Wirtschaftssubjekte überhaupt hätte erreicht werden können. Dieses Ergebnis spricht jedoch nicht gegen Lohnsubventionen per se, sondern nur gegen ***allgemeine*** Lohnsubventionen. Kaldors Einschätzung, daß allgemeine Lohnsubventionen größere Beschäftigungswirkungen hervorrufen als marginale Lohnsubventionen, ist nur unter dem Zusatz „bei gleichem Subventionssatz" richtig. Bei gleichem Subventionssatz wären aber auch die absoluten ***Kosten*** allgemeiner

---

[101] Vergl. Jackman/Layard [1980: 331], Johnson/Layard [1986: 946] oder Rehn [1980: 544 f.].

[102] Siehe Kaldor [1936: 729 ff.] oder Abschnitt 4.4.2..

[103] Kaldor [1936: 730, Fn 11].

Lohnsubventionen sehr viel höher.[104] Gemessen an den Beschäftigungswirkungen fallen diese Kosten einer allgemeinen Subventionierung sogar ***überproportional*** hoch aus, so daß allgemeine Lohnsubventionen gegenüber anderen Subventionsformen als ineffizient zu bezeichnen sind (vergl. hierzu auch Abschnitt 4.6.4.).

Unter plausiblen Bedingungen ist eine Selbstfinanzierung allgemeiner Lohnsubventionen nicht zu erwarten (was übrigens im Umkehrschluß bedeutet, daß auch eine Senkung von lohnbezogenen Unternehmenssteuern oder Sozialabgaben nicht selbstfinanzierend durchgeführt werden kann). Der von Kaldor vorgeschlagene Ausweg einer gleichzeitigen Anhebung von Unternehmenssteuern würde zwar möglicherweise dazu führen, daß quasi durch die Hintertür doch noch eine garantierte Budgetneutralität für den Staat erreicht werden könnte, doch eine Pareto-Superiorität gegenüber dem Status quo wäre mit einem solchen Verfahren in der Praxis nicht sichergestellt. Zwar wäre es ein leichtes, die Nutznießer der Lohnsubvention zu identifizieren (die Höhe der jeweiligen „Mitnahmen" entspricht ja dem betrieblichen Beschäftigtenstand im Ausgangszeitpunkt multipliziert mit dem Subventionsbetrag), doch eine „verursachungsgerechte", d.h. proportionale Besteuerung dieser Mitnahmegewinne würde die Anreizeffekte des Subventionsinstruments vollständig konterkarieren und verbietet sich aus diesem Grund. Die Höhe der Steuer darf gerade ***nicht*** von der betrieblichen Lohnsumme oder der Beschäftigung abhängig gemacht werden, sondern muß sich auf andere Größen beziehen, die jedoch dadurch ebenfalls verzerrenden Einflüssen ausgesetzt wären. Es ist keinesfalls sicher, daß in der Praxis Besteuerungsverfahren gefunden werden können, bei denen kein Unternehmen negative Nutzenänderungen zu verzeichnen hätte. Soweit man allerdings nicht das Pareto-Kriterium, sondern lediglich das sogenannte Kaldor-Hicks-Kriterium[105] als wohlfahrtstheoretischen Maßstab heranziehen wollte, hätte Kaldor immerhin zeigen können, daß eine Einführung von Lohnsubventionen unter plausiblen Annahmen ***immer*** wohlfahrtssteigernd im Sinne dieses Kriteriums wirkt.

---

[104] Auf diesen Umstand hatte schon Pigou [1933/68: 125] hingewiesen, der allerdings den umgekehrten Fehler machte, von identischen Beschäftigungswirkungen bei gleichem Subventionssatz auszugehen, und deshalb auf eine unbedingte Überlegenheit marginaler Subventionen geschlossen hat.

[105] Das Kaldor-Hicks-Kriterium besagt, daß eine wirtschaftspolitische Änderung unter Wohlfahrtsgesichtspunkten dann vorteilhaft wäre, wenn die Gewinner dieser Änderung die Verlierer für ihre erlittenen Nutzeneinbußen ***theoretisch*** entschädigen könnten. Es ist jedoch unerheblich, ob es ***tatsächlich*** zu einer solchen Kompensation kommt. Zur Kritik an diesem „Wohlfahrtsindikator" siehe Baumol [1952/65: 162 f.].

4.5. Das Modell mit Selbstfinanzierungseigenschaft von Snower

In einem Artikel aus dem Jahr 1994 schlägt Dennis Snower eine Einstellungssubvention für Arbeitslose vor, die er „Benefit Transfer Programme" nennt: ein Gutscheinsystem, bei dem die bisherigen Transferausgaben für Arbeitslose in arbeitsplatzschaffende Anreize für Arbeitgeber umgewandelt werden sollen. Nach Snowers Angaben sind diese Vorschläge zwischenzeitlich in die britischen „Workstart"-Pilotprogramme mit eingeflossen[106] sowie in ähnlicher Form in einem australischen Programm („Job Compact") enthalten. In einem Sammelband-Beitrag 1997 vertieft Snower seine Idee und zeigt in zwei Modellen, warum und unter welchen Bedingungen sich Subventionen im allgemeinen bzw. die von ihm vorgeschlagene Einstellungssubvention im besonderen fiskalisch selbst finanzieren können.

4.5.1. Das „Benefit Transfer Programme" (BTP)

Snower weist darauf hin, daß es verschiedene Ausgestaltungsmöglichkeiten eines BTP gibt. Zur Veranschaulichung stellt er ein konkretes Beispiel[107] vor. Hiernach bekommen Arbeitslose nach sechsmonatiger Arbeitslosigkeitsdauer einen Beschäftigungsgutschein („employment voucher") zugeschickt, der ihre Beschäftigungsaussichten verbessert, so daß diese Arbeitslosen - nach Snowers Erwartung - ihre Suchanstrengungen erhöhen. Finden die Arbeitslosen innerhalb eines Monats einen Arbeitsplatz, überreichen sie den Gutschein ihrem zukünftigen Arbeitgeber, der sich wiederum den Wert des Gutscheins vom Staat auszahlen lassen kann. Bei Teilzeit-Arbeitsverhältnissen reduziert sich der Subventionsbetrag proportional zur verminderten Wochenarbeitszeit. Kann das Unternehmen nachweisen, daß es die Subventionserträge ausschließlich dazu verwendet, Weiterbildungsmaßnahmen für den eingestellten Arbeitslosen durchzuführen, hat es Anspruch auf einen erhöhten Zuschußbetrag; die Schulung muß zwecks Vermeidung von Mißbrauch von einem externen Träger durchgeführt werden und allgemeine Qualifikationen vermitteln. Finden die Arbeitslosen während des Ein-Monats-Zeitraums keine Arbeit, erlischt der Gutschein[108], und die Arbeitslosen erhalten weiterhin Arbeitslosenunterstützung.

---

[106] Snower [1997: 163]. Wie allerdings der Vergleich von Snowers theoretischem Modell mit dem realisierten Workstart-Programm (siehe Abschnitt 8.8.) zeigt, sind Snowers Forderungen in dem Projekt nur sehr unvollkommen berücksichtigt worden.

[107] Snower [1997: 165 f.].

[108] Snower [1997: 165]. Bei Snower finden sich keine Angaben darüber, nach wie langer Arbeitslosigkeitsdauer diesen Arbeitslosen ein weiterer Gutschein zugeteilt werden soll. Die

Das „Benefit Transfer Programme“ hat nach Ansicht von Snower im wesentlichen fünf charakteristische Kernpunkte, durch die es sich von allen bisher erprobten Lohnsubventionsprogrammen unterscheidet:[109]

(1) Die Teilnahme am Programm ist freiwillig, sowohl für die Arbeitslosen wie auch für ihre potentiellen Arbeitgeber; der Lohnsatz kann frei zwischen Arbeitgebern und Arbeitnehmern ausgehandelt werden. (Einzige Restriktion ist, daß der Lohn höher sein muß als der jeweilige Subventionsbetrag.[110])

(2) Der Wert eines Beschäftigungsgutscheins (und somit die Höhe des Zuschußbetrags an potentielle Arbeitgeber) ist eine Funktion der Höhe der Arbeitslosenunterstützung, auf die der betreffende Arbeitslose Anspruch hat. (Konkret gesprochen sollte der Staat die Subventionsbeträge nach Möglichkeit jeweils so dimensionieren, daß sie in ihrer Höhe ungefähr den Ausgaben entsprechen, die dem Staat aufgrund der Transferansprüche der Arbeitslosen sonst entstanden wären.[111] Der Begriff „Ausgaben“ sollte dabei in einem weiten Sinne interpretiert werden und auch entgangene Steuereinnahmen aufgrund von Arbeitslosigkeit umfassen.)

(3) Der Wert des Gutscheins ist positiv abhängig von der bisherigen Dauer der Arbeitslosigkeit.[112] (Snower schlägt zum Beispiel vor, daß Arbeitslose, die sechs Monate oder weniger arbeitslos sind, keinen Gutschein erhalten. Mit ansteigender Dauer der Arbeitslosigkeit steigt der Wert des ihnen zugeteilten Gutscheins an, wobei zu starke Sprungstellen und die daraus resultierenden Anreizprobleme möglichst zu vermeiden sind.[113] Die maximale Höhe des Zuschußbetrags soll nach Snowers Vorstellung nach 2½ Jahren erreicht werden.)

---

sprunghafte, stufenförmige Entwicklung der Subventionsbeträge, die aus einer solchen zeitweiligen Unterbrechung der Subventionsberechtigung resultieren würde, stände zudem im Widerspruch zu Snowers eigener Forderung nach einem möglichst unmerklichen Anstieg der Subventionswerte bei zunehmender Dauer der Arbeitslosigkeit (s.u.).

[109] Snower [1997: 164 f., 166].

[110] Diese Bedingung soll verhindern, daß es für Unternehmen lohnend ist, Arbeitnehmer nur pro forma einzustellen, ohne überhaupt eine Arbeitsleistung von ihnen zu verlangen, denn ein solches Verhalten würde dem erklärten Ziel der Subvention entgegenlaufen, Arbeitslose in ***produktive*** Tätigkeiten zurückzubringen.

[111] Snower [1997: 166]. An anderer Stelle (S. 165) schreibt Snower, die ausgezahlten Subventionen sollten maximal so hoch sein wie die eingesparte Arbeitslosenunterstützung.

[112] Diese Regelung könnte allerdings das in Punkt 2 aufgestellte Ziel gefährden, in jedem Einzelfall eine Selbstfinanzierung zu erreichen. Zwar kann man einerseits argumentieren, daß bei höherer ***bisheriger*** Arbeitslosigkeitsdauer auch die durchschnittlich noch ***zu erwartende*** Zeitdauer bis zur Beendigung des aktuellen Arbeitslosigkeitsintervalls - und damit die Summe der zukünftigen Transferansprüche - um so höher sein muß; doch andererseits weist Snower darauf hin, daß zumindest in den Ländern, in denen die Höhe der Arbeitslosenunterstützung mit zunehmender Arbeitslosigkeitsdauer sinkt, ein Zielerreichungskonflikt auftreten würde (Snower [1997: 195, Fn 8]).

[113] Snower [1997: 194 f. (Fn 7)]; vergl. auch Coe [1997: 200].

(4) Die Höhe des an die Unternehmen gezahlten Zuschußbetrags verringert sich während der Zeit der Beschäftigung des Arbeitslosen von Monat zu Monat und läuft schließlich ganz aus. (Konkret schlägt Snower vor, daß sich die Höhe des Zuschußbetrags innerhalb eines Zeitraums von zwei Jahren linear verringert.)
(5) Der insgesamt gezahlte Zuschußbetrag erhöht sich, wenn das Unternehmen Schulungsmaßnahmen für die wiedereingegliederten Arbeitslosen durchführt. (In einem von Snower präsentierten Zahlenbeispiel wird unterstellt, daß sich der Wert eines Gutscheins bei Durchführung von Weiterbildungsmaßnahmen auf das Doppelte erhöht.[114] Im Vergleich zu vielen anderen staatlichen Qualifizierungsprogrammen wäre es als ein Vorteil dieses Instruments anzusehen, daß die Unternehmen nach Abschluß der Weiterbildungsmaßnahmen auch ein echtes Interesse daran hätten, diese Arbeitnehmer weiterzubeschäftigen.)

Den Mechanismus, der zu einer Selbstfinanzierung des von ihm vorgeschlagenen Instruments führt, erklärt Snower wie folgt: „[W]hat the BTP is designed to do is to *raise* the take-home pay of the new recruits, while at the same time *reducing* their cost to the employers. ... The difference between what the employees receive and what the employers pay is the portion of unemployment support that has been transferred to employment vouchers. ... All that has happened is that the funds that previously encouraged unemployment are now encouraging employment“.[115] Damit wäre die Forderung erfüllt, Arbeit statt Arbeitslosigkeit zu finanzieren, sofern es nicht zu bisher unberücksichtigten Nebenwirkungen kommen würde. Deshalb untersucht Snower die ökonomischen Konsequenzen seines Benefit Transfer Programmes zusätzlich in einem grafischen und einem formalen Modell. Aus Gründen der besseren Verständlichkeit soll im folgenden bei der Wiedergabe dieser Modelle der von Snower verwendete Gutscheinbegriff („voucher“) durch den allgemeineren und bekannteren Begriff „Subvention“ ersetzt werden.

4.5.2. Grafische Darstellung des Analyserahmens

Um grafisch zu veranschaulichen, wie das von ihm vorgeschlagene beschäftigungspolitische Instrument unter geeigneten Bedingungen aus sich selbst heraus finanziert werden kann, benutzt Snower das in Abb. 4.7. dargestellte Arbeitsmarktschema mit einer aggregierten Arbeitsnachfragekurve $L^{(d)}$, einer individuellen Arbeitsangebotskurve $L^{(s)}$ sowie einer kollektiven „Lohnsetzungskurve“ $W^{(e)}$. Die Arbeitsnachfragekurve weist einen fallenden Verlauf auf, da von sin-

[114] Snower [1997: 167].
[115] Snower [1997: 168 f.]; Hervorhebungen im Original.

kenden Grenzerträgen der Arbeit ausgegangen wird; sie gibt an, welche Beschäftigungsmenge von den Unternehmen gewählt wird in Reaktion auf einen gegebenen Reallohn. Demgegenüber gibt die Lohnsetzungskurve an, welcher Lohnsatz bei einer gegebenen Beschäftigungsmenge gewählt wird. Verschiedene Interpretationen dieser Kurve sind möglich: sie kann entweder - den verschiedenen Effizienzlohnansätzen folgend - denjenigen Lohn darstellen, der mindestens erforderlich wäre, um die Arbeitnehmer vom Bummeln abzuhalten, um Kündigungen der Beschäftigten zu verhindern oder um Arbeitskräfte mit einer bestimmten Mindestproduktivität anzulocken; oder sie kann Ergebnis von Lohnverhandlungen bzw. Ausdruck gewerkschaftlicher Lohnsetzungs-Monopolmacht sein. Ihr Verlauf ist in aller Regel steigend (so weist Snower z.B. darauf hin, daß in ***Effizienzlohnmodellen*** das Unternehmen mit steigendem N den Lohnsatz erhöhen muß, um die bisherige Arbeitsleistung der Arbeitnehmer weiterhin zu erhalten[116]). In ***Verhandlungsmodellen*** kann der Kurvenverlauf auch horizontal oder fallend sein, denn hier würde es laut Snower zu zwei gegenläufigen Effekten kommen. Einerseits würde gelten: je höher der Beschäftigungsstand ist, desto kleiner ist das Grenzprodukt der Arbeit, und um so schwächer ist folglich die Verhandlungsposition der (Grenz-)Arbeitnehmer in den Lohnverhandlungen. In dieser Hinsicht müßte eine steigende Beschäftigung den ausgehandelten Lohn tendenziell nach unten drücken. Andererseits jedoch verbessert sich die Rückfallposition der Arbeitnehmer in den Lohnverhandlungen mit zunehmender gesamtwirtschaftlicher Beschäftigungsmenge (aufgrund einer Erhöhung der Wiederbeschäftigungswahrscheinlichkeit).[117] In dieser Hinsicht müßten Beschäftigungssteigerungen lohnsteigernd wirken. Snower entscheidet sich im folgenden für die Annahme einer im relevanten Bereich ***horizontalen*** Lohnsetzungskurve.

Die gleichgewichtige Beschäftigung N* und der gleichgewichtige Lohnsatz w* ergeben sich durch den Schnittpunkt der Arbeitsnachfragekurve $L^{(d)}$ mit der Lohnsetzungskurve $W^{(e)}$. Die Höhe der gleichgewichtigen Arbeitslosigkeit (uL)* wiederum wird durch die Differenz zwischen N* und der Arbeitsangebotskurve $L^{(s)}$ beschrieben, wobei letztere Kurve diejenige aggregierte Höhe des Arbeitsangebots darstellt, die sich ergeben würde, wenn Lohnverhandlungen individuell geführt würden und eine Arbeitslosenunterstützung nicht existent wäre. Folgt

---

[116] Allerdings untersucht Snower nicht, ob die Erreichung des bisherigen Leistungsniveaus überhaupt noch optimal für die Unternehmen wäre. Wie unten in Abschnitt 6.2.2. gezeigt werden kann, ist dies nicht der Fall; vielmehr kann für den speziellen Fall einer Beschäftigungssubvention sogar eine ***fallende*** Lohnsetzungskurve nachgewiesen werden.

[117] Snower geht ferner davon aus, daß sich gleichzeitig die Rückfallposition der Arbeitgeber verschlechtert, da sie ihre Beschäftigten aus einem kleineren Kreis von Arbeitssuchenden rekrutieren müssen.

man Snowers Annahme, so ist dieses Arbeitsangebot (zumindest im relevanten Bereich) nicht vom Lohnsatz abhängig, und die $L^{(s)}$-Kurve verläuft hier senkrecht bei N = L.[118] Die Arbeitslosenunterstützung b multipliziert mit der Zahl der Arbeitslosen (uL)* ergibt das gesamte Ausgabenvolumen des Staates bei Arbeitslosigkeit.

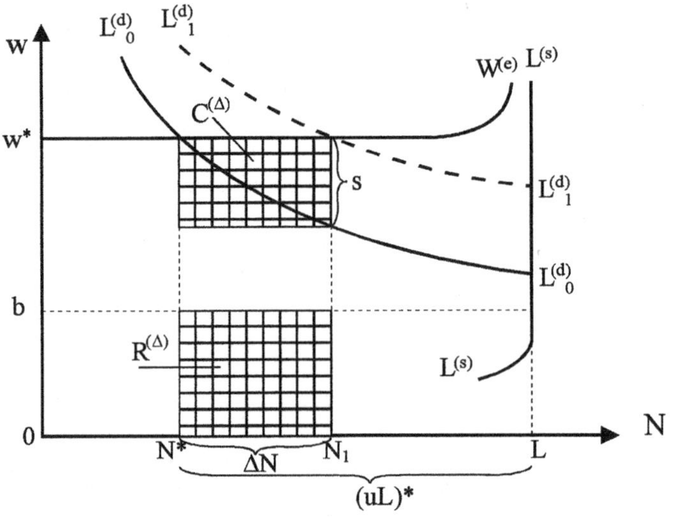

Abb. 4.7.: Wirkungen einer Einstellungssubvention im Arbeitsmarktschema

Eine Beschäftigungssubventionierung in Höhe s würde die Arbeitsnachfragekurve um diesen Betrag nach oben verschieben (auf $L^{(d)}_1$ in Abb. 4.7.), und die Beschäftigung stiege dadurch von N* auf N_1 (da die Unternehmen aufgrund der Gewährung von s bereit wären, zum Lohn w* diejenige Beschäftigungsmenge nachzufragen, die sie sonst nur bei einem Lohnsatz (w*–s) nachgefragt hätten;

118 Dieser Verlauf der $L^{(S)}$-Kurve wurde vermutlich aus Gründen der Einfachheit gewählt. Ansonsten wäre er unvereinbar mit der Annahme, daß Arbeitslosigkeit (wenigstens teilweise) ***freiwillig*** ist - eine Annahme, die bei Snower implizit enthalten ist, wenn er z.B. Arbeitslose beschreibt „who .. would not have been willing to work at the maximal wage that potential employers would have been willing to offer" oder Langzeitarbeitslose „who .. have the strongest incentive to remain unemployed" (Snower [1997: 166, 167]). Zur Frage, ob der Abstand zwischen N* und der $L^{(S)}$-Kurve als freiwillige oder unfreiwillige Arbeitslosigkeit angesehen werden sollte, vergl. auch Franz [1995: 10].

dieses Ergebnis gilt zumindest dann, wenn man unterstellt, daß sich die Lohnsetzungskurve nicht verändert[119]). Wenn man außerdem - zunächst - von der stark vereinfachenden Annahme ausgeht, daß der Staat in der Lage sei, Einstellungssubventionen nur für echt zusätzlich eingestellte Arbeitnehmer zu gewähren (was Mitnahme- und Substitutionseffekte vorläufig ausschließt), dann ergeben sich die fiskalischen Kosten der Beschäftigungssubvention als $C^{(\Delta)} = s(N_1 - N^*) \equiv s \cdot \Delta N$ (in Abb. 4.7. als grauer Block eingezeichnet), während die durch die Subvention ausgelösten Einsparungen bei der Arbeitslosenunterstützung $R^{(\Delta)} = b(N_1 - N^*) \equiv b \cdot \Delta N$ betragen. Ist $C^{(\Delta)} \leq R^{(\Delta)}$, so ist das Subventionsinstrument fiskalisch kostenneutral. Hieraus folgt, daß die Subvention unter den getroffenen Annahmen (keine Mitnahmen, keine Substitutionseffekte) so lange selbstfinanzierend ist, wie der Subventionsbetrag s nicht größer ist als die Arbeitslosenunterstützung b.

Im nächsten Schritt führt Snower nun die Annahme ein, daß ceteris paribus das Wertgrenzprodukt der Arbeitslosen mit zunehmender Dauer der Arbeitslosigkeit fällt[120] und daß deshalb die Unternehmen immer zuerst diejenigen Arbeitslosen mit den kürzesten Arbeitslosigkeitszeiten einstellen. Bewegt man sich also von N* nach rechts in Richtung auf L, so sinkt das Wertgrenzprodukt der Beschäftigten ***nicht nur*** aufgrund der oben angenommenen sinkenden Grenzerträge der Arbeit (die bereits in die Arbeitsnachfragekurve $L^{(d)}_0$ eingeflossen sind), ***sondern auch*** deshalb, weil bei zunehmendem Abbau der Arbeitslosigkeit die jeweils neu eingestellten Beschäftigten eine zunehmend höhere Dauer der Arbeitslosigkeit (und damit annahmegemäß eine immer geringere ***individuelle*** Produktivität) aufweisen. Dieser letztere Aspekt wird von Snower durch eine modifizierte Arbeitsnachfragekurve $L^{(d)}_2$ wiedergegeben, die unterhalb von $L^{(d)}_0$ verläuft und steiler ist (Abbildung 4.8.).

Indem der Staat die Höhe der Subvention von der Höhe der bisherigen Arbeitslosigkeitsdauer abhängig macht, kann er nach Meinung von Snower die Kosten die-

---

119 Im Gegensatz zu Effizienzlohn- und Gewerkschaftsmonopolmodellen, in denen die Höhe des Subventionsbetrages die Lage der Lohnsetzungskurve nicht beeinflussen kann, ist im Verhandlungsmodell eine solche Verschiebung durchaus möglich. Denn einerseits erhöht sich aufgrund der Subventionierung der Gewinn der Unternehmen, was den ausgehandelten Lohn tendenziell nach oben drückt; andererseits verbessert sich auch die Rückfallposition der Unternehmen, da im Falle des Scheiterns der Lohnverhandlungen ein Ausweichen auf andere Arbeitskräfte für die Unternehmen billiger käme; dieser Effekt würde die $W^{(e)}$-Kurve tendenziell nach unten drücken (Snower [1997: 196 (Fn 20)]).

120 Diese Annahme ist nicht unplausibel. Snower begründet sie damit, daß sich durch längere Zeiten der Nichtbeschäftigung nicht nur die eigentlichen Arbeitsfertigkeiten vermindern, sondern auch die sogenannten sekundären Arbeitstugenden wie Pünktlichkeit, Anpassungsfähigkeit, Selbstbewußtsein usw. teilweise verlorengehen können.

ses Instruments minimieren. Im Idealfall würde der Staat dann für jeden neu eingestellten Arbeitnehmer genau die Differenz aus dessen Wertgrenzprodukt und den Lohnkosten des Unternehmens zahlen, so daß die Subventionszahlungen bei zunehmendem Abbau der Arbeitslosigkeit von zunächst Null bis auf s_{max} anwachsen würden. Gegenüber dem obigen Einheits-Subventionsbetrag würde diese Subventionierungsform bei gleichem Beschäftigungserfolg zu geringeren Kosten für den Staat führen, wie in der Abb. 4.8. zu sehen ist (neue Fläche $C^{(\Delta)}$).

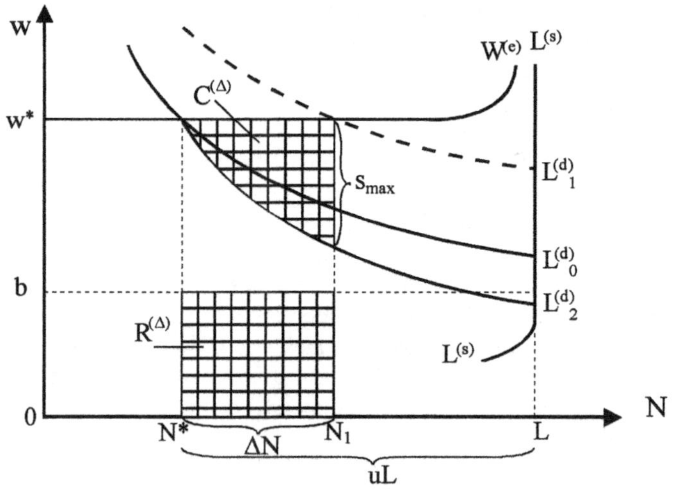

Abb. 4.8.:
Subventionierung in Abhängigkeit von der Produktivität der Arbeitskräfte

Um die Analyse realitätsnäher zu gestalten, bezieht Snower in einem nächsten Schritt auch Substitutionseffekte und Mitnahmeeffekte in sein Modell mit ein. Mitnahmen („deadweight") sind diejenigen Einstellungen von Arbeitslosen, die auch ohne Existenz eines Subventionssystems durchgeführt worden wären (s.a. Abschn. 2.2.). Da Unternehmen in der Realität ständig externen Schocks ausgesetzt sind, kommt es ständig zu einer gewissen Fluktuation von Arbeitskräften, so daß ein gewisses Maß an Mitnahmen unvermeidlich ist. Aus der empirischen Beobachtung, daß die Wiedereinstellungschancen von Arbeitslosen mit zunehmender Dauer der Arbeitslosigkeit sinken, schließt Snower, daß auch das Ausmaß der Mitnahmen entsprechend sinken müßte. Dies versucht er in Abb. 4.9. durch die Fläche $C^{(m)}$ auszudrücken, deren Breite seiner Ansicht nach bei zunehmendem

Abbau der Arbeitslosigkeit abnimmt.[121] Die Kosten des Subventionssystems erhöhen sich somit von $C^{(\Delta)}$ auf die Summe $C^{(\Delta)} + C^{(m)}$.

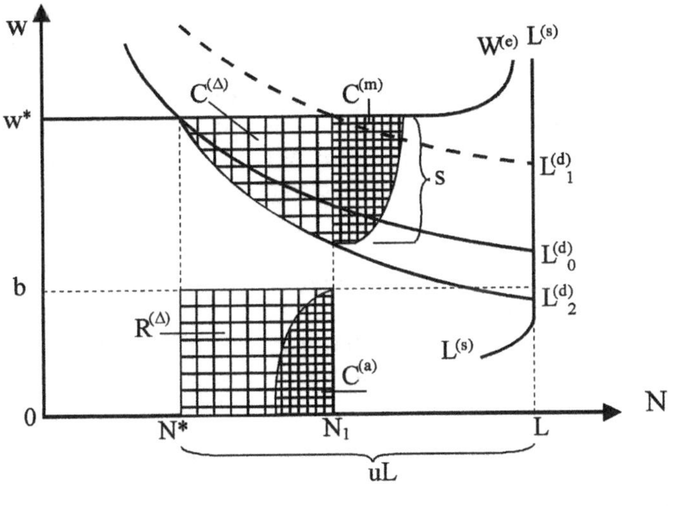

Abb. 4.9.: Berücksichtigung von Mitnahmen und Arbeitskraft-Substitutionen

Des weiteren bezieht Snower in seine Analyse auch Substitutionseffekte[122] mit ein, die er definiert als die Anzahl bisheriger Arbeitsplatzinhaber, die aufgrund der Subventionierung ihren Arbeitsplatz verlieren. Nach Ansicht von Snower ist es wenig sinnvoll zu versuchen, dieses Problem mit speziellen „anti-displacement provisions" zu lösen, denn der Staat hat keinerlei Informationen darüber, ob eine bestimmte Entlassung ursächlich durch die Subvention ausgelöst wurde oder nicht. Auch bei Einführung sogenannter Zusätzlichkeitsklauseln, die eine Nicht-Reduzierung des betrieblichen Beschäftigungsstandes zur Bedingung der Subventionsberechtigung machen, stände allen ***expandierenden*** Unternehmen nach wie vor die Möglichkeit einer Arbeitskraft-Substitution offen.

---

[121] Snower [1997: 175]. Zur Kritik dieser Annahme siehe Abschnitt 4.5.6.3..

[122] Snower spricht von „displacement" - ein Begriff, der üblicherweise für die ***volkswirtschaftlichen*** Verdrängungswirkungen reserviert ist, während jedoch an Snowers weiterer Argumentation (S. 176, 191) deutlich wird, daß er hiermit wohl ausschließlich die ***betriebsinternen*** Arbeitskraft-Substitutionseffekte (engl.: „substitution") meint. (Zur definitorischen Abgrenzung der beiden Begriffe siehe z.B. Bellmann/Jackman [1996: 156 f.], Prey/Fitzenberger/Franz [1997: 13], Richardson [1997: 3 f.] oder Breen/Halpin [1989: 31, 34 f.]).

Snower weist darauf hin, daß die Summe der Substitutionseffekte um so größer ist, je höher die durch die Subvention induzierten Beschäftigungszuwächse sind. Allerdings nimmt er an, daß die Substitutionseffekte unterproportional zum Beschäftigungsniveau zunehmen, denn die Arbeitslosen werden ja - der obigen Annahme gemäß - um so später von den Unternehmen eingestellt, je länger die Dauer ihrer Arbeitslosigkeit ist; aber um so geringer ist gleichzeitig auch ihre Fähigkeit, andere Beschäftigte von ihren Arbeitsplätzen zu verdrängen. In jedem Fall würden sich die aus der Subvention resultierenden Erträge (Einsparungen) bei Vorliegen von Substitutionseffekten (in Abb. 4.9. durch die Fläche $C^{(a)}$ dargestellt) verringern. Folglich ist das Subventionsinstrument solange selbstfinanzierend, wie $R^{(\Delta)} - C^{(a)} \geq C^{(\Delta)} + C^{(m)}$ ist.

Snower benutzt ferner die Abb. 4.9., um deutlich zu machen, wie er sich die zeitliche Abfolge des Eingliederungsprozesses der Arbeitslosen vorstellt. Er geht von verschiedenen Kohorten von Arbeitnehmern aus, die definiert sind durch die Dauer der bisherigen Arbeitslosigkeit. Snower schreibt:

„The last cohort of workers to be employed under the voucher scheme (the ones with the longest previous unemployment spell) generate a direct cost given by the rightmost vertical slice of the area C [= $C^{(\Delta)}$ in Abb. 4.9.], and a voucher revenue given by the rightmost slice of the area R [= $R^{(\Delta)}$]. In becoming employed they make up for the depreciation and obsolescence of their skills that took place during their period of unemployment, and thus their productivity rises ... With the passage of time, these workers gain employment experience and cease to be the marginal workers in term of their productivity; this marginal status is taken on by subsequent recruits. Thus the direct costs and revenues associated with the above cohort of workers may be visualised as a succession of vertical slices of the areas C and R (respectively), each lying progressively further to the left. In this process, the size of the voucher gradually falls as the workers' period of employment proceeds, until eventually the voucher phases itself out of existence and the workers become unemployed again."[123]

Im Gegensatz zu den Einstellungssubventionen würden die - ansonsten analog wirkenden - Qualifizierungssubventionen („training vouchers") nach Snowers Ansicht dafür sorgen, daß die wiedereingegliederten Beschäftigten nach Abschluß ihrer Qualifizierungsmaßnahme auch weiterhin beschäftigt bleiben würden, weil sich ihre ***langfristige*** Arbeitsproduktivität erhöht hätte.[124]

Aufgrund des fallenden Verlaufs der $L^{(d)}$-Kurve wachsen die Kosten von Subventionssystemen überproportional im Vergleich zu ihren Erträgen. Auch dies läßt sich anhand der Abb. 4.9. zeigen - ebenso die Tatsache, daß ausgehend von

---

[123] Snower [1997: 177].

[124] Snower [1997: 179].

einem Zustand ohne Subventionierung ($s = 0$) eine marginal kleine Steigerung des Subventionsbetrags immer einen fiskalischen Netto-Gewinn bedeutet. Denn während Breite ***und*** Höhe der Kostenfläche $C^{(\Delta)}$ im Ausgangspunkt Null sind und erst mit steigendem s anwachsen, hat die Höhe der Ertragsfläche $R^{(\Delta)}$ bereits von Anfang an einen positiven, konstanten Wert b.[125] Bei genügend kleinen Subventionsbeträgen ist das Instrument deshalb immer selbstfinanzierend.

4.5.3. Formale Darstellung des Modells

Abweichend von seinem konkreten BTP-Vorschlag ignoriert Snower in dem folgenden formalen Modell[126] die Qualifizierungskomponente der Subvention, definiert die Gesamtheit ***aller*** Arbeitslosen als Zielgruppe und legt einen Untersuchungszeitraum von einem Jahr zugrunde. Er beginnt seine Analyse mit der Definition, daß F, die Beschäftigung der Zielgruppe nach Subventionierung, sich zusammensetzt aus der hypothetischen Beschäftigung der Zielgruppe ohne Subventionierung (den „Mitnahmen") M sowie dem subventionsinduzierten Beschäftigungszuwachs in der Zielgruppe, Z:

(4.39) $F = M + Z$.

Die einzige meßbare Größe in dieser Gleichung ist F, die Anzahl der insgesamt geförderten Arbeitsplätze (auch als „Brutto-Beschäftigungserfolg"[127] bezeichnet). Die Mitnahmen M können allerdings insoweit geschätzt werden, wie das Einstellungsverhalten der Unternehmen bei Abwesenheit von Subventionen bekannt ist. Im speziellen Fall, wo das Subventionskriterium die Einstellung von Arbeitslosen ist, wäre die Kenntnis der Höhe der Fluktuation zwischen den Zuständen Arbeitslosigkeit und Beschäftigung von Bedeutung. Snower schätzt diese Fluktuation (und somit die Höhe der Mitnahmen) als das Produkt aus der aggregierten Beschäftigungsmenge im Ausgangsgleichgewicht N_0, der durchschnittlich gemessenen Arbeitskraft-Fluktuationsrate $\overline{\sigma}$ und dem als konstant angenommenen Anteil der Arbeitslosen bei Stellen-Neubesetzungen, γ:

(4.40) $M = \gamma \overline{\sigma} N_0$.

[125] Snower [1997: 177 f.].

[126] Snower [1997: 180-186].

[127] Snower selbst verwendet diesen Ausdruck im Rahmen seines formalen Modells nicht, ebensowenig den Begriff Netto-Beschäftigungserfolg für ΔN; doch wegen ihrer Einprägsamkeit erscheint die Verwendung beider Begriffe im weiteren Verlauf dieser Arbeit sinnvoll.

Die Gesamtsumme aller subventionsinduzierten Beschäftigungsveränderungen ΔN (dies ist der sogenannte „Netto-Beschäftigungserfolg", die für den fiskalischen Gewinn relevante Größe) setzt sich definitionsgemäß zusammen aus Z, dem subventionsinduzierten Beschäftigungszuwachs in der Zielgruppe, und A, den subventionsinduzierten Beschäftigungsveränderungen bei den bisherigen Arbeitsplatzbesitzern:

$$(4.41)\quad \Delta N = Z + A\ , \qquad \text{mit } A \leq 0\ .$$

Sofern Substitutionseffekte auftreten, ist A negativ. Snower nimmt zur Vereinfachung ein konstantes Verhältnis zwischen der Höhe der Substitutionseffekte und dem subventionsinduzierten Beschäftigungszuwachs in der Zielgruppe an, welches durch α, einer Art „Arbeitsplatzinhaber-Verdrängungs-Koeffizient" ($0 < \alpha < 1$) ausgedrückt wird:

$$(4.42)\quad A = -\alpha Z\ .$$

Nach Einsetzen von Gleichung (4.42) in (4.41) erhält man

$$(4.43)\quad \Delta N = (1-\alpha) Z\ ,$$

und durch Zusammenfügen von (4.43), (4.40) und (4.39) wiederum ergibt sich

$$(4.44)\quad \frac{F}{N_0} = \gamma\,\overline{\sigma} + \frac{1}{1-\alpha} \cdot \frac{\Delta N}{N_0}\ .$$

Um nun die Beschäftigungswirkung der Einstellungssubvention zu schätzen, stellt Snower eine Verbindung her zur Beschäftigungszuwachsrate $\Delta N/N_0$ und zur Lohnänderungsrate $\Delta w/w_0$; das Verhältnis beider Größen zueinander ist die bekannte Lohnelastizität der Beschäftigung η:

$$(4.45)\quad \frac{\Delta N}{N_0} = \eta\,\frac{\Delta w}{w_0}\ .$$

Snower vermutet, daß eine durch Subventionen erzielte Reduzierung der Arbeitskosten zu einer geringeren Beschäftigungswirkung führen müßte als eine Lohnsenkung in gleicher Höhe, weil zum Beispiel eine selektive Ausrichtung der Subvention ausschließlich auf Arbeitslose nicht nur zu Substitutionseffekten bei den Beschäftigten führt, sondern auch die Beschäftigungschancen für Nicht-Erwerbspersonen noch weiter verschlechtert, oder weil theoretisch die Gefahr subventionsinduzierter Lohnerhöhungen besteht (die Snower allerdings in der Praxis für eher gering hält[128]). Vor allem aber müssen Subventionen nach Snowers Ansicht

---

[128] Snower [1997: 182].

deshalb geringere Beschäftigungswirkungen entfalten, weil Unternehmen Lohnsenkungen in der Regel für dauerhafter ansehen als zeitlich begrenzte Subventionen.[129]

Das Ausmaß, in dem die Anreizwirkung einer Subvention hinter derjenigen einer Lohnsenkung zurückbleibt, wird bei Snower durch den Parameter θ ausgedrückt. Dieser Koeffizient der relativen Beschäftigungswirkung von Subventionen im Vergleich zu Lohnerhöhungen setzt sich annahmegemäß zusammen aus dem Minderungsfaktor $1/\varsigma$, welcher die Minderung des Beschäftigungseffekts aufgrund der zeitlichen Begrenztheit der Subvention abbildet, sowie dem konstanten Faktor β, der alle übrigen Einflüsse erfassen soll, welche zu einer relativ geringeren Beschäftigungswirkung von Subventionen führen. Es gilt

(4.49) $\theta = -\frac{\beta}{\varsigma}$, mit $0 < \beta < 1$.[130]

---

[129] Snower versucht dies zu demonstrieren, indem er den Beschäftigungseffekt einer Ein-Perioden-Subvention (bzw. ihren finanziellen Wert für das Unternehmen) vergleicht mit dem Beschäftigungseffekt (bzw. Gegenwartswert) einer Subvention mit unendlichem Zeithorizont. Bei einem Subventionsbetrag s, einem betrieblichen Abzinsungsfaktor $(1-\delta)$, einer „Trennungsrate" $\overline{\sigma}$ in Bezug auf die neueingestellten Arbeitnehmer sowie Kosten der Trennung („Entlassungskosten") in Höhe $C^{(\sigma)}$ ergibt sich der Gegenwartswert $\wp$ eines unendlichen Stroms an Subventionszahlungen als

(4.46) $\wp = s + [(1-\overline{\sigma})(1-\delta)s - \overline{\sigma}(1-\delta)C^{(\sigma)}] + [(1-\overline{\sigma})^2(1-\delta)^2 s - (1-\overline{\sigma})(1-\delta)^2\overline{\sigma}\, C^{(\sigma)}] + [(1-\overline{\sigma})^3(1-\delta)^3 s - (1-\overline{\sigma})^2(1-\delta)^3\overline{\sigma}\, C^{(\sigma)}] + \ldots$.

Diese Formel kommt dadurch zustande, daß das Unternehmen in der ersten Periode für jeden neu eingestellten Arbeitnehmer den Subventionsbetrag s erhält, in der zweiten Periode dagegen beträgt der abgezinste Wert der Subvention nur noch $(1-\delta)s$ und der Arbeitnehmer ist nur noch mit einer Wahrscheinlichkeit $(1-\overline{\sigma})$ im Unternehmen zu finden, während das Unternehmen mit einer Wahrscheinlichkeit $\overline{\sigma}$ die abgezinsten Entlassungskosten in Höhe von $(1-\delta)C^{(\sigma)}$ zu tragen hat, usw.. Nach Umformungen (insbesondere mit Hilfe der Formel für unendliche geometrische Reihen: $a^0 + a^1 + a^2 + \ldots + a^\infty = 1/(1-a)$) erhält man

(4.47) $\wp = \frac{s}{1-(1-\overline{\sigma})(1-\delta)} - \frac{\overline{\sigma}C^{(\sigma)}(1-\delta)}{1-(1-\overline{\sigma})(1-\delta)}$,

so daß sich schließlich das Verhältnis des Gegenwartswertes einer unendlich gewährten Subvention zu ihrem Ein-Perioden-Wert ergibt als

(4.48) $\varsigma = \wp/s = \frac{1-[(\overline{\sigma}C^{(\sigma)}(1-\delta))/s]}{1-(1-\overline{\sigma})(1-\delta)}$.

[130] Der Wert von θ weist hier ein negatives Vorzeichen auf, weil sich Löhne und Subventionen spiegelbildlich bewegen müssen, um eine gleichgerichtete Wirkung zu erzielen (d.h. die Beschäftigung steigt bei *sinkenden* Löhnen und *steigenden* Subventionsbeträgen).

Wenn mit s wie gewohnt der Subventionsbetrag bezeichnet wird und ϕ die Subventionierungsquote s/w ist, dann ergibt sich analog zu (4.45) die Beschäftigungswirkung einer Subvention als

$$(4.50) \quad \frac{\Delta N}{N_0} = \theta\eta\phi \,, \quad \text{mit } \phi = \frac{s}{w_0}.$$

Durch Einsetzen von Gleichung (4.50) in Gleichung (4.44) erhält man das von Snower so bezeichnete „Arbeitsmarktgleichgewicht"

$$(4.51) \quad \frac{F}{N_0} = \gamma\,\overline{\sigma} + \frac{\theta\eta\phi}{1-\alpha} \,.$$

Wenn man an dieser Stelle die Bedingung einführt, daß die vom Staat zu zahlenden Subventionen durch die Einsparungen bei der Arbeitslosenunterstützung mindestens gedeckt sein müssen, erhält man als Budgetbeschränkung des Staates

$$(4.52) \quad b\,\Delta N \geq s\,F$$

mit b als Höhe der Arbeitslosenunterstützung. Definiert man r als die Lohnersatzrate b/w, erhält man nach Umformung (man beachte $\phi = s/w$)

$$(4.53) \quad r\,\frac{\Delta N}{N_0} \geq \phi\frac{F}{N_0} \,, \quad \text{mit } r = \frac{b}{w_0} \,.$$

Durch Umformungen der bisher entwickelten Gleichungen läßt sich der zu erwartende Netto-Beschäftigungserfolg des Subventionsinstruments herleiten. Gleichung (4.50) eingesetzt in (4.53) ergibt zunächst für den Brutto-Beschäftigungserfolg

$$(4.54) \quad \frac{F}{N_0} \leq r\theta\eta .$$

Daraus folgt, daß der ***maximale*** Brutto-Beschäftigungserfolg unter der Nebenbedingung fiskalischer Kostendeckung

$$(4.55) \quad \left(\frac{F}{N_0}\right)^* = r\theta\eta$$

beträgt. Bei Einsetzen von (4.55) in (4.51) erhält man die maximale Subventionierungsquote bei Kostendeckung, ϕ^*, als

$$(4.56) \quad \phi^* = (1-\alpha)\left[r - \frac{\gamma\,\overline{\sigma}}{\theta\eta}\right],$$

und durch Einsetzen von (4.56) in (4.50) ergibt sich die bei Beachtung der Kostendeckungs-Restriktion maximal erreichbare Rate des Netto-Beschäftigungserfolgs als

$$(4.57)\quad \left(\frac{\Delta N}{N_0}\right)^* = \theta\eta(1-\alpha)\left[r - \frac{\gamma\overline{\sigma}}{\theta\eta}\right].$$

Mit Hilfe dieser Gleichung schätzt Snower die Beschäftigungswirkung einer Einstellungssubvention für Arbeitslose im Einjahreszeitraum für verschiedene OECD-Staaten. Die Ergebnisse dieser Simulationsrechnungen werden im folgenden Unterabschnitt vorgestellt.

4.5.4. Ergebnisse von Simulationsrechnungen

Snower verwendet zunächst empirisch ermittelte ***kurzfristige*** Elastizitäten der Beschäftigung η_{SR} und schätzt den „Arbeitsplatzinhaber-Verdrängungs-Koeffizienten“ als $\alpha = 0.4$[131]. Den "Subventions-Effektivitäts-Koeffizienten“ setzt er mit $|\theta| = 0.5$ an, und der Mitnahmerate wird ein Schätzwert von $\gamma\overline{\sigma} = 0.04$ zugeteilt.

Die Ergebnisse dieser Simulationsschätzung auf Grundlage der Gleichung (4.57) sind in Tab. 4.1. wiedergegeben. Ganz links ist zur Information die Arbeitslosenquote u_0 vom Juli 1994 aufgeführt. In der Spalte ganz rechts erscheint der Netto-Beschäftigungserfolg der Maßnahme (= Abbau der Arbeitslosenquote in Prozentpunkten). Wie zu sehen ist, ergeben sich - trotz der im Modell enthaltenen Kostendeckungs-Bedingung - teilweise erstaunlich hohe Beschäftigungserfolge. Snower betont allerdings, daß die Ergebnisse äußerst vorsichtig zu interpretieren sind; als „ballpark figures“ können sie allenfalls eine grobe Vorstellung von der ungefähren Größenordnung dieser Effekte vermitteln.

---

[131] Die Bestimmung von α ist natürlich mit großen Unsicherheiten behaftet. Mit seinen Schätzwerten von 40 % bzw. 60 % (s.u.) liegt Snower zwischen den theoretisch hergeleiteten null Prozent von Layard [1997: 340-342] und den 100 %, die Minford [1997: 355] aufgrund theoretischer Überlegungen für möglich hält.

Land	u_0 (Juli 94)	$\lvert\eta_{SR}\rvert$	r	α	$\gamma\bar{\sigma}$	$\lvert\theta\rvert$	**$\Delta N/N_0$ in %**
Österreich	5.2	0.37	0.60	0.4	0.04	0.5	**2.8**
Belgien	14.0	0.30	0.60	0.4	0.04	0.5	**3.0**
Kanada	10.2	0.35	0.60	0.4	0.04	0.5	**3.9**
Dänemark	12.3	0.49	0.90	0.4	0.04	0.5	**10.8**
Frankreich	12.0	0.17	0.57	0.4	0.04	0.5	**0.5**
Deutschland	8.3	0.53	0.63	0.4	0.04	0.5	**7.6**
Niederlande	7.3	0.18	0.70	0.4	0.04	0.5	**1.4**
Spanien	24.6	0.71	0.80	0.4	0.04	0.5	**14.6**
Schweden	8.8	0.12	0.80	0.4	0.04	0.5	**0.5**
UK	9.3	0.40	0.36	0.4	0.04	0.5	**1.9**
USA	6.7	0.20	0.50	0.4	0.04	0.5	**0.6**

Tab. 4.1.: Beschäftigungswirkungen einer Einstellungssubvention für Arbeitslose nach Snower (Simulation 1)[132]

In einem zweiten Schätzdurchgang verwendet Snower statt der kurzfristigen die (i.d.R. höheren) langfristigen Elastizitäten η_{LR}; dafür ordnet er den Mitnahmen und Substitutionseffekten pessimistischere Schätzwerte zu ($\alpha = 0.6$, $|\theta| = 0.3$). Mit diesen Werten erhält er dann die folgenden Ergebnisse:

Land	u_0 (Juli 94)	$\lvert\eta_{LR}\rvert$	r	α	$\gamma\bar{\sigma}$	$\lvert\theta\rvert$	**$\Delta N/N_0$ in %**
Österreich	5.2	0.267	0.60	0.6	0.04	0.3	**0.3**
Belgien	14.0	0.589	0.60	0.6	0.04	0.3	**2.6**
Kanada	10.2	0.420	0.60	0.6	0.04	0.3	**1.4**
Dänemark	12.3	0.692	0.90	0.6	0.04	0.3	**5.8**
Frankreich	12.0	0.610	0.57	0.6	0.04	0.3	**2.6**
Deutschland	8.3	0.830	0.63	0.6	0.04	0.3	**4.7**
Niederlande	7.3	0.600	0.70	0.6	0.04	0.3	**3.4**
Spanien	24.6	1.382	0.80	0.6	0.04	0.3	**11.7**
Schweden	8.8	0.250	0.80	0.6	0.04	0.3	**0.8**
UK	9.3	0.630	0.36	0.6	0.04	0.3	**1.1**
USA	6.7	0.320	0.50	0.6	0.04	0.3	**0.3**

Tab. 4.2.: Beschäftigungswirkungen einer Einstellungssubvention für Arbeitslose nach Snower (Simulation 2)[133]

---

[132] Snower [1997: 186].

Wie man sieht, fällt der erwartete Netto-Beschäftigungserfolg unter den geänderten Annahmen der Tabelle 4.2. i.d.R. deutlich geringer aus als in Tabelle 4.1.; im Vergleich zu den Erfolgsaussichten anderer beschäftigungspolitischer Instrumente sind diese Zahlen aber immer noch imposant genug.[134]

4.5.5. Antworten auf Einwände

Anstelle einer Zusammenfassung beantwortet Snower am Ende seines Beitrags einige potentielle Einwände gegen sein Modell und geht auf mögliche Schwierigkeiten bei der Umsetzung dieses beschäftigungspolitischen Vorschlags ein. Als erstes wehrt er sich gegen mögliche Vorwürfe, Politiker könnten dieses Instrument „lediglich als erneuten Versuch einer Lohnsubvention" interpretieren und es als Vorwand mißbrauchen, um alte Fehler zu wiederholen. Vielmehr vertraut er auf die Lernfähigkeit der Politiker und meint, es wäre „foolish to veto new employment policies merely as a vote of no confidence in politicians and civil servants". Zudem sei die Steuerung des Benefit Transfer Programmes einfacher als bei vielen anderen wirtschaftspolitischen Instrumenten.

Der zweite Einwand bezieht sich auf die spezielle Zielgruppenausrichtung („targeting") des Instruments, die möglicherweise dazu führt, daß sich für die nicht-subventionsberechtigten Arbeitnehmer die Anreize zur Arbeitsplatzsuche verrin-

---

133 Snower [1997: 187].

134 Die Übertragbarkeit dieser Ergebnisse auf die Praxis wird z.B. von Buslei et al. [1999: 62] angezweifelt: „Bedenkt man, daß die von Snower (1997) vorgeschlagene Subvention zeitlich befristet ist und sich wegen der von der Dauer der Arbeitslosigkeit abhängigen Höhe auf die Langzeitarbeitslosen konzentriert, dann läßt sich schon ohne eingehende Analyse festhalten, daß sich diese Subvention nicht sehr stark von den in Deutschland schon bestehenden Subventionen für Langzeitarbeitslose unterscheidet. Entsprechend dürfte der angegebene Rückgang der Arbeitslosenquote nicht realistisch sein." Allerdings sollte beachtet werden, daß nur in Snowers konkretem BTP-Vorschlag (siehe Abschnitt 4.5.1.) die Höhe der Subvention von der Dauer der Arbeitslosigkeit abhängig ist, nicht aber auch in dem formalen Modell, auf dessen Grundlage er seine Simulationsrechnungen durchführt. In Wirklichkeit sind die Unterschiede zwischen Snowers formalem Modell und den bisherigen wirtschaftspolitischen Erfahrungen erheblich, da noch niemals ein derart umfassendes und unbürokratisches Subventionsmodell eingeführt worden ist. Dies stellen auch Buslei et al. an anderer Stelle (S. 109) fest: „Vorschläge zu Beschäftigungsgutscheinen (vgl. Snower, 1997), die eine befristete Förderung von Langzeitarbeitslosen vorsehen, dürften sich im wesentlichen von den heute bereits bestehenden Maßnahmen allein dadurch unterscheiden, daß ***alle*** Langzeitarbeitslosen einen Anspruch auf die Leistung hätten, während bei den bestehenden Maßnahmen die Entscheidung über die Vergabe der Arbeitsverwaltung vorbehalten ist." (Hervorhebung im Original).

gern. Doch zum einen sieht Snower die Möglichkeit einer Verschärfung der im Arbeitslosenrecht verankerten Zumutbarkeitsklauseln, um dieser Gefahr entgegenzusteuern, zum anderen weist er darauf hin, daß den Nachteilen einer selektiven Subventionierung auch deren Vorteile gegenübergestellt werden müßten.[135] Als solche Vorteile sieht er 1.) geringere fiskalische Kosten bei gegebenem Beschäftigungserfolg[136], 2.) eine Erhöhung des effektiven Arbeitsangebots und davon ausgehend eine Reduzierung des Lohndrucks, sowie 3.) positive soziale Auswirkungen, da die Erzielung einer größeren Chancengleichheit einen Wert an sich darstellen würde.[137] Nach Snowers Ansicht dreht sich das Zielgruppenproblem nicht um die Frage, ob überhaupt selektive Beschränkungen vorgenommen werden sollten, sondern lediglich darum, auf welche Gruppen man sich hierbei zu konzentrieren hat.

Der dritte Einwand, auf den Snower argumentativ eingeht, bezieht sich auf das Auftreten von Mitnahme- und Substitutionseffekten, die nach Snowers Meinung in einem gewissen Umfang unvermeidbar sind. Hingegen sieht er es - an dieser Stelle der Arbeit[138] - als offensichtlich möglich an, Substitution durch institutionelle Kontrollen auszuschließen; der hierfür zu zahlende Preis wäre allerdings eine entsprechende Minderung der erwünschten Anreizwirkung. Nach Snowers Ansicht ist in jedem Fall die Gefahr einer Arbeitskraft-Substitution (worunter er die innerbetriebliche Verdrängung von Beschäftigten durch Arbeitslose versteht) dort kein Problem, wo die Kosten des Personalwechsels hoch sind. Neben dem schon erwähnten lohnbremsenden Effekt sieht Snower außerdem den Vorteil von Substitutionsprozessen darin, daß geringqualifizierte Langzeitarbeitslose höherproduktive Beschäftigte verdrängen würden, wobei letztere seiner Ansicht nach geringere Schwierigkeiten haben müßten, wieder in ein Beschäftigungsverhältnis zu gelangen.[139]

Im hypothetischen Einwand Nr. 4 beschäftigt sich Snower mit der Frage, ob es bei Lohnverhandlungen zu einer vollständigen Abschöpfung der Subvention durch die Arbeitnehmerseite kommen könnte, so daß langfristig keine oder allenfalls

---

[135] „The act of targeting, of course, may well create other difficulties, such as a rise in short-term unemployment or a displacement of current employees. In that case, we are replacing a serious social problem by a number of less serious problems." (Snower [1997: 197 (Fn 38)]).

[136] Hiermit ist wohl die Rolle der Mitnahmeeffekte gemeint; vergl. Abschnitt 4.5.2.. Siehe aber auch die Kritik an dieser These in Abschnitt 4.5.6.3. sowie die Simulationsergebnisse des Abschnitts 4.6.4..

[137] Zu den beiden letztgenannten Argumenten vergl. Abschnitt 2.1.3..

[138] Aber vergl. die eigenen Gegenargumente in derselben Arbeit: Snower [1997: 176].

[139] Zur Kritik an diesem „Humankapital-Argument" siehe Abschnitt 2.1.3..

geringe Beschäftigungswirkungen erzielbar wären (vergl. hierzu auch unten Abschnitt 5.3.1.). Diese Befürchtung würde allerdings nur dann begründet sein, wenn sich durch die Subventionierung einerseits der Konsumlohn für die Arbeitnehmer und andererseits ihre Rückfallposition (d.h. in der Regel die Höhe der Arbeitslosenunterstützung) ***im gleichen Verhältnis*** erhöhen würden; dies ist in der Praxis nicht zu erwarten.

Als Entgegnung auf einen letzten Einwand schließlich, demzufolge Stigmatisierungseffekte auftreten könnten (und bereits empirisch nachgewiesen worden sind[140]), vertritt Snower die Meinung, daß solche Effekte - selbst wenn sie in den USA existent sein sollten - in Europa eine viel geringere Bedeutung hätten, weil hier aus sozialstaatlichen Gründen die durchschnittliche Dauer der (registrierten) Arbeitslosigkeit länger wäre. Da also in Europa die Informationen über die Länge der Arbeitslosigkeitsintervalle ausführlicher und öffentlich zugänglicher sind als in den USA, würden die Arbeitgeber hierzulande durch die Kenntnis der Subventionsberechtigung keine stigmatisierenden Signale erhalten, die ihnen nicht ohnehin schon bekannt gewesen wären.[141]

4.5.6. Diskussion

4.5.6.1. Anmerkungen zum formalen Modell

Mit dem formalen Modell aus Abschnitt 4.5.3. hat Snower einen Analyserahmen vorgelegt, bei dem derjenige potentielle Netto-Beschäftigungserfolg einer Subvention, der gerade noch unter der Bedingung der Selbstfinanzierung des Instruments erreichbar ist, abgeleitet wird als eine Funktion 1.) der Mitnahmen, 2.) der Arbeitskraft-Substitutionseffekte, 3.) der Lohn- bzw. „Subventionselastizität" der Beschäftigung sowie 4.) der Lohnersatzrate (siehe Gleichung (4.57)). Ein solches Modell war bisher - zumindest in einem derartigen Formalisierungsgrad - nicht verfügbar und stellt für praktische Anwendungen im Rahmen von Evaluierungsversuchen beschäftigungspolitischer Instrumente sicherlich einen erheblichen Fortschritt dar.[142]

---

[140] Siehe Abschnitt 2.1.3..

[141] Snower [1997: 193]. Aber vergl. auch den eher skeptischen Kommentar von Coe [1997: 201].

[142] Auch wenn Snowers Modellrahmen ursprünglich im Hinblick auf die Analyse seines „Benefit Transfer Programme" konzipiert worden war, ist er dennoch so allgemein gehalten, daß er auf ***jede*** Einstellungssubvention für Arbeitslose Anwendung finden kann sowie - ggf. nach gering-

Anhand von Gleichung (4.52) bzw. anhand ihrer Umformung

$$(4.58)\quad s \leq b\frac{\Delta N}{F}$$

läßt sich zudem schön verdeutlichen, warum es in der Theorie - bei ausreichend kleinem s - ***immer*** möglich ist, eine Lohnsubvention selbstfinanzierend zu gestalten.[143] Die Größe b ist immer positiv, und auch das Verhältnis des Netto-Beschäftigungserfolgs zum Brutto-Beschäftigungserfolg $\Delta N/F$ ist annahmegemäß größer als Null. Selbst wenn also Mitnahmen und Substitutionseffekte in der Summe beachtliche Ausmaße annähmen, wäre immer noch ein gewisser Spielraum für eine sich selbst finanzierende Subvention gegeben. Wenn beispielsweise $b = 2.500$ DM wäre und die Mitnahmen und Substitutionseffekte insgesamt 90 % des Brutto-Beschäftigungserfolgs ausmachen würden (d.h. $\Delta N/F = 0.1$), wäre das Ziel der Selbstfinanzierung erreicht, solange die Höhe des Subventionsbetrags nicht mehr als 250 DM beträgt.[144]

Auch Gleichung (4.56) erlaubt interessante Schlußfolgerungen bezüglich der optimalen Gestaltung von Subventionssystemen. Da diejenige Subventionsquote ϕ^*, welche unter der Nebenbedingung der Budgetneutralität (höchstens) gewährt werden kann, mit zunehmender Höhe der Mitnahmeeffekte $\gamma\overline{\sigma}$ sinkt, und da andererseits gezeigt werden kann, daß die Mitnahmen im Zeitablauf ansteigen (siehe Abschnitt 4.6.2.), muß gefolgert werden, daß der Subventionsbetrag mit zunehmender Laufzeit des Instruments sinken muß, wenn ein Zustand der Selbstfinanzierung durchgehend gewährleistet sein soll.

4.5.6.2. Anmerkungen zum Vorschlag eines BTP

Die Idee eines Gutscheinsystems zur Bekämpfung der Arbeitslosigkeit ist grundsätzlich nicht neu, denn bereits 1991 wurde im deutschsprachigen Raum ein ähn-

---

fügigen Abwandlungen - auch für die Analyse anderer Subventionsformen herangezogen werden kann.

[143] Zur grafischen Erläuterung dieses Zusammenhangs siehe Snower [1997: 177 f.] bzw. oben Abschnitt 4.5.2..

[144] Die Tatsache, daß die Höhe des anzustrebenden Subventionsbetrags wie in diesem Zahlenbeispiel möglicherweise recht klein ist, hat Anlaß zur Skepsis gegenüber den behaupteten Beschäftigungswirkungen des Modells in der Praxis gegeben. So z.B. bei Coe [1997: 199]: „[T]here is a risk that the value of the voucher would be too small to have much of an impact“.

liches Instrument von Klodt und Siebert vorgeschlagen.[145] Neu ist hingegen der Vorschlag, die Höhe dieser Gutscheine abgestuft nach der Arbeitslosigkeitsdauer, der Transferansprüche sowie der Beschäftigungsdauer zu berechnen. Die von Snower vorgeschlagenen Ausgestaltungsdetails des Benefit Transfer Programmes (siehe Abschnitt 4.5.1.) implizieren dabei die folgende konkrete Berechnungsformel für den Subventionsbetrag s:

(4.59)

$$s = \chi \cdot \frac{h}{\overline{h}} \cdot \frac{b}{\overline{b}} \cdot \max\left(0, \left(\frac{\min\left(d^{(u)},30\right)}{6}\right) - 1\right) \cdot \left(1 - \frac{\min\left(d^{(e)},24\right)}{24}\right) \cdot (T+1) \quad T = \begin{cases} 1 \\ 0 \end{cases},$$

wobei χ ein politisch festgelegter Subventionsparameter sei, h die Zahl der Wochenarbeitsstunden sowie b die Höhe der Arbeitslosenunterstützung (mit $\overline{h}$ und $\overline{b}$ als ihren jeweiligen Durchschnittswerten), während die Symbole $d^{(u)}$ die Dauer der letzten Arbeitslosigkeitsperiode bzw. $d^{(e)}$ die bisherige Beschäftigungsdauer der wiedereingegliederten Arbeitslosen bezeichnen sollen. Die Variable T ist eine Dummyvariable für das Merkmal Schulungsmaßnahmen; sie nimmt den Wert 1 an, wenn solche Maßnahmen durchgeführt werden, andernfalls ist sie 0. Sofern im folgenden von einer Variation des Subventionsbetrags s die Rede sein wird, soll jeweils angenommen werden, daß diese Veränderung ausschließlich durch eine Veränderung des Subventionsparameters χ hervorgerufen wird.

In Abb. 4.10. ist grafisch veranschaulicht, wie hoch die Subventionszahlungen in Abhängigkeit von den einzelnen Parametern ausfallen würden; dabei ist auf der

---

[145] Siebert/Klodt [1991]. Diese sogenannten „Qualifizierungsgutscheine" waren ursprünglich als ein mögliches Instrument zur Bewältigung des Transformationsprozesses in den neuen Bundesländern entwickelt worden; es handelte sich bei ihnen um eine spezielle Form einer Beschäftigungssubvention (zur Gleichwertigkeit von Gutscheinen und Subventionen siehe Jerger/ Spermann [1997: 67] sowie Klodt [1996: 297 f., 300]; anders dagegen noch Siebert/Klodt [1991: 14 ff.]). Geplant war, jedem Arbeitslosen nach vier Wochen Arbeitslosigkeit einen Qualifizierungsgutschein über einen Betrag X (z.B. 10.000 DM) auszustellen, welcher in monatliche Anteile (z.B. $10 \cdot 1000$ DM) gestückelt werden sollte; diese Gutscheine hätten bei einem beliebigen Unternehmen (allerdings nicht beim bisherigen Arbeitgeber) eingereicht werden können, wenn ein Beschäftigungsvertrag abgeschlossen worden wäre. Das Unternehmen wiederum hätte sich den Wert des Gutscheins vom Staat auszahlen lassen können. Der Arbeitnehmer hätte sich nur monatlich gebunden, so daß ein Wechsel des Unternehmens innerhalb der Förderungszeit möglich gewesen wäre. Die Gutscheine sollten pro Person nur einmal ausgegeben werden. Es war ferner geplant gewesen, die Arbeitnehmer zu verpflichten, einen Teilbetrag der eingelösten Gutscheine (z.B. 10 %) zu einem späteren Zeitpunkt zurückzuzahlen (Siebert/Klodt [1991: 11]).

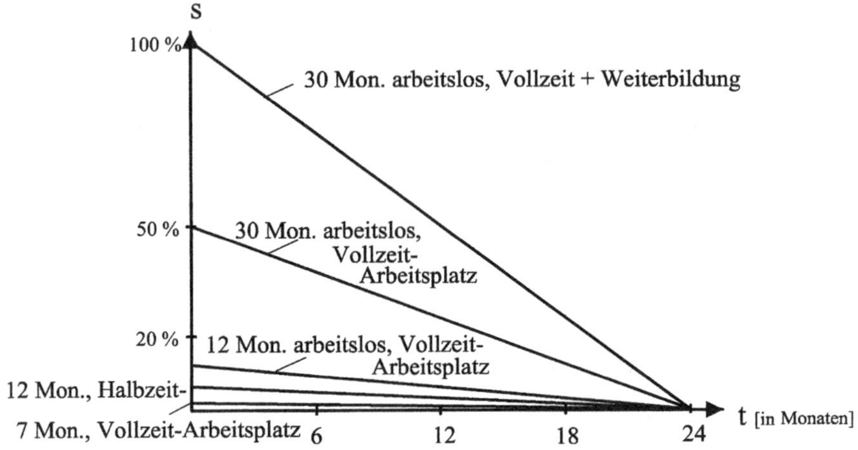

Abb. 4.10.: Die Auswirkungen verschiedener Parameter der Formel (4.59) auf die Höhe des Subventionsbetrags s

Abszisse die Zeit (in Monaten) abgetragen. Wie zu sehen ist, kommt es zu einer breiten Streuung der gewährten Subventionsbeträge, was in der Praxis ein gewisses Problem darstellen dürfte. Denn der ***maximal*** erreichbare Subventionsbetrag (dieser Wert ist im Schaubild mit 100 % gleichgesetzt worden; er ergibt sich bei Vollzeit-Beschäftigung eines Arbeitnehmers, der vorher mindestens 2½ Jahre arbeitslos gewesen ist, im Zeitpunkt der Neueinstellung, bei gleichzeitiger Durchführung von Weiterbildungsmaßnahmen) darf nicht zu hoch angesetzt werden, um nicht die von Snower aufgestellte Nebenbedingung zu verletzen, daß der Subventionsbetrag nicht größer sein darf als der (Brutto-)Lohn. Wenn jedoch dieser Maximalwert der Subvention - beispielsweise - 4.000 DM betragen würde, dann würden z.B. diejenigen Subventionszahlungen, die bei Vollzeitbeschäftigung (ohne Weiterbildung) eines Arbeitslosen, welcher nur 8 Monate arbeitslos gewesen war, nach Ablauf eines Jahres anfallen würden, nur noch 2,2 % dieses Wertes, d.h. ungefähr 89 DM betragen. Ob ein solcher, relativ kleiner Anreiz jedoch ausreichen würde, um die Unternehmen zu einem veränderten Einstellungsverhalten zu bewegen, ist fraglich.

4.5.6.3. Anmerkungen zum grafischen Modell

Während das formale Modell von Snower nur einen einzigen Subventionssatz kennt (und nicht zuletzt aus diesem Grund übertragbar ist auf ***verschiedene*** Varianten von Lohn- und Beschäftigungssubventionen), hat Snower seiner grafischen Darstellung der Subventionswirkungen ausschließlich das Benefit Transfer Programme zugrundegelegt. Bei diesem spezifischen Subventionsinstrument - welches ja eine positive Abhängigkeit des Subventionsbetrags von der bisherigen Arbeitslosigkeitsdauer der subventionsberechtigten Arbeitnehmer beinhaltet - sind suboptimale Beschäftigungswirkungen zu befürchten, was im folgenden näher erläutert werden soll. Dabei sollen die Annahmen von Snower über die Lage der $L^{(d)}$- bzw. der $W^{(e)}$-Kurve übernommen werden, ebenso seine Annahme, daß der fallende Verlauf der Arbeitsnachfragekurve ***sowohl*** durch sinkende Faktorgrenzerträge ***wie auch*** durch mit zunehmender Arbeitslosigkeitsdauer sinkende individuelle Grenzproduktivitäten der Arbeitnehmer verursacht wird. Um allerdings die Auswirkungen dieser beiden Einflüsse getrennt untersuchen zu können, soll zunächst eine Fallunterscheidung vorgenommen werden, bei der jeweils nur einer der beiden Einflüsse als wirksam unterstellt wird.

Im ersten Fall sei angenommen, daß für den fallenden Verlauf der Arbeitsnachfragekurve ***allein unterschiedliche Grenzproduktivitäten*** der einzelnen Arbeitnehmer verantwortlich sind. In einem Zustand ***ohne*** Subvention würde dieser Umstand dazu führen, daß sich bei Auftreten positiver externer Schocks die Reihenfolge der Arbeitsplatzangebote, die die Unternehmen den Arbeitnehmern unterbreiten, nach der Höhe ihrer Grenzproduktivitäten richtet. Jeder Punkt auf der Arbeitsnachfragekurve kann dabei als das Wertgrenzprodukt ***eines*** Arbeitnehmers interpretiert werden und die vertikale Differenz zwischen dem Wertgrenzprodukt und dem (als konstant unterstellten) Lohnsatz als seine Rentabilitätslücke (sofern diese Differenz negativ ist) bzw. als der Grenzgewinn, den seine Beschäftigung dem Unternehmen bringt (sofern diese Differenz positiv ist). Die ***relative*** Höhe von Wertgrenzprodukt und Rentabilitätslücke bzw. Grenzgewinn der einzelnen Arbeitnehmer (d.h. die Position der Arbeitnehmer auf der Arbeitsnachfragekurve) ist dabei zweifellos von den individuellen Charakteristika der Arbeitnehmer abhängig, doch dies gilt nicht für das ***Niveau*** dieser Größen (d.h. der Lage der Arbeitsnachfragekurve insgesamt), welches traditionell als abhängig von externen Einflüssen („Schocks“) gesehen wird. Wenn sich zum Beispiel - wie in der Abb. 4.7. - die Arbeitsnachfragekurve von $L^{(d)}_0$ nach $L^{(d)}_1$ verschiebt, würde sich für die (N_1–N^*) Arbeitnehmer eine bisher im Vergleich zum Lohnsatz unzureichende Produktivität plötzlich und ohne ihr eigenes Zutun in eine ausreichend hohe Produktivität verwandeln. Die Reihenfolge der Einstellungen würde jedoch auch in diesem Fall unverändert bleiben, da ja zunächst immer erst die Arbeitnehmer mit dem höchsten Grenzgewinn eingestellt werden würden.

Wenn es nun in einer solchen Situation zu der von Snower geplanten ***abgestuften Subventionierung*** käme, bei der der Subventionsbetrag positiv von der Arbeitslosigkeitsdauer abhängt, dann würde dies bedeuten, daß durch die Einführung dieser Subvention ***alle*** subventionsberechtigten Arbeitslosen aus Sicht der Unternehmen den gleichen Grenzgewinn (Grenzprodukt plus Subvention) aufweisen würden (zumindest wenn Snowers Annahme erfüllt ist, daß die Subvention so perfekt gesteuert werden kann, daß sie in der Höhe immer exakt der bisherigen Rentabilitätslücke des geförderten Arbeitnehmers entspricht[146]). Die Unternehmen wären in einer solchen Situation indifferent hinsichtlich der Frage, welche Arbeitslosen sie einstellen wollten, und die Reihenfolge der Einstellungen wäre zufallsbedingt und nicht mehr von der Produktivität der Arbeitslosen abhängig.

Ein abweichendes Bild ergibt sich im ***zweiten Teil*** der Fallunterscheidung, wo angenommen wird, daß alle Arbeitnehmer die gleiche individuelle Produktivität aufweisen und der fallende Verlauf der Arbeitsnachfragekurve allein dadurch zustande kommt, daß die Erträge des Faktors Arbeit mit zunehmendem N sinken. Wenn nun trotz der de facto gleichen Produktivität der Arbeitslosen (gemeint ist die Produktivität vor Subventionierung) die Personen mit der höchsten Dauer der Arbeitslosigkeit die höchsten Subventionsbeträge zugewiesen bekämen, dann würde die Einstellung eben dieser Arbeitnehmer den Unternehmen den höchsten Grenzgewinn einbringen. Die Reihenfolge, in der die arbeitslosen Bewerber von den Unternehmen unter Vertrag genommen werden, würde sich also gegenüber dem Zustand ohne Subvention vollständig umkehren. Am Anfang des Prozesses würden die vergleichsweise stark subventionierten Langzeitarbeitslosen eingestellt werden, während die niedrigsubventionierten Kurzzeitarbeitslosen warten müßten - unter Umständen so lange, bis ihre Grenzprodukte hinter den Grenzkosten zurückbleiben und aus diesem Grund eine Einstellung für die Unternehmen nicht mehr in Frage kommt. Dieser Prozeß ist in Abb. 4.11. dargestellt, wobei $L^{(d)}_3$ die neue Arbeitsnachfragekurve bezeichnet und N_3 jene Beschäftigungsmenge, die mit dem vorgeschlagenen Instrument und einem Höchstsubventionsbetrag von s_{max} erreicht werden kann. Gegenüber einer Subventionierung mit einem ***einheitlichen*** Subventionsbetrag $s = s_{max}$, die zu einem Beschäftigungsgewinn von $\Delta N = (N_1 - N^*)$ führen würde (s.o.), würde eine ***differenzierte*** Subvention unter den gegebenen Annahmen nur einen Beschäftigungserfolg von $(N_3 - N^*)$ und fiskalische Einsparungen in Höhe von $R^{(\Delta)} = (N_3 - N^*) \cdot b$ hervorru-

---

146 Es sei angemerkt, daß unter diesen Bedingungen die neue Arbeitsnachfragekurve $L^{(d)}_1$ im Bereich zwischen N^* und N_1 einen ***horizontalen*** Kurvenverlauf aufweisen müßte.

fen. Zwar sind hier auch die fiskalischen Kosten geringer (siehe die grau markierte Fläche $C^{(\Delta)}$), doch fällt das Verhältnis der Beschäftigungszuwächse zu den fiskalischen Kosten im letzteren Fall ungünstiger aus als bei der Einheitssubvention.[147]

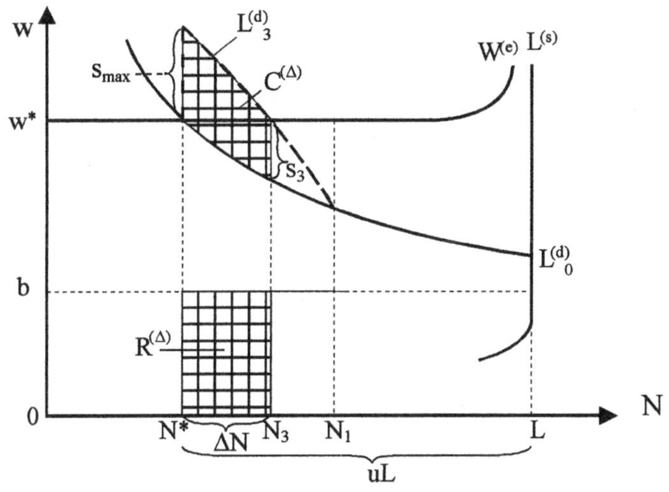

Abb. 4.11.: Veränderung der Arbeitsnachfrage im BTP-Modell bei Annahme einer homogenen Arbeitsproduktivität, ohne Mitnahme- und Substitutionseffekte

Zur Herleitung dieses Ergebnisses genügt bereits die Annahme, daß das Zurückbleiben des Grenzertrags hinter den Grenzkosten zu einem beliebig kleinen Teil ***auch*** auf generell sinkende Grenzerträge des Faktors Arbeit zurückzuführen ist, statt ausschließlich auf einer individuell unterschiedlichen Arbeitsproduktivität der Arbeitnehmer zu beruhen. Das wiederum bedeutet, daß bei dem von Snower angenommenen Fall des ***gleichzeitigen*** Auftretens beider möglicher Ursachen einer sinkenden Nachfragekurve die geplante Differenzierung der Subventionshöhen nach der Arbeitslosigkeitsdauer - wie sie z.B. in Formel (4.59) ausgedrückt ist - für den Beschäftigungserfolg eher schädlich wäre.

---

147 Im Falle der Einheitssubvention wäre zum Beispiel für eine gegebene Beschäftigungsausweitung $N^* \rightarrow N_3$ lediglich ein Subventionsbetrag von s_3 erforderlich, während bei differenzierter Subventionierung der durchschnittliche Subventionsbetrag deutlich größer als s_3 wäre (wie aus Abbildung 4.11. leicht ersichtlich ist).

Theoretisch wäre es eventuell möglich, diese Anreizprobleme zu umgehen, indem man die Höhe des gezahlten Subventionsbetrages nicht als Funktion der ***individuellen*** Arbeitslosigkeitsdauer definiert, sondern sie statt dessen invers abhängig macht von der Höhe der im Einstellungszeitpunkt herrschenden aggregierten Arbeitslosenquote. In diesem Fall würde der mit N steigende Subventionsbetrag ***gleichzeitig*** für die zunehmend geringere Arbeitsproduktivität der einzelnen Beschäftigten wie auch für die zunehmend geringeren Grenzerträge des Faktors Arbeit kompensieren. Das oben geschilderte Problem einer „ineffizienten" Einstellungsreihenfolge würde verschwinden. Allerdings würde das Resultat, daß die Subventionszahlungen mit sinkender Arbeitslosenquote zunehmen, der ursprünglichen Intention Snowers widersprechen, wonach sein Subventionsmodell als „automatic stabiliser" für die Staatsfinanzen wirken sollte, indem das größte Subventionsvolumen zum Zeitpunkt der höchsten Arbeitslosigkeit bereitgestellt werden würde, während es bei sinkender Arbeitslosigkeit nach und nach abgebaut werden sollte.[148]

Des weiteren vertritt Snower die Ansicht, daß sowohl die Mitnahmen wie auch die Arbeitskraft-Substitutionseffekte mit zunehmendem s (d.h. mit zunehmender Beschäftigungsausweitung) sinken. Tatsächlich jedoch sind die Mitnahmen ***per Definition*** von s unabhängig (denn sie bezeichnen in Snowers Modell diejenige Anzahl an subventionsberechtigten Arbeitslosen, die auch ohne Subventionsanreiz eingestellt worden wären).[149] Richtig ist dagegen, daß eine sukzessive Ausweitung der Subventions***berechtigung*** (auf Arbeitslosenkohorten mit zunehmend längerer Arbeitslosigkeitsdauer) einhergehen würde mit einem nur unterproportionalen Anstieg der Mitnahmen (aufgrund der relativ schlechten Arbeitsmarktchancen dieser Personengruppen). Diese Tatsache würde in ihrer Bedeutung jedoch wieder durch die andere Tatsache relativiert werden, daß in diesem Fall auch der Netto-Beschäftigungserfolg im Vergleich zu den fiskalischen Kosten nur unterproportional ansteigen würde; auch hier ist der gleiche Grund die schlechtere Vermittelbarkeit von Langzeitarbeitslosen in Arbeitsverhältnisse, wodurch ein um so höherer Zuschuß erforderlich wäre, um einen bestimmten Beschäftigungszuwachs zu erreichen. Es ist zu vermuten, daß sich beide Effekte hinsichtlich ihrer fiskalischen Auswirkungen exakt ausgleichen würden.

---

[148] Snower [1997: 169].

[149] Da die Anzahl der Mitnahmen von s bzw. N unabhängig ist, muß im Schaubild 4.9. die Länge der waagerechten Ausdehnung der Fläche $C^{(m)}$ konstant sein. - Werden ansonsten „die Mitnahmen" nicht als ***Zahl*** der betroffenen Arbeitnehmer, sondern als ***Kosten***größe (d.h. als das Produkt aus Anzahl der subventionierten Fälle und Subventionsbetrag s) aufgefaßt, sind sie natürlich ***linear*** von s abhängig.

Bezüglich der Substitutionseffekte ist wiederum eine Fallunterscheidung sinnvoll. Bei Annahme ***gleicher individueller Produktivität*** der Arbeitnehmer (und unter Vernachlässigung eventueller Kosten des Personalwechsels) würde jede Subventionierung zu einer ***vollständigen*** Arbeitskraft-Substitution führen, d.h. theoretisch wäre bereits eine minimal kleine Subventionierung ausreichend, um alle subventionsberechtigten Arbeitslosen in Beschäftigungsverhältnisse rotieren zu lassen - zu Lasten bisheriger Arbeitsplatzinhaber. Mehr noch: auch diese „neuen" Arbeitslosen würden in Beschäftigungsverhältnisse zurückkehren, sobald sie die für die Subventionierung erforderliche Anwartschaftszeit erfüllt haben. Bei der Annahme einer ***unterschiedlichen Produktivität der Arbeitslosen*** hingegen, welche ja nach Snowers Vorstellungen durch die Subventionierung genau ausgeglichen werden würde (d.h. der Grenzgewinn der Beschäftigung für das Unternehmen wäre gleich Null), würde es zu ***keiner*** Substitution von Beschäftigten durch Arbeitslose aufgrund der Subvention kommen, da der Grenzgewinn der intra-marginalen Beschäftigten immer größer als Null ist. Im Fall eines ***gleichzeitigen*** Auftretens beider Ursachen einer fallenden Arbeitsnachfragekurve würde es folglich in Abhängigkeit von der konkreten Lage und Spezifikation dieser Kurve zu einer ***mehr oder weniger starken*** Substitution von Beschäftigten durch Arbeitslose kommen.[150]

4.5.6.4. Anmerkungen zu den Einwänden

Die bloße Existenz von Mitnahmen und Substitutionseffekten wird in der politischen Diskussion oft als hinreichendes Argument gegen die Einführung von Lohn- und Beschäftigungssubventionen angesehen. Snower weist demgegenüber zu Recht darauf hin, daß die Kosten dieser unerwünschten Nebenwirkungen nicht isoliert bewertet werden dürfen, sondern vor dem Hintergrund möglicher Gewinne bei der Erreichung der erwünschten Hauptwirkung des Anreizinstruments diskutiert werden müssen.[151] (Und wie die Ergebnisse des unten folgenden Abschnitts 4.6. zeigen werden, ist selbst bei hohen Mitnahme- und Substitutionsquoten eine Selbstfinanzierung von Subventionen nicht ausgeschlossen).

Auffällig ist allerdings, daß bei Snower das Phänomen der „Substitutionseffekte" nur in einem stark verengten Kontext behandelt wird. Snower interpretiert Sub-

---

[150] In jedem Fall müßte in Abb. 4.9. die Fläche $C^{(a)}$ als ***rechteckiger Block*** dargestellt werden, da die Arbeitslosenunterstützung b (deren erhoffte Einsparung entfällt, wenn eine Arbeitskraft-Substitution zu finanzieren ist) annahmegemäß ein konstanter Wert ist.

[151] Diesen Punkt betont auch Zimmermann [1987: 340 f.].

stitutionseffekte ausschließlich als Entlassungen von Arbeitsplatzbesitzern aufgrund von subventionsinduzierten Neueinstellungen[152], nicht jedoch auch als die Bevorzugung subventionierter Bewerber bei der Besetzung freier Stellen. Diese Beschränkung des Phänomens auf seine Ex-post-Komponente blendet damit die in der Praxis viel relevantere Möglichkeit einer Ex-ante-Substitution völlig aus. Im Gegensatz zu der Entlassung bisheriger Arbeitsplatzinhaber würde nämlich eine Diskriminierung bei - ohnehin erforderlichen - Neueinstellungen dem Unternehmen keine zusätzlichen Kosten des Personalwechsels aufbürden. Die wünschenswerte Subsumtion dieser Aspekte (sowie der ebenfalls nicht berücksichtigten volkswirtschaftlichen Verdrängungseffekte[153]) unter den Oberbegriff der „Substitutionseffekte" würde zwar das Modell an sich nicht verändern, hätte jedoch Auswirkungen auf die zu erwartende Höhe des Parameters α.

4.5.6.5. Anmerkungen zu den Simulationsergebnissen

Da Snower in seinen beiden Zahlenbeispielen drei Parameter gleichzeitig verändert hat, sind die Ergebnisse aus den Tabellen 4.1. bzw. 4.2. nur eingeschränkt miteinander vergleichbar. Deshalb soll im folgenden untersucht werden, wie sensibel zum Beispiel die auf Deutschland bezogenen Ergebnisse des Simulationsmodells auf die Veränderung ***einzelner*** Parameter reagieren. Wenn zum Beispiel die Mitnahmerate $\gamma\overline{\sigma}$ - entgegen der empirischen Evidenz, welche Snowers Schätzwert bestätigt[154] - doppelt so hoch veranschlagt werden würde (Zeile 2 gegenüber Zeile 1 in Tab. 4.3.), zeigt sich, daß hiermit nur ein um 35 % verminderter Netto-Beschäftigungserfolg verbunden wäre, so daß die fiskalische Vorteilhaftigkeit des Instruments ungefährdet wäre. Auch bei einer Veränderung der Substitutionsrate α ergibt sich ein ähnlich robuster Befund: da der Netto-Beschäftigungserfolg proportional von $(1-\alpha)$ abhängt (Gleichung (4.57)), wird er ceteris paribus bei jedem $\alpha < 1$ positiv sein. Dies ist in den Zeilen 3 - 5 von Tab. 4.3. gezeigt.

Wie allerdings ein Blick auf die Zeilen 6 - 8 zeigt, könnte die Nebenbedingung der Selbstfinanzierung dann verletzt sein, wenn der Term $\theta\eta$ einen zu kleinen Wert annimmt. Aus Gleichung (4.57) ergibt sich, daß der Netto-Beschäftigungserfolg nur solange größer Null sein kann (unter der Selbstfinanzierungsbedingung), wie

---

152 Snower [1997: 176, 191].

153 Vergl. auch den Kommentar von Drèze [1997: 204]. - Zur Wortwahl siehe Fußnote 122.

154 Vergl. unten Abschnitt 4.6.2..

Land: Deutschland								
Zeile:	u_0	$\lvert\eta_{SR}\rvert$	r	α	$\gamma\overline{\sigma}$	$\lvert\theta\rvert$	$\Delta N/N_0$ in %	ϕ^*
1	8.3	0.53	0.63	0.4	0.04	0.5	**7.6**	0.287
2	8.3	0.53	0.63	0.4	0.08	0.5	**5.2**	0.197
3	8.3	0.53	0.63	0.6	0.04	0.5	**5.1**	0.192
4	8.3	0.53	0.63	0.8	0.04	0.5	**2.5**	0.096
5	8.3	0.53	0.63	0.9	0.04	0.5	**1.3**	0.048
6	8.3	0.53	0.63	0.4	0.04	0.4	**5.6**	0.265
7	8.3	0.53	0.63	0.4	0.04	0.2	**1.6**	0.151
8	8.3	0.53	0.63	0.4	0.04	0.12	**+0.0**	0.001

Tab. 4.3.: Beschäftigungswirkungen einer Einstellungssubvention für Arbeitslose bei Variation einzelner Parameter

$\theta\eta > \gamma\overline{\sigma}/r$ ist, d.h. in diesem Zahlenbeispiel $\theta\eta > 0.063$. Würde $\theta\eta$ kleinere Werte annehmen, dann wäre bei Konstanz der übrigen Parameter keine Selbstfinanzierung der Subvention mehr möglich. Insofern kann $\theta\eta$ als der eigentlich kritische Parameter in diesem Modell angesehen werden. Im folgenden soll $\overline{\eta} \equiv \theta\eta$ als vereinfachte Notation eingeführt werden. Da definitionsgemäß $\theta\eta = -\eta\beta/\varsigma$ ist, ist die „Subventionselastizität der Beschäftigung" $\overline{\eta}$ von drei Parametern abhängig, die jeder für sich außerordentlich schwierig zu schätzen sind. Dies soll im folgenden näher begründet werden.

Der Parameter $1/\varsigma$ bezeichnet laut Snower denjenigen Minderungsfaktor des Beschäftigungserfolgs von Subventionen gegenüber Lohnsenkungen, welcher allein aus der zeitlichen Befristung der Subventionen im Vergleich zur zeitlichen Nichtbegrenztheit einer Lohnänderung resultiert (siehe Gleichungen (4.46) bis (4.49)).[155] Snower berücksichtigt in seiner Analyse neben der Diskontierungsrate lediglich die durchschnittliche Trennungsrate sowie die Trennungskosten. Die Kosten der Einstellung und Einarbeitung vernachlässigt er hingegen, obwohl ihre Einbeziehung in das Modell sehr einfach gewesen wäre: denn sowohl bei den subventionsinduzierten wie auch bei den lohnsenkungsinduzierten Beschäftigungszuwächsen würden die Einstellungs- und Einarbeitungskosten z genau ein einziges Mal am Anfang des Beschäftigungsverhältnisses anfallen, und man erhielte folglich (an Stelle von Gleichung (4.48)): $\varsigma = (\wp - z)/(s - z)$.

155 Zur Wichtigkeit dieses Aspekts vergl. auch Hamermesh [1978: 100].

Auch wenn damit der Term $1/\varsigma$ kleiner werden würde als von Snower angenommen, so könnte umgekehrt β in Wirklichkeit deutlich größer als Eins sein. Eine solche Vermutung ließe sich vor allem auf die Tatsache gründen, daß bei sich selbst finanzierenden Subventionen keine kontraktiven Finanzierungs-Rückwirkungen auf die gesamtwirtschaftliche Nachfrage und die Beschäftigung auftreten, während Lohnsenkungen - sofern sie nicht von ***sofortigen*** Beschäftigungsexpansionen begleitet werden - immer mit gesamtwirtschaftlichen Einkommenseinbußen, Konsumverzicht und Nachfrageausfällen „bezahlt" werden müssen.[156] Denkbar ist sogar, daß aufgrund dieser unterschiedlichen gesamtwirtschaftlichen Feedback-Wirkungen die aggregierte Beschäftigung ***insgesamt*** stärker auf Lohnsubventionen als auf eine Lohnsenkung in gleicher Höhe reagiert, d.h. es könnte durchaus $\beta/\varsigma = |\theta| > 1$ gelten.

Aber selbst wenn man den genauen Wert des Koeffizienten θ kennen würde, so wäre hiermit noch nicht viel gewonnen, denn auch der Versuch, die Lohnelastizität der Beschäftigung η (als den angeblich besser bekannten Bestandteil des Terms $\theta\eta$) zu schätzen, ist mit erheblichen methodischen Schwierigkeiten verbunden. Die weithin bekannte Problematik, ob bzw. in welchem Umfang eine statistisch ermittelte ***Korrelation*** auch als ***Kausalität*** interpretiert werden darf[157], tritt beim Thema „Lohnelastizität der Beschäftigung" in besonderer Schärfe zutage, da es hier eine besonders große Anzahl theoretisch möglicher Interdependenzen und Scheinkausalitäten gibt.[158] Diesen methodischen Schwierigkeiten ist es offenbar auch zuzuschreiben, daß es zu einer ungewöhnlich breiten Streuung der bisher veröffentlichten Schätzwerte von η gekommen ist[159] - welche vermutlich

---

[156] Zum letzteren Punkt vergl. auch Flassbeck [2000: 84 ff.].

[157] Zur grundsätzlichen Tatsache, daß Korrelation nicht gleichbedeutend mit Kausalität ist, siehe z.B. Cooley/LeRoy [1985], Granger [1987/91], Simon [1954/76: 58], Hummell/Ziegler [1976: E34, E56], Working [1926: 218-223] oder Jacobs/Leamer/Ward [1979]. Vergl. auch Hendry/Richard [1983/93: 406]: „In passing, note that economists are aware of the fallacy of *inferring* 'causes' from correlations even if some may do so inadvertently on occasion; rather, the former are treated as a property of *theoretical* methods ... whereas the latter are necessarily all that can be observed" (Hervorhebungen im Original).

[158] Vergl. Rothschild [1985] oder auch Schuster/Weiß [1991].

[159] Siehe z.B. Hamermesh [1993: 82-86]. Bei den 32 veröffentlichten Schätzergebnissen liegt der Medianwert für die langfristige Lohnelastizität der Beschäftigung bei $\eta = -0.20$ und der Median-Schätzwert der kurzfristigen Elastizität bei -0.51, während sich die oberen bzw. unteren Dezilwerte (bezogen auf ***alle*** Untersuchungen) bei -0.05 bzw. -1.75 befinden. (Anmerkung: Im Unterschied zu vielen europäischen Autoren ist bei Hamermesh der Wert der „kurzfristigen" Lohnelastizität höher als sein „langfristiges" Pendant, weil Hamermesh davon ausgeht, daß sich das Outputvolumen nur vorübergehend erhöht, langfristig jedoch wieder auf sein Ausgangsniveau zurückfällt, so daß dann allein der Substitutionseffekt für Beschäfti-

noch größer wäre, wenn nicht ein „publication bias“[160] einen Teil der Ergebnisse, die z.B. das theoretisch „falsche“ Vorzeichen aufweisen, wegfiltern würde.

Von der ökonomischen Theorie wird zuweilen argumentiert, daß der Betrag der Lohnelastizität der Arbeitsnachfrage eigentlich gar nicht kleiner als Eins sein kann, weil jedes $|\eta| < 1$ ein Anreiz für die Gewerkschaften wäre, die Löhne weiter nach oben zu treiben und damit die Lohnsumme (gleich Lohnsatz mal Beschäftigte) zu steigern.[161] Bei zusätzlicher Berücksichtigung eines „Disnutzens der Arbeit“ müßte die „gleichgewichtige“ Lohnelastizität sogar größer als Eins sein, denn der mit sinkender Beschäftigungsmenge sinkende aggregierte Disnutzen der Arbeit könnte - bis zu einer gewissen Grenze - die Nutzenverluste der Gewerkschaften, die aus der nun sinkenden Lohnsumme resultieren würden, kompensieren.[162]

Last but not least gilt auch hier bei der Verwendung von Schätzwerten die grundsätzliche Warnung von Lucas „that any change in policy will systematically alter the structure of econometric models“. Das heißt: „... comparisons of the effects of alternative policy rules using current macroeconometric models are invalid.“[163] Ein hiermit verwandter Aspekt ist in diesem Zusammenhang besonders erwähnenswert: „Wenn eine beabsichtigte Änderung einer Exogenen weit über dem Schwankungsbereich in der Vergangenheit liegt, kann von einer Konstanz der Parameter nicht mehr ausgegangen werden.“[164] Auf den hier interessierenden Zusammenhang übertragen heißt das: weil Lohnänderungen selten zu ebenso großen Veränderungen der marginalen Arbeitskosten führen, wie sie durch Lohn- und Beschäftigungssubventionen herbeigeführt werden (können), läßt sich die Be-

---

gungszuwächse verantwortlich wäre; vergl. Hamermesh [1993: 24 f., 73 f.]). Für ein neueres Ergebnis für Deutschland siehe z.B. Möller [1996: 19-26, 39], wo die kurzfristige Elastizität auf −0.2, die Langfrist-Elastizität auf −0.5 bis −0.66 geschätzt wird.

160 Zu dem Phänomen, daß Wissenschaftler sich oft scheuen, Ergebnisse zu veröffentlichen, die herrschenden Theorien widersprechen, siehe z.B. Card/Krueger [1995: 192] oder (mit einem berühmten Beispiel aus der Physik) Feynman [1991: 454].

161 Vergl. Carlin/Soskice [1990, 391 Fn 4].

162 Denkbar wäre allerdings auch, daß das sogenannte „Arbeitsleid“ (Freizeitverzicht, Arbeitsanstrengung etc.) von den positiven Aspekten der Arbeit (Selbstverwirklichung, Abwechslung, Status etc.) überkompensiert wird. Diese Möglichkeit erwähnt auch Snower [1997: 194 (Fn 6)]. In diesem Fall würde sich die oben gezogene Schlußfolgerung in ihr Gegenteil verkehren.

163 Lucas [1976: 41]. Vergl. auch Calmfors [1994: 31]: „[T]he statistical relationships that hold under one policy regime may not be relevant under another ...“.

164 Barth [1994: 9]. Auf diesen Umstand weisen z.B. auch Buslei et al. [1999: 124] hin.

schäftigungswirkung von Lohnsenkungen schon aus diesem Grund nicht auf die Beschäftigungswirkung von Subventionen hochrechnen.

Da also wie gesehen bei allen drei Parametern η, β und ς, welche die Höhe der Subventionselastizität der Beschäftigung $\overline{\eta}$ bestimmen, die Schätzergebnisse mit starken Unsicherheitsfaktoren belastet sind, ist es eine Überlegung wert, ob es nicht vorteilhafter wäre, die Größe $\overline{\eta}$ ***als Ganzes*** zu schätzen. Es liegen allerdings bisher relativ wenige empirische Schätzwerte einer solchen „Subventionselastizität der Beschäftigung" vor.[165]

4.5.7. Die Modellerweiterung von Orszag/Snower

In einer Erweiterung des oben vorgestellten, komparativ-statischen Modells von Snower untersuchen Orzsag/Snower [2000] die Wirkungsweise von Einstellungssubventionen in einem dynamischen Kontext. Sie gehen davon aus, daß es eine dauerhafte Subventionierung der Einstellung von Arbeitslosen gibt, wobei jedoch in Bezug auf das *einzelne* Arbeitsverhältnis die Subvention nur für einen begrenzten Zeitraum (z.B. ein Vierteljahr) gewährt wird.

Im Modell von Orzsag/Snower wird die Zahl der Erwerbspersonen L als konstant angenommen. Die Veränderung der Beschäftigungsquote n (bzw. der Arbeitslosenquote u) im Zeitpunkt t ist eine Funktion der Einstellungsrate („hire rate") h sowie der Entlassungsrate („fire rate") f, und zwar

(4.60) $\Delta n_t = hu_{t-1} - fn_{t-1}$.

Ferner ist

(4.61) $n_t + u_t = 1$.

[165] In einer australischen Studie über Lohnkostenzuschüsse zur Wiedereingliederung von Behinderten wird $0.17 \leq \overline{\eta} \leq 0.37$ geschätzt (Mangan [1990: 219]). - Außerdem wurde von Drèze/Malinvaud [1994: 495] geschätzt, daß eine Senkung der betrieblichen Sozialabgaben um 1 Prozent (gemeint ist wohl „um einen Prozentpunkt") zu Netto-Beschäftigungswirkungen von 0.5 bis 1.5 Prozent führen würde. Interessant ist hierbei, daß der (Mit-)Verfasser dieser Studie an anderer Stelle $|\theta| = 0.15$ annimmt (Drèze [1997: 204]); wegen $0.5 \leq \theta\eta \leq 1.5$ würde dies im Umkehrschluß $3.3 \leq |\eta| \leq 10$ bedeuten, was ein unrealistisch hoher Schätzwert wäre (doch ist es sicherlich nicht ganz legitim, die Ergebnisse zweier unterschiedlicher Veröffentlichungen derart miteinander in Verbindung zu bringen).

Die Einstellungsrate h wird sowohl durch die Höhe der Mitnahmen μ_0 bestimmt (jener Einstellungsrate, die sich in Abwesenheit von Subventionen einstellt) wie auch durch den Einfluß der Subvention. μ_1 sei ein Parameter, der die Reaktionsempfindlichkeit von h bezüglich der Subventionierungsquote ϕ mißt. Analog hierzu bestimmt sich die Entlassungsrate f einerseits durch die Höhe der autonomen Trennungsrate λ_0, andererseits durch die subventionsbedingten Entlassungen, wobei als Maß für die letztgenannten Substitutionseffekte der Parameter λ_1 verwendet werden soll. Es ist somit

(4.62) $h(s) = \mu_0 + \mu_1 s \qquad \mu_0 > 0 \,,\, \mu_1 > 0$ und

(4.63) $f(s) = \lambda_0 + \lambda_1 s \qquad \lambda_0 > 0 \,,\, \lambda_1 > 0$.

Die zentrale Annahme des Modells lautet, daß

(4.64) $$\frac{h'(s)}{h(s)} > \frac{f'(s)}{f(s)}$$

ist, d.h. daß die Subventionierung die Einstellungsrate proportional stärker erhöht als die Entlassungsrate. Diese Annahme ist sehr plausibel.

Die Budgetbedingung, die Orzsag/Snower einführen, enthält auf der linken Seite die Gesamtkosten der Subventionierung $\phi \cdot h(\phi) \cdot u(\phi)$, mit ϕ als der Subventionierungsquote s/w, sowie auf der rechten Seite die sogenannten „Subventionserlöse“ $b \cdot [u_0 - u(\phi)]$ zuzüglich einer fiskalischen Netto-Ertragsgröße G. Wenn der Zustand der Selbstfinanzierung gerade erreicht werden soll (d.h. Nettokosten und -gewinne gleich Null sind, d.h. G=0), müssen sich Subventionskosten und -erlöse in ihrer Höhe entsprechen:

(4.65) $$\phi \cdot h(\phi) \cdot u(\phi) = b \cdot [u_0 - u(\phi)] \,.$$

Orzsag/Snower weisen nun nach, daß die langfristigen Wirkungen einer Subventionierung unter plausiblen Annahmen immer größer sind als deren kurzfristige Wirkungen. Deshalb sehen sie sich „in krassem Widerspruch“ zum Großteil der empirischen Untersuchungen, wo lediglich Kurzzeitwirkungen untersucht werden, die verzögerten Anpassungsprozesse jedoch unberücksichtigt bleiben. Folglich unterschätzen diese Untersuchungen nach Ansicht von Orzsag/Snower die tatsächliche Beschäftigungswirkung einer Subventionierung.[166]

---

[166] Orzsag/Snower [2000: 396 ff.].

Diese Anpassungsprozesse sind auch dafür verantwortlich, daß die gleichgewichtige Arbeitslosenquote im Zeitablauf sinkt, was wiederum die Erträge aus der Subvention ansteigen läßt. Da gleichzeitig die Subventionskosten pro Periode unverändert bleiben, erhöht sich mit der Zeit jener optimale Subventionsbetrag, welcher mit der Selbstfinanzierungsbedingung gerade noch vereinbar ist.[167]

Zum Schluß führen die Autoren Simulationsrechnungen mit verschiedenen kalibrierten Parametern durch. Aus der Literatur entnehmen sie Schätzwerte für die Höhe der Mitnahmen pro Quartal ($\mu_0 = 0{,}2421$ wegen $(1-\mu_0)^4 = 0{,}33$) sowie für die Höhe der autonomen Trennungsrate (Job-Turnover-Rate) je Quartal ($\lambda_0 = 0{,}025$). Hierbei setzen sie zeitunabhängige Übergangsraten voraus. Ad hoc[168] schätzen sie sodann γ_h, die Elastizität der Neueinstellungen in bezug auf die Subventionshöhe, wie auch die Elastizität der beendeten Beschäftigungsverhältnisse in bezug auf die Subvention, γ_s.

Während eine nur kurzfristig wirksame Subvention unter Verwendung dieser Parameter nicht selbstfinanzierend durchgeführt werden könnte (der optimale Subventionsbetrag würde also in diesem Fall Null betragen), so ist in der langen Frist eine Subventionierung unter der Nebenbedingung des Budgetausgleichs möglich. Die optimale Subventionierung würde nach den Berechnungen der Autoren einen Zuschuß zu den Lohnkosten in Höhe von 75% (ϕ =0.749) implizieren, und die Arbeitslosenquote würde von 9.4% im Ausgangszustand auf 5.4% nach Subventionierung sinken.

Das Modell von Orzsag/Snower ist das erste Modell, welches selbstfinanzierende beschäftigungspolitische Subventionen im Rahmen einer dynamischen Analyse untersucht. Die hierdurch gewonnenen Erkenntnisse sind jedoch ver-

---

[167] Orzsag/Snower [2000: 398].

[168] Bei der Wahl von γ_h, der Elastizität der Einstellungen in Bezug auf die Subventionshöhe, stützen sich Orzsag/Snower auf zwei Untersuchungen von Krueger bzw. Holzer et al. (beide zitiert in Card/Krueger [1995: 375 f.]), wo angeblich die Elastizität der Einstellungen in Bezug auf den Lohnsatz ermittelt wurde. In Wirklichkeit jedoch wird in diesen mikroökonomischen(!) Arbeiten die Elastizität der Anzahl von ***Bewerbungen*** in Bezug auf den Lohnsatz gemessen. Die ermittelten Elastizitäten liegen im Bereich zwischen 0,5 und 4,1 bzw. zwischen 1,8 und 2,7. Für die Elastizität der Einstellungen in Bezug auf die Subventionshöhe jedoch ***muß*** bei den unterstellten autonomen Fluktuationen am Arbeitsmarkt ($\mu_0 > 0$) auf jeden Fall $\gamma_h < 1$ gelten; vergl. auch Orzsag/Snower [2000: 403, Gl. 35]. Folglich weist der für diese Größe angesetzte Schätzwert von Orzsag/Snower in Wirklichkeit keine Verbindung zu relevanten empirischen Ergebnissen auf, sondern wurde willkürlich aufgrund von Plausibilitätsüberlegungen bestimmt.

gleichsweise unspektakulär. So ist beispielsweise das Ergebnis, daß die langfristigen Wirkungen einer Subventionierung größer sind als deren kurzfristige Wirkungen, nicht überraschend, da ein System wie das oben definierte (Gleichungen (4.60) bis (4.64)) in jedem Fall eine gewisse Zeit braucht, um nach der dauerhaften Veränderung einer Variablen (hier: der Veränderung der Subventionierungsrate ϕ) einen neuen Gleichgewichtszustand zu erreichen. Man sollte bei der Interpretation der Ergebnisse auch beachten, daß diese nicht generell für jede Form einer Lohnsubvention gelten, sondern zunächst einmal nur für die untersuchte Form einer dauerhaft angebotenen Einstellungssubvention für Arbeitslose.

4.6. Durchführung einer Effizienzanalyse

Aufbauend auf dem ursprünglichen Modell von Snower soll zum Abschluß dieses Kapitels eine Effizienzanalyse durchgeführt werden, um die Frage zu beantworten, welche der theoretisch möglichen Subventionierungsvarianten die voraussichtlich effizienteste ist. Es sollen an dieser Stelle drei Subventionsformen untersucht werden: die ***allgemeine*** (und nicht-selektive) Subvention, die ***marginale*** (nicht-selektive) Subvention mit einem Basiswert von 100% sowie die ***selektive*** (allgemeine) ***Einstellungssubvention*** für Arbeitslose. Die Laufzeit der Programme sei auf ein Jahr begrenzt. Für jedes dieser drei Instrumente können die auf der rechten Seite der Gleichung (4.57) enthaltenen Parameter empirisch geschätzt werden, wobei dann dasjenige Instrument als das effizienteste zu bezeichnen wäre, welches entweder bei gegebener Subventionselastizität der Beschäftigung $\overline{\eta}$ den höchsten Netto-Beschäftigungserfolg zu verzeichnen hätte oder bei vorgegebenem Netto-Beschäftigungserfolg die geringste (Mindest-)Subventionselastizität $\overline{\eta}_{min}$ erfordern würde (beides unter der Nebenbedingung der Selbstfinanzierung). Für die nachfolgende Effizienzanalyse soll der zweite Ansatz gewählt werden, da es im Falle der ersten Variante schwierig sein dürfte, einen realistischen Schätzwert für $\overline{\eta}$ zu bestimmen (vergl. hierzu Abschnitt 4.5.6.5.).

Zur Vereinfachung sollen zunächst einige Umformungen vorgenommen werden. So soll Gleichung (4.57) in neuer Notation geschrieben werden als

$$(4.66)\quad \frac{\Delta N}{N_0} = \overline{\eta}(1-\alpha)\left[r - \frac{\frac{M}{N_0}}{\overline{\eta}}\right],$$

mit $\overline{\eta} \equiv \theta\eta$ als Subventionselastizität der Beschäftigung und $M/N_0 \equiv \gamma\overline{\sigma}$ als Mitnahmerate. Diese Gleichung aufgelöst nach dem kritischen Parameter $\overline{\eta}$ ergibt dann

$$(4.67) \quad \overline{\eta}_{min} = \frac{\frac{\frac{\Delta N}{N_0}}{(1-\alpha)} + \frac{M}{N_0}}{r} \quad .$$

Bei Einsetzen von Gleichung (4.41) in (4.42) erhält man ferner (umgeformt nach α):

$$(4.68) \quad \alpha = \frac{A}{A - \Delta N} \, ,$$

und (4.68) eingesetzt in (4.67) wiederum ergibt nach Umformung

$$(4.69) \quad \overline{\eta}_{min} = \frac{\Delta N - A + M}{N_0} \cdot \frac{1}{r} \quad .$$

Das Vorzeichen von A ist annahmegemäß negativ, und bezüglich des Parameters $r \equiv b/w$ ist zu beachten, daß b nach Snowers Interpretation nicht nur die eigentliche Arbeitslosenunterstützung, sondern auch die durch Arbeitslosigkeit entgangenen Steuereinnahmen umfaßt. Im folgenden Unterabschnitt soll nun versucht werden, für die exogenen Größen dieser Gleichung realistische Schätzwerte zu ermitteln.

4.6.1. Der Schätzwert für die Rate r

In der Bundesrepublik Deutschland erhalten Arbeitnehmer, die arbeitslos werden, 67 % bzw. 60 % ihres bisherigen Nettolohnes oder -gehaltes weiterhin als Arbeitslosengeld gezahlt.[169] Nach Ablauf einer gewissen Frist endet dieser Anspruch, doch in der Regel tritt an dessen Stelle ein Anspruch auf Arbeitslosenhilfe in Höhe von 57 % bzw. 53 % des Arbeitseinkommens.[170] Falls auch dieser Anspruch entfällt, kann der bedürftige Arbeitslose Sozialhilfe beantragen, ggf. auch Wohngeld und ähnliche soziale Leistungen. Das Verhältnis der Höhe der Arbeitslosenunterstützung zum Nettolohn wird als Lohnersatzrate bezeichnet.

---

[169] Siehe AFG § 111.

[170] Siehe AFG § 136.

In Snowers Modell allerdings ist die „Lohnersatzrate" r = b/w eine ***fiskalische*** Größe, da b definiert ist als die Summe der Ausgaben und Steuermindereinnahmen, die der Staat im Durchschnitt für einen Arbeitslosen aufwenden muß.[171] (Staat sei übrigens im folgenden definiert als a) „der Bund", b) „die Länder" sowie c) „die Bundesanstalt für Arbeit", so daß z.B. Sozialhilfeleistungen an Arbeitslose, die bekanntlich Aufgabe der Kommunen sind, in den nachfolgenden Berechnungen unberücksichtigt bleiben.) Beschränkt man sich bei der Berechnung von b zunächst nur auf die Transferleistungen an Arbeitslose (Arbeitslosengeld und Arbeitslosenhilfe, einschließlich übernommener Sozialversicherungsbeiträge), dann läßt sich ein entsprechender Pro-Kopf-Wert ermitteln, indem man einfach die staatlichen Ausgaben für Arbeitslosengeld und Arbeitslosenhilfe durch die Zahl der Empfänger dieser Leistungen teilt. Für das Jahr 1999 beispielsweise würde sich auf diese Weise ein Transferbetrag von 1.873 DM[172] pro Kopf ergeben.[173] Die durchschnittlichen Einsparungen bei Wiedereingliederung eines zusätzlichen Arbeitslosen würden aber möglicherweise höher ausfallen, wenn man berücksichtigt, daß diejenigen Arbeitslosen, die erst kurze Zeit arbeitslos sind und daher das im Vergleich zur Arbeitslosenhilfe höhere Arbeitslosengeld erhalten, auch gleichzeitig diejenigen Arbeitslosen sind, auf die die Unternehmen bei zusätzlichem Arbeitskräftebedarf am ehesten zurückgreifen würden.

Zu einem weiteren wichtigen Aktivposten einer erfolgreichen Beschäftigungspolitik zählen auch die Steuermehreinnahmen, die zum einen durch Lohnsteuerzahlungen der wiederbeschäftigten Arbeitnehmer, zum anderen durch ein höheres Umsatzsteueraufkommen aufgrund eines erhöhten Konsums entstehen. Unter der Annahme, daß sich die Steuereinnahmen aus der Lohnsteuer/Einkommensteuer

---

[171] Vergl. Snowers Definition von r (S. 184 f.) in Verbindung mit seiner Definition der Größe b (Snower [1997: 165, Punkt (2)]). Ferner ist zu beachten, daß sich die individuelle Lohnersatzrate auf ***Netto***löhne bezieht, während für das „fiskalische" r die ***Brutto***löhne der Arbeitnehmer bzw. ihre Brutto-Arbeitskosten relevant sind (vergl. auch Fußnote 177).

[172] Quelle: Amtliche Nachrichten der Bundesanstalt für Arbeit [2000: 237, 127 ff. sowie 1999: 619 ff.]. Dieser Wert hatte 1997 übrigens noch bei 2.072 DM gelegen; sein Sinken könnte unter anderem mit einer Verschiebung der Arbeitslosenstruktur erklärt werden (die Zahl der ALG-Empfänger hat sich zwischen 1997 und 1999 verringert, die Zahl der Empfänger von Arbeitslosenhilfe erhöht), muß aber sicher auch in Verbindung mit der Neufassung des Arbeitsförderungsgesetzes gesehen werden, die im Laufe des Jahres 1997 in Kraft getreten ist.

[173] Würde man die Summe der staatlichen Transferausgaben durch die Gesamtzahl aller ***registrierten*** Arbeitslosen teilen (unabhängig davon, ob diese Arbeitslosen Leistungsansprüche besitzen oder nicht), dann würde hieraus ein Durchschnittswert von nur noch 1.629 DM pro Kopf und Monat resultieren; das Einsparungspotential, das durch eine Subventionierung abgeschöpft werden könnte, wäre also entsprechend geringer.

proportional zur Höhe der Erwerbstätigkeit entwickeln, hätte z.B. 1997 jeder wiedereingegliederte Arbeitslose eine Erhöhung des monatlichen Lohnsteueraufkommens um 625 DM[174] bedeutet. Im Falle der Umsatzsteuer hätte der Staat erhöhte Steuereinnahmen von schätzungsweise 372 DM[175] pro Monat und zusätzlichem Beschäftigtem zu verzeichnen gehabt.

Weitere Einsparungen für den Staat im Zuge einer subventionsbedingt erhöhten Beschäftigung würden sich durch einen verminderten Bedarf an Maßnahmen einer aktiven Arbeitsmarktpolitik (z.B. ABM) sowie durch die bessere Überprüfbarkeit der Arbeitswilligkeit von Arbeitslosen („work-test“)[176] ergeben. Beide Effekte sollen jedoch an dieser Stelle nicht quantitativ bewertet werden.

Das Pro-Kopf-Einsparungspotential einer Wiedereingliederung von Arbeitslosen ergibt sich somit als $b = 1873 + 625 + 372 = 2870$ [DM]. Unterstellt man einen Brutto-Durchschnittslohn[177] von $w = 5223$ [DM][178], dann ergibt sich für die Bundesrepublik Deutschland ein Wert von $r = 0.55$.[179]

---

[174] Berechnung nach: Sachverständigenrat [1999: 262, 236].

[175] Der durchschnittliche Umsatzsteuerbetrag pro Erwerbstätigem würde 580 DM betragen (berechnet nach Sachverständigenrat [1999: 262, 236]). Da aber nicht der volle Bruttolohn (geschätzt als 5.223 DM, siehe unten) angesetzt werden darf, sondern anteilig nur der Differenzbetrag zum bisherigen Einkommen der Arbeitslosenunterstützung, erhält man einen entsprechend niedrigeren Wert für die durchschnittlichen Umsatzsteuermehreinnahmen bei Wiedereingliederung eines Arbeitslosen.

[176] Vergl. Calmfors [1994: 22 f.] oder Layard [1986: 110 f.].

[177] Anders als im theoretischen Modell, wo die Brutto-Arbeitskosten der Einfachheit halber mit den Bruttolöhnen gleichgesetzt worden sind, müßte an dieser Stelle eigentlich der höhere ***Produktlohn*** pro Beschäftigtem (d.h.: Bruttolohn plus Lohnnebenkosten des Arbeitsgebers) maßgeblich sein, da sich die Beschäftigungsentscheidungen der Unternehmen ja an diesen Gesamtkosten orientieren. Da aber im konkreten Fall der berechnete Bruttolohn nur geringfügig unterhalb der Arbeitskosten aus einer anderen Studie liegt (siehe Fußnote 178), soll diese Unterscheidung hier nicht weiter forciert werden.

[178] Der Wert $w = 5223$ DM ergibt sich als Einkommen aus unselbständiger Arbeit geteilt durch Zahl der beschäftigten Arbeitnehmer (Berechnung für 1998 nach: Sachverständigenrat [1999: 240, 236]). Hinze [2000: 83] hingegen nennt für das Jahr 1999 einen durchschnittlichen Bruttolohn von 4271 DM (Nettolohn: 2705 DM) und durchschnittliche Arbeitskosten von 5321 DM.

[179] Dieser Schätzwert liegt einiges unter dem von Snower verwendeten $r = 0.63$ und sehr deutlich unter dem von Rabe [1993: 29] ermittelten $r = 0.73$. Die OECD [1997: 23] hat ebenfalls verschiedene Lohnersatzraten für Deutschland veröffentlicht: für Alleinstehende wurde eine ***Brutto***-Lohnersatzrate von $r=0.37$ ermittelt (Nettorate: $r=0.68$), für kinderlose Paare $r=0.42$ (Nettorate: $r=0.61$). Diese Zahlen beziehen sich auf Empfänger von Arbeitslosengeld; bei Empfängern von Arbeitslosenhilfe liegen die Lohnersatzraten teilweise deutlich niedriger, vor allem in der Gruppe der Alleinstehenden (vergl. S. 27 f.).

4.6.2. Der Schätzwert für die Mitnahmerate

Die Mitnahmen, d.h. die Anzahl der geförderten Arbeitsplätze, die auch ohne Subventionierung existieren würden, sind bei ***allgemeinen*** Subventionen identisch mit dem Ausgangs-Beschäftigungsstand N_0 (unter der Annahme einer stabilen Konjunkturlage); die Mitnahmerate M/N_0 ist somit gleich Eins.

Bei ***marginalen*** Subventionen mit einem Basiswert von 100 % stellen die Mitnahmen diejenigen Arbeitsplätze dar, die auch ohne Subventionierung ***zusätzlich*** (im Vergleich zum Ausgangszeitpunkt) entstanden wären, d.h. die Summe der nicht-subventionsbedingten Netto-Veränderungen der Beschäftigung in expandierenden und neugegründeten Unternehmen. Die Mitnahmerate ist somit die Summe aus betrieblicher Expansionsrate und Neugründungsrate (bzw. in ihrer konjunkturbereinigten Version: der Mittelwert aus Expansionsrate plus Neugründungsrate einerseits und dem Betrag aus Schrumpfungsrate plus Schließungsrate andererseits); damit ist die Definition dieser Größe inhaltlich identisch mit derjenigen der Arbeitsplatz-Fluktuationsrate („Job Turnover")[180]. Für diese Größe liegen empirische Schätzungen vor, z.B. für das Verarbeitende Gewerbe und den Bergbau in Niedersachsen von 1978 bis 1994 (siehe nachstehende Tabelle 4.4.[181]).

Zeitraum (in Jahren)	↙ Basisjahre ↘									Durchschnitt
↓	1978	1979	1980	1981	1982	1983	1984	1985	1986	1987	↓
1	4.91	4.46	3.09	2.55	2.43	3.71	5.12	5.26	5.31	3.85	4.07
2	8.27	6.28	4.52	3.64	4.98	7.57	10.27	10.65	8.01	8.65	7.28
3	9.58	7.10	5.08	5.67	7.81	12.07	14.04	12.76	12.21	13.35	9.97
4	10.02	7.10	6.85	8.27	11.81	15.17	15.99	16.64	16.62	17.34	12.58
5	9.79	8.62	9.27	11.96	14.61	16.93	19.84	20.88	20.45	18.35	15.07

Tab. 4.4.:
Ein- bis fünfjährige nicht-konjunkturbereinigte Mitnahmeraten in %, ermittelt als die Summen aus Expansions- und Neugründungsraten über diese Zeiträume
(Quellen: für die erste Zeile Gerlach/Wagner [1992: 7 (Tab.1, Zeilen 14+16)]; die übrigen Zeilen basieren auf eigenen Berechnungen mit demselben Datenmaterial[182]).

---

[180] Vergl. die Definition bei Franz [1991: 200].

[181] In der Tabelle 4.4. bedeutet beispielsweise die Angabe von 13.35 in Zeile 3 / vorletzte Spalte, daß diejenigen Arbeitsplätze, um die die Beschäftigung in expandierenden und neugegründeten Unternehmen von 1987 bis 1990 (zwischen den beiden Stichtagen) gewachsen ist, einen Anteil von 13.35 % an der Zahl der Arbeitsplätze im Ausgangsjahr 1987 ausmachen.

[182] Bei der Datenbasis handelt es sich um 11.914 Betriebe des Verarbeitenden Gewerbes und des Bergbaus in Niedersachsen, welche im Zeitraum zwischen 1978 und 1994 wenigstens

Wie zu erwarten war, machen sich in den Ergebnissen offenbar starke exogene Einflüsse bemerkbar, d.h. die konkrete Höhe der Mitnahmeraten hängt stark vom Jahr der (hypothetischen) Einführung des Subventionssystems ab. Zudem ist aus der Tabelle abzulesen, daß die Mitnahmeraten im Zeitablauf jeweils leicht unterproportional anwachsen.

Die geschätzte Mitnahmerate ***nach Ablauf*** des jeweils ersten Jahres liegt bei 4.07 Prozent (im arithmetischen Mittel aller gemessenen Jahre). Dies bedeutet gleichzeitig, daß ***im Jahresdurchschnitt***[183] der Anteil der Mitnahmen bezogen auf die Gesamtbeschäftigung ungefähr jeweils 2 % (im Mittel) beträgt. In anderen Untersuchungen wurden teilweise deutlich höhere Schätzwerte für die Mitnahmerate M/N_0 ermittelt. So wird beispielsweise bei Franz die Job-Turnover-Rate mit ca. 8 % für den Einjahreszeitraum angegeben[184] (also ca. 4 % im Durchschnitt des ersten Jahres), und von Contini/Revelli wird diese Rate ebenfalls auf 8 % pro Jahr geschätzt.[185] Diese gegenüber Tab. 4.4. fast doppelt so hohen Werte sind wahrscheinlich darauf zurückzuführen, daß hier neben den Produktionsbetrieben auch Dienstleistungsunternehmen erfaßt sind, für die höhere Fluktuationsraten zu erwarten sind. Da das hier besprochene Subventionssystem annahmegemäß für ***alle*** Unternehmen gelten soll, erscheint es angebracht, die Schätzwerte der in Tab. 4.4. zitierten Untersuchung nach oben zu korrigieren und für die jahresdurchschnittliche Mitnahmerate statt dessen einen Schätzwert von $M/N_0 = 4$ % zugrundezulegen.

Auch bei ***selektiven Einstellungssubventionen*** für Arbeitslose lassen sich die Schätzwerte für die Mitnahmerate aus den empirischen Fakten herleiten. Die Höhe von M bestimmt sich in diesem Fall danach, wie viele Arbeitslose im Zeitraum eines Jahres normalerweise (d.h. ohne Subventionsanreiz) in ein Beschäftigungs-

---

einmal in einer Erhebung der amtlichen Statistik (entweder Monatsbericht oder jährliche Erhebung für Kleinbetriebe) erschienen. Die Zahl der „tätigen Personen" umfaßt u.a. tätige Inhaber/ Teilhaber sowie unbezahlt mithelfende Familienangehörige, aber keine Heimarbeiter. Der Verfasser dankt Herrn Uwe Rode vom Niedersächsischen Landesamt für Statistik für dessen Unterstützung beim Zugang zu den Daten.

183 „Jahresdurchschnitt" meint hier und im folgenden stets den Durchschnittswert innerhalb der jeweiligen Einjahresperiode. Da die Mitnahmerate am Anfang des ersten Jahres jeweils Null ist, erhält man - unter der Annahme, daß sich die Mitnahmerate im Zeitablauf linear entwickelt - den jahresdurchschnittlichen Wert des ersten Jahres, indem man ihren Jahres-Endwert durch zwei teilt. Zusätzlich läßt sich ein Mittelwert für die Jahresdurchschnitte aller betrachteten Einjahresperioden berechnen; dieser beträgt $0.5 \cdot 4.07$ (s. Tab. 4.4., letzte Spalte) $= 2.035 \approx 2$ %.

184 Vergl. Franz [1991: 200 f.], der die Ergebnisse von Cramer/Koller [1988] zusammenfaßt.

185 Vergl. Contini/Revelli [1997: 248 f.], deren Schätzwert von 16 % für Deutschland durch zwei geteilt werden muß, um der üblichen Definition der Job-Turnover-Rate zu entsprechen.

verhältnis wechseln würden. Dieser Wert betrug beispielsweise in Westdeutschland im Durchschnitt der Jahre 1980–1995 pro Jahr 8.6 % der Zahl der Erwerbspersonen.[186] Unter der Annahme, daß diese Einstellungen gleichverteilt innerhalb der jeweiligen Einjahresperiode auftreten, ergibt sich eine jahresdurchschnittliche[187] Mitnahmerate selektiver Subventionen von ca. 4.3 %.

4.6.3. Der Schätzwert für die Substitutionsrate

Innerbetriebliche Arbeitskraft-Substitutionseffekte können ausschließlich bei ***selektiven*** Subventionen auftreten. Es sei im folgenden angenommen, daß bei Einführung eines Subventionssystems einerseits die Kosten des Personalwechsels dermaßen hoch sind, daß sie eine Ex-post-Substitution (d.h. die gezielte Entlassung von Beschäftigten zugunsten von subventionierten Arbeitslosen) verhindern; andererseits aber soll angenommen werden, daß diese Fluktuationskosten die einzigen Kosten wären, die bei einer Arbeitskraft-Substitution entstehen würden. Das wiederum würde bedeuten, daß es in jenen Fällen, wo es ***ohnehin*** zu einer Entlassung von Arbeitnehmern sowie einer (unternehmensexternen) Neubesetzung kommt, für die Unternehmen ***in jedem Fall*** günstiger wäre, subventionierte Bewerber gegenüber nicht-subventionierten Bewerbern zu bevorzugen.

Die Anzahl von Stellen-Neubesetzungen in Relation zur Gesamtbeschäftigung wird durch die Arbeitskräfte-Fluktuationsrate[188] wiedergegeben, die in Deutschland ungefähr 30 % pro Jahr beträgt.[189] Im Durchschnitt eines Jahres würde A/N_0 somit ca. 15 % betragen. (Dem steht auch nicht unbedingt entgegen, daß dieser Wert größer ist als die aktuelle Arbeitslosenquote, denn der Rotations-Mechanismus, der durch die Subvention ausgelöst wird, würde ja immer wieder neue subventionsberechtigte Arbeitslose produzieren). Bei einem angenommenen Netto-Beschäftigungszuwachs von 5 % gegenüber dem Zustand vor Subventionierung würde der Arbeitsplatzinhaber-Verdrängungs-Koeffizient somit $\alpha = [0.15 / (0.15 + 0.05)] = 0.75$ betragen.

---

[186] Berechnung nach: Zahlen-Fibel 1997, Institut für Arbeitsmarkt- und Berufsforschung Nürnberg, S. 22, 28 f., sowie Zahlen-Fibel 1995, S. 24. Die Beschäftigungswirkungen arbeitsmarktpolitischer Programme müßten strenggenommen aus diesen Zahlen ausgeklammert werden, doch sind die Teilnehmerzahlen dieser Programme in der Regel so klein, daß ihr Einfluß auf die Beschäftigungsdynamik vernachlässigt werden kann.

[187] Zum Gebrauch des Ausdrucks „jahresdurchschnittlich" vergl. sinngemäß Fußnote 183.

[188] Zur Definition vergl. Franz [1991: 199 f.].

[189] Vergl. Franz [1991: 200 f.], der die Ergebnisse von Cramer/Koller [1988] aus dem Zeitraum 1977–84 zusammenfaßt.

Neben einer Einstellungssubvention à la Snower sind auch andere Formen selektiver Beschäftigungssubventionen denkbar, so z.B. die von Buslei et al. diskuierte ***selektive Subventionierung von Unqualifizierten in Niedriglohnbranchen*** (Holz, Papier, Textil, Genußmittel, Bau, Handel, Gastgewerbe, sonstige Dienstleistungen). Hier stellt sich die Frage, ob diese Subventionierungsvariante möglicherweise einen abweichenden α-Wert implizieren würde. Die Autoren berechnen zunächst sowohl für unqualifizierte wie auch für normal qualifizierte Arbeitnehmer die Eigenpreiselastizitäten der Arbeitsnachfrage (mit $\mu = -0.17$ für unqualifizierte Frauen bzw. $\mu = -0.65$ für unqualifizierte Männer) und ermitteln dann die entsprechenden Werte der Kreuzpreiselastizitäten[190]. Für den genannten Niedriglohnbereich erhalten sie Kreuzpreiselastizitäten von unqualifizierten gegenüber qualifizierten Arbeitskräften, die zwischen +0.14 und +0.45 liegen.[185a] In dem Verhältnis von Kreuzpreis- zu Eigenpreiselastizitäten spiegelt sich das Ausmaß der Verdrängungseffekte wider. Wie sich zeigt, liegt dieses Verhältnis grob bei 75 %, so daß also auch bei dieser Subventionsform auf jeweils vier zusätzlich gewonnene Arbeitsplätze in der Gruppe der subventionierten Arbeitnehmer ungefähr drei Arbeitsplätze kämen, welche in der Gruppe der nicht-subventionierten Arbeitnehmer entfallen würden.

Bei ***marginalen*** Subventionen können innerbetriebliche Substitutionseffekte nicht auftreten, weil es den Unternehmen nicht möglich ist, intra-marginale Arbeitnehmer durch marginale Arbeitnehmer zu ersetzen (denn bei einem entsprechenden Versuch würden marginale Arbeitnehmer automatisch zu intramarginalen Arbeitnehmern mutieren). Allerdings kann es bei marginalen Subventionen zu ***gesamtwirtschaftlichen Verdrängungseffekten*** kommen (vergl. Abschnitt 4.3.3.), die in ihrer Auswirkung den Substitutionseffekten gleichgestellt werden können. Da es außerordentlich schwierig ist, für diese Größe fundierte Schätzwerte herzuleiten, soll ad hoc unterstellt werden, daß die Arbeitsplatz-Verdrängung $A^{(V)}$ genauso groß ist wie der subventionsinduzierte Netto-Beschäftigungszuwachs, d.h. es sei $A^{(V)} = -\Delta N$ angenommen.

---

[190] Die Kreuzpreiselastizität gibt an, um wieviel Prozent die Nachfrage nach einem zweiten Produktionsfaktor zunehmen würde, wenn der Preis des ersten Produktionsfaktors um 1 % steigt. Ein positives Vorzeichen der Elastizität deutet darauf hin, daß die beiden Produktionsfaktoren gegeneinander substituierbar sind.

[185a] Buslei et al. [1999: 77].

4.6.4. Ergebnisse

Die Schätzwerte, die im Rahmen der Effizienzanalyse für die einzelnen Parameter einzusetzen sind, seien in der nachstehenden Tabelle noch einmal im Überblick aufgeführt:

Subventionsform	r	M/N_0	A/N_0 (bzw. $A^{(V)}/N_0$)	$\Rightarrow$ α
allgemein	0.55	1.000	0	0.00
selektiv	0.55	0.043	−0.15	0.88 bei $\Delta N = 0.02 \cdot N_0$ 0.75 bei $\Delta N = 0.05 \cdot N_0$
marginal	0.55	0.04	$=(-\Delta N/N_0)$	0.50

Tab. 4.5.: Geschätzte Parameterwerte für die einzelnen Subventionsformen

Setzt man die in Tabelle 4.5. aufgeführten Schätzwerte der Parameter in Gleichung (4.69) ein, erhält man die folgenden Ergebnisse:

Beschäftigungszuwachs um 2 %:		
Subv.form	$\Delta N/N_0$	$\overline{\eta}_{min}$
allgemein	0.02	**1.85**
selektiv	0.02	**0.39**
marginal	0.02	**0.15**

Beschäftigungszuwachs um 5 %:		
Subv.form	$\Delta N/N_0$	$\overline{\eta}_{min}$
allgemein	0.05	**1.91**
selektiv	0.05	**0.44**
marginal	0.05	**0.25**

Tab. 4.6.: Mindestens erforderliche Subventionselastizitäten bei verschiedenen Beschäftigungsvorgaben (unter der Nebenbedingung der Selbstfinanzierung)

Es zeigt sich, daß ***allgemeine*** Lohn- und Beschäftigungssubventionen nach einer außergewöhnlich hohen Subventionselastizität der Beschäftigung verlangen, wenn sie kostenneutral durchgeführt werden sollen.[191] ***Selektive Einstellungssubventionen für Arbeitslose*** schneiden hier deutlich besser ab, sind allerdings im Vergleich zu marginalen Subventionen dennoch nicht optimal, weil sie bei gleichem Beschäftigungserfolg eine etwa doppelt so hohe Anreizwirkung der Subvention erfordern wie die letztgenannte Subventionsform. Somit stellen ***marginale*** Lohn- und Beschäftigungssubventionen in dieser Analyse die effizienteste

[191] Vergl. auch die Anmerkungen hierzu in Abschnitt 4.4.4..

Subventionierungsvariante dar, und die Wahrscheinlichkeit, daß sie selbstfinanzierend durchgeführt werden können, ist relativ groß. Ein aus Sicht des Staates kostenloser Abbau der Arbeitslosigkeit um zwei Prozentpunkte beispielsweise wäre unter den getroffenen Annahmen bereits bei einer gegebenen Subventionselastizität der Beschäftigung von $\overline{\eta} = 0.15$ möglich.[192]

Interessant ist auch ein Blick auf die Mitnahmequoten (bzw. die in einer Größe zusammengefaßten „Mitnahme- und Verdrängungsquoten"), welche ja in empirischen Evaluationsstudien traditionell eine große Rolle spielen (vergl. z.B. die Abschnitte 8.7. und 8.8.). Es sei eine ***marginale*** Subvention angenommen, und die Höhe von Mitnahme- und Verdrängungseffekten sei wiederum als bekannt angenommen (siehe Tab. 4.5., letzte Zeile). Aus der Kenntnis dieser Parameter heraus lassen sich die jeweiligen „Mitnahme- und Verdrängungsquoten" $(M+A^{(V)})/F$ in Abhängigkeit von der Höhe verschiedener fiktiver Netto-Beschäftigungserfolgsraten $\Delta N/N_0$ berechnen.[193] Die entsprechenden Ergebnisse sind in Tab. 4.7. aufgeführt. Wie zu ersehen ist, ist die Mitnahmequote $(M+A^{(V)})/F$ bei gegebener Subventionselastizität der Beschäftigung und ohne Berücksichtigung von Verwaltungskosten um so größer, je geringer der angestrebte Netto-Beschäftigungserfolg ist. Je geringer wiederum der Netto-Beschäftigungserfolg sein soll, desto niedriger ist der aufzubringende Subventionsbetrag pro neugeschaffenem Arbeitsplatz[194] und desto besser fällt ceteris paribus der fiskalische Erfolg aus.

---

[192] Zusätzlich wäre zu beachten, daß in den Ergebnissen der Tabelle 4.6. bisher keinerlei Multiplikatorwirkungen berücksichtigt worden sind. Unter Einbeziehung dieser Effekte würde die Subventionselastizität $\overline{\eta}_{min}$, die erforderlich ist, um einen Abbau der Arbeitslosigkeit um zwei Prozentpunkte selbstfinanzierend durchführen zu können, noch geringer ausfallen. - Nicht berücksichtigt worden ist ferner, daß der Staat auch teilweise Einsparungen zu verzeichnen hätte, die ***nicht*** auf einer Wiedereingliederung von Arbeitslosen beruhen. Wenn nämlich die beschäftigungspolitische Maßnahme die Zahl der offenen Stellen erhöht und einzelnen arbeitsunwilligen Arbeitslosen bei Ablehnung dieser zusätzlichen Arbeitsplatzangebote der mißbräuchliche Bezug von Arbeitslosenunterstützung nachgewiesen werden kann, sinkt die registrierte Arbeitslosigkeit, ***ohne*** daß die Beschäftigung entsprechend ansteigen muß. Mit anderen Worten: eine erfolgreiche Beschäftigungspolitik würde nicht nur unfreiwillige Arbeitslosigkeit reduzieren, sondern gleichzeitig auch dazu beitragen, freiwillige Arbeitslosigkeit abzubauen.

[193] Berechnungsbeispiel: Es ist $F = \Delta N - A^{(V)} + M$ (vergl. Gleichungen (4.39) und (4.41)). Wird $\Delta N = 0.01 \cdot N_0$ angenommen, dann ist $A^{(V)} = -0.01 \cdot N_0$ und $M = 0.04 \cdot N_0$ (laut Tabelle 4.5.). Hieraus errechnet sich $\Delta N/F = 0.17$ sowie $(M+A^{(V)})/F = 1 - \Delta N/F = 0.83$.

[194] Während der Beschäftigungserfolg ΔN und damit auch die fiskalischen Einsparungen $\Delta N \cdot b$ ***linear*** abhängig sind von der Höhe des Subventionsbetrages s, steigt das Subventionsvolumen $s \cdot F$ ***überproportional*** mit steigendem s, weil die Erhöhung von s sowohl ΔN wie auch F ansteigen läßt.

$\Delta N/N_0$	$\Delta N/F$	$(M+A^{(V)})/F$
0.05	0.36	0.64
0.02	0.25	0.75
0.01	0.17	0.83
0.005	0.10	0.90

Tab. 4.7.: Mitnahme- und Netto-Erfolgs-Quoten bei marginaler Subventionierung in Abhängigkeit von der angestrebten Höhe von $\Delta N/N_0$

Man erhält also das - nur auf den ersten Blick paradoxe - Ergebnis, daß die Mitnahmequote[195] eines Subventionsinstruments und sein fiskalischer Erfolg bei Variation des Programmumfangs ceteris paribus ***positiv*** miteinander korreliert sind! Bedenkt man ferner, daß Mitnahmen aus Sicht des ***Fiskus*** zwar unerwünscht sind, aus beschäftigungspolitischer Sicht jedoch ebenfalls zur Schaffung neuer Arbeitsplätze beitragen (sie wirken aus Sicht der Unternehmen wie eine Steuersenkung)[196], dann scheint die übliche Praxis, Mitnahmequoten als alleinigen Indikator für die Güte eines beschäftigungspolitischen Anreizinstruments heranzuziehen, keine sehr glückliche Lösung zu sein.

4.7. Zwischenfazit

In diesem ersten Kapitel der theoretischen Analyse wurden die Auswirkungen beschäftigungspolitischer Subventionen in Modellen untersucht, die auf der Annahme konstanter Löhne aufbauen. Weil diese Fixlohnmodelle keine Entscheidung für ein bestimmtes Lohnbildungsverfahren erfordern, sind sie gut geeignet, grundsätzliche Wirkungsmechanismen von Lohn- und Beschäftigungssubventionen zu demonstrieren. So läßt sich zum Beispiel für die Beschäftigungswirkung einer Subvention die bekannte gedankliche Zerlegung in einen Outputeffekt ei-

---

[195] Hier sei auf einen feinen Unterschied in der Terminologie hingewiesen: mit „Mitnahmequote" sei der Anteil der Mitnahmen an den geförderten Arbeitsplätzen, also M/F, bezeichnet, während unter „Mitnahmerate" der Anteil der Mitnahmen an der Gesamtbeschäftigung, also M/N_0, zu verstehen ist. Letzterer Wert ist in den Simulationsrechnungen konstant.

[196] Vergl. z.B. Calame [1980:22] oder auch Breen/Halpin [1989:78]. Außerdem sei am Rande darauf hingewiesen, daß Steuersenkungen bzw. ***allgemeine*** Lohnsubventionen - soweit sie keinen allzu großen Umfang haben - eine Mitnahmequote von fast 100 %(!) aufweisen (vergl. auch Layard [1986: 106]).

nerseits und verschiedene Substitutionseffekte (bezüglich Kapital, Arbeitskräften, Arbeitszeit, Vorprodukten etc.) andererseits durchführen.

Es zeigte sich, daß Lohn- und Beschäftigungssubventionen in Fixlohnmodellen ***in jedem Fall*** zu einer Beschäftigungsausweitung führen, sofern man vom Extremfall einer absolut lohnunelastischen Arbeitsnachfrage absieht. Bei gegebenem Subventionsvolumen sind die direkten Beschäftigungswirkungen in Modellen mit marginaler Subventionierung größer als bei allgemeiner Subventionierung. Allerdings können bei marginalen Subventionen (nicht aber bei allgemeinen Subventionen) volkswirtschaftliche Verdrängungseffekte auftreten, die die anfänglichen Beschäftigungserfolge wieder reduzieren. Diese Effekte sind - ebenso wie die in entgegengesetzter Richtung wirkenden Multiplikatoreffekte - vermutlich recht stark, jedoch extrem schwierig zu schätzen.

Eine Selbstfinanzierung ***allgemeiner*** Subventionen ist in der Regel nicht zu erwarten, wie eine kritische Analyse des Modells von Kaldor zeigt. Der Grund liegt darin, daß Lohnelastizitäten der Arbeitsnachfrage vorausgesetzt werden müßten, die außergewöhnlich hoch sind und deren Existenz mit der Annahme rationalen Verhaltens nicht vereinbar ist. Denn eine allgemeine Lohnsubvention, die selbstfinanzierend durchgeführt werden kann, bedingt eine Lohnsteuer, die selbstverzehrend ist in dem Sinne, daß sie vollständig dazu benötigt wird, jene Arbeitslosigkeit zu finanzieren, die sie selbst erzeugt hat. Ein rational handelnder Staat hätte eine solche Steuer nicht eingeführt. Widerlegt werden konnte auch Kaldors These, daß Steuersenkungen effizienter sind als Lohnsubventionen, sowie dessen andere These, daß allgemeine Lohnsubventionen den Strukturwandel behindern würden.

Anders als bei allgemeinen Subventionen kann für ***Einstellungssubventionen*** oder ***marginale*** Subventionsinstrumente eine Selbstfinanzierungseigenschaft nicht von vornherein ausgeschlossen werden. So zeigt z.B. Snower in einem kleinen Modell für den Fall einer Einstellungssubvention für Arbeitslose, daß die Selbstfinanzierungsbedingung bei hinreichend kleinen Subventionsbeträgen in der Theorie ***immer*** erfüllbar ist. Es muß lediglich die Bedingung beachtet werden, daß das Verhältnis des Subventionsbetrags zu den staatlicherseits eingesparten Transferleistungen nicht größer ist als der Anteil der tatsächlichen Beschäftigungsgewinne („Netto-Beschäftigungserfolg") an der Zahl der insgesamt geförderten Arbeitsplätze („Brutto-Beschäftigungserfolg").

Bei der Durchführung einer Simulationsrechnung auf Basis eines erweiterten Snower-Modells stellte sich heraus, daß ***marginale*** Subventionen den anderen Subventionierungsformen hinsichtlich ihrer ökonomischen Effizienz überlegen sind. So wurde z.B. ermittelt, daß bei einem angestrebten Wachstum der Beschäftigung um zwei Prozent folgende Subventionselastizitäten der Beschäftigung gegeben sein müßten, damit die Selbstfinanzierungsbedingung erfüllt ist: bei allgemeinen Subventionen $\bar{\eta}_{min} = 1.85$, bei Einstellungssubventionen für Arbeitslose $\bar{\eta}_{min} = 0.39$ und bei marginalen Subventionen $\bar{\eta}_{min} = 0.15$. Auch wenn realistische Schätzwerte für die Subventionselastizität der Beschäftigung ähnlich schwer zu ermitteln sind wie der tatsächliche Wert der Lohnelastizität der Arbeitsnachfrage, so scheint es doch recht wahrscheinlich zu sein, daß $\bar{\eta}$ im Bereich von $\bar{\eta} \geq 0.15$ liegt. Das heißt: die Wahrscheinlichkeit dafür, daß zumindest marginale Lohn- und Beschäftigungssubventionen selbstfinanzierend durchgeführt werden können, ist nach diesen Berechnungen recht groß.

Neben der Subventionselastizität der Beschäftigung $\bar{\eta}$ stellt die Zahl der Mitnahmen M ebenfalls eine sehr wichtige Größe für den Erfolg beschäftigungspolitischer Subventionen dar. In der Regel steigt der Anteil der Mitnahmen an der Gesamtzahl der Arbeitsplätze im Zeitablauf stetig an (wenn auch leicht unterproportional). Es empfiehlt sich angesichts dieser Tatsache, die Höhe der Subventionsbeträge so zu wählen, daß sie im Zeitablauf stetig fallen. Weiterhin konnte gezeigt werden, daß die bisher geübte Praxis, die Güte eines Subventionsinstruments anhand der Höhe seiner jeweiligen Mitnahmequote (d.h. dem Anteil der Mitnahmen an den insgesamt geförderten Arbeitsplätzen) zu beurteilen, zu irreführenden Ergebnissen führen kann; denn ceteris paribus sind bei einer Variation des Subventionsvolumens die Mitnahmequote des Subventionsinstruments und sein fiskalischer Erfolg positiv miteinander korreliert.

5. VERHANDLUNGS- UND GEWERKSCHAFTSMONOPOL-MODELLE

5.1. Überblick

In diesem Kapitel sollen die Auswirkungen von Lohn- und Beschäftigungssubventionen im Rahmen jener Modelle untersucht werden, in denen die Arbeitnehmer gewisse Einflußmöglichkeiten auf die Höhe des Lohnsatzes haben. Zunächst soll in Abschnitt 5.2. jener hypothetische Extremfall vorgestellt werden, wo die Gewerkschaft völlig eigenständig die Lohnhöhe bestimmen kann, bevor in Abschnitt 5.3. der verallgemeinerte Fall analysiert wird, daß sich die Lohnhöhe als Ergebnis eines Verhandlungsprozesses zwischen Arbeitgeberseite und Gewerkschaften ergibt. Abschnitt 5.4. geht dann noch auf den speziellen Fall eines Insider-Outsider-Modells im Rahmen des Spezialfalls „Gewerkschaftsmonopol" ein, bevor schließlich in den Abschnitten 5.5. und 5.6. zwei Verhandlungsmodelle aus der Literatur vorgestellt werden, für die eine fiskalische Selbstfinanzierungseigenschaft behauptet wird.

5.2. Gewerkschaftsmonopolmodell

5.2.1. Allgemeine Subventionierung

Das Gewerkschaftsmonopolmodell beschreibt einen theoretischen Extremfall gewerkschaftlichen Verhaltens, indem es davon ausgeht, daß die Gewerkschaft den Lohn völlig selbständig festsetzen kann, während das Unternehmen die alleinige Entscheidungsgewalt („right-to-manage") über die Beschäftigungsmenge behält. Intuitiv wird man angesichts dieser Rahmenbedingungen sicher vermuten, daß die Gewährung einer Lohn- oder Beschäftigungssubvention an die Unternehmen in diesem Modell zu höheren Löhnen führen muß. Im folgenden soll versucht werden, diese Hypothese zunächst für den Fall einer allgemeinen Subvention zu prüfen. Der Gedankengang folgt dabei im wesentlichen der Darstellung im Lehrbuch von Goerke/Holler [1997] (allerdings mit umgekehrtem Vorzeichen, da Goerke/Holler die Auswirkungen von Steuersatzvariationen untersuchen).

Das Gewerkschaftsmonopolmodell geht von einer Wirtschaft mit homogenen Arbeitnehmern aus, die identische Präferenzen, identische Informationen, eine identische Produktivität usw. aufweisen und die alle denselben Lohn erhalten. Alle Arbeitnehmer sind in einer Gewerkschaft organisiert, aber nicht alle Gewerkschaftsmitglieder sind beschäftigt. Die Gewerkschaft kann Lohnkonkurrenz ausschließen, d.h. ein Unterbieten des Gewerkschaftslohnes verhindern. Es sei ferner von einem gegebenen Preisniveau ausgegangen, so daß sich die Richtungen der Nominallohn- und Reallohnänderungen entsprechen. Diese Annahme bedeutet gleichzeitig, daß Subventionen nicht an Konsumenten weitergegeben werden können. Die Unternehmen müssen ihre Mengen anpassen, um auf die sich ändernden Umweltbedingungen optimal zu reagieren.

Alle makroökonomischen Größen wie z.B. das Erwerbspersonenpotential, die Arbeitslosenquote oder die gesamtwirtschaftliche Güternachfrage seien zunächst als gegeben angenommen. Die Unternehmen im Monopolmodell arbeiten auch mit einem gegebenen Kapitalstock, d.h. eine Substitution zwischen Kapital und Arbeit wird mit dieser Annahme ausgeschlossen. Aus der Tatsache, daß aus Gründen der Einfachheit nur jeweils ein einziges Unternehmen betrachtet wird, darf aber keinesfalls auf die Annahme eines bilateralen Monopols geschlossen werden. Auch der umgekehrte Extremfall einer vollkommenen Konkurrenz am Arbeitsmarkt soll im folgenden per Definition ausgeschlossen werden, da ein solches Modell Nullgewinne implizieren würde. Das dargelegte Modell baut jedoch gerade im Gegenteil auf der Voraussetzung auf, daß das Unternehmen einen gewissen Spielraum bei der Frage der Lohnzahlungen hat, der von den Gewerkschaften genutzt werden kann.[197]

Zunächst soll untersucht werden, wie eine ***allgemeine Lohnsubvention*** die Lohn- und Beschäftigungsgrößen im Gewerkschaftsmonopolmodell verändert. Das repräsentative Unternehmen maximiert die Gewinnfunktion

$$(5.1) \qquad \Pi = R(n) - w(1-\phi)n .$$

Bei gegebener Lohnforderung der Gewerkschaft wählt das Unternehmen die Beschäftigung so, daß ein maximales Π resultiert. Die Gewinnmaximierungsbedingung lautet (vergl. Gleichung (4.3)):

$$(5.2) \qquad \frac{\partial \Pi}{\partial n} = R'(n) - w(1-\phi) \overset{!}{=} 0 .$$

Die Steigung der Arbeitsnachfragekurve errechnet sich durch totales Differenzieren oder durch Anwendung des Implizite-Funktionen-Theorems[198] als

$$(5.3) \qquad \frac{dn}{dw} = n_w = \frac{1-\phi}{R''(n)} < 0 \quad (\text{wegen } R''(n) < 0).$$

---

[197] Vergl. Goerke/Holler [1997: 166].

[198] Vergl. Chiang [1984: 198 ff.].

Wie sich zeigt, verläuft die Arbeitsnachfragekurve nach Subventionierung ($\phi > 0$) steiler als im Ausgangszustand; d.h. die Einführung von Lohnsubventionen würde dazu führen, daß die Reaktion der Beschäftigungsgröße auf eine Lohnänderung geringer ausfällt, weil die Lohnsubvention die Auswirkung einer Lohnänderung für das Unternehmen abmildert.

Die repräsentative Gewerkschaft im Monopolmodell betreibt ihrerseits Nutzenmaximierung unter der Nebenbedingung, daß jede realisierte Lohn-Beschäftigungs-Kombination auf der Arbeitsnachfragekurve liegen muß. Die Gewerkschaft muß eine Nutzenabwägung zwischen höheren Löhnen und niedrigerer Beschäftigung durchführen (ihre Indifferenzkurven verlaufen im w-n–Diagramm konvex zum Ursprung) und dabei die gewinnoptimalen Entscheidungen der Unternehmen berücksichtigen (die ihr annahmegemäß bekannt sind). Es sei ferner angenommen, daß die Nutzen der Gewerkschaftsmitglieder voneinander unabhängig sind, d.h. daß Gerechtigkeitsvorstellungen keine Rolle spielen.

Grafisch läßt sich die Interaktion zwischen Gewerkschaften und Unternehmen wie in Abbildung 5.1. darstellen, wobei die konkaven Kurven die Isogewinnlinien des repräsentativen Unternehmens sind (die ein um so höheres Gewinniveau repräsentieren, je weiter innen sie liegen), während daneben die Nutzen-Indifferenzkurven der Gewerkschaften eingezeichnet sind (deren Nutzenniveau um so höher ist, je weiter außen sie liegen). Bei jeder gegebenen Lohnforderung der Ge-

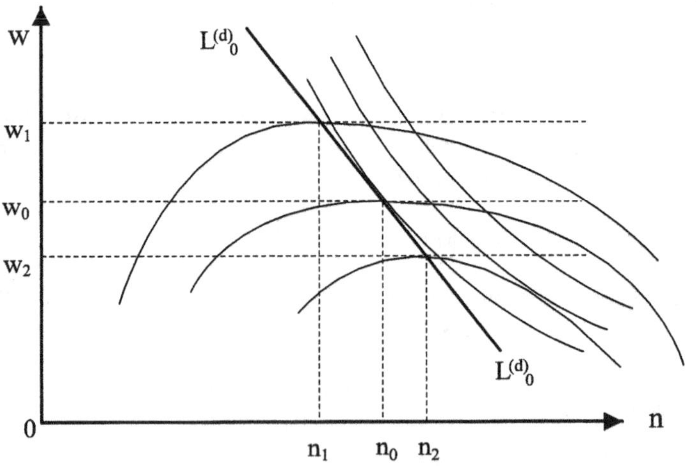

Abb. 5.1.: Lohnbestimmung im Gewerkschaftsmonopolmodell

werkschaften werden die Unternehmen ihre optimale Beschäftigungsmenge dort finden, wo die niedrigste Isogewinnkurve (also die mit dem höchsten Gewinn-Niveau) die Horizontale des jeweiligen Lohnes tangential berührt. Würde beispielsweise die Gewerkschaft den Lohnsatz w_0 festlegen, so würde die Arbeitgeberseite die Beschäftigungshöhe n_0 umsetzen; auf einen Lohnsatz w_1 würden die Arbeitgeber mit der Beschäftigungsmenge n_1 reagieren usw.. Alle auf diese Weise ermittelten Gleichgewichtspunkte bilden die Arbeitsnachfragekurve $L^{(d)}_0$. Der für die Gewerkschaften optimale Lohnsatz befindet sich dann wiederum dort, wo diese Arbeitsnachfragekurve einen Tangentialpunkt mit der Indifferenzkurve mit dem maximal erreichbaren Nutzenniveau hat. In Abb. 5.1. wäre dies bei w_0 der Fall.

Der Nutzen der Gewerkschaft, Z, bestimmt sich konkret als die Differenz aus dem Nutzen der Lohnzahlung $\upsilon(w)$ mit dem Disnutzen der Arbeitsleistung $\upsilon^{(e)}$, beides multipliziert mit der Zahl der Beschäftigten n, ***plus*** dem Nutzen aus der Arbeitslosenunterstützung $\upsilon(\tilde{w})$ multipliziert mit der Zahl der arbeitslosen Gewerkschaftsmitglieder u:[199]

$$(5.4) \qquad Z = n\left(\upsilon(w) - \upsilon^{(e)}\right) + u\,\upsilon(\tilde{w}) \,.$$

Zur Vereinfachung wird im folgenden $\upsilon^{(e)} = 0$ gesetzt, so daß sich mit $u \equiv (m-n)$ die folgende utilaristische Zielfunktion der Gewerkschaft ergibt:[200]

$$(5.5) \qquad Z(w,m) = n\,\upsilon(w) + (m-n)\,\upsilon(\tilde{w}) \,.$$

Die Größe m bezeichnet hier die (exogen vorgegebene!) Zahl an Gewerkschaftsmitgliedern, während $\tilde{w}$ der Alternativlohn im Falle der Entlassung sei. Hierunter stellt man sich üblicherweise die Arbeitslosenunterstützung vor, eventuell auch den markträumenden Lohn im Nicht-Gewerkschaftssektor oder möglicherweise sogar das Einkommen aus Schwarzarbeit; auch diese Größe wird als exogen angenommen. Die Größe $\tilde{w}$ stellt sozusagen die Untergrenze für w dar; hier laufen die Indifferenzkurven der Gewerkschaft horizontal. Das Symbol υ steht ursprünglich für den ***individuellen*** Nutzen aus Lohn bzw. Alternativlohn, doch ist wegen der Annahme homogener Arbeitnehmer eine Aggregation der Nutzen über alle Gewerkschaftsmitglieder hinweg möglich. Es sei unterstellt, daß der Nutzen mit zunehmendem Lohn bzw. Alternativlohn steigt, d.h. $\upsilon'(w) > 0$ und $\upsilon'(\tilde{w}) > 0$.

Statt der gewerkschaftlichen Zielfunktion (5.5) soll im folgenden eine modifizierte Variante verwendet werden, wo der konstante Term $m \cdot \upsilon(\tilde{w})$, der bei der

[199] Vergl. McDonald/Solow [1981: 898].

[200] Goerke/Holler [1997: 159 f.].

für eine Maximierung erforderlichen ersten Ableitung ohnehin rausfallen würde, unberücksichtigt bleibt:

(5.6) $Z(w) = n\left[\upsilon(w) - \upsilon(\tilde{w})\right].$

Bezieht man die Arbeitsnachfragekurve $n(w,\phi)$ als Nebenbedingung mit ein, erhält man für die Nutzenfunktion Z der Gewerkschaft

(5.7) $Z(w) = n(w,\phi)\left[\upsilon(w) - \upsilon(\tilde{w})\right].$

Die Ableitung dieser Funktion nach dem Lohnsatz ergibt

(5.8) $Z_w = n_w\left[\upsilon(w) - \upsilon(\tilde{w})\right] + n\upsilon'(w) \overset{!}{=} 0.$

Z_W bezeichnet die Steigung der entsprechenden Nutzenkurve der Gewerkschaft. Der maximale Nutzen der Gewerkschaftsmitglieder ist erreicht, wenn w so gewählt wird, daß $Z_W = 0$ ist (dies wäre in Abb. 5.2. bei w_0 der Fall). Dabei würde jede Variation des Subventionsparameters ϕ (über eine Veränderung von n_W, siehe Gleichung (5.3)) diese Optimalbedingung verändern. Insofern kann die Ableitung $\partial Z_W/\partial\phi$ Informationen darüber liefern, ob das neue Optimum von Z (nach Subvention) bei einem höheren oder niedrigeren Lohn erreicht wird. Ein positiver Wert der partiellen Ableitung würde zum Beispiel bedeuten, daß die Gewerkschaft ihre Lohnforderung erhöhen müßte (in der Abbildung von w_0 auf $w^{(S)}_0$), um weiterhin einen Optimalpunkt zu erreichen.

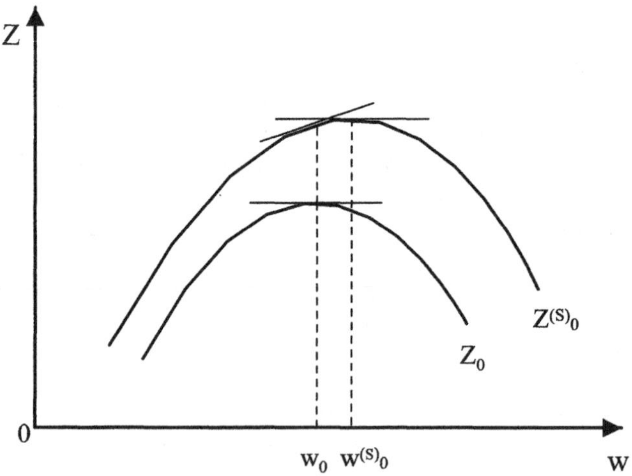

Abb. 5.2.: Verlauf der gewerkschaftlichen Nutzenfunktion Z ohne Subventionen (Z_0) bzw. mit Lohnsubvention ($Z^{(S)}_0$)

Als Ergebnis der Ableitung von Z_W nach ϕ erhält man

$$(5.9)\qquad \frac{\partial Z_w}{\partial \phi} = Z_{w\phi} = \frac{dn_w}{d\phi}\left[\upsilon(w) - \upsilon(\tilde{w})\right] + \frac{dn}{d\phi}\upsilon'(w) .$$

In dieser Gleichung sind sowohl der Klammerausdruck wie auch $\upsilon'(w)$ größer als Null. Das Vorzeichen von $dn/d\phi$ erhält man durch totale Differentiation (oder Anwendung des Implizite-Funktionen-Theorems auf Gleichung (5.2)) bei konstant gehaltenem w als

$$(5.10)\qquad \frac{dn}{d\phi} = \frac{-w}{R''(n)} > 0 .$$

Das heißt, daß eine Lohnsubventionierung bei ***gegebenem*** Lohnsatz zu einer Erhöhung der Beschäftigung führt. Allerdings muß noch $dn_W/d\phi$ berechnet werden, der indirekte Effekt der Lohnsubventionierung über die Veränderung des Lohnes. Die Ableitung von Gleichung (5.3) nach ϕ ergibt (man beachte, daß n eine Funktion von ϕ ist):

$$(5.11)\qquad \frac{dn_w}{d\phi} = \frac{-R''(n) - (1-\phi)R'''(n)\dfrac{dn}{d\phi}}{(R''(n))^2} .$$

Diese Ableitung und daraus folgend auch $Z_{W\phi}$ werden positiv sein, wenn $R'''(n) \leq 0$ ist. Dieses wiederum impliziert $n_{WW} \leq 0$ und damit eine schwach konkave Arbeitsnachfragefunktion.[201] Sofern also $n_{WW} \leq 0$ erfüllt ist (was sehr plausibel ist), würde eine Lohnsubvention zu einem ***steigenden Lohn*** führen. Die erhöhten Unternehmensgewinne aufgrund der subventionsbedingten Arbeitskostenreduzierung würden dann durch die Gewerkschaften zum Teil wieder abgeschöpft werden. Ob dieser kontraktive Effekt andererseits ausreichen würde, die durch den direkten Effekt (siehe Gleichung (5.10)) hervorgerufene Erhöhung der ***Beschäftigung*** vollständig wieder rückgängig zu machen, ist ohne weitere Informationen (insbesondere über die genaue Form der gewerkschaftlichen Nutzenfunktion) nicht zu entscheiden.[202]

Wird statt einer Subvention auf die Löhne eine ***Beschäftigungssubvention*** zugrundegelegt, gelangt man zum prinzipiell gleichen Ergebnis. Die Gewinnfunktion des Unternehmens verändert sich in diesem Fall zu

$$(5.12)\qquad \Pi = R(n) - (w - s)n$$

---

[201] Santoni [1995: 170].

[202] Goerke/Holler [1997: 204].

Über die Bedingung erster Ordnung für ein Gewinnmaximum

(5.13) $\quad \partial\Pi/\partial n = R'(n) - (w - s) = 0$

gelangt man durch totales Differenzieren zu den Ableitungen

(5.14) $\quad \frac{dn}{dw} = n_w = \frac{1}{R''(n)} < 0 \quad (\text{wegen } R''(n) < 0) \quad$ bzw.

(5.15) $\quad \frac{dn}{ds} = \frac{-1}{R''(n)} > 0 .$

Den Einfluß der Beschäftigungssubvention auf die Optimalitätsbedingung $Z_W = 0$ der Gewerkschaft erhält man, wenn man Gleichung (5.8) nach s ableitet:

(5.16) $\quad \frac{\partial Z_w}{\partial s} = Z_{ws} = \frac{dn_w}{ds}\left[\upsilon(w) - \upsilon(\tilde{w})\right] + \frac{dn}{ds}\upsilon'(w) .$

Um das Vorzeichen von $\partial Z_W/\partial s$ bestimmen zu können, muß zunächst das Vorzeichen von dn_W/ds berechnet werden:

(5.17) $\quad \frac{dn_w}{ds} = \frac{-R'''(n)\frac{dn}{ds}}{(R''(n))^2} = \frac{R'''(n)}{R''(n)} > 0 \quad (\text{wegen } R'''(n) \leq 0) .$

Somit ist auch hier der Gesamtausdruck Z_{WS} positiv, und die komparativ-statische Interpretation des Ergebnisses ist die gleiche wie bei der betrachteten Lohnsubvention. Damit bestätigt sich die oben geäußerte Vermutung, daß eine Lohn- oder Beschäftigungssubventionierung in einem Gewerkschaftsmonopolmodell zu höheren Löhnen führt. In einem besonderen Fall gelangt man allerdings zu einem abweichenden Ergebnis. Dieser Fall liegt vor, wenn die Lohnelastizität der Arbeitsnachfrage

(5.18) $\quad \eta = \frac{dn}{dw}\frac{w}{n}$

konstant ist, denn dann wird eine bestimmte prozentuale Lohnerhöhung unabhängig von der jeweiligen Lohn-Beschäftigungs-Kombination stets dieselbe prozentuale Beschäftigungsreduktion auslösen. Indem der Ausdruck (5.18) in die Optimalbedingung (5.8) eingesetzt und die Gleichung anschließend auf beiden Seiten mit w/n multipliziert wird, erhält man

(5.19) $\quad Z_w = \eta\left[\upsilon(w) - \upsilon(\tilde{w})\right] + w\upsilon'(w) = 0 .$

Die so modifizierte Optimalbedingung ist (unter der erwähnten Annahme η = konstant) nunmehr unabhängig von der Höhe der Subventionsrate ϕ (bzw. dem Subventionsbetrag s), so daß der für die Gewerkschaft optimale Lohn aufgrund der Subventionierung unverändert bleibt. Deshalb entfällt in diesem speziellen Fall auch der indirekte Effekt der Lohnänderung auf die Beschäftigung, so daß hier ein eindeutig positiver Einfluß der Subvention auf die Beschäftigung festgestellt werden kann.[203]

Abgesehen von diesem Ausnahmefall würde sich bei sukzessive steigendem Subventionsbetrag s bzw. bei steigender Subventionsrate ϕ der aus den Interaktionen von Gewerkschaft und Unternehmen resultierende Gleichgewichtspunkt (vergl. Abb. 5.1.) nach oben rechts verschieben, und man erhält den in Abb. 5.3. dargestellten Expansionspfad.[204] Wie im Unterabschnitt 5.2.2. gezeigt werden soll, kann dieser Pfad bei ***marginalen*** Lohn- und Beschäftigungssubventionen unter Umständen flacher verlaufen als bei ***allgemeinen*** Lohn- bzw. Beschäftigungssubventionen.

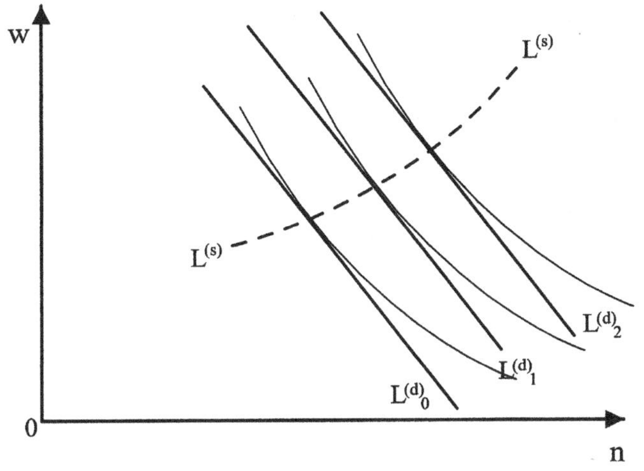

Abb. 5.3.: Expansionspfad der Lohn-Beschäftigungs-Gleichgewichte bei Beschäftigungssubventionierung

Da in dem hier vorgestellten Modell von der Existenz einer einzigen Gewerkschaft ausgegangen wird, in der alle Arbeitnehmer organisiert sind, ist sowohl die

---

[203] Goerke/Holler [1997: 204 f.].

[204] Der Expansionspfad kann übrigens auch als kollektive Arbeitsangebotskurve im Sinne einer „Lohnsetzungskurve" interpretiert werden (vergl. z.B. Carlin/Soskice [1990: 388-391, 138 ff.]).

gesamtwirtschaftliche Beschäftigungsmenge $n = N$ wie auch die Arbeitslosenquote $u \equiv (L-N)/L$ ein Argument der gewerkschaftlichen Nutzenfunktion. Somit entfällt die sonst erforderliche Unterscheidung zwischen mikro- und makroökonomischen Ergebnissen. Auch wenn in Abänderung des Modells die Existenz verschiedener (Industrie-)Gewerkschaften angenommen wird, die jeweils nur auf einem abgegrenzten Teilarbeitsmarkt tätig und ansonsten hinsichtlich ihrer Zielsetzungen identisch sind, ändert sich hieran nichts.

Allenfalls könnte überlegt werden, ob es Rückwirkungen über die Größe $\tilde{w}$ (hier interpretiert als Arbeitslosenunterstützung; vergl. die Anmerkungen nach Gleichung 5.5) geben könnte, die in der mikroökonomischen Analyse bisher nicht erfaßt worden sind. Ob sich $\tilde{w}$ bei einer Reduzierung der Arbeitslosenquote verändert (und falls ja: ob prozyklisch oder antizyklisch), ist umstritten. So behaupten z.B. McDonald/Solow[205], daß sich diese Transferausgaben in Rezessionszeiten eher erhöhen würden. Hier könnte die Überlegung dahinterstehen, daß die soziale Not in Zeiten hoher Arbeitslosigkeit am größten ist. Andererseits wäre es plausibel anzunehmen, daß der Staat gerade in Zeiten der Rezession eher zurückhaltend bei der Gewährung von Sozialtransfers ist. Auf jeden Fall gilt im Gewerkschaftsmonopolmodell $dw/d\tilde{w} > 0$ [206]. Das bedeutet: bei Annahme einer prozyklischen (antizyklischen) Entwicklung der Arbeitslosenunterstützung würde eine sich verbessernde Konjunkturlage zu einer nachträglichen Verstärkung (Verringerung) der oben festgestellten Lohnsteigerung aufgrund der Subvention und zu einer weniger starken (stärkeren) Erhöhung der Beschäftigung beitragen.

5.2.2. Marginale Subventionierung

Auf den ersten Blick scheint es so, als ob es im Monopolmodell für die Optimierungsentscheidung der Unternehmen keinen Unterschied macht, ob eine Subventionierung allgemein oder marginal durchgeführt wird. Vielmehr wird die Beschäftigung immer genau bis zu dem Punkt ausgeweitet, wo der Grenzerlös gleich den veränderten Grenzkosten $(w-s)$ bzw. $w \cdot (1-\phi)$ ist.[207] Ersetzt man zum Beispiel die betriebliche Gewinngleichung in Gleichung (5.12) durch

---

205 McDonald/Solow [1981: 899].

206 Zur formalen Herleitung siehe z.B. Goerke/Holler [1997: 172 f.]

207 Bei dem unterstellten Optimierungsverfahren muß es also unter fiskalischen Gesichtspunkten ineffizient sein, mittels einer ***allgemeinen*** Subventionierung auch die $n°$ „intramarginalen" Arbeitskräfte zu subventionieren, wenn das angestrebte Beschäftigungsziel ebensogut mit einer lediglich ***marginalen*** Subvention der $(n°-n)$ Arbeitnehmer erreicht werden könnte.

$$(5.20) \quad \Pi = R(n) - wn + s(n-n^{\circ}) = R(n) - (w-s)n - sn^{\circ} ,$$

so fällt bei allen zukünftigen Ableitungen nach n oder w das konstante Glied $-sn^{\circ}$ heraus, so daß in der Tat bei beiden Instrumenten eine identische Lohn- und Beschäftigungsentwicklung erwartet werden kann.

Allerdings - und dies ist hier der springende Punkt - kann die Größe s in Gleichung (5.20) nur solange als „Subvention" (in der herrschenden Bedeutung des Wortes) bezeichnet werden, wie $n \geq n^{\circ}$ ist. Gilt hingegen $n < n^{\circ}$, dann würde sich die Subvention in eine Netto-Steuer verwandeln. Soll diese „verkehrte" Richtung des Subventionsstroms (von den Unternehmen zum Staat) ausgeschlossen werden, dann müßte eine nicht-negative marginale Subvention mit Basiswert 100 % (d.h.: $n^{\circ} = n_0$) im Rahmen einer Gewinnfunktion spezifiziert werden als

$$(5.21) \quad \Pi = R(n) - wn + s \cdot \max(0, n-n_0) .$$

Um auszudrücken, daß das Unternehmen es hier mit einer zweigeteilten, zusammengesetzten Gewinnfunktion zu tun hat, läßt sich Π auch schreiben als

$$(5.22) \quad \Pi = \max(\Pi^{(o)}, \Pi^{(S)}) , \text{ mit}$$

$$\Pi^{(o)} = R^{(o)} - wn^{(o)} \quad \text{(Nebenbedingung: } d\Pi^{(o)}/ dn^{(o)} = 0 \text{) und}$$

$$\Pi^{(S)} = R^{(S)} - wn^{(S)} + s(n^{(S)} - n_0) \quad \text{(Nebenbedingungen: } d\Pi^{(S)}/ dn^{(S)} = 0 \text{ sowie } n^{(S)} > n_0 \text{).}$$

Das Unternehmen führt hier sozusagen zwei getrennte Optimierungsrechnungen durch, nämlich für die Zustände ***ohne*** Inanspruchnahme der Subvention (= hochgestelltes „o") bzw. ***mit*** Subvention (hochgestelltes „S"), wobei durch die Nebenbedingungen sichergestellt ist, daß bei beiden Alternativen jeweils die gewinnoptimalen Werte von n zugrundegelegt werden. Das Unternehmen vergleicht dann $\Pi^{(o)}$, seinen höchstmöglichen Gewinn ohne Subventionierung, mit dem Gewinn $\Pi^{(S)}$, der sich bei Inanspruchnahme der Subvention und Wahl des entsprechenden gewinnoptimalen Beschäftigungsniveaus $n^{(S)} > n_0$ ergeben würde, und trifft aufgrund dieser Informationen seine Beschäftigungsentscheidung.

Grafisch läßt sich die Beschäftigungsentwicklung eines marginal subventionierten Unternehmens im Monopolmodell mit Hilfe von Isolohnkurven darstellen. Einführend soll in Abb. 5.4. zunächst eine Situation ***ohne*** Subventionen betrachtet werden. Die Isolohnkurven repräsentieren um so höhere Lohnniveaus, je weiter innen sie verlaufen. Die Isolohnkurve $W^{(o)}_0$ beispielsweise bildet diejenigen Gewinne ab, die sich unter dem im Ausgangszeitpunkt herrschenden Lohnsatz w_0 bei den verschiedenen potentiellen Beschäftigungsniveaus ergeben würden. Im Beispiel der Kurve $W^{(o)}_0$ erreicht der Unternehmensgewinn bei $n = n_0$ sein Maximum $\Pi^{(o)}_0$; folglich wird diese Beschäftigungsmenge vom Unternehmen gewählt. Bei steigenden Löhnen ($W^{(o)}_1$, $W^{(o)}_2$ usw.) verringert sich die jeweils gewinnmaximierende Beschäftigungsmenge. In der Grafik ist die Entwicklung des optimalen Beschäftigungsvolumens in Abhängigkeit vom Lohnsatz durch die kräftig gestrichelte Linie dargestellt.

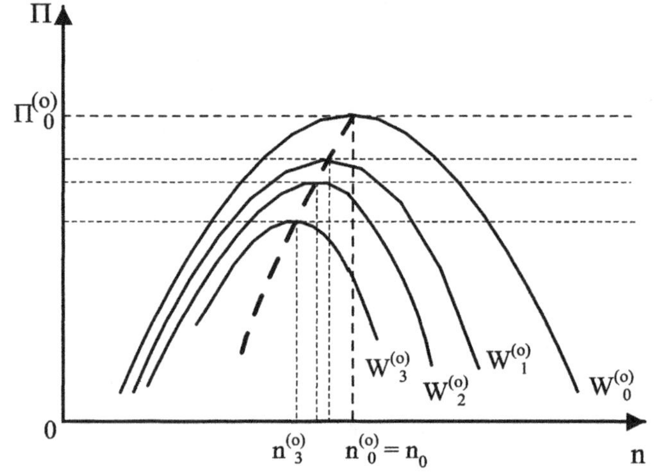

Abb. 5.4.: Abhängigkeit der Beschäftigung von alternativen Lohnniveaus; ohne Subventionierung

Nun sei die Einführung einer marginalen Beschäftigungssubvention (d.h. $s > 0$) angenommen. Diese Maßnahme führt dazu, daß sich die potentiellen Gewinne im Bereich $n > n_0$ erhöhen würden. Bei einem Ausgangslohnsatz w_0 z.B. würde sich die Gewinnsituation des Unternehmens durch eine Ausweitung der Beschäftigung von n_0 auf $n^{(S)}_0$ verbessern lassen (siehe Abb. 5.5.). Erhöht sich zu einem späteren Zeitpunkt der Lohnsatz zum Beispiel auf w_1 (siehe Isolohnkurve $W^{(S)}_1$), verringert sich die gewinnoptimale Beschäftigungsmenge auf $n^{(S)}_1$. Bei diesem Lohnsatz wird jedoch noch immer ein höherer Beschäftigungsstand als im Zustand ohne Subventionierung realisiert, weil das erzielbare Gewinnmaximum auf dem rechten, subventionsinduzierten Ast der Isolohnkurve ***höher*** liegt als auf ihrem Abschnitt ohne Subventionierung. Bei weiteren Lohnsteigerungen „wandert" das grafische Gewinnmaximum auf dem jeweils rechten Ast der Isolohnkurven nach links, bis es bei einem bestimmten Lohnsatz $\hat{w}$ ein doppeltes Gewinnmaximum gibt: eines links von n_0 bei $\hat{n}^{(o)}$, das andere rechts von n_0 bei $\hat{n}^{(S)}$. Das

Unternehmen ist an diesem Punkt indifferent gegenüber der Inanspruchnahme der Subvention. Steigt der Lohnsatz über diesen Punkt hinaus, springt das Gewinnmaximum (und somit die optimale Beschäftigungsmenge) plötzlich nach links: es wird für das Unternehmen nun vorteilhaft, die Lohnsubvention zu ignorieren und keine Arbeitsplätze oberhalb von n_0 mehr aufrechtzuerhalten, da die bisherigen Gewinne aus diesem Verhalten durch die Lohnerhöhungen in Netto-Kosten umschlagen würden. So entscheidet sich das Unternehmen zum Beispiel im Fall der Isolohnkurve $W^{(S)}{}_3$ für die gewinnmaximale Beschäftigung $n^{(o)}{}_3 < n_0$ und gegen die Erfüllung der Subventionierungskriterien.

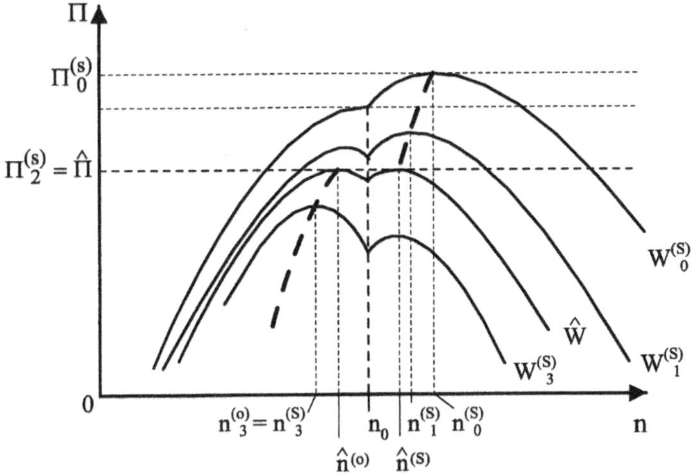

Abb. 5.5.: Der Anpassungspfad der Beschäftigung unter veränderten Lohnniveaus bei marginaler Subventionierung

Überträgt man diese Ergebnisse auf das gewohnte Schema einer betrieblichen Arbeitsnachfragekurve, so sieht man (Abb. 5.6.), daß sich die Arbeitsnachfragekurve für $w < \hat{w}$ nach rechts verschoben hat, während oberhalb dieses kritischen Lohnsatzes die Höhe der Beschäftigung weiterhin durch die alte Arbeitsnachfragekurve bestimmt wird.

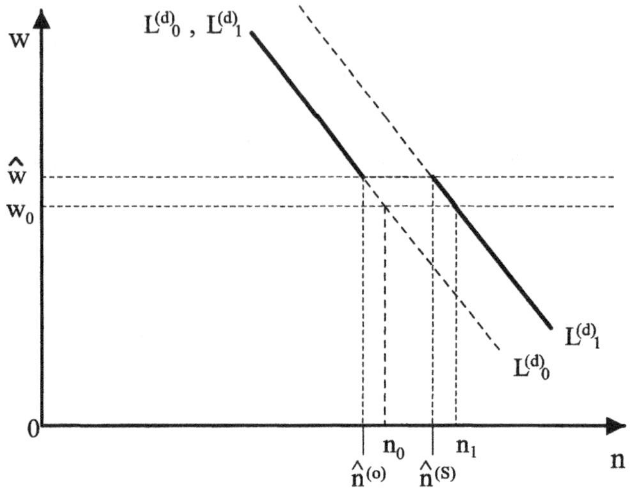

Abb. 5.6.: Betriebliche Arbeitsnachfragekurve bei marginaler Subvention

Diese kritische Lohnhöhe $\hat{w}$, die nicht überschritten werden darf, wenn die Subvention eine Beschäftigungswirkung erzielen soll, läßt sich theoretisch ermitteln, indem mit Hilfe von Gleichung (5.22) $\Pi^{(o)} = \Pi^{(S)}$ gesetzt wird; man erhält

$$(5.23) \qquad \hat{w}(\hat{n}^{(S)} - \hat{n}^{(o)}) = \left[R^{(S)} - R^{(o)}\right] + s(\hat{n}^{(S)} - n_0) \,.$$

Das heißt: der kritische Lohnsatz $\hat{w}$ befindet sich dort, wo die Summe der Lohnkosten derjenigen Beschäftigten, die ohne Lohnsubvention nicht eingestellt worden wären (linke Seite der Gleichung) ebenso hoch ist wie deren gesamtes Wertgrenzprodukt (der Ausdruck in der eckigen Klammer) zuzüglich der Summe der Lohnsubventionen, die das Unternehmen für alle subventionsberechtigten Arbeitskräfte erhält. Wie (5.23) zeigt, ist $\hat{w}$ um so höher, je höher s und je geringer n_0 ist.

Die Tatsache, daß die betriebliche Arbeitsnachfragekurve an der Stelle $w = \hat{w}$ eine Sprungstelle hat, führt zu Problemen bei der mathematischen Behandlung der Wirkungen marginaler Lohnsubventionen, da bei nicht stetig differenzierbaren Gewinnfunktionen die ansonsten üblichen Optimierungsverfahren nicht zur Anwendung kommen können. Dies betrifft im Monopolmodell nicht nur die Maximierung der betrieblichen Gewinnfunktion und die Herleitung der Arbeitsnachfragefunktion, sondern überträgt sich entsprechend auch auf die gewerkschaftlichen Nutzenfunktionen, die dadurch ebenfalls das Merkmal der stetigen Differenzierbarkeit verlieren. Ein Vergleich der Lohnwirkungen von allgemeinen Subventionen einerseits und marginalen Subventionen andererseits ist insofern nicht ganz einfach und kann noch am besten unter Zuhilfenahme grafischer Darstellungen erfolgen.

Mit Sicherheit kann gesagt werden, daß im Zuge einer ***marginalen*** Subventionierung der Lohnsatz niemals über $\hat{w}$ ansteigen kann (denn nur auf dem neuen Ast der Arbeitsnachfragekurve kann die Gewerkschaft ein höheres Nutzenniveau erreichen als im Ausgangsgleichgewicht). Der neue optimale Lohn liegt - je nach Lage der gewerkschaftlichen Indifferenzkurven - entweder exakt bei $\hat{w}$ oder unterhalb von $\hat{w}$.

Interessant ist an dieser Stelle vielleicht noch der Blick auf den Verlauf einer ***aggregierten*** Nachfragekurve bei marginaler Beschäftigungssubventionierung unter der Annahme ***heterogener*** Unternehmen. Diese aggregierte Arbeitsnachfragekurve würde in der Umgebung von $\hat{w}$ einen geglätteten Verlauf aufweisen (siehe Abb. 5.7.), der dadurch zustande kommt, daß bei den einzelnen Unternehmen - z.B. aufgrund unterschiedlicher technologischer Bedingungen - der oben beschriebene Beschäftigungssprung bei jeweils unterschiedlichen Lohnsätzen stattfindet. Wie man sieht, würde die Beschäftigung in einem bestimmten Bereich (wo die Arbeitsnachfragekurve relativ flach verläuft) sehr sensibel auf Lohnsatzvariationen reagieren. Diese Tatsache würde die Gewerkschaften dazu veranlassen, bei einer marginalen Subventionierung die Löhne i.d.R. nicht so hoch anzuheben wie im Fall einer allgemeinen Subventionierung.

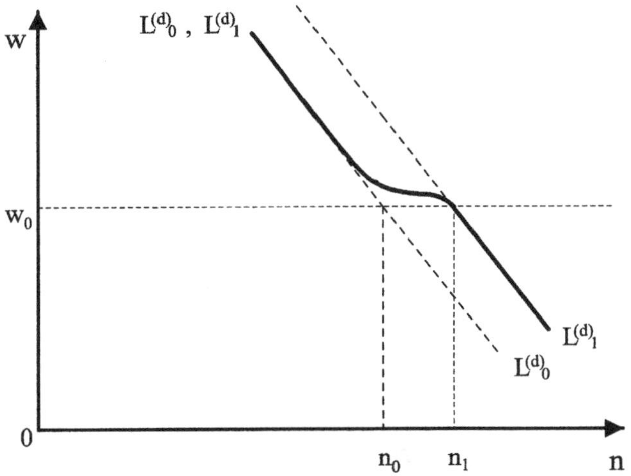

Abb. 5.7.: Aggregierte Arbeitsnachfragekurve bei marginaler Subvention

5.2.3. Exkurs: Lohnsubventionen ohne Lohndruck

Den bisherigen Ergebnissen zufolge treten die positiven Beschäftigungswirkungen einer Subventionierung im Gewerkschaftsmonopolmodell in der Regel gemeinsam mit Lohnsteigerungen auf. Um letzteren Effekt wirkungsvoll zu verhindern, würde es ausreichen, die Höhe des Subventionsbetrags negativ abhängig zu machen vom Ausmaß eventueller Lohnsteigerungen gegenüber einem Ausgangslohnsatz w_0 (oder gegenüber jenem Lohnsatz, der sich ohne Subventionierung nach Ablauf der Periode *vermutlich* ergeben hätte) und die Subventionsformel so zu gestalten, daß der Subventionsbetrag Null beträgt, sobald der Lohnsatz auf einen Wert oberhalb des Referenzlohnsatzes gestiegen ist. Als Subventionierungsformel sei zum Beispiel gewählt (für einen beliebigen Zeitpunkt $t>0$):

$$(5.24)\quad \begin{aligned} S &= \sigma(w_0 - w_t) \quad && \text{für } w_t < w_0 \\ &= 0 && \text{für } w_t \geq w_0 \ , \end{aligned}$$

mit S als Subventionsbetrag pro Beschäftigtem, w_0 als dem Referenzlohnsatz (Ausgangslohnsatz bzw. „tolerierter" Lohnsatz) sowie einem Parameter $\sigma > 0$.[208] Derartig ausgestaltete Subventionen, die Lohnsenkungen implizit belohnen, sollen im folgenden als „Lohnsenkungssubventionen" bezeichnet werden.

In einem Gewerkschaftsmonopolmodell würde sich die Gewinnfunktion eines repräsentativen Unternehmens durch die Einführung der Lohnsenkungssubvention verändern zu

$$(5.25)\quad \Pi = R(n) - wn + \sigma(w_0 - w)n \ = \ R(n) - (1+\sigma)wn + \sigma w_0 n \quad (\text{für } w < w_0).$$

Die Bedingung erster Ordnung für ein Gewinnmaximum lautet dann

$$(5.26)\quad \frac{\partial \Pi}{\partial n} = R'(n) - w(1+\sigma) + \sigma w_0 \overset{!}{=} 0 .$$

Durch Anwendung des Implizite-Funktionen-Theorems erhält man die Steigung der neuen Arbeitsnachfragekurve **im Bereich $w<w_0$** als

---

208 Ein Subventionsvorschlag, der zu dem hier vorgestellten eine gewisse Verwandtschaft aufweist, ist der „self-eliminating flexible employment bonus" von Akerlof/Rose/Yellen/Hessenius [1991: 80 ff.], der als potentielles Instrument zur Bewältigung des Transformationsprozesses der deutschen Wiedervereinigung entwickelt worden war (aber letztlich nicht zum praktischen Einsatz kam). Seine Berechnungsformel lautete $S = \sigma w_0 [(w^* - w)/(w^* - w_0)]$, wobei w^* für den aktuellen „Westlohn", w für den aktuellen „Ostlohn" und w_0 für den Ostlohn zum Ausgangszeitpunkt standen. Die Autoren gingen davon aus, daß der Ostlohn im Laufe der Zeit von w_0 auf w^* gestiegen wäre, so daß sich S von anfangs (σw_0) allmählich auf Null reduziert hätte.

$$(5.27) \quad \frac{dn}{dw} = \frac{1+\sigma}{R''(n)} < 0 \quad (\text{wegen } R''(n) < 0).$$

Der Verlauf der neuen Arbeitsnachfragekurve ist in Abb. 5.8. dargestellt. Oberhalb von w_0 bleibt die alte Nachfragekurve bestehen. Unterhalb von w_0 dagegen verläuft die Steigung der neuen Arbeitsnachfragekurve aufgrund der Subventionierung flacher (siehe (5.27) im Vergleich zu (5.14)). Die Gewerkschaft im Gewerkschaftsmonopolmodell kann aufgrund der Subventionierung der Unternehmen ein höheres Nutzenniveau realisieren als vorher. Ihre höchste Isonutzenkurve nach Subventionierung (in der Abbildung als U_1 eingezeichnet) erreicht sie ceteris paribus bei einem Lohn, der kleiner ist als w_0. Wegen der von der Gewerkschaft initiierten Lohnsenkung kommt es ***in jedem Fall*** zu einer Beschäftigungsausweitung durch die Unternehmen.

Allerdings ist darauf hinzuweisen, daß makroökonomische Rückwirkungen (wie z.B. eine sinkende Nachfrage aufgrund der möglicherweise sinkenden Pro-Kopf-Einkommen) in diesem Modell bisher nicht berücksichtigt worden sind.

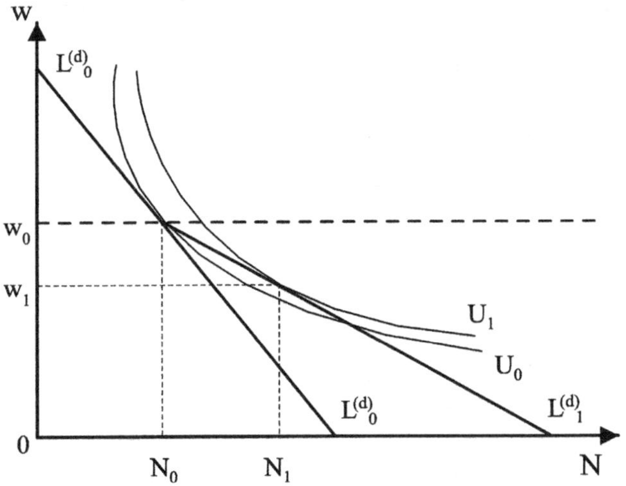

Abb. 5.8.: Beschäftigungswirkungen einer Lohnsenkungssubvention im Gewerkschaftsmonopolmodell

5.3. Allgemeines Verhandlungsmodell

5.3.1. Allgemeine Subventionierung

In einem Nash-Verhandlungsmodell vom Right-to-Manage-Typ maximieren Unternehmensseite und Arbeitnehmerseite gemeinsam das Produkt aus zwei Nutzengrößen: dem Unternehmensgewinn, der aus dem Einsatz des Faktors Arbeit resultiert, und dem Einkommenszuwachs, den die Arbeitnehmer hierdurch zu verzeichnen haben. Beide Größen werden mit der Verhandlungsmacht der jeweiligen Partei gewichtet. Formal ausgedrückt: maximiert wird der Ausdruck

$$(5.28) \qquad \Omega = \left(n[\upsilon(w) - \upsilon(\tilde{w})]\right)^{\beta}\left(\Pi(w,n) - \tilde{\Pi}\right)^{1-\beta}$$

unter der Nebenbedingung, daß die Lösung auf der Arbeitsnachfragekurve liegen muß.[209] Es sei im folgenden angenommen, daß $\tilde{\Pi}$, der Gewinn des Unternehmens für den Fall des Scheiterns der Lohnverhandlungen, gleich Null ist. Der Parameter β $(0 \leq \beta \leq 1)$ beschreibt das Ausmaß der gewerkschaftlichen Verhandlungsmacht. Während der Extremfall $\beta = 0$ jene Lösung darstellt, bei der das Unternehmen völlig eigenmächtig Lohnsatz und Beschäftigung bestimmen kann (und den Lohnsatz so setzt, daß er dem Alternativeinkommen $\tilde{w}$ der Beschäftigten entspricht[210]), ergibt der entgegengesetzte Spezialfall $\beta = 1$ das bereits behandelte Gewerkschaftsmonopolmodell (siehe Abschnitt 5.2.1.).

Im folgenden soll - zunächst für den Fall ***ohne*** Subventionen - untersucht werden, wie sich Beschäftigung und Löhne im allgemeinen Nash-Verhandlungsmodell im Vergleich zum bereits betrachteten Spezialfall des Gewerkschaftsmonopolmodells verhalten. Der Lagrange-Ansatz zur Lösung des Nash-Gleichgewichts ergibt sich als

$$(5.29) \qquad L = \left(n[\upsilon(w) - \upsilon(\tilde{w})]\right)^{\beta}\left(R(n) - wn\right)^{1-\beta} - \lambda\left(R'(n) - w\right).$$

Die Bedingungen erster Ordnung lauten:

$$(5.30) \qquad \frac{\partial L}{\partial w} = \beta\left(n[\upsilon(w) - \upsilon(\tilde{w})]\right)^{\beta-1} n\,\upsilon'(w)\left(R(n) - wn\right)^{1-\beta}$$
$$- (1-\beta)\left(n[\upsilon(w) - \upsilon(\tilde{w})]\right)^{\beta}\left(R(n) - wn\right)^{-\beta} n + \lambda \overset{!}{=} 0 \ ,$$

---

[209] Vergl. z.B. Goerke/Holler [1997: 179-184] oder Ulph/Ulph [1990: 94-96]. Ein eventueller Disnutzen aus Arbeit, der in die eckige Klammer mit aufgenommen werden müßte, soll der Einfachheit halber unberücksichtigt bleiben.

[210] Dies wird mitunter als die „kompetitive Lösung" bezeichnet; vergl. Goerke/Holler [1997: 184].

$$(5.31)\quad \frac{\partial L}{\partial n} = \beta\left(n\left[\upsilon(w)-\upsilon(\tilde{w})\right]\right)^{\beta-1}\upsilon(w)-\upsilon(\tilde{w})\left(R(n)-wn\right)^{1-\beta}$$

$$+\left(n\left[\upsilon(w)-\upsilon(\tilde{w})\right]\right)^{\beta}(1-\beta)\left(R(n)-wn\right)^{-\beta}\left(R'(n)-w\right) - \lambda R''(n) \overset{!}{=} 0\ ,$$

$$(5.32)\quad \frac{\partial L}{\partial \lambda} = -\left(R'(n)-w\right) \overset{!}{=} 0\,.$$

Es sei angenommen, daß die Bedingung zweiter Ordnung erfüllt ist.[211] Indem man (5.32) in (5.31) einsetzt, fällt der zweite Summand in (5.31) weg. Teilt man nun (5.30) durch diese geänderte Gleichung, formt um und dividiert beide Seiten durch n, erhält man die Bedingung

$$(5.33)\quad \frac{\upsilon'(w)}{\upsilon(w)-\upsilon(\tilde{w})} + \frac{1}{R''(n)n} = \frac{1-\beta}{\beta}\frac{n}{R(n)-wn}\,.$$

Würde das n der Verhandlungslösung dem optimalen n im Monopolmodell (wo $\beta=1$ ist) entsprechen, so müßten die beiden Terme auf der linken Seite von (5.33) zusammen Null ergeben. Im allgemeinen Verhandlungsmodell, wo $0<\beta<1$ gilt, ist die rechte Seite der Gleichung jedoch größer Null. Folglich müßte dann auch die linke Seite im Vergleich zur Monopollösung steigen. Die Frage ist nun, ob eine solche Entwicklung durch einen niedrigeren oder höheren Lohnsatz ausgelöst wird. Es zeigt sich, daß die Ableitung des ersten Terms in (5.33) nach w

$$(5.34)\quad \frac{d\left(\dfrac{\upsilon'(w)}{\upsilon(w)-\upsilon(\tilde{w})}\right)}{dw} = \frac{\upsilon''(w)\left(\upsilon(w)-\upsilon(\tilde{w})\right)-\left(\upsilon'(w)\right)^2}{\left(\upsilon(w)-\upsilon(\tilde{w})\right)^2} < 0$$

negativ ist, sofern man streng konkave Nutzenfunktionen der Arbeitnehmer (d.h. $\upsilon''(w) < 0$) annimmt. Also muß der Lohn sinken, um die beiden Seiten der Bedingung (5.33) wieder ins Gleichgewicht bringen zu können. Ein sinkender Lohn wiederum impliziert aufgrund der Right-to-Manage-Nebenbedingung (demzufolge alle Verhandlungslösungen auf der fallenden[212] Arbeitsnachfragekurve liegen müssen) eine steigende gleichgewichtige Beschäftigungsmenge.[213] Folglich muß

---

[211] Siehe Chiang [1984: 379 ff.] für eine Herleitung.

[212] Daß man es hier tatsächlich mit einer fallenden Arbeitsnachfragekurve zu tun hat, läßt sich durch totales Differenzieren oder durch Anwendung des Implizite-Funktionen-Theorems (vergl. hierzu Chiang [1984: 198 ff.]) nachweisen.

[213] Der Vollständigkeit halber müßte auch überprüft werden, welchen Einfluß diese Folgewirkung auf die Erreichung eines neuen Gleichgewichts hätte. Ein steigendes n würde den Wert sowohl des rechten wie auch des linken Teils von (5.33) erhöhen (man beachte $R'' < 0$). Es läßt sich zeigen, daß sich der linke Teil von (5.33) ***stärker*** erhöht als der rechte, wenn zusätz-

in Abbildung 5.9. ein beliebiger Punkt N*, der die resultierende Lohn-Beschäftigungs-Kombination in einem allgemeinen Verhandlungsmodell repräsentiert, unterhalb des Punktes M der Monopollösung liegen. (Die zwei eingezeichneten Indifferenzkurven in der Abbildung bezeichnen übrigens unterschiedliche Nutzenniveaus der Gewerkschaften). Allgemein kann man sagen, daß im Verhandlungsmodell eine sinkende Verhandlungsmacht der Gewerkschaften ceteris paribus zu niedrigeren Löhnen sowie einem höheren Beschäftigungsstand führt. Außerdem zeigt Gleichung (5.33), daß im allgemeinen Verhandlungsmodell ein höherer Unternehmensgewinn $\Pi = R(n) - wn$ $(\Pi > 0)$ einen höheren Lohn bedingt. Im Monopolmodell ist dies dagegen nicht der Fall; hier ist der Lohn unabhängig von Π (denn der Ausdruck auf der rechten Seite der Gleichung ist wegen $\beta = 1$ immer Null).

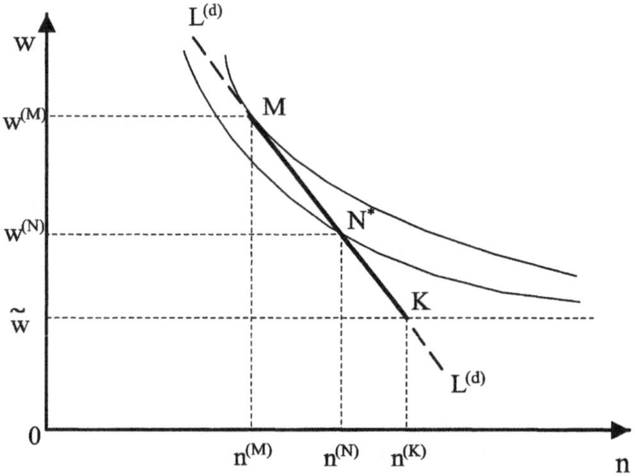

Abb. 5.9.: Bandbreite möglicher Lohn-Beschäftigungs-Kombinationen im Nash-Verhandlungsmodell (M = Monopolstellung der Gewerkschaften)

Im entgegengesetzten Extremfall, in dem die Gewerkschaften keinerlei Verhandlungsmacht besitzen, würde der Lohnsatz vom Unternehmen so gesetzt werden, daß er dem Alternativeinkommen $\tilde{w}$ der Arbeitnehmer entspricht. Bei $\beta = 0$

---

lich angenommen wird, daß die Lohnelastizität der Arbeitsnachfrage kleiner ist als der Quotient aus Erlösen R(n) und Gewinnen $\Pi = R(n) - wn$; vergl. Goerke [1998]. Da unter der Fiktion eines unveränderten n der rechte Teil der Gleichung größer wäre als der linke, würde also das steigende n die Bewegung in Richtung auf ein neues Gleichgewicht unterstützen.

geht der Term auf der rechten Seite von (5.33) gegen unendlich, so daß $\upsilon(w)-\upsilon(\tilde{w})$ im Nenner des ersten Terms gegen Null gehen muß; es muß also tatsächlich $w \approx \tilde{w}$ erfüllt sein. Diese „kompetitive" Lösung wird durch Punkt K in Abb. 5.9. repräsentiert.

Wie würde sich nun die beschriebene Gleichgewichtslösung des Nash-Verhandlungsmodells durch die Einführung von Subventionen verändern? Dies sei beispielhaft für den Fall einer ***allgemeinen Lohnsubvention*** untersucht. Die Lagrange-Funktion (5.29) verändert sich zu

$$(5.35)\qquad L=\left(n\left[\upsilon(w)-\upsilon(\tilde{w})\right]\right)^{\beta}\left(R(n)-w(1-\phi)n\right)^{1-\beta}-\lambda\left(R'(n)-w(1-\phi)\right).$$

Analog zur Herleitung von Gleichung (5.33) erhält man die Optimalbedingung

$$(5.36)\qquad \frac{\upsilon'(w)}{\upsilon(w)-\upsilon(\tilde{w})}+\frac{1-\phi}{R''(n)n}=\frac{1-\beta}{\beta}\frac{n(1-\phi)}{R(n)-w(1-\phi)n}.$$

Teilt man beide Seiten durch $(1-\phi)$, so zeigt sich, daß die linke Seite der Gleichung mit steigendem ϕ zunimmt, die rechte Seite dagegen abnimmt. Damit die Optimalbedingung weiterhin erfüllt sein kann, muß entweder bei gegebenem n die Lohngröße w erhöht werden oder bei gegebenem w die Beschäftigungsmenge n steigen. Damit wäre gezeigt, daß sich auch im allgemeinen Verhandlungsmodell die Arbeitsnachfragekurve (und somit der neue Gleichgewichtspunkt) als Folge einer Subventionierung nach rechts oben verschiebt. Im Regelfall werden ***sowohl*** die Beschäftigung ***als auch*** der Lohnsatz steigen. Einen Ausnahmefall stellt lediglich die „kompetitive" Lösung mit $\beta = 0$ dar. Weil hier (wegen $w \approx \tilde{w}$) der erste und der letzte Term der Gleichung (5.36) gegen unendlich laufen, kann eine Veränderung von ϕ keinen Einfluß auf w haben.[214] Da sich aber andererseits die Arbeitsnachfragekurve verschiebt, kommt es zu positiven Beschäftigungswirkungen (vergl. auch die entsprechenden Ergebnisse des Fixlohnmodells in Abschnitt 4.2.).

Die Frage, an welchem konkreten Punkt zwischen den Ecklösungen M und K sich ***in der Realität*** am ehesten eine Gleichgewichtslösung manifestieren würde, ist nur spekulativ zu beantworten. Dabei hat es schon des öfteren Versuche gegeben, empirisch denjenigen Anteil einer Steuerbelastung zu bestimmen, der von den Arbeitnehmern in Form geringerer Löhne letztlich getragen werden muß -

[214] Dies gilt zumindest solange, wie sich das Alternativeinkommen $\tilde{w}$ nicht verändert, d.h. $\partial\tilde{w}/\partial\phi = 0$ ist. Im Rahmen einer rein mikroökonomischen Analyse ist dies nicht zu erwarten; doch vergl. hierzu die Ausführungen am Ende dieses Abschnitts.

und aufgrund der Analogie zwischen Besteuerung und Subventionierung müßten diese Ergebnisse gleichzeitig den Anteil ζ an einer Subvention wiedergeben, der von der Arbeitnehmerseite abgeschöpft werden kann. Die bei Hamermesh zusammengefaßten Resultate[215] zeigen jedoch ein ziemlich heterogenes Bild. Ein Drittel der dort aufgeführten 15 Schätzwerte liegt außerhalb des theoretisch möglichen Wertebereichs von $0 \leq \zeta \leq 1$; der Medianwert der Schätzwerte beträgt 0.57 [216]. Sollte dieser Wert tatsächlich zutreffen, würde dies für ein relativ hohes β sprechen, vermutlich sogar in der Nähe von Eins.[217]

Gelegentlich wird behauptet, daß sich theoretisch belegen ließe, daß Lohnsubventionen zu 100 Prozent von der Arbeitnehmerseite abgeschöpft werden würden. Diese „These von der Wirkungslosigkeit von Lohnsubventionen"[218], die das Spiegelbild einer „These der Wirkungslosigkeit einer Lohnbesteuerung" ist, wird z.B. bei Layard/Nickell/Jackman wie folgt formuliert: „Do increases in taxes affect unemployment? A proportional tax on labour has no effect provided the net replacement ratio is unaffected. For suppose that labour income and benefits are taxed at rate t. ... Since the effect of the taxes on the maximand is multiplicative, equilibrium unemployment is unaffected. And since pricing behaviour is unchanged, so is real labour cost - meaning that labour bears the full cost of the tax."[219]

Wie aus dem Zitat ersichtlich ist, ist diese These für die vorliegende Untersuchung irrelevant, denn sie gilt nur für die Besteuerung von Arbeitnehmern ***unter der besonderen Bedingung*** einer gleichzeitigen Besteuerung von Transfereinkommen. Das heißt: Lohnsubventionen würden nur dann ins Leere laufen, wenn man - was ungewöhnlich wäre - die Arbeitslosenunterstützung in exakt dem gleichen Ausmaß wie das Netto-Einkommen der Arbeitnehmer subventionieren wür-

---

[215] Hamermesh [1993: 170].

[216] Bei der Berechnung dieses Medianwertes wurde bei Studien mit mehr als einem Schätzwert das arithmetische Mittel aus dem obersten und dem untersten Wert gebildet. Der Schätzwert der OECD [1990] von $s_\alpha = 0.38$ sei besonders hervorgehoben, weil er nicht nur den größten Untersuchungszeitraum aufweist, sondern bereits selbst ein Durchschnittswert der Schätzungen aus 16 Mitgliedsstaaten ist.

[217] Man beachte, daß es ja selbst im Gewerkschaftsmonopolmodell (wo per Definition $\beta = 1$ ist) niemals zu $\zeta = 1$, d.h. zu einer ***vollständigen*** Abschöpfung der Subventionen kommen würde! (Siehe z.B. Gleichung (5.10), wo $dn/d\phi > 0$ hergeleitet wurde. Diese positive Beschäftigungsreaktion der Unternehmen auf die Subventionierung wäre nicht mit der Annahme einer vollständigen Abschöpfung der Subvention vereinbar.)

[218] Vergl. Snower [1997: 192].

[219] Layard/Nickell/Jackman [1991: 107 f.].

de. Auf ***unternehmensbezogene*** Subventionen trifft diese Option ohnehin nicht zu.

Im folgenden soll ferner die Frage angeschnitten werden, inwiefern makroökonomische Feedback-Wirkungen die mikroökonomischen Ergebnisse einer Subventionierung im Verhandlungsmodell verändern können. Makroökonomische Rückwirkungen auf die Löhne im betrachteten Betrieb können entweder durch die Summe der einzelbetrieblichen Beschäftigungsentscheidungen entstehen, durch die auf aggregierter Ebene eine Veränderung der Arbeitslosenquote herbeigeführt wird, und/oder sie können durch die Summe der einzelbetrieblichen Lohnentwicklungen bedingt sein, durch die sich die Höhe des „outside wage" verändert (jenes Lohnsatzes, den die Arbeitnehmer außerhalb ihres jeweiligen Unternehmens erhalten könnten).

Im Maximanden des Nash-Verhandlungsmodells (siehe (5.28)) ist die Arbeitslosenquote in der Regel mit enthalten; zum Beispiel wenn das Alternativeinkommen $\tilde{w}$ definiert ist als die Summe aus der Höhe der Arbeitslosenunterstützung b multipliziert mit der Arbeitslosenquote u einerseits und dem „outside wage" $\hat{w}$ multipliziert mit der Wiederbeschäftigungswahrscheinlichkeit $(1-u)$ andererseits. Aufgrund der Beschäftigungs- und Lohnsteigerungen auf mikroökonomischer Ebene kommt es zu einer erhöhten Wiederbeschäftigungswahrscheinlichkeit und zu einem erhöhten „outside wage"; durch beide Effekte würde sich das Alternativeinkommen der Arbeitnehmer erhöhen, wodurch weitere Lohnsteigerungen und kontraktive Beschäftigungseffekte auf der mikroökonomischen Ebene ausgelöst werden würden. Selbst bei jenem Spezialfall $\beta = 0$, wo die mikroökonomische Analyse zunächst keine subventionsbedingten Lohnsteigerungen feststellen konnte, würde die aus Arbeitnehmersicht günstigere Beschäftigungslage ein höheres $\tilde{w}$ bedingen und somit letzten Endes Lohnerhöhungen durch das Unternehmen erforderlich machen.

Als Ergebnis bleibt festzuhalten, daß die Einführung von allgemeinen Lohnsubventionen auch im Verhandlungsmodell zu einer höheren Beschäftigung und höheren Löhnen führt (die Finanzierungsfrage sei zunächst noch ausgeblendet). Die Beschäftigungssteigerung fällt dabei um so geringer und die Lohnsteigerung um so höher aus, je höher die gewerkschaftliche Verhandlungsmacht β ist. Gleichzeitig steigen die Unternehmensgewinne durch die Subvention.

5.3.2. Marginale Subventionierung

Die Auswirkungen einer marginalen Lohn- bzw. Beschäftigungssubventionierung auf Beschäftigung, Löhne und Gewinne ***in den subventionierten Unternehmen*** würden in die gleiche Richtung zeigen wie bei einer allgemeinen Subventionierung: alle drei Größen würden steigen. Im Unterschied zu einer allgemeinen Subventionierung wird aber bei marginalen Subventionen in der Regel nur ein Teil aller Unternehmen subventioniert (zumindest dann, wenn man die Annahme homogener Unternehmen fallenläßt und statt dessen annimmt, daß es in den einzelnen Unternehmen unterschiedliche Wachstumsraten der Beschäftigung gibt). Deshalb ist es eine naheliegende Frage, ob die nicht-expandierenden (ergo nicht-subventionierten), doch tarifgebundenen Unternehmen aufgrund höherer subventionsbedingter Tarifabschlüsse indirekt zur Lohnanpassung gezwungen werden würden. Wäre dies der Fall, würden die nicht-subventionierten Unternehmen - im Unterschied zu den subventionierten Unternehmen, die diese Tariflohnerhöhungen aus ihren Subventionsgewinnen bezahlen könnten - Netto-Verluste aufgrund der Einführung des marginalen Subventionsinstruments erleiden. Eine Pareto-Superiorität des Instrument wäre dann nicht (mehr) gegeben.

Ob ***überhaupt*** Tariflohnerhöhungen als Folge einer marginalen Subventionierung eintreten würden, hängt unter anderem von der Frage ab, wer innerhalb der Tarifparteien über Abgabe, Annahme oder Ablehnung von Lohnangeboten zu entscheiden hat und nach welchen konkreten Kriterien entschieden wird. In der Gewerkschaftstheorie ist die Annahme üblich, daß eine Gewerkschaft den Nutzen ihres repräsentativen Mitglieds (des sogenannten Medianwählers) maximiert. Übertragt man diese Annahme auf die andere Tarifpartei - den Arbeitgeberverband - und geht davon aus, daß für Beschlüsse über Tariflöhne die Zustimmung der Mehrheit der Verbandsmitglieder erforderlich ist, so wäre es auch hier die Meinung des Medianmitglieds, welche in den Tarifverhandlungen repräsentiert wird. Unter der nicht unrealistischen Annahme, daß die Stimmrechte im Arbeitgeberverband den Mitgliedern proportional zu ihrer Betriebsgröße (d.h. zur Anzahl ihrer Beschäftigten) zugeteilt werden, ist das Medianmitglied dasjenige mit seiner Beschäftigtenzahl gewichtete Unternehmen, welches von den Anreizwirkungen der Subvention durchschnittlich betroffen ist.

Die entscheidende Frage ist nun, ob und inwieweit sich die Haltung des Medianmitglieds aufgrund einer marginalen Subventionierung ändern würde. Dies hängt vor allem von zwei Einflüssen ab: von der konjunkturellen Situation innerhalb der betrachteten Unternehmensbranche und von der Höhe der vom Staat festgelegten Subventionierungsschwelle n°. Für die folgenden Überlegungen soll zunächst davon ausgegangen werden, daß sich zum einen die Subventionierungsschwelle bei $n° = n_0$ befindet (d.h. es werden alle Beschäftigungsverhältnisse subventioniert, um die der Beschäftigungsstand des Ausgangszeitpunkts n_0 überschritten wird) und daß zum anderen eine ausgeglichene Konjunkturlage herrscht, d.h. eine Situation, in der die ***aggregierte*** Beschäftigungsmenge innerhalb der betrachteten Branche im Zeitablauf konstant bleibt (während es in den einzelnen Unternehmen durchaus zu Beschäftigungszunahmen bzw. -rückgängen kommen kann).

Wegen der angenommenen Konstanz der aggregierten Beschäftigungsgröße muß es zwischen dem Ausgangszeitpunkt t_0 und einem beliebigen späteren Stichtag immer eine gleich große Anzahl von neu entstandenen Arbeitsplätzen einerseits und durch Schrumpfung entfallenen Arbeitsplätzen andererseits geben.[220] Gewichtet man alle Unternehmen mit der Zahl ihrer Arbeitsplätze im Zeitpunkt t_0, so gibt es also zum betrachteten Zeitpunkt $t > t_0$ eine gleich große Anzahl expandierender bzw. schrumpfender Unternehmen in der betrachteten Branche. Wird wie angenommen nur die Teilgruppe der expandierenden Unternehmen subventioniert, so beträgt der gewichtete Anteil dieser Unternehmen im Durchschnitt 50 % an der Gesamtzahl der Unternehmen in dieser Branche. Das Median-Unternehmen, welches ja einen Beschäftigungsstand von $n = n_0$ (vor Subventionierung) aufweist, wird dann gerade nicht mehr bzw. gerade noch subventioniert werden.[221] Selbst wenn es subventioniert werden sollte, wird der empfangene Subventionsbetrag nur sehr klein sein. Bereits eine geringe Verschlechterung der konjunkturellen Situation oder eine kleine Lohnerhöhung würden genügen, um das Unternehmen auf den „alten" Ast seiner Arbeitsnachfragekurve zurückzuwerfen (siehe Abschnitt 5.2.2.) und diejenige Beschäftigungssituation wiederherzustellen, die sich für das Unternehmen auch ohne Existenz des Subventionsanreizes ergeben hätte.

Dies alles bedeutet, das sich das Medianmitglied eines Arbeitgeberverbandes zusammen mit der Gruppe der schrumpfenden Unternehmen so vehement wie bisher gegen Erhöhungen der Tariflöhne zur Wehr setzen würde. Eventuelle Lohnsteigerungen in den subventionierten Unternehmen dürften sich deshalb kaum in Tariflohnsteigerungen, sondern vor allem in einer Erhöhung der ***übertariflichen*** Lohnzuschläge (d.h. in einer Erhöhung der Effektivlöhne) niederschlagen.

---

220 Die Möglichkeit, daß Unternehmen aus dem Markt austreten bzw. neu in den Markt eintreten, soll an dieser Stelle unberücksichtigt bleiben.

221 Der Anteil der subventionierten Unternehmen wird unter den erwähnten Bedingungen ***knapp über*** 50 % liegen, da manches Unternehmen, dessen Beschäftigung ohne Subvention geschrumpft wäre oder stagniert hätte, sich aufgrund des Subventionsanreizes zur Ausweitung der Beschäftigungsmenge gegenüber dem Zeitpunkt t_0 entschließen würde.

Nun könnte man sicherlich einwenden, daß dieses Ergebnis zwar in der Theorie, nicht aber in der wirtschaftspolitischen Praxis mit seiner extremen Heterogenität der Beschäftigungsentwicklung erzielt werden kann. In jenen Wirtschaftssektoren, in denen sich besonders viele expandierende (ergo subventionierte) Unternehmen konzentrieren[222], würde das Median-Unternehmen einen kleineren Anreiz haben, sich gegen höhere Tariflöhne zu wehren. Letztlich hat es der Staat aber selbst in der Hand, inwieweit der oben beschriebene „Sperreffekt" gegen Tariflohnerhöhungen zum Tragen kommt. Denn je höher die Subventionierungsschwelle n° angesetzt wird, desto kleiner wird tendenziell der Anteil der subventionierten Unternehmen an der Gesamtheit der Verbandsmitglieder sein und desto größer wird die Wahrscheinlichkeit, daß das Median-Unternehmen - welches ja annahmegemäß auf Arbeitgeberseite für die Ergebnisse der Lohnverhandlungen verantwortlich ist - nicht subventioniert wird. Jede marginale Subvention könnte also so ausgestaltet werden, daß sie keine Erhöhung der Tariflöhne, sondern allenfalls Erhöhungen der Effektivlöhne nach sich zieht.

Auch auf ein Gewerkschaftsmonopolmodell könnte diese Argumentation prinzipiell übertragen werden. Der Unterschied besteht natürlich darin, daß in diesem Fall die Unternehmensverbände kein Mitspracherecht an der Lohnhöhe hätten. Eine Disziplinierung der Gewerkschaften würde jedoch dadurch stattfinden, daß Arbeitnehmer, die in nicht-subventionierten Unternehmen tätig sind, durch eine Erhöhung der Tariflöhne nach wie vor von Arbeitslosigkeit bedroht wären. Da die Arbeitnehmervertreter aus diesen Betrieben den Medianwähler in der gewerkschaftlichen Tarifkommission stellen würden, würden auch hier die Tariflöhne weitgehend unverändert bleiben, während die subventionierten Unternehmen auch in diesem Modell übertarifliche Lohnzuschläge zahlen würden.

---

[222] Allerdings haben empirische Untersuchungen ergeben, daß die Heterogenität zwischen den einzelnen Branchen nicht so groß ist, wie landläufig angenommen wird. Nach den Beobachtungen von Boeri/Cramer z.B. gibt es selbst in stark schrumpfenden Branchen eine nicht kleine Anzahl expandierender Unternehmen und in stark expandierenden Branchen durchaus nicht wenig schrumpfende Betriebe. Eine Auswertung der Beschäftigtenstatistik 1977-87 zeigte, daß die Varianz der Wachstumsraten zwischen den Branchen nur etwa 2 Prozent betrug. „Nicht das unterschiedliche Wachstum der Branchen also, sondern die unterschiedliche Entwicklung der Betriebe innerhalb der Branchen trägt in erster Linie zur Heterogenität der betrieblichen Entwicklungen bei." (Boeri/Cramer [1991: 73]).

5.4. Insider-Outsider-Modell

In Insider-Outsider-Modellen[223] wird davon ausgegangen, daß qualifizierte Arbeitsplatzbesitzer (sogenannte „Insider“) in den Lohnverhandlungen gegenüber ihren Arbeitgebern eine gewisse Marktmacht besitzen, die es ihnen ermöglicht, arbeitslose Kollegen („Outsider“) vom Wiedereintritt in das Berufsleben fernzuhalten. Die Gründe für diese Verhandlungsmacht liegen z.B. in hohen Einstellungs- und Entlassungskosten, die - trotz höherer Lohnforderungen der Insider - den theoretisch möglichen Austausch von Insidern gegenüber Outsidern für das Unternehmen zu kostspielig machen.[224] Zusätzlich könnten Insider gegenüber neuen Arbeitskollegen bewußt unkooperative und feindselige Verhaltensweisen an den Tag legen, die deren Produktivität noch weiter senken bzw. deren Reservationslohnsatz noch weiter erhöhen würden. Schließlich wäre auch denkbar, daß es trotz positiver Nachfrage- oder Angebotsschocks deshalb nicht zu Beschäftigungsexpansionen kommt, weil informelle Formen von Gewinnbeteiligung vorliegen, wo auf der Basis gegenseitigen Vertrauens implizite Vereinbarungen zwischen Arbeitgebern und einem festen Stamm von Arbeitnehmern bestehen, „in guten wie in schlechten Zeiten miteinander zu teilen“.[225]

Oft wird das Verhalten der Insider als das einer organisierten Gewerkschaftsmacht beschrieben, doch kann man sich ebensogut ein individuelles, doch ***implizit*** kollektives Verhalten der Insider vorstellen.[226] Die Insider-Outsider-Charakteristika können in beliebigen Gewichtungen in die verschiedenen Lohnbestimmungs-Modelle einfließen. Im folgenden soll von ihrer „radikalsten“ Variante ausgegangen werden, wo erstens die Insider die Marktmacht besitzen, völlig frei über den Lohnsatz zu entscheiden („Gewerkschaftsmonopol-Modell“) und wo zweitens die Outsider in den Nutzenfunktionen der Gewerkschaften überhaupt keine Berücksichtigung finden. Vielmehr maximieren die jeweiligen Insider ihren Lohnsatz unter der Nebenbedingung $n \geq n_0$ (wobei n_0 die Anzahl der Beschäftigten im Status quo ist). Auf den ersten Blick liegt eine Indifferenz der Insider gegenüber dem Fall $n > n_0$ (der zusätzlichen Einstellung von Outsidern) vor; faktisch jedoch besteht aufgrund der Nebenbedingung einer fallenden Arbeitsnach-

---

[223] Die Grundidee der Insider-Outsider-Modelle sowie ihre typischen Details werden z.B. im Übersichtsartikel von Sanfey [1995] oder bei Lindbeck/Snower [1988] beschrieben.

[224] Allerdings gilt dieses Argument nur solange, wie die Lohndifferenz zwischen Insidern und Outsidern kleiner ist als die potentiellen Fluktuationskosten. Befinden sich die Löhne der Insider bereits an dieser „Drohgrenze“, dann können Insider weitere betriebliche Gewinnsteigerungen nicht mehr zu ihren Gunsten ausnutzen (vergl. auch Berthold/Fehn [1996: 48]).

[225] Vergl. Blanchflower/Oswald/Sanfey [1996: 230, 247].

[226] Vergl. Sanfey [1995: 256].

fragekurve ein Zielkonflikt zwischen Lohn- und Beschäftigungssteigerungen, so daß Insider ein ***aktives*** Interesse daran haben, Neueinstellungen so weit wie möglich zu verhindern. In reinen Insider-Outsider-Modellen führt deshalb das Lohnmaximierungsziel in der Konsequenz zur Ecklösung $n = n_0$. Dies gilt zumindest im Fall positiver Nachfrage- oder Angebotsschocks, während im entgegengesetzten Fall eines drohenden Arbeitsplatzabbaus die Insider vermutlich doch zu gewissen Arbeitsplatzopfern ($n < n_0$) bereit wären, um nicht zu starke Reallohnverluste hinnehmen zu müssen. Ein solches asymmetrisches Anpassungsverhalten der Gewerkschaften wird durch „geknickte" Indifferenzkurven hervorgerufen, die für $n < n_0$ den üblichen fallenden Verlauf aufweisen, während sie jenseits von n_0 horizontal verlaufen.[227] Da geknickte Kurvenverläufe nicht stetig differenzierbar sind, muß auch bei diesem Modell auf die Anwendung der herkömmlichen Optimierungsverfahren verzichtet werden.

In dem folgenden kleinen Insider-Outsider-Modell soll von homogenen Arbeitnehmern ausgegangen werden, die - soweit sie beschäftigt sind - einen einheitlichen Lohnsatz erhalten. Es soll ferner angenommen werden, daß allein die Unternehmen die Entscheidung über die Beschäftigungshöhe treffen („Right-to-Manage-Modell"), d.h. die Beschäftigung liegt stets auf der Arbeitsnachfragekurve. Der Güterpreis p sei als kurzfristig konstant unterstellt, und Fluktuationskosten sollen als nicht-existent angenommen werden.

5.4.1. Allgemeine Subventionierung

Ausgehend von einem Status quo ***vor*** Subventionierung mit $n = n_0$ betrachte man zunächst die Veränderungen aufgrund einer ***allgemeinen Beschäftigungssubventionierung***. Das repräsentative Unternehmen maximiert seine Gewinngleichung

$$(5.37) \qquad \Pi = p f(n) - w(s)n + s n \ ,$$

indem es $\partial\Pi/\partial n = 0$ setzt, d.h. es wählt seine Beschäftigungshöhe so, daß zu jedem Zeitpunkt

$$(5.38) \qquad p f' = w(s) - s$$

[227] Vergl. Sanfey [1995: 257, 259, 266]. Es ist außerdem zu beachten, daß man es hier mit einer „wandernden" Knickstelle zu tun hat, die sich immer bei der aktuellen Zahl der Beschäftigten (= der aktuellen Zahl der Insider) befindet; vergl. Oswald [1985: 178 f.] oder Creedy/McDonald [1991: 348].

erfüllt ist. (Mit der Schreibweise $w = w(s)$ soll angedeutet werden, daß die Gruppe der Insider prinzipiell die Macht besitzt, höhere Subventionen für das Unternehmen in höhere Löhne für sich selbst zu überwälzen). Wenn nun das Unternehmen ***keinen*** Anreiz erhalten soll, als Folge einer Subventionierung die Beschäftigung zu erhöhen, müssen die Insider dafür sorgen, daß $(w-s)$ konstant ist; es wäre also

$$(5.39) \quad \Delta w \overset{!}{=} \Delta s$$

$$\Rightarrow \quad \frac{\partial w}{\partial s} = w_S = 1 .$$

Wie sind nun die zu erwartenden Auswirkungen einer Änderung des Subventionssatzes auf die Unternehmensgewinne? Die Differentiation von (5.37) nach s führt zu

$$(5.40) \quad \Pi_S = (1 - w_S)n = 0 \qquad (\text{wegen } w_s = 1\text{; siehe (5.39)}).$$

Im Ergebnis würde eine allgemeine Beschäftigungssubventionierung im Insider-Outsider-Modell also Unternehmensgewinne und Beschäftigungsmenge unverändert lassen, während der Lohnsatz ansteigt. Auch im Falle einer allgemeinen ***Lohnsubventionierung*** ergibt sich das gleiche Resultat. Von der Gewinngleichung

$$(5.41) \quad \Pi = p f(n) - (1-\phi)w(\phi)n$$

gelangt man hier zu der Optimalbedingung

$$(5.42) \quad p f' = (1-\phi)w(\phi) .$$

Nach Umformung von (5.42) nach w und Bildung der Ableitung nach ϕ erhält man

$$(5.43) \quad w_\phi = \frac{p f'}{(1-\phi)^2} > 0 .$$

Die Wirkung der Lohnsubvention auf die Unternehmensgewinne (d.h. die Ableitung der Gewinngleichung (5.41) nach ϕ) läßt sich dann schreiben als

$$(5.44) \quad \Pi_\phi = \left(w - (1-\phi)w_\phi\right)n = \left(\frac{p f'}{(1-\phi)} - w\right)n \quad (\text{wegen (5.43)}),$$

und unter Berücksichtigung der Bedingung (5.42) ergibt sich auch hier $\Pi_\phi = 0$.

Ob es - wie in diesem Modell - auch in der Praxis zu einer ***vollständigen*** Abschöpfung der Unternehmensgewinne durch die Arbeitnehmer als Antwort auf positive Angebots- oder Nachfrageschocks kommt, ist fraglich. Immerhin konnten empirische Untersuchungen feststellen, daß die Zahlungsfähigkeit („ability-to-pay“) von Unternehmen eine sehr wichtige Determinante der Lohnhöhe ist[228], was als (teilweise) Bestätigung der Abschöpfungshypothese aufgefaßt werden kann.

5.4.2. Marginale Subventionierung

Im folgenden soll untersucht werden, ob abweichende Auswirkungen auf die Beschäftigung und die Löhne zu erwarten sind, wenn im vorliegenden Modell eine ***marginale*** Beschäftigungssubventionierung eingeführt wird. Die Gewinnfunktion (5.37) verändert sich dann zu

(5.45) $\Pi = pf(n) - w(s)n + s \cdot \max(0, n - n_0)$,

doch die Gewinnmaximierungsbedingung der Unternehmen bleibt die gleiche wie im Falle allgemeiner Subventionen (Gleichung (5.38)). Wie oben gilt auch hier, daß die Unternehmen in Reaktion auf eine Subventionierung ihre Beschäftigung nur dann ***nicht*** ausweiten würden, wenn ihre Grenzarbeitskosten (w–s) konstant blieben. Würden jedoch die Insider dies zu erreichen versuchen, indem sie die ***marginale*** Subvention $s > 0$ durch eine entsprechende Lohnerhöhung $\Delta w = \Delta s$ ausgleichen wollten, dann würden hieraus negative Unternehmensgewinne resultieren; denn die Subvention bezieht sich ja nur auf extra-marginale Arbeitsplätze ($n > n_0$), während eine Lohnerhöhung annahmegemäß für ***alle*** Arbeitsplätze im Unternehmen gilt. Die negativen Gewinne wiederum würden das Unternehmen zu einem Abbau an Arbeitsplätzen zwingen, so daß die Insider mit diesem Verhalten ihre selbst aufgestellte Nebenbedingung $n \geq n_0$ verfehlen würden; obendrein müßten sie auch wieder sinkende Löhne akzeptieren, weil sich für das Unternehmen der Gesamtbetrag an Subventionszahlungen (die die Insider mit ihrer Lohnpolitik ja eigentlich abschöpfen wollten) aufgrund der Beschäftigungsrückgänge wieder bis auf Null reduzieren würde.

Aus diesem Grund wäre $\Delta w = \Delta s$ bei ***marginaler*** Subventionierung keine sinnvolle Strategie für die Insider. Vielmehr müßten sie beachten, daß sie in der Summe nicht mehr abschöpfen können als das, was ihr Unternehmen insgesamt an Subventionszahlungen erhält; das heißt es muß

(5.46) $n\Delta w = (n - n_0)\Delta s$

---

[228] Vergl. Agell/Lundborg [1995: 304 f.] oder Blanchflower/Oswald [1988: 365 ff.].

$$\Rightarrow \quad \frac{\partial w}{\partial s} = w_S = \frac{n-n_0}{n} > 0$$

sein. Wegen $w_S > 0$ steigen zwar die Löhne aufgrund der Subventionierung an, doch da andererseits w_S sehr viel kleiner als 1 ist (siehe (5.46)) und somit die (Grenz-)Arbeitskosten (w–s) als Folge einer marginalen Subventionierung ***deutlich*** sinken, muß n steigen, damit die Optimalbedingung (5.38) weiterhin erfüllt sein kann.

Die Auswirkungen einer marginalen Subvention auf die Unternehmensgewinne schließlich berechnen sich wie folgt (als Ableitung von (5.45) nach s und bei anschließendem Einsetzen von (5.46)):

(5.47) $\Pi_S = (n-n_0) - w_S n$

$\Rightarrow \quad \Pi_S = 0\ .$

Strenggenommen bedeuten die hergeleiteten Nullgewinne in diesem theoretischen Modell eine Indifferenz des Unternehmens bezüglich der Inanspruchnahme der Subvention, so daß es - richtiger ausgedrückt - Ziel der Insider sein müßte, den Unternehmen einen marginal kleinen Gewinnzuwachs aus der Subvention zu belassen, um sie ***mit Sicherheit*** zum Eingehen auf den Subventionsanreiz zu bewegen. Somit liegt der für die Insider optimale Lohn strenggenommen nicht ***auf*** dem Lohnsatz $\hat{w}$ (siehe Abb. 5.6.), sondern unmittelbar unterhalb von $\hat{w}$. Heben die Insider den Lohn auf $\hat{w}$ oder darüber an, müssen sie mit einem Beschäftigungsabbau seitens der Unternehmen rechnen und einer Lohn-Beschäftigungs-Kombination auf dem „alten" Ast der Nachfragekurve, welche für sie ungünstiger wäre als diejenige des Ausgangsgleichgewichts.

Als Fazit bleibt festzuhalten, daß bei einer ***marginalen*** Subventionierung im Insider-Outsider-Modell die Unternehmensgewinne unverändert bleiben bei steigendem Lohn und ***steigender*** Beschäftigungsmenge - letzteres ein für Insider-Outsider-Modelle ungewöhnliches Ergebnis. Die Insider sind bei marginalen Subventionen nicht länger indifferent oder ablehnend gegenüber Neueinstellungen von Outsidern, sondern müssen diese im Gegenteil unter Nutzengesichtspunkten befürworten, weil nur diese Beschäftigungsausweitung ihnen die Möglichkeit eröffnet, die hieraus resultierenden (transitorischen) Zusatzgewinne ihres Unternehmens in höhere Löhne umzuwandeln.

In den nächsten beiden Unterkapiteln sollen zwei Modelle aus der Literatur vorgestellt werden, die die Frage einer eventuellen Selbstfinanzierung beschäftigungspolitischer Subventionen im Rahmen von Verhandlungsmodellen untersuchen.

5.5. Das Verhandlungsmodell mit Selbstfinanzierungseigenschaft von Fehr

5.5.1. Darstellung des Modells

Fehr [1990] geht im Rahmen eines Verhandlungsmodells von einem kompetitiven Arbeitsmarkt aus, auf dem m identische Unternehmen auf L homogene Arbeitnehmer treffen. Arbeitszeit und Arbeitsintensität werden als konstant unterstellt. Die jeweilige Beschäftigungsmenge n wird ausschließlich durch die Unternehmensseite festgelegt („Right-to-Manage-Modell"), doch die Arbeitnehmer besitzen hinsichtlich der Lohnhöhe eine gewisse Verhandlungsmacht. Die Unternehmen produzieren die Gütermenge q mit der Produktionsfunktion

$$(5.48) \quad q = q(n) \qquad \text{mit} \quad q_n > 0, \quad q_{nn} < 0, \quad q(0) = 0, \quad q_n(0) < \infty$$

und verkaufen den Output auf einem kompetitiven Gütermarkt zu einem konstanten Preis p. Ferner nimmt Fehr an, daß der Staat eine Lohnbesteuerung sowohl bei den Unternehmen (als Anteil $t^{(w)}$ an den Löhnen w) wie auch bei den Arbeitnehmern (in Höhe $t^{(t)} \cdot w$) vornimmt. Zusätzlich erhebt der Staat bei jedem Unternehmen eine sogenannte „Steuer auf Unterbeschäftigung" in Höhe x für jeden Arbeitsplatz, um den eine vorher festgelegte „Soll-Beschäftigung" n° vom Unternehmen nicht erreicht wird, bzw. er vergibt in dem Fall, wo die aktuelle Beschäftigung des Unternehmens diese Beschäftigungsschwelle ***über***schreitet, eine Subvention in Höhe von $x \cdot (n - n^{\circ})$. Somit ergibt sich als Gewinnfunktion der Unternehmen

$$(5.49) \quad \Pi = pq(n) - w\left(1 + t^{(w)}\right)n - x(n^{\circ} - n).$$

Die Maximierung von (5.49) nach n und Gleichsetzen mit Null führt zu der Bedingung

$$(5.50) \quad pq_n(n) = w\left(1 + t^{(w)}\right) - x,$$

d.h. der Grenzerlös pro zusätzlichem Arbeitnehmer muß dessen Grenzkosten entsprechen. Gleichung (5.50) aufgelöst nach w ergibt

$$(5.51) \quad w = w^{(d)} = \frac{[pq_n(n) + x]}{(1 + t^{(w)})},$$

wobei in der grafischen Darstellung $w^{(d)}$ als Arbeitsnachfragekurve interpretiert werden soll.

Die Arbeitnehmerseite wird nach Annahme von Fehr in den Lohnverhandlungen mehrheitlich durch Beschäftigte vertreten, deren Entlassungsrisiko gleich Null ist (z.B. weil die Unternehmen Entlassungen nach der „last in - first out"-Regel vornehmen).[229] Der Lohnbestimmungsprozeß selbst wird als Maximierung des gewichteten Nash-Produkts Ω modelliert; der Parameter β gibt hierbei die Verhandlungsmacht der Gewerkschaften wieder:

$$(5.52)\qquad \Omega = \left[w\left(1-t^{(t)}\right)-\overline{w}\right]^{\beta}\left(\Pi-\widetilde{\Pi}\right)^{1-\beta}.$$

Nach der von Fehr getroffenen Annahme gilt für den Fall des Scheiterns der Verhandlungen $\Pi=\widetilde{\Pi}=0$ auf seiten der Unternehmen und $w = \overline{w}$ für die Arbeitnehmer. Gleichung (5.52) abgeleitet nach w und gleichgesetzt mit Null ergäbe dann die Bedingung erster Ordnung für ein Gewinnmaximum:

$$(5.53)\qquad \frac{(1-\beta)}{\Pi}\frac{d\Pi}{dw} + \frac{\beta\left(1-t^{(t)}\right)}{w\left(1-t^{(t)}\right)-\overline{w}} = 0$$

Andererseits ergibt die Ableitung von (5.49) nach w

$$(5.54)\qquad \frac{d\Pi}{dw} = -\left(1+t^{(w)}\right)n.$$

Die Gleichungen (5.54) und (5.49) eingesetzt in (5.53) ergeben nach Umformung

$$\begin{aligned}(5.55)\qquad w &= (1-\beta)\left[\frac{\overline{w}}{1-t^{(t)}}\right]+\beta\left[\frac{pq(n)-x(n^{\circ}-n)}{(1+t^{(w)})n}\right]\\ &= (1-\beta)\left[\frac{\overline{w}}{1-t^{(t)}}\right]+\beta\left[\frac{p}{n}\right]\Theta \qquad \text{mit } \Theta=\frac{q(n)-(x/p)(n^{\circ}-n)}{(1+t^{(w)})}.\end{aligned}$$

Das Unternehmen ist also dann im Gleichgewicht, wenn die Grenzproduktivitätsbedingung (5.51) und das Verhandlungsgleichgewicht (5.55) gleichzeitig erfüllt sind. In der Abbildung 5.10. sind die Gleichgewichtslösungen für drei unterschiedliche Werte von β dargestellt, wobei E' das Gleichgewicht des einen Extremfalles mit $\beta=1$ und E'' den anderen Extremfall $\beta=0$ repräsentiert.

[229] Fehr [1990: 620 f.].

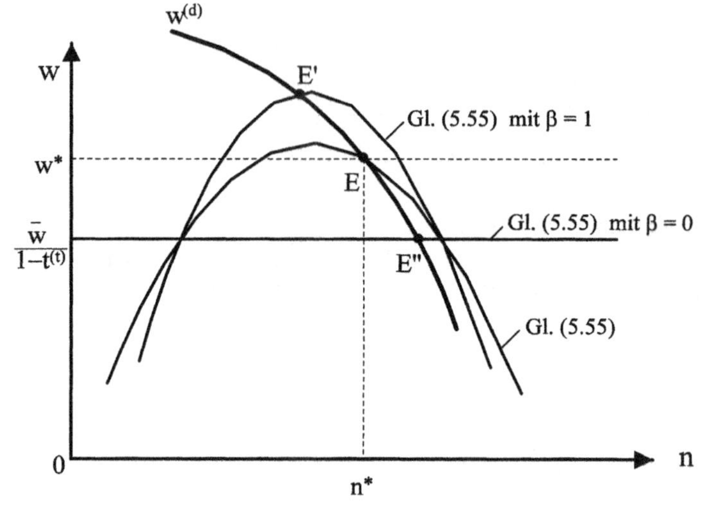

Abb. 5.10.: Abhängigkeit der Gleichgewichtslösung von β im Fehr-Modell

Der Reservationslohn der Arbeitnehmer in den Lohnverhandlungen („disagreement payoff") wird von Fehr definiert als

(5.56) $\overline{w} = \gamma g + (1-\gamma)\tilde{w}$,

mit $0 \leq \gamma \leq 1$ und g als Streikzahlung an die Arbeitnehmer aus dem Streikfond der Gewerkschaften. Der Alternativlohn $\tilde{w}$[230] kann dabei weiter aufgelöst werden zu

(5.57) $\tilde{w} = \rho^{(u)}\hat{w}\left(1-t^{(t)}\right)+\left(1-\rho^{(u)}\right)b$,

wobei $\rho^{(u)}$ die Wiederbeschäftigungswahrscheinlichkeit im Falle des Verlusts des Arbeitsplatzes sei und $\hat{w}$ derjenige Lohnsatz, den die Arbeitnehmer beim Wechsel

[230] Fehr weist darauf hin, daß die „outside option" $\tilde{w}$ dann keinen Einfluß auf $\overline{w}$ hätte, wenn sie keine ***bindende*** Nebenbedingung wäre, d.h. wenn der ausgehandelte Lohn ***in jedem Fall*** oberhalb dieses Wertes liegen würde. Dies kann jedoch schon allein deshalb nicht als gegeben angesehen werden, weil im Falle eines Streiks die Streikzahlungen stets nur über einen begrenzten Zeitraum gezahlt werden können, so daß die Arbeitnehmer befürchten müßten, zu einem zukünftigen Zeitpunkt möglicherweise ein geringeres Einkommen als den „outside wage" zu erhalten; das Unternehmen müßte also mindestens einen Lohn in Höhe $\tilde{w}$ zahlen, um der Gefahr einer Abwanderung seiner Arbeitskräfte zu begegnen (vergl. Fehr [1990: 624, 635 ff.]).

in ein anderes Unternehmen erwarten können. Im Gleichgewicht ist $\hat{w} = w$.[231] Ferner ist zu unterstellen, daß die Regierung dafür Sorge trägt, daß die Arbeitslosenunterstützung b stets kleiner ist als der Nettolohn $w(1-t^{(t)})$. Setzt man (5.57) in (5.56) und diese wiederum in (5.55) ein, so erhält man nach Umformung

$$(5.58) \quad w = w^{(e)} = \frac{\dfrac{(1-\beta)\left(\gamma g+(1-\gamma)\left(1-\rho^{(u)}\right)b\right)}{\left(1-t^{(t)}\right)} + \dfrac{\beta\left(pq(n)-x(n^{\circ}-n)\right)}{\left(1+t^{(w)}\right)n}}{1-(1-\beta)\rho^{(u)}(1-\gamma)} .$$

Dieser Lohnsatz, der das Ergebnis des Lohnverhandlungsprozesses wiedergibt, soll im folgenden als „durchsetzbarer Lohnsatz“ $w^{(e)}$ bezeichnet werden. Er ist um so höher, je höher die Verhandlungsmacht der Gewerkschaften ist. Dies läßt sich formal durch die partielle Ableitung von (5.58) nach β zeigen; man erhält (nach Umformung und unter Zuhilfenahme von (5.57) und (5.56))

$$(5.59) \quad \frac{\partial w^{(e)}}{\partial \beta} = \frac{-\left(\dfrac{\overline{w}}{\left(1-t^{(t)}\right)} - \dfrac{p\Theta}{n}\right)}{1-(1-\beta)\rho^{(u)}(1-\gamma)} > 0 .$$

Da aus der mikroökonomischen Analyse (siehe Abb. 5.10.) bekannt ist, daß die Kurve $w = p\Theta/n$ im relevanten Bereich stets oberhalb von $w = \overline{w}/(1-t^{(t)})$ verläuft, ist der gesamte Ausdruck positiv.

Die Zahl der Arbeitslosen in der Volkswirtschaft, uL, ergibt sich durch die Gleichung

$$(5.60) \quad uL = L - mn .$$

Weiterhin geht Fehr davon aus, daß regelmäßig ein bestimmter Anteil von Arbeitnehmern das Unternehmen verläßt. Wird mit $\overline{\sigma}$ eine exogen gegebene Fluktuationsrate bezeichnet, dann ergibt sich die Zahl der Arbeitsplatzwechsel k pro Periode als

$$(5.61) \quad k = \overline{\sigma} mn .$$

Wird außerdem angenommen, daß die Unternehmen bestrebt sind, ihren gewinnmaximalen Beschäftigungsstand zu halten, dann muß im Gleichgewicht die Zahl der Personalabgänge aus den Unternehmen der Zahl ihrer Zugänge entsprechen. Somit bezeichnet k gleichzeitig die Anzahl (kurzzeitig) offener Stellen. Die Gesamtzahl der Arbeitslosen ***zum Zeitpunkt des Personalwechsels*** beträgt $(uL + k)$.

---

[231] Fehr [1990: 626].

Werden die Vakanzen mit zufällig ausgewählten Arbeitslosen besetzt, so ist die Wiederbeschäftigungswahrscheinlichkeit $\rho^{(u)}$ eines Arbeitslosen

$$(5.62) \qquad \rho^{(u)} = \frac{k}{uL+k} = \frac{\overline{\sigma}mn}{L-mn+\overline{\sigma}mn} \; .$$

Es zeigt sich, daß $\rho^{(u)}$ positiv von n abhängt. Aus Gleichung (5.58) wiederum ist ersichtlich, daß $w^{(e)}$ sowohl von $\rho^{(u)}$ wie auch von n abhängt. Somit gilt

$$(5.63) \qquad w^{(e)}(u) = w\left(\rho^{(u)}(n), n\right) ,$$

und die Bildung der totalen Ableitung von (5.63) nach n

$$(5.64) \qquad \frac{dw^{(e)}}{dn} = \frac{\partial w^{(e)}}{\partial \rho^{(u)}}\frac{\partial \rho^{(u)}}{\partial n} + \frac{\partial w^{(e)}}{\partial n} \gtrless 0$$

zeigt, daß der aus Gleichung (5.55) bekannte direkte Effekt von n auf w, der für kleine n positiv und für große n negativ ist, in makroökonomischer Sicht überlagert wird von einer indirekten Kausalität, die sich aus der Veränderung der Wiederbeschäftigungswahrscheinlichkeit $\rho^{(u)}$ ergibt und über alle n positiv ist. Der von den Gewerkschaften durchsetzbare Lohnsatz $w^{(e)}$ steigt also, wenn diese makroökonomischen Feedbackwirkungen in die Analyse einbezogen werden. Das Arbeitsmarktgleichgewicht ergibt sich dort, wo die Kurve des durchsetzbaren Lohnes einen Schnittpunkt mit der aggregierten Arbeitsnachfragekurve hat (die Fehr als identisch ansieht mit der einzelwirtschaftlichen Grenzproduktivitätsbedingung); d.h. es müßte $w^{(d)} = w^{(e)}$ sein. Diese Gleichsetzung von (5.51) und (5.58) ergibt die Gleichgewichtsbedingung

$$(5.65) \qquad \frac{\left[pq_n(n)+x\right]}{\left(1+t^{(w)}\right)} = \frac{\dfrac{(1-\beta)\left(\gamma g+(1-\gamma)\left(1-\rho^{(u)}\right)b\right)}{\left(1-t^{(t)}\right)} + \dfrac{\beta\left(pq(n)-x(n^{\circ}-n)\right)}{\left(1+t^{(w)}\right)n}}{1-(1-\beta)\rho^{(u)}(1-\gamma)} \; .$$

Im Beispiel der Abb. 5.11. befindet sich das Arbeitsmarktgleichgewicht im Punkt E.[232]

Fehr untersucht nun, unter welchen Bedingungen im Status quo (d.h. bei $x = 0$) ***kein*** Gleichgewicht bei Vollbeschäftigung zustande kommen würde. Zunächst sei bemerkt, daß Vollbeschäftigung genau dann herrschen würde, wenn $n = L/m$ ist, d.h. wenn sich die Erwerbspersonen vollständig auf die (identischen) Unterneh-

---

232 Fehr [1990: 628] unterstellt, daß die Kurve des durchsetzbaren Lohnes konkav verläuft, so daß ansonsten mögliche multiple Gleichgewichte ausgeschlossen sind.

men aufteilen würden. Außerdem würde ein Zustand der Vollbeschäftigung $\rho^{(u)} = 1$ implizieren.

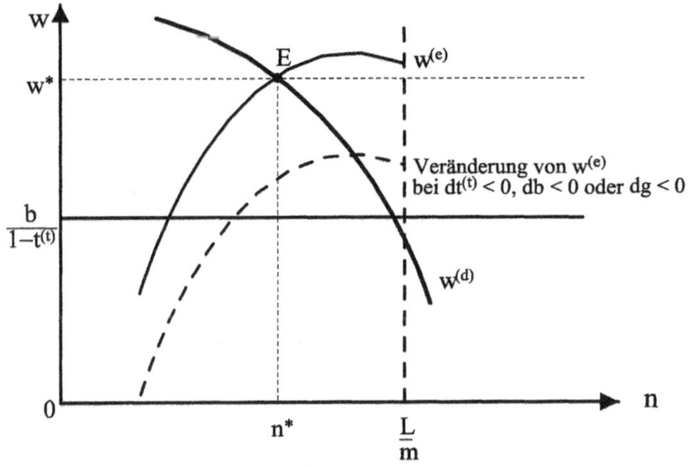

Abb. 5.11.: Gleichgewicht bei Unterbeschäftigung und die Wirkungsrichtung beschäftigungspolitischer Instrumente im Fehr-Modell

Sobald an der Stelle $n = L/m$ $w^{(e)} > w^{(d)}$ ist, wäre ein Gleichgewicht bei Vollbeschäftigung ausgeschlossen, wie beispielsweise aus Abb. 5.11. zu ersehen ist.[233] Setzt man in Gleichung (5.58) $x = 0$, $\rho^{(u)} = 1$ sowie (probeweise) auch $\beta = 0$ ein, erhält man $w^{(e)} = g/(1-t^{(t)})$. Das heißt: sobald $g > w^{(d)}(1-t^{(t)})$ erfüllt ist, wäre die Erreichung eines Vollbeschäftigungs-Gleichgewichts ausgeschlossen. Bei $\beta > 0$ wäre diese Tatsache erst recht gegeben, weil ein höheres β zu einem höheren $w^{(e)}$ (siehe (5.59)) führen würde.[234]

Auch die Tatsache einer vollständigen Verhandlungsmacht der Arbeitnehmerseite würde die Erreichung eines Vollbeschäftigungs-Gleichgewichts unmöglich machen. Eine solche vollständige Verhandlungsmacht der Gewerkschaften wäre nicht nur bei $\beta = 1$ gegeben, sondern auch bei $\gamma = 0$.[235] In beiden Fällen würde der

---

233 Für eine mehr formale Begründung siehe Fehr [1990: 628].

234 Fehr [1990: 630].

235 Der Parameter γ wird bei Fehr im Rahmen eines nicht-kooperativen Verhandlungsmodells (mit vollständiger Information) hergeleitet einerseits als Funktion der Anzahl derjenigen Perioden τ, in denen der Streikfond ausgeschöpft sein wird, und andererseits als Funktion der Anzahl der Lohnvorschläge κ, die die Unternehmensseite während Perioden mit positiven Streik-

durchsetzbare Lohnsatz bei Zugrundelegung der Vollbeschäftigungsannahme (d.h. bei $\rho^{(u)}=1$) genau bei $w^{(e)} = pq(n)/[(1+t^{(w)})n]$ liegen.[236] Dies wäre in jedem Fall höher als $w^{(d)} = pq_n/(1+t^{(w)})$ (Gleichung (5.51) mit $x = 0$), weil wegen der Konkavität der q(n)-Kurve $q/n > q_n$ gilt.

Ausgehend von der Annahme, daß ein Arbeitsmarkt-Gleichgewicht bei Unterbeschäftigung existiert, untersucht Fehr nun die Beschäftigungswirkungen verschiedener wirtschaftspolitischer Instrumente. Wie die partiellen Ableitungen von (5.58) nach den Parametern $t^{(t)}$, b und g zeigen, würde bei jeder dieser Größen eine Senkung ihres aktuellen Wertes zu einer Steigerung der gesamtwirtschaftlichen Beschäftigungsmenge führen. Bei einer Senkung der arbeitnehmerbezogenen Lohnsteuer $t^{(t)}$ würde der Nettolohn der Arbeitnehmer steigen. In der Folge hiervon könnten die Unternehmen - je nach der Stärke ihrer Machtposition in den Lohnverhandlungen - eine mehr oder weniger starke Senkung des Bruttolohns durchsetzen, und dies würde schließlich die gewinnmaximale Beschäftigungsmenge erhöhen. Eine Senkung der Höhe der Arbeitslosenunterstützung b hingegen würde zu einem geringeren Reservationslohn $\overline{w}$ führen, was ebenfalls den ausgehandelten Lohn reduzieren und eine Erhöhung der Beschäftigungsmenge veranlassen würde. Der gleiche Mechanismus würde bei einer Senkung der Höhe des Streikgelds g stattfinden (auch wenn hier der Staat sicherlich nur sehr geringe Möglichkeiten der Einflußnahme hätte).

Hinsichtlich einer Reduzierung der lohnbezogenen Unternehmenssteuer $t^{(w)}$ ergeben sich zwei gegenläufige Effekte (solange der Einfluß auf die beiden Kurven $w^{(d)}$ und $w^{(e)}$ isoliert betrachtet wird). Bei sinkendem $t^{(w)}$ wandert sowohl die $w^{(d)}$-Kurve nach oben (was als ersten Teileffekt eine ***Erhöhung*** von n implizieren würde) wie auch die $w^{(e)}$-Kurve (was als zweiten Teileffekt eine tendenzielle ***Reduzierung*** von n bedeuten würde). Um den Gesamteffekt beurteilen zu können, multipliziere man sowohl $w^{(d)}$ (Gleichung (5.51)) wie auch $w^{(e)}$ (Gleichung (5.58)) mit $(1+t^{(w)})$. Die $w^{(d)}$-Kurve würde dann durch eine Veränderung von $t^{(w)}$ nicht mehr beeinflußt werden, während die $w^{(e)}$-Kurve durch eine solche Variation nach unten verschoben werden würde, was eine Erhöhung von n bedeutet (womit ausgesagt ist, daß der erste obengenannte Teileffekt den zweiten dominiert).

---

zahlungen unterbreitet (es kann in diesem Modell pro Periode jeweils nur eine einzige Partei einen Vorschlag machen, der dann von der Gegenseite entweder angenommen oder abgelehnt werden kann; im letzteren Fall kommt es zum Streik (Fehr [1990: 635 f.])). Diesem Modell folgend kann γ definiert werden als $\gamma \equiv [\kappa/(\tau+\kappa)]$ (siehe Fehr [1990: 637]), so daß $\gamma=0$ nur aufgrund $\kappa = 0$ möglich wäre; letzteres wäre gleichbedeutend mit einer relativ starken Verhandlungsposition der Gewerkschaften.

236 Fehr [1990: 629]. Zu beachten ist im Fall $\gamma=0$ natürlich die Nebenbedingung $\beta > 0$ (vergl. Gl. (5.58)).

Schließlich wird von Fehr untersucht, wie eine Veränderung der speziellen Steuer x die Beschäftigung n beeinflußt. Sofern im Ausgangsgleichgewicht $n^\circ > n$ gewesen ist, wird ein steigendes x die $w^{(d)}$-Kurve nach oben und die $w^{(e)}$-Kurve nach unten verschieben, so daß hieraus ein höheres n resultiert. Sobald $n > n^\circ$ ist, würde sich die vorherige Netto-Besteuerung der Unternehmen in eine Beschäftigungssubvention mit dem Subventionsbetrag x pro marginalem Arbeitsplatz verwandeln. Jetzt würde sich die $w^{(e)}$-Kurve ebenfalls nach oben verschieben; die Arbeitnehmer können in den Verhandlungen höhere Löhne durchsetzen und partizipieren damit an der Subventionierung der Unternehmen. Um auch hier ermitteln zu können, welche der beiden gegenläufigen Wirkungen auf n stärker ist, sollen die Gleichungen für $w^{(d)}$ bzw. $w^{(e)}$ zunächst beide mit $(1+t^{(w)})$ multipliziert werden; anschließend wird bei beiden Gleichungen x subtrahiert. Dies ergibt zum einen $w^{(d)} = pq_n$ und zum anderen

$$(5.66) \qquad w^{(e)} = \frac{\dfrac{(1-\beta)\left(1+t^{(w)}\right)\left(\gamma g+(1-\gamma)\left(1-\rho^{(u)}\right)b\right)}{\left(1-t^{(t)}\right)} + \dfrac{\beta pq(n)}{n} - x\varphi}{1-(1-\beta)\rho^{(u)}(1-\gamma)}$$

mit $\varphi \equiv \beta(n^\circ/n) + (1-\beta)[1-(1-\gamma)\rho^{(u)}] > 0$. Da $\varphi > 0$ ist, würde jeder Anstieg von x den durchsetzbaren Lohnsatz $w^{(e)}$ senken. Dies bedeutet also, daß unabhängig von der Frage, ob x einen Steuerbetrag (bei $n^\circ > n$) oder einen Subventionsbetrag (bei $n^\circ < n$) darstellt, ein höheres x ***immer*** einen Anstieg der gleichgewichtigen Beschäftigungsmenge hervorrufen würde.[237] Übrigens würde auch jede Erhöhung des n°-Wertes zu einer Beschäftigungssteigerung führen, da die erhöhte Belastung der Unternehmen von den Arbeitnehmern in Form niedrigerer Löhne mitgetragen werden muß; d.h. $w^{(e)}$ sinkt (vergl. (5.58)).

Die positiven Beschäftigungsergebnisse der untersuchten Instrumente veranlassen Fehr zu der Frage, ob eines dieser Instrumente bei entsprechender Ausgestaltung die Erreichung eines Vollbeschäftigungs-Zustands garantieren könnte. Obwohl mit der Senkung von $t^{(t)}$, $t^{(w)}$ oder b dieses Ziel ***möglicherweise*** erreicht werden kann, würde selbst die vollständige Reduktion dieser Parameter auf Null bzw. die Annahme negativer Werte für $t^{(w)}$, $t^{(t)}$ oder b keine Garantie dafür bieten, daß Vollbeschäftigung tatsächlich realisiert wird. Denn die Annahme $\gamma = x = 0$ stellt ***unabhängig*** von den konkreten Werten von $t^{(w)}$, $t^{(t)}$ und b eine hinreichende Bedingung für die Nicht-Existenz eines Vollbeschäftigungs-Gleichgewichts dar. Nach Ansicht von Fehr kann es nur mit Hilfe der von ihm vorgeschlagenen Beschäftigungssubvention (bzw. Steuer auf Unterbeschäftigung) x gelingen, ein

---

[237] Fehr [1990: 632].

Vollbeschäftigungs-Gleichgewicht ***mit Sicherheit*** zu erreichen. Seiner Ansicht nach wäre es sogar möglich „to design the tax on unemployment in such a way that full employment prevails in equilibrium ***and*** that no firm actually has to pay a tax or receives a subsidy, i.e. the system is 'self-financing' ".[238] Hierzu sei angenommen, daß ein bestimmtes $x = x^*$ definiert sei in der Form

$$(5.67)\qquad x^* = \frac{\dfrac{(1-\beta)\left(1+t^{(w)}\right)\gamma g}{\left(1-t^{(t)}\right)} + \dfrac{\beta p q\left(\frac{L}{m}\right)}{L/m}}{1-(1-\beta)(1-\gamma)} - pq_n\left(\tfrac{L}{m}\right).$$

Es sei angenommen, daß x^* positiv ist. Solange $x < x^*$ sowie $n° \leq L/m$ ist, würde im Gleichgewicht Unterbeschäftigung herrschen, doch falls $x = x^*$ und $n° = L/m$ festgelegt wird, würde die Arbeitslosenquote auf Null zurückgehen. Denn setzt man die letztgenannten Werte in die Gleichgewichtsbedingung (5.65) ein, erhält man nach Umformung

$$(5.68)\qquad \left[pq_n(n) - pq_n\left(\tfrac{L}{m}\right)\right] - \frac{\dfrac{1+t^{(w)}}{1-t^{(t)}}(1-\beta)(1-\gamma)\left(1-\rho^{(u)}\right)b - \dfrac{x^*}{n}\left[\left(\tfrac{L}{m}\right)-n\right]}{1-(1-\beta)\rho^{(u)}(1-\gamma)}$$

$$= \frac{\dfrac{1+t^{(w)}}{1-t^{(t)}}(1-\beta)\gamma g + \beta\left[\dfrac{q(n)}{n}\right]}{1-(1-\beta)\rho^{(u)}(1-\gamma)} - \frac{\dfrac{1+t^{(w)}}{1-t^{(t)}}(1-\beta)\gamma g + \beta\left[\dfrac{q\left(\frac{L}{m}\right)}{\left(\frac{L}{m}\right)}\right]}{1-(1-\beta)(1-\gamma)}$$

Es zeigt sich, daß diese Bedingung genau dann erfüllt ist, wenn $n = L/m$ (und daraus folgend $\rho^{(u)} = 1$) ist; d.h. beide Kurven schneiden sich im Vollbeschäftigungspunkt $n = L/m$. Und weil in diesem Fall die aktuelle Beschäftigung n mit dem Schwellenwert n° identisch wäre, würde sich $x \cdot (n° - n) = x \cdot [(L/m) - (L/m)] = 0$ ergeben, was bedeuten würde, daß es zu keiner Subventions- oder Steuerzahlung zwischen dem Staat und den Unternehmen käme; das Instrument wäre budgetneutral. Dieses Ergebnis sowie auch die vorangegangenen Annahmen im Modell von Fehr sollen im folgenden kritisch beleuchtet werden.

---

[238] Fehr [1990: 633]; Hervorhebung im Original.

5.5.2. Diskussion

Fehr behauptet, mit seinem Modell nachweisen zu können, daß „unter plausiblen Bedingungen“ unfreiwillige Arbeitslosigkeit im Gleichgewicht herrscht.[239] Zwar weist Fehr tatsächlich zwei hinreichende Bedingungen nach, unter denen ein Vollbeschäftigungsgleichgewicht ausgeschlossen wäre, doch sind beide von äußerst unrealistischen Annahmen abhängig: denn entweder müßte das Streikgeld höher als der Nettolohn sein ($g > w(1-t^{(t)})$), oder die Unternehmen dürften keine Lohnverhandlungsmacht besitzen ($\gamma = 0$). Letztlich also wird für wirtschaftspolitisch ***relevante*** Situationen die Existenz eines Unterbeschäftigungsgleichgewichts im Ausgangszustand nicht hergeleitet, sondern lediglich postuliert.

Die eigentliche Hauptkritik an Fehrs Modell muß allerdings an dessen Behauptung ansetzen, daß man „durch eine Steuer auf die Arbeitslosigkeit stets Vollbeschäftigung erreichen [kann]. Es ist sogar möglich, Vollbeschäftigung zu erzielen, ohne daß die Firmen im Gleichgewicht positive Steuern bezahlen müssen“.[240] Dieses an sich attraktive Ergebnis wird mit Hilfe des folgenden Tricks herbeigeführt: Als Sollvorgabe der gesamtwirtschaftlichen Beschäftigungsmenge („target employment“) wird einfach die Gesamtzahl der Erwerbspersonen L eingesetzt, und da von identischen Unternehmen ausgegangen wird, erhält man den betrieblichen Zielwert der Beschäftigung, indem L durch m, die Anzahl der Unternehmen in der Volkswirtschaft, geteilt wird. Somit wird eine Steuer für jeden Arbeitsplatz erhoben, um den der Beschäftigungsstand im Unternehmen den betriebsanteiligen, vollbeschäftigungskonformen Sollwert der Beschäftigung unterschreitet. Je höher dieser Strafbetrag x ausfällt, desto stärker wird die Beschäftigung zunehmen. Steigt x schließlich bis auf x* (oder darüber hinaus), ist es für jedes Unternehmen günstiger, die gewünschten zusätzlichen Arbeitsplätze (die unter normalen Bedingungen unrentabel wären) bereitzustellen, als den angedrohten Strafbetrag zu bezahlen. Ergo wird Vollbeschäftigung erreicht, ohne daß es zu einer Zahlung von Steuern oder Subventionen käme. In seiner faktischen Auswirkung unterscheidet sich diese „Lösung“ allerdings nicht von einem dirigistischen ***Zwang*** zur Schaffung neuer Arbeitsplätze.[241] In der Realität müßte der

---

239 Fehr [1990: 635].

240 Fehr [1990: 635].

241 Zur Frage „Wahlmöglichkeit oder Zwang?“ vergl. auch Lindbeck [1993: 49 f.], der das Beispiel eines Raubüberfalls anführt und betont, daß die Wahl zwischen „Geld oder Leben?“ keinesfalls eine freiwillige Entscheidung des Beraubten zum Ausdruck bringt. - Der Beschäftigungszwang in Fehrs Modell könnte allenfalls dadurch etwas gemildert werden, daß z.B. bei negativen Gewinnen Marktaustritte gestattet werden. Dann jedoch würde m keine exogene Größe mehr darstellen; vielmehr würde $m = m(x)$ gelten, so daß eine Erhöhung von x zwar

Staat aufgrund unvollkommener Informationen hinsichtlich der Schätzung von (5.67) sogar ein prohibitiv hohes $x \gg x^*$ wählen, um sicher zu sein, daß Vollbeschäftigung tatsächlich erreicht wird (und kein Unternehmen eine Steuerzahlung leisten „muß"[242]).

5.6. Das Verhandlungsmodell mit Selbstfinanzierungseigenschaft von Layard/Nickell/Jackman

5.6.1. Das vorgeschlagene Instrument

Layard/Nickell/Jackman [1991] schlagen ein kombiniertes Steuer- und Subventionsinstrument vor, bei dem die Subventionierung marginal durchgeführt wird (d.h. subventioniert werden nur diejenigen $(n-n^\circ)$ Arbeitsplätze, die oberhalb einer vorgegebenen Beschäftigungsschwelle n° liegen), während die gleichzeitig durchzuführende Besteuerung sich nur auf die n° „intra-marginalen" Arbeitsplätze bezieht. Bemessungsgrundlage sind in beiden Fällen die Löhne, die als homogen unterstellt werden, so daß sich die Gesamtkosten des Faktors Arbeit für das Unternehmen ergeben als

$$(5.69) \quad C^{(L)} = w(1+t^{(\phi)})n^\circ + w(1-\phi)(n-n^\circ) \ .$$

Für den Fall, daß $n < n^\circ$ ist, muß $w\phi$ als eine Art „Strafbetrag" interpretiert werden, den das Unternehmen pro fehlendem Arbeitsplatz zu zahlen hat.[243] Die Gleichung (5.69) läßt sich auch so umformen, daß sich der Netto-Besteuerungseffekt und der Netto-Subventionseffekt getrennt ablesen lassen[244]:

$$(5.70) \quad C^{(L)} = w\left[\left(t^{(\phi)}+\phi\right)n^\circ+(1-\phi)n\right] = w\left[Tn^\circ+(1-\phi)n\right] \quad \text{mit } T \equiv t^{(\phi)}+\phi \ .$$

---

weiterhin die Beschäftigung in den ***existierenden*** Unternehmen erhöhen würde, über die Entwicklung der aggregierten Beschäftigungsmenge $m \cdot n$ aber keine Aussagen mehr gemacht werden könnten.

[242] Die Tatsache, daß bei $x = x^*$ kein einziges Unternehmen Steuern zahlen würde (d.h. die Steuerzahlung als „kleineres Übel" wählen würde) ist hier nicht etwa Indikator der Unternehmensfreundlichkeit einer solchen Politik, sondern im Gegenteil Zeichen ihres repressiven Charakters. Aufgrund der Anpassungslasten, die das von Fehr vorgeschlagene Instrument den Unternehmen einseitig aufbürden würde, verstößt es eklatant gegen das Ziel der Pareto-Superiorität.

[243] Layard/Nickell/Jackman [1991: 510 (Fn 7)]. Vergl. auch die Diskussion in Abschnitt 5.6.3.

[244] Vergl. auch Lin [1996: 7].

Die Besonderheit des Vorschlags von Layard/Nickell/Jackman besteht nun darin, daß die Subvention ϕ vollständig durch die Steuer $t^{(\phi)}$ finanziert werden soll. Deshalb muß im Finanzierungsgleichgewicht gelten:

$$(5.71) \quad t^{(\phi)} n^{o} = \phi(n - n^{o}) \qquad \Rightarrow \quad Tn^{o} = \phi n \; .$$

Die ökonomischen Auswirkungen dieses speziellen Instruments sollen im folgenden näher untersucht werden.

5.6.2. Beschäftigungswirkungen des Instruments

Layard/Nickell/Jackman zeigen für ein Nash-Verhandlungsmodell (und später auch für ein Effizienzlohnmodell, siehe Abschnitt 6.5.1.), daß das vorgeschlagene selbstfinanzierende Instrument positive Beschäftigungswirkungen hervorruft.[245] Der Maximand in ihrem Verhandlungsmodell ist

$$(5.72) \quad \Omega = (w - \tilde{w})^{\beta}\, \Pi \;, \text{ mit}$$

$$(5.73) \quad \tilde{w} = (1 - \psi u) w + \psi u b \quad \text{und}$$

$$(5.74) \quad \Pi = p(f) f(n) - w(1 + t^{(\phi)}) n^{o} - w(1 - \phi)(n - n^{o}) .$$

Der Parameter ψ in dieser Formel ist eine Konstante, die positiv von der Diskontierungsrate und negativ von der Arbeitskraft-Fluktuationsrate abhängt.[246]

Die Maximierungsannahme impliziert, daß die Bedingung

$$(5.75) \quad \frac{\partial \log \Omega}{\partial w} = \frac{\beta}{w - \tilde{w}} - \frac{(1 + t^{(\phi)}) n^{o} + (1 - \phi)(n - n^{o})}{\Pi} \overset{!}{=} 0$$

erfüllt sein muß. Nach Einsetzen der Selbstfinanzierungs-Nebenbedingung (5.71) in (5.75) vereinfacht sich diese Bedingung zu

$$(5.76) \quad \frac{\beta}{w - \tilde{w}} - \frac{n}{\Pi} = 0 \; .$$

Setzt man Gleichung (5.73) in (5.76) ein, nimmt $\psi = 1$ und $b = 0$ an und löst nach u auf, so erhält man

---

245 Layard/Nickell/Jackman [1991: 491 f.].

246 Layard/Nickell/Jackman [1991: 101].

(5.77) $u^* = \beta \frac{\Pi}{wn}$.

Diese Formel der gleichgewichtigen Arbeitslosenquote ist prinzipiell die gleiche wie bei einem Zustand ohne Subventionierung. Hingegen ergibt sich durch die Subvention ein veränderter Lohnsatz w als Folge einer Veränderung der sogenannten Preisgleichung.[247] Dies soll im folgenden gezeigt werden. Leitet man Gleichung (5.74) nach n ab, so erhält man

(5.78) $\frac{\partial \Pi}{\partial n} = \left(pf_n + p_f f_n f\right) - w(1-\phi) \overset{!}{=} 0$

Geht man der Einfachheit halber von einer Produktionsfunktion $f = n/p$ aus, dann ist $f_n = 1/p$, und die Preisgleichung nach Einführung der Subvention läßt sich schreiben als

(5.79) $\left(1 + \frac{p_f f}{p}\right) - w(1-\phi) = 0$.

Der Klammerausdruck kann weiter vereinfacht werden, wenn berücksichtigt wird, daß $p_f \cdot (f/p)$ der Kehrwert von $f_p \cdot (p/f)$ ist. Letzterer Term wiederum entspricht im Gleichgewicht (d.h. in einem Zustand, wo die nachgefragte Gütermenge gleich der produzierten Outputmenge ist) der Preiselastizität der Güternachfrage $\varepsilon = y_p \cdot (p/y)$ eines einzelnen Unternehmens.[248] Unter Beachtung von $\varepsilon < 0$ erhält man

(5.80) $\left(1 - \frac{1}{|\varepsilon|}\right) - w(1-\phi) = 0$,

was in anderer Notation geschrieben werden kann als

(5.81) $w = \frac{\kappa}{1-\phi}$ mit $\kappa \equiv \left(1 - \frac{1}{|\varepsilon|}\right)$.

Der hier definierte Parameter κ kann als ein Gradmesser für das Ausmaß des Wettbewerbs auf den Gütermärkten interpretiert werden.

---

[247] Für eine etwas ausführlichere Erklärung des Begriffs der „Preisgleichung" siehe unten Abschnitt 6.5.1., Gl. (6.70).

[248] Vergl. Chiang [1984: 357].

Wenn man (5.77) umformt, indem man die Gewinngleichung $\Pi = pf - wn$[249] einsetzt, dort dann wiederum (5.81) einsetzt und schließlich noch die obige Annahme $f = n/p$ beachtet, erhält man

$$(5.82) \quad u^* = \beta \frac{\Pi}{wn} = \beta\left(\frac{pf}{wn} - 1\right) = \beta\left(\frac{1-\phi}{\kappa} - 1\right).$$ [250]

Wie aus dieser Gleichung abzulesen ist, würde die relative Gewinnquote[251] $\Pi/(wn)$ mit zunehmender Subventionsrate ϕ fallen.[252]

Zusammenfassend kann gesagt werden, daß in diesem Selbstfinanzierungsmodell von Layard/Nickell/Jackman eine Subvention (d.h.: $\phi > 0$) sowohl den Lohn ansteigen läßt (siehe (5.81)) wie auch die Beschäftigungsmenge erhöht (denn die gleichgewichtige Arbeitslosenquote nimmt ab; siehe (5.82)).

5.6.3. Diskussion

Das von Layard/Nickell/Jackman vorgeschlagene Instrument ist keine marginale Subvention[253], sondern ein kombiniertes Steuer-Subventions-Instrument. Letztlich sind die Begriffe „Subvention" und „Steuer" in diesem Modell sogar aus-

---

[249] Layard/Nickell/Jackman verwenden hier statt (5.74) eine Gewinngleichung ohne Subventionierung/Besteuerung. Dies ist zulässig, da sich bei Einsetzen von (5.71) in (5.74) die Subventionierungs- und Besteuerungseffekte gegenseitig herauskürzen; vergl. auch Abschnitt 5.6.3..

[250] Damit in dem rechten Term der Gleichung (5.82) der Klammerausdruck nicht negativ wird, muß $\phi < 1-\kappa$ sein (außerdem gilt ja bei Subventionierung $\phi > 0$). Dies bedeutet, daß in einem vollkommen kompetitiven Umfeld ($\kappa = 1$) eine Subvention nicht eingesetzt werden kann oder - in anderer Interpretation des Sachverhalts - nicht eingesetzt zu werden braucht, weil hier im Ausgangszustand ($\phi = 0$) bereits $u^* = 0$ wäre.

[251] Zur Herleitung der Gewinnquote vergl. Layard/Nickell/Jackman [1991: 103].

[252] Layard/Nickell/Jackman [1991: 492] kommentieren dieses Ergebnis wie folgt: „Clearly, we do not want this process to reduce post-tax profit, but this can be restored by reductions in profit tax financed by proportional taxes on workers. The latter, as we have seen, would not affect unemployment." Allerdings ist hierzu anzumerken, daß eine Reduzierung der Gewinn*quote* keineswegs gleichbedeutend sein muß mit einer Reduzierung der Gewinne. Gerade weil die diskutierte Lohnsubventionierung zum ***Anstieg*** der absoluten Arbeitskosten wn führt (s.o.), kann die ermittelte sinkende Gewinnquote Π/wn gut vereinbar sein mit einem unterproportional steigenden Π.

[253] Vergl. ebenfalls zu dieser Frage die Diskussion in Abschnitt 5.2.2. über die Schwierigkeiten einer mathematischen Modellierung ***echter*** marginaler Subventionen.

tauschbar, enn für jenen Fall, wo die Unternehmen einen Beschäftigungsstand von $n<n°$ aufweisen, würde sich ϕ als Steuer bzw. „Strafbetrag" gewinnmindernd auswirken, während die Größe $t^{(\phi)}$ unter diesen Umständen einen finanziellen Zuschuß an die Unternehmen darstellen würde. Wenn man wie Layard/Nickell/Jackman diese mögliche Ambivalenz der Begriffe nicht thematisiert und ϕ ausnahmslos als ***Subvention*** (in der Bedeutung des üblichen Sprachgebrauchs) interpretiert, geht man implizit davon aus, daß alle[254] Unternehmen subventioniert werden. Dies wiederum kann entweder bedeuten, daß alle Unternehmen bereits einen Beschäftigtenstand $n>n°$ vor Einführung der „Subvention" aufweisen, oder es kann bedeuten, daß in allen Unternehmen der betriebliche Beschäftigungsstand vor Einführung des Instruments zwar bei $n<n°$ liegt, aber ***nach*** Installierung des Subventionsanreizes eine Beschäftigungsmenge $n > n°$ für die Unternehmen gewinnoptimierend ist.[255]

Aus institutioneller Sicht wäre noch zu beachten, daß bei dem von Layard/Nickell/ Jackman vorgeschlagenen Instrument die Gleichgewichtswerte für ϕ und $t^{(\phi)}$, die zu einer Selbstfinanzierung führen, durch die wechselseitige Interaktion unabhängiger Entscheidungseinheiten (Staat und Unternehmen) bestimmt werden, was einen gewissen „realen" Zeitbedarf voraussetzt. Ob deshalb bei dem vorgeschlagenen Instrument das postulierte Selbstfinanzierungs-Gleichgewicht ***in der Praxis*** jemals erreicht werden könnte, ist nicht sicher.

Layard/Nickell/Jackman führen den Beschäftigungserfolg des von ihnen vorgeschlagenen Instruments auf die Tatsache zurück, daß hier eine marginale Subvention mit einer nicht-marginalen Steuer kombiniert wird, so daß die Grenzkosten der Arbeit sinken, während ihre Durchschnittskosten (aufgrund des Selbstfinanzierungsmechanismus) konstant bleiben. Daß die Unternehmen durch das Instrument tatsächlich keine Netto-Entlastung bei ihren Arbeitskosten erfahren, läßt sich leicht zeigen, wenn man sich hilfsweise vorstellt, daß die Volkswirtschaft nur aus einem ***einzigen*** Unternehmen besteht. In diesem Fall würde sich nach Einsetzen von (5.71) in (5.69) die Kostengleichung des Unternehmens ergeben als

---

[254] Es wird offensichtlich ohnehin von identischen Unternehmen ausgegangen; diese Annahme wird an mehreren Stellen des Buches von Layard/Nickell/Jackman [1991] explizit erwähnt, so z.B. auf den Seiten 150, 100, 105.

[255] Die letztgenannte Möglichkeit führt zu gewissen methodischen Schwierigkeiten bei der Behandlung (echter) marginaler Subventionen; vergl. Layard/Nickell [1980: 55].

$$(5.83) \quad C^{(L)} = wn\,.$$ [256,257]

Diese Kostengleichung wäre identisch mit derjenigen des Vor-Subventions-Zustands. Oder mit anderen Worten: durch Einführung des Instruments würde jede anfängliche Entlastung bei den Grenzarbeitskosten dem Unternehmen bei den intra-marginalen Arbeitskosten automatisch wieder als Steuerlast in gleicher Höhe aufgebürdet werden. Die Nebenbedingung der fiskalischen Neutralität des Instruments sorgt dafür, daß sich die Wirkungen der Subventionierung und der Besteuerung gegenseitig exakt aufheben. Wäre sich das betrachtete Unternehmen dieses Mechanismus bewußt, würde es auf ein solches Instrument gar nicht erst mit einer Beschäftigungsausweitung reagieren.

Geht man nicht von der unrealistischen Ein-Unternehmens-Situation aus, sondern von Märkten mit einer ausreichend großen Zahl an Unternehmen, dann erhält man für die ***Summe*** aller Unternehmen das gleiche Ergebnis: daß nämlich jede Gewinnerhöhung, die die Unternehmen durch die Inanspruchnahme der Subvention vorübergehend realisieren können, durch eine entsprechend höhere Besteuerung ihres Sockelbeschäftigungsstands umgehend wieder neutralisiert werden würde. Auch hier erhöhen sich die Gewinne des einzelnen Unternehmens nicht, und falls man - abweichend von Layard/Nickell/Jackman, die $f = n/p$ annehmen - von sinkenden statt konstanten Grenzerlösen der Beschäftigung bei gegebenem Lohnsatz ausgeht, dann würde eine subventionsbedingte Beschäftigungsausweitung sogar zu ***sinkenden*** Unternehmensgewinnen führen. Dennoch würde jedes Unternehmen - im Unterschied zum Ein-Unternehmens-Fall - seine Beschäftigung aufgrund des Subventionsanreizes ausweiten, weil ihm die Subventionszahlungen in voller Höhe zufließen, während die Höhe der Steuerlast, die vom Beschäftigungsverhalten ***aller*** Unternehmen abhängig ist, vom einzelnen Unternehmen nur minimal beeinflußt werden kann. Trotz der negativen Rückwirkung ihres kollektiven Verhaltens hätte keines der Unternehmen den individuellen Anreiz, auf die anfänglichen Vorteile der Subventionierung zu verzichten, so daß - unter diesem Blickwinkel - der fiskalische Erfolg des vorgeschlagenen Instru-

---

256 Die Umformungsschritte im einzelnen: Gleichung (5.69) ausmultipliziert ergibt $C^{(L)} = wn° + wt^{(\phi)}n° + wn - w\phi n - wn° + w\phi n°$. Setzt man in diese Gleichung die Gleichung (5.71) mit $t^{(\phi)} = [\phi(n-n°)]/n°$ ein, so erhält man $C^{(L)} = w\phi n - w\phi n° + wn - w\phi n + w\phi n°$ und nach Kürzen $C^{(L)} = wn$.

257 Normalerweise ist der Steuersatz $t^{(\phi)}$ für ein einzelnes Unternehmen eine ***exogene*** Größe, die durch das Zusammenspiel aller Marktteilnehmer bestimmt wird. Gibt es jedoch nur ein einziges Unternehmen am Markt, so wird $t^{(\phi)}$ zu einer ***endogenen*** Größe, wird also vollständig durch das Verhalten dieses einen Unternehmens determiniert. Ein Einsetzen von (5.71) in (5.69) ist deshalb zulässig.

ments letztlich auf der geschickten Ausnutzung eines Gefangenendilemmas[258] beruht.

Sobald man im Modell von Layard/Nickell/Jackman entweder heterogene Unternehmen unterstellt oder davon ausgeht, daß auch bei Annahme identischer Unternehmen zufallsbedingt unterschiedliche Nachfrageentwicklungen auftreten können, die zu unterschiedlichen Beschäftigungsentwicklungen führen, kann das vorgeschlagene Instrument nicht mehr pareto-superior sein. Für einige der Unternehmen würden sich die Gewinne aufgrund der Einführung des Instruments erhöhen, für andere reduzieren sie sich. Sind die Gewinnminderungen zu stark, kommt es sogar zum Marktaustritt der betroffenen Unternehmen. Andererseits könnte es aber auch zu einem Markteintritt neuer Unternehmen kommen, weil deren Gewinnerwartungen durch die Subventionierung gestiegen sind. Formal läßt sich die Auswirkung einer Subventionierung auf den ***aggregierten*** Beschäftigungserfolg $N = m \cdot n$ darstellen als[259]

(5.84) $$\left.\frac{dN}{d\phi}\right|_{\phi=0} = \left.\left(n\frac{dm}{d\phi} + m\frac{dn}{d\phi}\right)\right|_{\phi=0},$$

mit n = durchschnittlicher Beschäftigung pro Betrieb, m = Zahl der Unternehmen und ϕ = Subventionsbetrag. Die Wirkung der Subventionierung auf die Zahl der im Markt vertretenen Unternehmen, also $dm/d\phi$, kann sowohl positiv, negativ wie auch null sein. Selbst wenn wie im Layard/Nickell/Jackman-Modell $dn/d\phi$ eindeutig positiv ist, so kann dennoch a priori nicht mit Sicherheit gesagt werden, ob dies auch für den Gesamteffekt $dN/d\phi$ gilt.

5.7. Zwischenfazit

In allgemeinen Verhandlungsmodellen sowie im besonderen Fall eines Gewerkschaftsmonopolmodells führen Lohn- und Beschäftigungssubventionen immer zu Beschäftigungssteigerungen und im Regelfall auch zu einer Erhöhung der Löhne. Eine Lohnerhöhung bleibt nur dann aus, wenn im Gewerkschaftsmonopolmodell eine konstante Lohnelastizität der Arbeitsnachfrage angenommen wird.

---

[258] Für eine leicht verständliche Erklärung des sogenannten „Gefangenendilemmas" bzw. sozialer Dilemmata im allgemeinen siehe z.B. Weimann [1991: 47-60].

[259] Vergl. auch Oswald [1984: 608].

Das einzige Modell innerhalb der untersuchten Modelle, bei dem keine Beschäftigungsausweitung als Folge einer allgemeinen Subventionierung auftritt, ist jener Sonderfall eines Gewerkschaftsmonopolmodell, bei dem die Gewerkschaft ausschließlich die Interessen ihrer beschäftigten Mitglieder vertritt („Insider-Outsider-Modell"). Wird dort jedoch statt einer allgemeinen Subvention eine marginale Subvention eingeführt, kommt es sehr wohl zu Beschäftigungsexpansionen. Bei dieser Form der Subventionierung liegen Neueinstellungen im Interesse der Insider, weil sie Voraussetzung dafür sind, daß die Unternehmen Zusatzgewinne realisieren, die dann wiederum von den Insidern abgeschöpft werden können.

Ob marginale Lohn- oder Beschäftigungssubventionen ein günstigeres Verhältnis des subventionsinduzierten Beschäftigungserfolgs zu den hieraus resultierenden Lohnsteigerungen mit sich bringen als allgemeine Lohn- oder Beschäftigungssubventionen, konnte nicht abschließend geklärt werden. Denn sobald von flexiblen Lohnsätzen und „echten" marginalen Subventionen ausgegangen wird (d.h. Subventionen, die sich bei Nichterreichung der Subventionsschwelle *nicht* in eine Steuer verwandeln), erhält man z.B. für die Gewinnfunktion des betrachteten Unternehmens oder für dessen Arbeitsnachfragekurve eine „Sprungfunktion", die eine mathematische Behandlung dieser Subventionsmodelle erschwert.

Falls aus politischen Gründen gefordert wird, den Lohndruck, der normalerweise aus der Einführung beschäftigungspolitischer Subventionen resultiert, zu vermindern oder gänzlich zu vermeiden, bietet sich die Einführung von sogenannten „Lohnsenkungssubventionen" an. Da bei diesem Instrument die Subventionszahlungen vom Staat um so höher angesetzt werden, je gemäßigter die Lohnentwicklung verläuft, werden für die Arbeitsmarktparteien Anreize geschaffen, einen höheren Beschäftigungsstand ***und*** gleichzeitig ein tendenziell sinkendes Lohnniveau zu realisieren.

Von Layard/Nickell/Jackman ist nachgewiesen worden, daß ein kombiniertes Steuer-Subventions-Instrument in einem Verhandlungsmodell selbstfinanzierend ausgestaltet werden kann. Wenn nämlich die Subventionierung marginaler Arbeitsplätze mittels einer Besteuerung der intra-marginalen Arbeitsplätze finanziert wird, werden die einzelnen Unternehmen dazu angeregt, ihre Beschäftigung auszuweiten. Bemerkenswert ist, daß dieses individuell rationale Verhalten den Unternehmen letztlich keinerlei Gewinnsteigerungen beschert. Der Beschäftigungserfolg des Subventionsmodells beruht vielmehr auf der Ausnutzung eines „Sozialen Dilemmas".

6. EFFIZIENZLOHNMODELLE

6.1. Überblick

Effizienzlohnmodelle gehen davon aus, daß die Unternehmen nur unvollkommene bzw. kostspielige Möglichkeiten haben, die Arbeitsleistung ihrer Beschäftigten zu kontrollieren. Ein Unternehmen kann jedoch den betriebsspezifischen Lohnsatz w_i als Leistungsanreiz einsetzen, um seine Arbeitskräfte zu der gewünschten Arbeitsleistung zu motivieren. Weitere Parameter, von denen in Effizienzlohnmodellen die Höhe der Arbeitsleistung e typischerweise abhängt, sind die Arbeitslosenunterstützung b, die Überwachungswahrscheinlichkeit der Leistung ρ, die Wahrscheinlichkeit, aus anderen Gründen als wegen unzureichender Arbeitsleistung entlassen zu werden, $\rho^{(x)}$, sowie die Wiederbeschäftigungswahrscheinlichkeit, die sich aus der Arbeitslosenquote u ableiten läßt. Es ist[260]

$$(6.1) \qquad e = e\big(\underset{\oplus}{w_i}, \underset{\ominus}{b}, \underset{\oplus}{\rho}, \underset{\ominus}{\rho^{(x)}}, \underset{\oplus}{u}\big) .$$

Diese sogenannte „Effort-Funktion“ wird nicht immer gleich formuliert. So fehlt beispielsweise im rudimentären Effizienzlohnmodell von Yellen [1984] die Abhängigkeit von der Arbeitslosenquote, während umgekehrt bei Johnson/Layard [1986] die Arbeitsanstrengung nur von der Arbeitslosenquote, nicht aber auch vom Lohnsatz abhängt.[261] Dies (und ggf. weitere Abweichungen in der Spezifikation der Modelle[262]) führt zu unterschiedlichen Voraussagen über die zu erwartenden Lohn- und Beschäftigungswirkungen von Lohn- bzw. Beschäftigungssubventionen in Effizienzlohnmodellen, wie ein entsprechender Überblick[263] zeigt:

---

[260] Zur Herleitung vergl. z.B. Franz [1991: 300-305] bzw. für eine ähnliche Effort-Funktion Pisauro [1991: 334].

[261] Vergl. Pisauro [1991: 340]. Im Johnson/Layard-Modell hängt e nicht von w_i allein, sondern von der als konstant unterstellten Inversen der Lohnersatzrate w_i/b ab (vergl. Pisauro [1991: 330 f., 334 f., 340].

[262] Vergl. Pisauro [1991: 330 f.].

[263] Die Auflistung stützt sich hauptsächlich auf Pisauro [1991: 329 f.]. Die Voraussagen von Steuerwirkungen wurden dabei auf den spiegelbildlichen Fall einer Subventionierung übertragen und die Tabelle um eine weitere Publikation (Schmidt-Sørensen) ergänzt.

Wirkung auf ...	Löhne		Beschäftigung	
von ...	Lohnsubv.	Besch.-subv.	Lohnsubv.	Besch.-subv.
Yellen [1984]	=	–	+	·
Johnson/Layard [1986]	+	?	=	+
Shapiro/Stiglitz [1984]	+	+	+	+
Weiss [1980]	=	–	+	?
Pisauro [1991]	+	–	+	+
Schmidt-Sørensen [1990]	·	–	·	+

Tab. 6.1.: Lohn- und Beschäftigungswirkungen von Subventionen in verschiedenen Effizienzlohnmodellen (Zeichenerklärung: (+) Größe steigt; (–) Größe sinkt; (=) gleichbleibend; (?) ambivalent; (·) nicht erwähnt).

In Kapitel 6.2. soll zunächst ein typisches Effizienzlohnmodell vorgestellt werden. Dabei wird das übliche mikroökonomische Modell ergänzt durch eine makroökonomische Analyse, die für Effizienzlohnmodelle in der Literatur eher selten zu finden ist. In den Kapiteln 6.4. bzw. 6.5. werden anschließend zwei konkrete Modelle behandelt, die eine fiskalische Selbstfinanzierungseigenschaft von Lohnsubventionen im Effizienzlohn-Kontext nachzuweisen versuchen.

6.2. Typisches Effizienzlohnmodell

6.2.1. Mikroökonomisches Modell

Im folgenden sei die Effort-Funktion als $e = e(w)$ (mit $e' > 0$ und $e'' < 0$) angenommen, um die Argumentation so einfach wie möglich zu halten. Die drei Parameter b, ρ und $\rho^{(x)}$ seien als konstant unterstellt, ebenso die Arbeitslosenquote u, die allerdings später bei der Untersuchung der makroökonomischen Auswirkungen (Abschnitt 6.2.2.) in die Effort-Funktion mit aufgenommen wird. Es sei ferner angenommen, daß das (repräsentative) Unternehmen mit der Technologie $f = f(e \cdot n)$ produziert, mit $f' > 0$ und $f'' < 0$. Bei einem als konstant unterstellten Preisniveau p und Nicht-Berücksichtigung von Fixkosten sieht sich das Unternehmen in einer Welt ***ohne*** Subventionen der Gewinnfunktion $\Pi(w,n) = p\,f(e(w),n) - wn$ gegenüber. Im Falle einer ***Lohnsubventionierung*** verändert sich die betriebliche Gewinnfunktion zu

$$(6.2) \qquad \Pi(w,n) = pf\big(e(w)n\big) - w(1-\phi)n \ ,$$

bei einer ***Beschäftigungssubventionierung*** ergibt sich als Gewinnfunktion

(6.3) $\quad \Pi(w,n) = pf\big(e(w)n\big) - (w-s)n\,.$

Das Unternehmen löst das anstehende Optimierungsproblem in der Weise, daß es zunächst denjenigen Lohnsatz bestimmt, der seine Kosten pro Leistungseinheit minimiert, und dann in einem zweiten Schritt die optimale Beschäftigungsmenge festlegt.[264] Zunächst sollen nur die mikroökonomischen Lohn- und Beschäftigungswirkungen einer ***Lohnsubvention*** untersucht werden.[265] Durch partielles Ableiten von (6.2) nach w und n werden die beiden Bedingungen erster Ordnung für ein Gewinnmaximum ermittelt:

(6.4) $\quad \Pi_n = pf'e - w(1-\phi) \overset{!}{=} 0$ sowie

(6.5) $\quad \Pi_w = pf'ne' - n(1-\phi) \overset{!}{=} 0 \quad \Rightarrow \quad pf'e' - (1-\phi) = 0$

Gleichung (6.4) aufgelöst nach pf' und eingesetzt in (6.5) ergibt die sogenannte Solow-Bedingung, die besagt, daß im Gewinnoptimum die Elastizität der Arbeitsleistung in Bezug auf den Lohnsatz gleich Eins sein muß:

(6.6) $\quad \dfrac{e'w}{e} = 1\,.$

Es zeigt sich, daß die Lohnbedingung (6.6) unabhängig vom Subventionsparameter ϕ ist. Also würde die Einführung einer Lohnsubvention den für das Unternehmen optimalen Lohn nicht verändern, aber sie würde das Unternehmen veranlassen, die Beschäftigung zu erhöhen. (Letzteren Effekt sieht man, indem man die Bedingung (6.4) umformt zu $ef' = w(1-\phi)$, wobei der Güterpreis auf 1 normiert wird. Bei unverändertem Lohn und damit unverändertem e kann diese Optimalitätsbedingung nach einer Erhöhung von ϕ nur dann weiterhin erfüllt sein, wenn f' kleiner wird; dies impliziert wegen $f'' < 0$ eine Erhöhung von n).

Ein teilweise abweichendes Ergebnis erhält man bei Einführung einer ***Beschäftigungssubvention*** (siehe Gleichung (6.3)). Die Bedingungen erster Ordnung für ein Gewinnmaximum sind:

(6.7) $\quad \Pi_n = pf'e - (w-s) \overset{!}{=} 0$ sowie

(6.8) $\quad \Pi_w = pf'ne' - n \overset{!}{=} 0 \quad \Rightarrow \quad pf'e' - 1 = 0$

---

[264] Layard/Nickell/Jackman [1991: 151].

[265] Die folgende Darstellungsweise ist ähnlich derjenigen bei Pisauro [1991: 338 ff.].

Wegen $\Pi_{WW} < 0$ und $D > 0$ (siehe unten Gleichung (6.11)) sind die Bedingungen zweiter Ordnung für ein Gewinnmaximum erfüllt.[266] Gleichung (6.7) aufgelöst nach pf' und eingesetzt in (6.8) ergibt

$$(6.9) \qquad \frac{e'(w-s)}{e} = 1 .$$

Die Solow-Bedingung in ihrer ursprünglichen Formulierung ist damit nicht mehr länger gültig; vielmehr gilt $e'w/e > 1$.[267] Um diese neue Bedingung zu erfüllen, muß das Unternehmen nach Einführung der Beschäftigungssubvention den Konsumlohn w senken. Es wird dann mit geringer produktiven (doch zahlenmäßig mehr[268]) Arbeitskräften auskommen, weil die Produktivitätsverluste durch die Pro-Kopf-Subvention ausgeglichen werden.[269]

Formal lassen sich diese Ergebnisse herleiten, indem die Gleichungen (6.7) und (6.8) total differenziert werden.[270] Man erhält ein Gleichungssystem, das sich in Matrixschreibweise als

$$(6.10) \qquad \begin{bmatrix} \left(pf''n(e')^2 + pf'e''\right) & (pf''e'e) \\ (pf''ne'e + pf'e' - 1) & \left(pf''e^2\right) \end{bmatrix} \begin{bmatrix} \frac{\partial w}{\partial s} \\ \frac{\partial n}{\partial s} \end{bmatrix} = \begin{bmatrix} 0 \\ -1 \end{bmatrix}$$

darstellen läßt. Wegen $pf'e' - 1 = 0$ (Gleichung (6.8)) läßt sich die letzte Zeile von (6.10) vereinfachen, und die Determinante der linken Matrix nimmt den Wert

$$(6.11) \qquad D = p^2 f' f'' e'' e^2 > 0$$

266 Vergl. Chiang [1984: 337, 317].

267 Vergl. Schmidt-Sørensen [1990: 366 f.] oder Goerke/Holler [1997: 268].

268 Siehe hierzu oben die analoge Begründung für die Beschäftigungsausweitung bei Einführung einer Lohnsubvention.

269 Siehe Pisauro [1991: 341 f.] für den spiegelbildlichen Fall einer Beschäftigungssteuer. - Eine etwas abweichende verbale Erklärung dieses Effekts findet sich bei Goerke/Holler [1997: 268]: „Während der Arbeitseinsatz von Veränderungen der [Subventionshöhe] nicht beeinflußt wird, [steigt] der Gewinn mit zunehmendem s. Das Unternehmen reagiert hierauf mit einer [Erhöhung] seiner Beschäftigtenzahl, um Wertgrenzprodukt und Grenzausgaben der Arbeit gemäß Gleichung [(6.7)] aneinander anzugleichen. Durch die [Steigerung] von N [sinkt] jedoch das Grenzprodukt f ', so daß die Optimalbedingung [(6.8)] verletzt wird. Als Konsequenz [senkt] das Unternehmen den [Konsumlohn], bis beide Bedingungen erster Ordnung gleichzeitig erfüllt sind."

270 Vergl. Goerke/Holler [1997: 268 f.] oder Schmidt-Sørensen [1990: 367].

an, so daß sich unter Zuhilfenahme der Cramerschen Regel[271] die komparativ-statischen Ableitungen ergeben als

$$(6.12)\quad \frac{\partial n}{\partial s} = -\frac{p}{D}\left(f''n(e')^2 + f'e''\right) > 0 \quad \text{und}$$

$$(6.13)\quad \frac{\partial w}{\partial s} = \frac{pf''}{D}e'e < 0 .$$

Es bestätigt sich damit das bereits oben hergeleitete Ergebnis, daß sich im Zuge einer Beschäftigungssubventionierung die für das Unternehmen optimale Beschäftigungsmenge erhöht, während der optimale Lohn sinkt. Durch Bildung weiterer totaler Ableitungen läßt sich ferner zeigen, daß sich sowohl das Produktionsvolumen durch Einführung einer Beschäftigungssubvention erhöhen würde (weil die durch die Lohnsenkung bedingte Produktivitätsminderung durch die Beschäftigungssteigerung überkompensiert wird) wie auch die Unternehmensgewinne ansteigen würden (wobei unter Verwendung einer Cobb-Douglas-Produktionsfunktion die Gewinnsteigerung geringer ausfallen würde als die Outputsteigerung).[272]

Auch für ***Lohnsubventionen*** erfolgt die ***formale*** Herleitung der oben bereits beschriebenen komparativ-statischen Wirkungen auf analoge Weise. Nach totaler Differenzierung von (6.4) und (6.5) erhält man das Gleichungssystem

$$(6.14)\quad \begin{bmatrix} \left(pf''n(e')^2 + pf'e''\right) & (pf''e'e) \\ (pf''ne'e + pf'e' - 1) & \left(pf''e^2\right) \end{bmatrix} \begin{bmatrix} \dfrac{\partial w}{\partial \phi} \\ \dfrac{\partial n}{\partial \phi} \end{bmatrix} = \begin{bmatrix} -1 \\ -w \end{bmatrix}$$

Die komparativ-statischen Ableitungen ergeben sich in diesem Fall als

$$(6.15)\quad \frac{\partial n}{\partial \phi} = \frac{p}{D}\left(f''ne'(e - we') - wf'e''\right) > 0 \quad \text{und}$$

$$(6.16)\quad \frac{\partial w}{\partial \phi} = -\frac{pf''}{D}(we' - e)e = 0 ,$$

wobei die Determinante $D > 0$ die gleiche ist wie in (6.11); man beachte außerdem $e = we'$ aus Bedingung (6.6). Auch auf diesem Wege erhält man also das Ergebnis, daß Lohnsubventionen zu höherer Beschäftigung führen, den Lohn je-

---

[271] Vergl. Chiang [1984: 107-110].

[272] Schmidt-Sørensen [1990: 368] für den spiegelbildlichen Fall einer Beschäftigungssteuer.

doch unverändert lassen. Wenn eine ***marginale*** anstelle einer ***allgemeinen*** Lohnsubvention zugrundegelegt wird, führt dies mit der skizzierten formalen Herleitung zum gleichen Ergebnis.

Damit bleibt festzuhalten, daß in mikroökonomischen Effizienzlohnmodellen eine Lohn- oder Beschäftigungssubventionierung zu einer Beschäftigungsausweitung führt, aber nicht zu einer Lohnsteigerung; im Falle von Beschäftigungssubventionen kommt es sogar zu Lohnsenkungen.

6.2.2. Makroökonomisches Modell

In diesem Abschnitt soll - ebenfalls unter Verwendung des Modells von Pisauro - untersucht werden, ob die oben vorgestellten Ergebnisse der mikroökonomischen Analyse auch noch auf ***aggregierter*** Ebene gültig sind. Dies kann zumindest a priori bezweifelt werden, weil ja die festgestellten subventionsbedingten Beschäftigungsausweitungen ceteris paribus die gesamtwirtschaftliche Arbeitslosenquote senken, und dies würde wiederum die nutzenmaximierenden Arbeitnehmer dazu veranlassen, eine tendenziell geringere Arbeitsleistung zu erbringen.[273] Falls das alte Leistungsniveau beibehalten werden soll, würde das Unternehmen die Löhne erhöhen müssen, doch ist andererseits zu berücksichtigen, daß das bisherige Leistungsniveau unter den veränderten Bedingungen nicht mehr optimal sein kann.

Es sei angenommen, daß die Volkswirtschaft aus m identischen Unternehmen besteht, so daß im Gleichgewicht in jedem Unternehmen der gleiche Effizienzlohn gezahlt wird. Auf aggregierter Ebene muß

$$(6.17) \qquad nm = (1-u)L$$

gelten, mit u als Arbeitslosenquote und L als Gesamtzahl an Erwerbspersonen.

Um die Feedbackwirkung der betrieblichen Beschäftigungsentscheidungen in die Subventionierungsmodelle mit einzubeziehen, wird Gleichung (6.17) nach n umgeformt und in die (bisher mikroökonomischen) Optimierungsbedingungen aus Abschnitt 6.2.1. eingesetzt. Für den Fall einer ***Lohnsubvention*** erhält man dann

$$(6.18) \qquad w e_w(w,u) = e(w,u) \qquad (C^{(L)min}) \quad \text{und}$$

$$(6.19) \qquad p e(w,u)\, f'\!\left(\tfrac{L}{m}(1-u)\, e(w,u)\right) = w(1-\phi) \qquad (L^{(d)}) .$$

[273] Zur formalen Herleitung des Ergebnisses $\partial e/\partial u > 0$ siehe z.B. Pisauro [1991: 331-334].

Gleichung (6.18) ergibt sich aus der Solow-Bedingung (6.6) und stellt die Bedingung für ein Minimum der Arbeitskosten (im folgenden $C^{(L)min}$ abgekürzt) bei gegebener Arbeitslosenquote dar, während Gleichung (6.19) auf der Optimalbedingung (6.4) basiert und die Höhe der Arbeitsnachfrage $L^{(d)}$ bei gegebenem Lohnsatz festlegt. Beide Kurven weisen eine entgegengesetzte Steigung im u-w-Raum auf: je höher die Arbeitslosenquote ist, desto niedriger ist der Lohnsatz, der erforderlich ist, um das optimale Leistungsniveau zu erreichen; andererseits führt eine Erhöhung des Lohnsatzes über den Optimalwert w^* hinaus zu einer nur unterproportionalen Leistungssteigerung, und die entstehende Lücke zwischen Grenzkosten und Grenzprodukt kann nur durch Entlassungen geschlossen werden, so daß die gesamtwirtschaftliche Arbeitslosenquote nach Lohnerhöhungen ceteris paribus ansteigt.[274]

Dies läßt sich formal durch (partielles) implizites Differenzieren nach u und w zeigen. Aus Gleichung (6.18) erhält man

$$(6.20) \qquad \left.\frac{dw}{du}\right|_{C^{(L)min}} = \frac{e_u}{we_{ww}} < 0 \,,$$

wobei dieses Ergebnis nach Pisauro auf die Spezifikation der Nutzenfunktion der Arbeitnehmer zurückzuführen ist, insbesondere auf die Annahme, daß diese Funktion trennbar ist hinsichtlich Leistung und Konsum und linear von der Leistung e abhängt (so daß $e_{WU} = 0$ ist).[275] Aus Gleichung (6.19) erhält man nach Durchführung der impliziten Ableitung und unter Verwendung von (6.5)

$$(6.21) \qquad \left.\frac{dw}{du}\right|_{L^{(d)}} = \frac{-e_u f' + e\frac{L}{m} f''\left[e-(1-u)e_u\right]}{pef''(1-u)\frac{L}{m}e_w} > 0 \,.$$

Das Vorzeichen von dw/du in (6.21) ist nur dann positiv, wenn $[e-(1-u)e_U] > 0$ gilt. Dies ist jedoch eine sehr plausible Annahme, denn es gilt $d(en)/dn = e-(1-u)e_U$.[276] Würde $d(en)/dn < 0$ sein, so würde dies bedeuten, daß jede (durch mikroökonomische Gewinnmaximierungskalküle motivierte) Beschäftigungsaus-

---

274 Pisauro [1991: 337 f.].

275 Pisauro [1991: 338, 333 f.].

276 Um dies zu sehen, sind folgende Umformungsschritte vorzunehmen:
(6.17a:) $n = [(1-u)\cdot L]/m$ (folgt aus (6.17)).
(6.17b:) $u = 1 - (m/L)\cdot n$.

$$\begin{aligned} \Rightarrow \quad d(en)/dn &= e + e_n \cdot n \\ &= e + (e_u \cdot u_n)\cdot n \\ &= e + e_u\cdot(-m/L)\cdot[(1-u)L/m] \quad \text{(unter Verwendung von (6.17a) und (6.17b))} \\ &= e - e_u\cdot(1-u). \end{aligned}$$

weitung von einer anschließenden Leistungsminderung aufgrund der sinkenden Arbeitslosenquote begleitet werden würde, die so stark ist, daß die Unternehmen trotz Beschäftigungsexpansion einen geringeren Input (in Leistungseinheiten gemessen) hätten als im Ausgangszustand.[277] Dieser Fall soll für die vorliegende Analyse ausgeschlossen werden.

In Abb. 6.1. sind die gesamtwirtschaftlichen Beschäftigungs- und Lohnwirkungen von ***Lohnsubventionen*** dargestellt. Während die Lage der $C^{L(min)}$-Kurve durch eine Lohnsubvention nicht verändert wird, verschiebt sich die $L^{(d)}$-Kurve parallel nach oben, denn einerseits ist $(dw/du)|_{L^{(d)}}$, die ***Steigung*** der $L^{(d)}$-Kurve (Gleichung (6.21)), nicht von der Höhe von ϕ abhängig, andererseits ist

$$\text{(6.22)} \quad \left.\frac{dw}{d\phi}\right|_{L^{(d)}} = \frac{-w}{pef''(1-u)\frac{L}{m}e_w} > 0 \,.$$

Eine Lohnsubvention führt also zu einer Verringerung der Arbeitslosigkeit und gleichzeitig zu höheren Löhnen (Abb. 6.1.).[278]

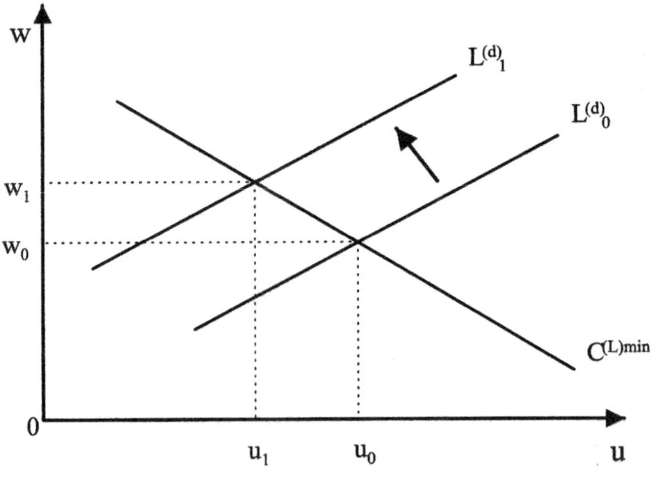

Abb. 6.1.: Wirkung einer Lohnsubvention im Effizienzlohnmodell

---

[277] Pisauro [1991: 337].

[278] Pisauro [1991: 339 f.] für den spiegelbildlichen Fall einer Lohnsteuer („ad valorem tax").

Bei Zugrundelegung einer allgemeinen ***Beschäftigungssubvention*** verändern sich die Optimalitätsbedingungen zu

(6.23) $(w-s)\, e_w(w,u) = e(w,u)$ $(C^{(L)min})$ und

(6.24) $p\,e(w,u)\, f'\!\left(\frac{L}{m}(1-u)\, e(w,u)\right) = w-s$ $(L^{(d)})$.

Implizite (partielle) Differentiation dieser Gleichungen nach w und u bzw. s ergibt

(6.25) $$\left.\frac{dw}{du}\right|_{L^{(d)}} = \frac{-e_u f' + e\frac{L}{m} f''\left[e-(1-u)e_u\right]}{p\,e f''(1-u)\frac{L}{m} e_w} > 0$$ (identisch mit (6.21)),

(6.26) $$\left.\frac{dw}{ds}\right|_{L^{(d)}} = \frac{-1}{p\,e f''(1-u)\frac{L}{m} e_w} > 0\,,$$

(6.27) $$\left.\frac{dw}{du}\right|_{C^{(L)min}} = \frac{e_u}{(w-s)\, e_{ww}} < 0$$ sowie

(6.28) $$\left.\frac{dw}{ds}\right|_{C^{(L)min}} = \frac{e_w}{(w-s)\, e_{ww}} < 0\,.$$

Diese Ergebnisse bedeuten, daß sich ebenso wie im Falle der Lohnsubvention die $L^{(d)}$-Kurve parallel nach oben verschiebt (siehe Gleichungen (6.25) und (6.26)), während jedoch die $C^{(L)min}$-Kurve nach unten wandert und eine größere negative Steigung annimmt (Abb. 6.2.). Während diese Konstellation eindeutig positive Beschäftigungswirkungen als Folge einer Beschäftigungssubvention impliziert, scheint die Wirkung der Subvention auf den Lohnsatz auf den ersten Blick ambivalent zu sein. Doch durch Bildung der totalen Ableitung von (6.23) und (6.24) läßt sich auch hier das Vorzeichen des Gesamteffekts eindeutig bestimmen. Man erhält (wobei (6.8) zur Vereinfachung des Ausdrucks verwendet werden kann)

(6.29) $$\frac{dw}{ds} = \frac{-p e_w f'' e \frac{L}{m}(e-(1-u)e_u)}{|J|} < 0\,,$$

mit |J|, dem Wert der Jakobi-Determinante, als

(6.30) $$|J| = (w-s)e_{ww}p\left(e_u f' + e f''\frac{L}{m}(-e+(1-u)e_u\right) - e_u p e_w\left(f' + e(1-u)\frac{L}{m}\right) < 0\,.$$

Damit hängt die lohnsenkende Wirkung von Beschäftigungssubventionen insbesondere von drei Annahmen ab: daß erstens $[e-(1-u)\cdot e_U] > 0$ gilt (wie oben bereits angenommen und begründet worden ist), daß zweitens $f'' < 0$ ist, also eine sinkende Grenzproduktivität der Arbeit angenommen wird, und daß es drittens

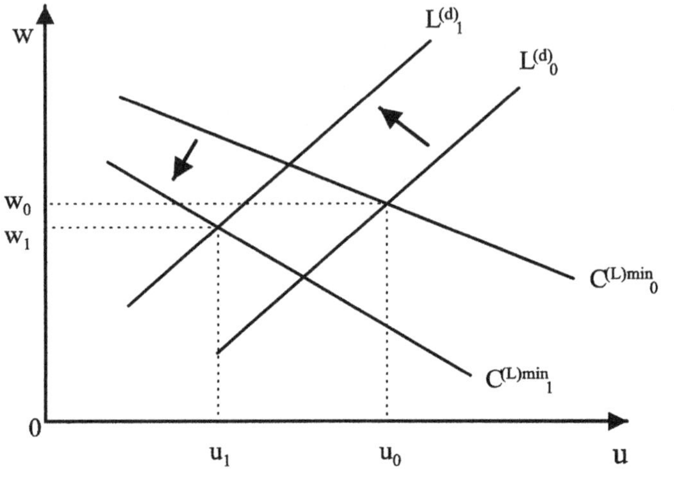

Abb. 6.2.: Wirkung einer Beschäftigungssubvention im Effizienzlohnmodell

einen ***abnehmenden*** Grenznutzen des Konsums gibt (was als „Risikoaversion" der Arbeitnehmer interpretiert werden kann). Ein ***konstanter*** Grenznutzen des Konsums („Risikoneutralität") hingegen würde $e_{ww} = 0$ implizieren; unter dieser Voraussetzung würde die $C^{(L)min}$-Bedingung weder von Beschäftigungssubventionen noch von Lohnsubventionen beeinflußt werden.[279]

Als Fazit dieses Abschnitts bleibt festzuhalten, daß die komparativ-statischen Ergebnisse der mikroökonomischen Ebene bis auf eine Ausnahme auch auf der makroökonomischen Ebene bestehen bleiben. Sowohl Lohn- wie auch Beschäftigungssubventionen führen in Effizienzlohnmodellen zu Beschäftigungsausweitungen, doch beide Instrumente unterscheiden sich hinsichtlich ihrer Wirkung auf die Löhne: während Beschäftigungssubventionen - unter plausiblen Annahmen - lohnsenkende Wirkungen haben, würden Lohnsubventionen im Rahmen des untersuchten Modells Lohnerhöhungen hervorrufen.

[279] Pisauro [1991: 342, Fn 21].

6.3. Exkurs: „Lohndruck" und Effizienzlohnmodelle

In einem Effizienzlohnmodell hängen die Lohnwirkungen wie gezeigt von der gewählten Subventionierungsform ab: Beschäftigungssubventionen führen zu Lohnsenkungen, Lohnsubventionen zu Lohnsteigerungen. Trotzdem läßt sich aus dieser Tatsache nicht auf eine größere Unternehmensfreundlichkeit von Beschäftigungssubventionen schließen. Eine solche Bewertung wäre voreilig, weil gerade in Effizienzlohnmodellen Lohnsteigerungen in Reaktion auf exogene Schocks nicht als schädlich für das Unternehmen einzustufen sind. Vielmehr werden hier alle Lohnveränderungen - sei es nach oben oder unten - von den Unternehmen ***freiwillig*** initiiert, um die eigenen Gewinne zu maximieren. So würde zum Beispiel ein staatliches Verbot von Lohnerhöhungen die Gewinnsituation der Unternehmen in einem Effizienzlohnmodell verschlechtern. Folglich kann auch die Information, daß mit bestimmten Subventionsformen Lohndruck erzeugt bzw. abgebaut wird, für sich genommen noch nicht viel über die wirtschaftspolitische Güte dieser Instrumente aussagen.

Erst die Berücksichtigung einer eventuellen Präferenz für möglichst niedrige Preis- und Lohnsteigerungsraten würde für den Einsatz von Beschäftigungssubventionen anstelle von Lohnsubventionen sprechen. Inwieweit eine solche Präferenz rational ist, sei dahingestellt. Auch wenn von einigen Ökonomen das Ziel der Preisstabilität offenbar absolut gesetzt und als Voraussetzung jedes wirtschaftspolitischen Handelns angesehen wird, so sind doch in Wirklichkeit die volkswirtschaftlichen Kosten einer dauerhaften, antizipierten Inflation (mit Inflationsraten von beispielsweise unter 10 %) oder die Kosten einmaliger, geringfügiger Preisschocks als ziemlich gering einzustufen.[280] Allenfalls die (begründete?) Furcht vor einer sich ständig beschleunigenden Lohn-Preis-Spirale würde die kategorische Ablehnung von Politikmaßnahmen, die zu Lohnerhöhungen führen, rechtfertigen.

In den nächsten beiden Unterkapiteln sollen zwei Modelle aus der Literatur vorgestellt werden, die die Frage einer eventuellen Selbstfinanzierung beschäftigungspolitischer Subventionen im Rahmen von Effizienzlohnmodellen untersuchen.

---

[280] Vergl. z.B. Dawson [1992: 115 ff., 194], Streißler et al. [1976] oder Solow [1979].

6.4. Das Effizienzlohnmodell mit Selbstfinanzierungseigenschaft von Calvo

6.4.1. Darstellung des Modells

Calvo [1985] geht in seinem „Shirking"-Modell der Frage nach, ob es möglich ist, in einer Wirtschaft, wo die Überwachung („monitoring") von Arbeitsleistung mit Kosten verbunden ist, eine Kombination selbstfinanzierender Beschäftigungssubventionen und -steuern zu finden, mit denen sich ein Marktgleichgewicht pareto-superior verändern ließe.

In Calvos statischem Modell wird Output mit dem einzigen Faktor Arbeitskraft produziert, doch mit zwei Arten von Technologien, die davon abhängen, ob Arbeit im „organisierten" Sektor eingesetzt wird oder im „Selbstbeschäftigungs-" Sektor. Die im „organisierten" Sektor operierenden Wirtschaftseinheiten sind Unternehmen, die von jeweils einem „Unternehmer" geführt werden. Es wird angenommen, daß der Unternehmer die Arbeitsleistung eines individuellen Arbeitnehmers mit der Wahrscheinlichkeit ρ beobachten kann. Da man annimmt, daß Arbeitnehmer ein „Bummeln" am Arbeitsplatz als nutzensteigernd empfinden, müssen die Manager im organisierten Sektor Anreize schaffen, mit denen die Arbeitsdisziplin erhalten bleibt. In Calvos Modell erhalten die Arbeitnehmer zu diesem Zweck einen bestimmten Einheitslohn (unabhängig von der Höhe des produzierten Outputs) ausgezahlt, den sie verlieren, wenn ihnen ein Zurückbleiben hinter der vertraglich vereinbarten Arbeitsleistung nachgewiesen wird und sie aus diesem Grund entlassen werden. Dagegen existiert im Selbstbeschäftigungsbereich keine derartige Principal-Agent-Problematik: Manager und Arbeitnehmer fallen in einer Person zusammen, und es gibt keine Informationsdefizite hinsichtlich der geleisteten Arbeit. In beiden Sektoren des Modells ist der Output proportional vom Input abhängig, doch während die Grenzproduktivität der Arbeit im Unternehmenssektor a beträgt, liegt diese im Falle der Selbstbeschäftigung bei h, wobei

(6.31) $\quad a > h$

ist. In einer Welt ohne Überwachungskosten würde die pareto-optimale Lösung darin bestehen, daß alle Arbeitskräfte in Unternehmen beschäftigt sind.

Für die als identisch unterstellten Arbeitnehmer wird eine lineare Nutzenfunktion U vom Neumann-Morgenstern-Typ angenommen, die additiv ist hinsichtlich der beiden Komponenten Konsum (ausgedrückt durch die Höhe des Einkommens nach Steuern y) und Freizeit (ausgedrückt durch $1-e$ (wobei e für Arbeitsleistung steht) multipliziert mit dem Parameter k, der den Nutzenwert der Freizeit beschreibt):

(6.32) $U = y + (1-e)k \quad , \quad k > 0.$

Durch diese Spezifikation soll „Risikoneutralität" abgebildet werden. Calvo nimmt ferner zur Vereinfachung an, daß e nur zwei Ausprägungen annehmen kann: entweder Null oder Eins, d.h. ein Arbeitnehmer kann entweder arbeiten oder (im Rahmen seines Beschäftigungsverhältnisses) nichts tun.

Bezüglich der selbstbeschäftigten Arbeitskräfte wird eine pauschale Steuer auf Selbstbeschäftigung in Höhe von $t^{(h)}$ angenommen. Sofern ein selbstbeschäftigtes Individuum arbeitet, hat es einen Nutzen von $h - t^{(h)}$; andernfalls beträgt sein Nutzen $k - t^{(h)}$. Calvo geht im folgenden davon aus, daß $h > k$ ist, d.h. es ist optimal für das Individuum, zu arbeiten.

Bei einer Überwachungswahrscheinlichkeit $\rho < 1$ und unter der Annahme, daß ein Arbeitnehmer im Falle seiner Entlassung (die annahmegemäß zu Beginn der Periode stattfinden würde) für den Rest der Periode nur noch „selbstbeschäftigt" sein kann, ergibt sich für ihn bei Erbringen der geforderten Arbeitsleistung ein erwarteter Nutzen

(6.33) $\upsilon^{(e)} = w - t^{(w)}$

($t^{(w)}$ ist eine Lohnsteuer), während sich bei einer Arbeitsverweigerung innerhalb des bestehenden Beschäftigungsverhältnisses der Erwartungswert seines Nutzens berechnet als

(6.34) $\upsilon^{(x)} = \rho\left(h - t^{(h)}\right) + (1-\rho)\left(w - t^{(w)} + k\right).$

Der erste Klammerausdruck auf der rechten Seite von (6.34) bezeichnet das Einkommen des arbeitsverweigernden Arbeitnehmers, wenn sein Fehlverhalten aufgedeckt wird (was mit Wahrscheinlichkeit ρ geschieht). Wird seine Arbeitsverweigerung hingegen nicht entdeckt (Wahrscheinlichkeit hierfür: $(1-\rho)$), so setzt sich sein Nutzen zusammen aus seinem Einkommen nach Steuern $y = w - t^{(w)}$ und dem Freizeitwert k beim „Shirking" (siehe (6.32) mit $e = 0$).

Bei $\upsilon^{(e)} > \upsilon^{(x)}$ und - so sei unterstellt - auch bei $\upsilon^{(e)} = \upsilon^{(x)}$ würde ein Arbeitnehmer die Arbeitsleistung wählen, so daß ein gewinnmaximierendes Unternehmen den Arbeitslohn bei gegebener Überwachungswahrscheinlichkeit ρ gerade so ansetzen würde, daß $\upsilon^{(e)} = \upsilon^{(x)}$ wäre. Nach Gleichsetzung von (6.33) und (6.34) und Umformung nach w ergibt sich damit

(6.35) $w = h - t^{(h)} + t^{(w)} + k[(1-\rho)/\rho]$.

Ferner wird unterstellt, daß ρ invers abhängig ist von der Anzahl der Beschäftigten im Betrieb, n, und zwar in der Form

(6.36) $\rho = 1/n \quad , \; n \geq 1$.

Wegen $\rho < 1$ ergibt sich aus Gleichung (6.35), daß für die Arbeitnehmer der Nutzen einer abhängigen Beschäftigung in jedem Fall größer ist als der Nutzen aus Selbstbeschäftigung. Diese Tatsache rechtfertigt es nach Ansicht von Calvo, die „Selbstbeschäftigten" inhaltlich mit den Arbeitslosen gleichzusetzen.[281]

Die Gewinngleichung eines Unternehmens (nach Steuern) ist

(6.37) $\Pi = (a + s - w)n - t^{(\pi)}$,

wobei s und $t^{(\pi)}$ für die Höhe einer (eventuellen) allgemeinen Beschäftigungssubvention bzw. Gewinnbesteuerung stehen. Für das Maximierungsproblem

(6.38) $\max_{n \geq 1} \Pi$

besteht eine eindeutige und interiore Lösung für (6.38) nur dann, wenn a + s > w ist bzw. - ausgedrückt mit Hilfe von (6.35) und (6.36)[282] - wenn

(6.39) $a + S > k + h$ ist, bei

(6.40) $S \equiv s - t^{(w)} + t^{(h)}$.

Unter Einbeziehung von (6.35), (6.36) und (6.40) ergibt sich als Gewinnfunktion

(6.41) $\Pi = (a + S - h - kn + k)n - t^{(\pi)}$,

und nach Ableitung der Funktion nach n und Gleichsetzen mit Null erhält man für die optimale Beschäftigungsmenge[283]

(6.42) $n^* = (a + S + k - h)/2k$.

---

[281] Falls der Verfasser die Fußnote 4 bei Calvo [1985: 377] richtig interpretiert, besteht die Arbeit der Arbeitslosen dann sozusagen darin, nach organisierter Lohnarbeit zu suchen.

[282] Gl. (6.39) läßt sich mit den folgenden Gedankenschritten herleiten: wenn das Unternehmen positive Gewinne erwirtschaften soll, muß $a + S > k[(1-\rho)/\rho] + h$ sein, wobei sich diese Bedingung aufgrund von Gl. (6.36) noch umformen läßt zu $a + S > k[n-1] + h$. Wenn es nun wiederum für Gl. (6.37) eine Lösung gibt, welche ***keine*** Ecklösung ist, dann muß $n \geq 2$ sein. Somit beträgt der Ausdruck auf der rechten Seite ***mindestens*** k+h, und a+S > k+h wäre dann ***notwendige*** Bedingung dafür, daß es eine Lösung der Maximierungsaufgabe im oben skizzierten Sinne gibt.

[283] Der Originalbeitrag enthält an dieser Stelle (S.377: Gl. 12) zwei Druckfehler.

Eingesetzt in (6.35) und (6.36) errechnet sich der optimale Lohnsatz als

(6.43) $w^* - t^{(w)} = [(a + S - k + h)/2] - t^{(h)}$.

In einer Laissez-faire-Situation ohne staatliche Interventionen (d.h.: $s = t^{(h)} = t^{(w)} = 0$) reduzieren sich (6.42) und (6.43) zu

(6.44) $n^* = (a + k - h)/2k$,

(6.45) $w^* = (a - k + h)/2$.

Die Unternehmen haben keinen Anreiz, von dem in Gleichung (6.45) genannten optimalen Lohnsatz nach unten abzuweichen, obwohl die Arbeitslosen auch einen geringeren Lohnsatz akzeptieren würden (denn wegen $a > k + h$ (Gleichung (6.39)) ist w* höher als h, der Nutzen aus „Selbstbeschäftigung“). In diesem Sinn kann die hier entstehende Arbeitslosigkeit als „unfreiwillig“ bezeichnet werden.

Calvo untersucht außerdem im zweiten Teil seines Beitrags eine Erweiterung des Modells, indem er annimmt, daß die Unternehmen eine Aufnahmegebühr f verlangen können, die auch dann einbehalten wird, wenn es zu einer Entlassung des Arbeitnehmers kommt. Arbeitnehmer würden trotz dieser Gebühr so lange ein festes Arbeitsverhältnis bevorzugen, wie $(w-t^{(w)}-f)$ größer als $(h-t^{(h)})$ ist. Die Entscheidung von Arbeitnehmern hinsichtlich Arbeit oder Arbeitsverweigerung innerhalb des Beschäftigungsverhältnisses wird durch die Gebühr nicht berührt, da ***beiden*** Nutzengleichungen (6.33) und (6.34) der Term (–f) hinzuzufügen wäre. Allerdings verändert sich die Gewinngleichung des Unternehmens zu

(6.46) $\Pi = (a + f + s - w)n - t^{(\pi)}$,

was zu einer Erhöhung des optimalen Beschäftigungsstandes (vergl. (6.42)) führen würde. Je nach Höhe der maximal möglichen Aufnahmegebühr (welche u.a. von der Vermögensausstattung der Arbeitslosen abhängt[284]) kann gegebenenfalls Vollbeschäftigung erreicht werden. Allerdings ist diese Gebührenlösung nicht frei von möglichen Moral-Hazard-Problemen: je höher die Einnahmen des Unternehmens aus den Aufnahmegebühren sind, desto mehr dürften die Unternehmen

---

[284] Calvo [1985: 379]. Wie Calvo [1985: 384 f.] außerdem erwähnt, muß die aus Unternehmenssicht maximal mögliche Aufnahmegebühr f in genau dem Maße hinter dem theoretisch abschöpfbaren Einkommen der Arbeitslosen zurückbleiben, wie der Staat eine Besteuerung dieses Einkommens mittels $t^{(h)}$ betreibt. Eine „Umverteilung“ von f zu $t^{(h)}$ würde den aus Unternehmenssicht erforderlichen Lohn um diesen umverteilten Betrag verringern (siehe (6.35)), doch wenn $t^{(h)}$ zur Finanzierung von s verwendet wird, würden sich mit dieser Maßnahme die Gewinne - und damit auch die optimale Beschäftigung - erhöhen lassen (vergl. (6.35) eingesetzt in (6.46)).

an einer hohen Fluktuationsrate interessiert sein, wobei sie - so Calvos Befürchtung - in zunehmendem Maße auch unberechtigte Kündigungen wegen angeblich unzureichender Arbeitsleistungen aussprechen könnten.[285]

Im dritten Teil seiner Arbeit schließlich untersucht Calvo, ob ausgehend von den beiden Laissez-Faire-Zuständen des Modells (ohne bzw. mit Aufnahmegebühr) durch geeignete Subventionen und Steuern pareto-superiore Wohlfahrtssteigerungen erzielt werden können. Aufgrund der Selbstfinanzierungsbedingung (das Subventionsvolumen muß dem Steuervolumen entsprechen) ergibt sich die Budgetbeschränkung des Staates als

(6.47) $\quad t^{(\pi)} + t^{(w)} N^* + t^{(h)}(L - N^*) = s N^*$,

wobei L die Gesamtzahl aller Erwerbspersonen in der Volkswirtschaft bezeichnet und N die aggregierten Werte von n.[286] Um zu Vergleichszwecken den Lohn nach Steuern auf dem Niveau des Laissez-Faire-Zustandes zu belassen, wird

(6.48) $\quad t^{(h)} = \frac{1}{2} S$.

gesetzt[287]. (6.40) eingesetzt in (6.48) ergibt $t^{(h)} = \frac{1}{2}[s - t^{(w)} + t^{(h)}]$. Dieses umgeformt nach $t^{(w)}$ und eingesetzt in (6.47) führt zu $t^{(\pi)} = t^{(h)}(2N^* - L)$. Der Term $t^{(h)}$ ersetzt durch $\frac{1}{2} \cdot S$ (siehe (6.48)) ergibt dann

(6.49) $\quad t^{(\pi)} = S(N^* - \frac{1}{2} L)$.

Wie schon in (6.41) gezeigt wurde, läßt sich der Gewinn schreiben als

(6.50) $\quad \Pi = [a + S - (n-1)k - h]n - t^{(\pi)}$.

Wenn nun mit Π^* dasjenige Gewinn-Niveau bezeichnet wird, das sich bei einem ***optimal*** gewählten n ergibt, dann wäre aufgrund des sogenannten Umhüllenden-Satzes („envelope theorem")[288]

---

285 Calvo [1985: 379 f.].

286 Es ist zu beachten, daß die Symbole L und N in der vorliegenden Arbeit die genau entgegengesetzte Bedeutung haben wie in Calvos Originalnotation. Ferner wird bei Calvo nicht zwischen einer volkswirtschaftlichen und einer betrieblichen Beschäftigungsmenge unterschieden (d.h. es ist $n = N$), da dort aus Gründen der Vereinfachung angenommen wird, daß es in der Volkswirtschaft nur ein einziges Unternehmen gibt (S. 377).

287 Wie durch Einsetzen von (6.48) in (6.43) zu sehen ist, ist - anders als von Calvo behauptet - der optimale Lohn bei Intervention (nach Steuern) ***nicht*** gleich dem optimalen Lohnsatz bei Nicht-Intervention (= (6.45)), sondern beide Größen differieren um die Höhe der Lohnsteuer $t^{(w)}$. Um diese Ungenauigkeit zu vermeiden, könnte man im gesamten Modell durchgehend $t^{(w)} = 0$ setzen, ohne daß es zu einem Verlust an Aussagekraft käme.

$$(6.51)\quad \frac{\partial \Pi^*}{\partial S} = n^* .$$

sowie

$$(6.52)\quad \frac{\partial \Pi^*}{\partial t^{(\pi)}} = -1 .$$

Die Auswirkung einer Änderung von S auf Π^* läßt sich nach der Bildung des totalen Differentials[289] und unter Verwendung von (6.52), (6.51), (6.49) und (6.42) herleiten als

$$(6.53)\quad \frac{d\Pi^*}{dS} = \frac{\partial \Pi^*}{\partial S} + \frac{\partial \Pi^*}{\partial t^{(\pi)}}\frac{\partial t^{(\pi)}}{\partial S} = n^* - (n^* - \frac{L}{2}) - S\frac{\partial n^*}{\partial S} = \frac{1}{2}\left(L - \frac{S}{k}\right).$$

Bei $S \leq 0$ wird dieser Ausdruck in jedem Fall positiv werden; bei $S > 0$ ist dies nur dann gegeben, wenn S nicht zu groß ist. (Andererseits ***muß*** S aber positiv sein, wenn es eine pareto-superiore Allokation hervorrufen soll, denn $S = 0$ ist ja die Laissez-Faire-Allokation des Ausgangszustandes, und $S < 0$ würde eine Verschlechterung aus Sicht der Unternehmen bedeuten). Wenn $S > 0$ ist, muß unter der getroffenen Annahme eines konstanten Nettolohns auch $t^{(h)}$ positiv sein (siehe Gleichung (6.48)).

Nach Gleichung (6.42) steigt n^* mit steigendem S. Insofern kann vermutet werden, daß ein bestimmtes S existiert (im folgenden mit S^* bezeichnet), welches zu Vollbeschäftigung ($N^* = L$) führen würde. Allerdings gibt es auch eine Obergrenze für S, die sich daraus ergibt, daß $t^{(h)} > h$ nicht sinnvoll sein kann, weil dies ein negatives Einkommen nach Steuern für die Arbeitslosen implizieren würde. Somit (vergl. Gleichung (6.48)) muß

$$(6.54)\quad S \leq 2h$$

sein, was gleichzeitig bedeutet, daß sich die Laissez-Faire-Lösung nicht zu weit vom Vollbeschäftigungszustand entfernt befinden darf. Wie Gleichung (6.53) zeigt, wäre diejenige Gewinnänderung, die sich bei einer marginal kleinen Erhöhung von S im Ausgangszustand $S = 0$ ergäbe, positiv:

$$(6.55)\quad \left.\frac{d\Pi^*}{dS}\right|_{S=0} = \tfrac{1}{2}L > 0 ,$$

---

[288] Zur üblichen Begründung des Theorems vergl. z.B. Tirole [1995: 11] oder Varian [1984: 327 ff.].

[289] Indem man das totale Differential $d\Pi = \Pi_S \cdot dS + \Pi_{t(\pi)} \cdot dt^{(\pi)}$ durch dS teilt und die Quotienten der Differentiale als partielle Ableitungen interpretiert, wird der Gesamteffekt in eine direkte und eine indirekte Kausalität zerlegt (vergl. Chiang [1984: 194 f., 199]).

woraus Calvo schließt, daß nicht nur für die Arbeitslosen und die bisher Beschäftigten, sondern auch für die Unternehmen die Einführung einer (nicht zu starken) Subventionierung vorteilhaft wäre. Um diejenigen Subventionen und Steuern zu ermitteln, die unter den getroffenen Annahmen $N^* = L$ bedingen, verwendet man (6.48) und (6.49) und erhält nach Einsetzen

(6.56) $t^{(h)} = \frac{1}{2}S^*$,

(6.57) $t^{(\pi)} = \frac{1}{2}LS^*$

sowie (unter Einbeziehung von (6.40))

(6.58) $s - t^{(w)} = \frac{1}{2}S^*$.

Hier zeigt sich nach Ansicht von Calvo, daß nicht die jeweilige Höhe von s oder $t^{(w)}$ unter Pareto-Aspekten relevant ist, sondern lediglich ihre Differenz. Wenn zum Beispiel gemäß (6.58) $t^{(w)} = 0$ und $s = ½·S^*$ angesetzt werden, dann bedeutet dies, daß im Vollbeschäftigungs-Gleichgewicht die Beschäftigungssubventionen vollständig durch die Gewinnsteuer finanziert werden; zwar ist auch $t^{(h)}$ positiv, doch da es in diesem Gleichgewicht keine Arbeitslosen mehr gibt, fungiert diese Steuer nur noch als „Drohung". Interessanterweise verschwindet die Pareto-Eigenschaft der Subventionierung aber wieder, sobald $t^{(h)} \leq 0$ ist. Dies zeigt Calvo für $t^{(h)} = 0$ (wobei auch hier wiederum $t^{(w)} = 0$ angenommen wird). Wegen (6.40) und (6.47) gilt unter diesen Umständen

(6.59) $t^{(\pi)} = SN^*$.

Auch wenn der Lohnsatz nach Steuern nach wie vor durch S bestimmt wird, so entfällt nun die Möglichkeit, ihn durch eine Variation von $t^{(h)}$ zu beeinflussen (vergl. (6.43)). Um Pareto-Verbesserungen aus Sicht der Beschäftigten zu induzieren, muß S deshalb notwendigerweise positiv sein. Doch andererseits ergibt sich aus (6.42), (6.51), (6.52) und (6.59)

(6.60) $$\frac{d\Pi^*}{dS} = \frac{\partial\Pi^*}{\partial S} + \frac{\partial\Pi^*}{\partial t^{(\pi)}}\frac{\partial t^{(\pi)}}{\partial S} = -\frac{S}{2k},$$

was - im Unterschied zu (6.53) - bei positivem S negativ wird. Wenn ein positives S jedoch zu sinkenden Gewinnen führt, kann es aus Unternehmenssicht nicht mehr pareto-superior sein.

Im folgenden betrachtet Calvo den Fall, daß es nicht von vornherein eine feste Zuordnung der Arbeitnehmer zum organisierten bzw. „selbstbeschäftigten" Sektor gibt, sondern daß diese Zuordnung am Anfang der Periode durch einen Zufallsprozeß gesteuert wird. Der Erwartungsnutzen der Arbeitnehmer ist somit

(6.61) $\upsilon = (1/L)\left[N^*(w^* - t^{(w)}) + (L - N^*)(h - t^{(h)})\right]$.

Gleichung (6.40) eingesetzt in die Budgetgleichung (6.47) ergibt $t^{(\pi)} + t^{(h)}L = sN^*$, so daß ausgehend von dem Laissez-Faire-Zustand ($S = t^{(h)} = t^{(\pi)} = 0$) die entsprechende Ableitung zu

(6.62) $dt^{(\pi)} = N^* dS - Ldt^{(h)}$

führt. Aus (6.51), (6.52) und (6.62) wiederum ergibt sich

(6.63) $d\Pi^* = N^* dS - dt^{(\pi)} = Ldt^{(h)}$.

Außerdem erhält man (wiederum vom Laissez-Faire-Zustand ausgehend)

(6.64) $d\upsilon = (1/L)\left[(w^* - h)dN^* + N^* d(w^* - t^{(w)}) - (L - N^*)dt^{(h)}\right]$,

was unter Einbeziehung von (6.42) und (6.43) umgeformt werden kann zu

(6.65) $d\upsilon = \left[\frac{1}{2}\left(\frac{w^* - h}{k} + N^*\right) dS - Ldt^{(h)}\right]\frac{1}{L}$.

Im folgenden zeigt Calvo, daß es eine positive Zahl $\hat{m}$ gibt, für die bei

(6.66) $0 < t^{(h)} < \hat{m}$

eine bestimmte Kombination von Steuern und Subventionen existiert, die eine pareto-superiore Verbesserung des Laissez-Faire-Zustandes bewirken würde. Hierfür genügt es zu zeigen, daß sich für jedes $dt^{(h)} > 0$ ein dS finden läßt, mit dem $d\Pi^*$ und $d\upsilon$ (d.h. die Nutzenveränderungen für Unternehmen bzw. Arbeitnehmer aufgrund der Subventionierung) positiv werden. Die Tatsache $d\Pi^* > 0$ bei $dS > 0$ läßt sich direkt aus Gleichung (6.63) ablesen. Außerdem ist $d\upsilon > 0$, wenn dS ausreichend groß ist (siehe (6.65)). Die Einhaltung der Budgetbeschränkung schließlich ist durch (6.62) gewährleistet, da die Subvention durch eine Erhöhung der Gewinnsteuer finanziert wird. Folglich läßt sich in diesem Fall mit einem kleinen, doch positiven $t^{(h)}$ eine Pareto-Verbesserung erzielen, auch wenn diese Maßnahme nicht zwangsläufig zu Vollbeschäftigung führen muß. Allerdings gilt auch hier wieder die Einschränkung, daß die Pareto-Eigenschaft verlorengeht, wenn $t^{(h)} \leq 0$ gesetzt wird.

Zusammenfassend läßt sich über Calvos Modell sagen, daß als Konsequenz von unvollkommenen (bzw. teuer zu beschaffenden) Informationen hinsichtlich der individuellen Arbeitsleistung der Beschäftigten Arbeitslosigkeit resultiert, die durch eine geeignete Kombination von allgemeinen Beschäftigungssubventionen und -steuern pareto-superior reduziert werden kann. Hierzu bedarf es aber nicht nur der Besteuerung von Lohnarbeit, sondern auch der Besteuerung von Arbeitslosen-Einkommen. Für sich allein genommen (d.h. ohne die Umwandlung der eingenommenen Steuern in Subventionen) wäre letzteres zwar ebenfalls ein beschäftigungsförderndes, aber kein pareto-superiores Instrument, da es die Wohlfahrt der Arbeitslosen wie auch (durch sinkende Nettolöhne) die der Beschäftigten reduzieren würde.

6.4.2. Diskussion

Calvos Modell ist - wie der Autor selbst schreibt - in erster Linie eine theoretische Übung; „whether we are focusing on an empirical relevant issue will have to await further studies".[290] In dem Modell werden die Arbeitsmarktprozesse - im Vergleich beispielsweise zum bekannteren Shirking-Modell von Shapiro/Stiglitz [1984] - eher rudimentär behandelt, doch werden die wohlfahrtstheoretischen Implikationen bei Calvo um so ausführlicher diskutiert. Während Shapiro/Stiglitz relativ knapp konstatieren: „The optimum can be achieved by taxing away all profits and financing a wage subsidy ... [S]uch a tax policy would ***not*** constitute a Pareto improvement, since profits would fall"[291], bemüht sich Calvos Modell darum, die eventuellen Möglichkeiten einer ***pareto-superioren*** Beschäftigungspolitik auszuloten; beispielsweise die Möglichkeit, daß die Gewinnzuwächse der Unternehmen aufgrund von Beschäftigungssubventionen insgesamt ***größer*** ausfallen als jene Gewinnanteile, welche zur Finanzierung eben dieser Subventionen mittels Steuern wieder abgeschöpft werden müssen. Calvos diesbezüglichen Ergebnisse sind positiv, aber äußerst fragil (man denke z.B. an die ambivalente Rolle, die $t^{(h)}$, die Steuer auf Arbeitsloseneinkommen, in seinem Modell spielt). Eine einfache, intuitiv verständliche Antwort auf die Frage, warum die Marktlösung (der Laissez-Faire-Zustand) suboptimal sein soll gegenüber der Alternative einer staatlichen Interventionspolitik, kann das Modell, das auch nach Calvos eigenen Worten „far from trivial" ist, zumindest nicht bieten.

---

[290] Calvo [1985: 386].

[291] Shapiro/Stiglitz [1984: 440] (Hervorhebung im Original).

6.5. Das Effizienzlohnmodell mit Selbstfinanzierungseigenschaft von Layard/Nickell/Jackman

Dem nachfolgend vorgestellten Effizienzlohnmodell liegt jenes spezielle Steuer-Subventions-Instrument zugrunde, welches bereits in Abschnitt 5.6.1. eingeführt worden ist. Somit ist der größte Teil der in Abschnitt 5.6.3. geführten Diskussion für das folgende Modell ebenfalls relevant.

6.5.1. Beschäftigungswirkungen des Instruments

Anders als in den meisten Effizienzlohnmodellen, wo die Arbeitsleistung der Beschäftigten von der Lohnhöhe abhängt (vergl. Abschnitt 6.1.), ist im Modell von Layard/Nickell/Jackman die Arbeitsleistung e positiv von der ***relativen*** Lohnhöhe abhängig, d.h. vom Quotienten aus dem betrieblichen Lohnsatz w und dem in anderen Unternehmen erzielbaren Lohnsatz $\tilde{w}$.[292] Daraus folgt zum Beispiel, daß eine Lohnerhöhung dann keinen Einfluß auf die Arbeitsleistung hat, wenn sich die Löhne überall im gleichen Umfang erhöhen. Zusätzlich sei e eine positive Funktion der Arbeitslosenquote u. Letztere Abhängigkeit wird bei Layard/Nickell/ Jackman als notwendig angesehen, um unter der (normativen) Nebenbedingung einer sich nicht erhöhenden Inflationsrate die konkurrierenden Ansprüche an das Sozialprodukt auflösen zu können.[293]

In der folgenden Analyse soll zunächst das Grundmodell von Layard/Nickell/ Jackman dargestellt und von einem Zustand ***ohne*** Subventionierung ausgegangen werden. Die Gewinngleichung eines einzelnen Unternehmens sei dabei gegeben als

$$(6.67)\quad \Pi = R - wn = pq - wn = p(f)\,f(en) - wn = p(f)\cdot f\left[e\left(\underset{\oplus}{\frac{w}{\tilde{w}}},\underset{\oplus}{u}\right)n\right] - \left(\frac{w}{e}\right)en\ ,$$

mit R = Erlös, p = Güterpreis, q = Output, f = Produktionsfunktion, e = Arbeitsleistung und $\tilde{w}$ = Alternativeinkommen der Arbeitnehmer.[294] Wegen der speziel-

---

[292] Layard/Nickell/Jackman [1991: 22]. Ein vergleichbarer Ansatz findet sich bei Akerlof/Yellen [1988] in ihrem „Modell des gerechten Lohnsatzes".

[293] Layard/Nickell/Jackman [1991: 12 ff.].

[294] Im Unterschied zum Originalmodell, wo teilweise auch reale Größen verwendet werden, basiert die hier gewählte Darstellung durchgehend auf nominalen Größen.

len Spezifikation der Determinanten der Arbeitsleistung bei Layard/Nickell/Jackman erhält man hier nicht die gewohnte Solow-Bedingung $(\partial e/\partial w)\cdot(w/e) = 1$ (vergl. Abschnitt 6.2.1.), sondern eine entsprechend veränderte Gleichgewichtsbedingung

$$(6.68) \quad e_1\left(\frac{w}{\tilde{w}}, u\right)\frac{w}{\tilde{w}} = e\left(\frac{w}{\tilde{w}}, u\right),$$

wobei e_1 die partielle Ableitung von e nach $w/\tilde{w}$ sei. Da die Autoren davon ausgehen, daß im allgemeinen Gleichgewicht $w = \tilde{w}$ gilt[295], ist

$$(6.69) \quad e_1(1, u^*) = e(1, u^*),$$

mit u* als der gleichgewichtigen Arbeitslosenquote.

Das repräsentative Unternehmen betreibt die Maximierung seines Gewinns (siehe Gleichung (6.67)) sowohl hinsichtlich einer Variation des Beschäftigungsniveaus wie auch hinsichtlich einer Veränderung der Löhne. So muß also zum einen

$$(6.70) \quad \frac{\partial \Pi}{\partial n} = (pf_n + p_f f_n f) - w \stackrel{!}{=} 0$$

erfüllt sein (die Autoren bezeichnen dies als die „Preisgleichung", da für das einzelne Unternehmen, das sich einer gegebenen Preis-Absatz-Kurve gegenübersieht, die Wahl des Preises gleichbedeutend ist mit der Wahl des Beschäftigungsniveaus[296]). Wenn man wie Layard/Nickell/Jackman außerdem $q = e \cdot n$ annimmt, so bedeutet dies $q_n = f_n = e$, so daß sich (6.70) umformen läßt zu

$$(6.71) \quad \frac{\partial \Pi}{\partial n} = (p + p_f f)e - w = 0 .$$

Der Klammerausdruck in (6.71) kann noch weiter vereinfacht werden, indem man p ausklammert und außerdem berücksichtigt, daß $p_f \cdot (f/p)$ der Kehrwert von $f_p \cdot (p/f)$ ist. Im Gleichgewicht (wo die nachgefragte Gütermenge gleich der produzierten Outputmenge ist) entspricht $f_p \cdot (p/f)$ der Preiselastizität der Güternachfrage $\varepsilon = y_p \cdot (p/y)$ eines einzelnen Unternehmens.[297] Unter Beachtung von $\varepsilon < 0$ erhält man

$$(6.72) \quad \frac{\partial \Pi}{\partial n} = p\left(1 - \frac{1}{|\varepsilon|}\right)e - w = 0 ,$$

---

[295] Layard/Nickell/Jackman [1991: 23].

[296] Layard/Nickell/Jackman [1991: 23].

[297] Vergl. Chiang [1984: 357]. Siehe auch die analoge Herleitung von Gleichung (5.77).

und nach Umformung ergibt sich schließlich die Bedingung[298]

$$(6.73)\quad p\kappa e = w \qquad \text{mit } \kappa \equiv \left(1-\frac{1}{|\varepsilon|}\right).$$

Aus (6.73) kann geschlossen werden, daß die Unternehmen die Güterpreise als „mark-up“ auf die (marginalen) Lohnkosten kalkulieren[299]; d.h. sie bestimmen die Preise, indem sie w/e, die Lohnkosten pro Effizienzeinheit, um den Faktor $1/\kappa$ steigern. Im Zustand vollkommener Konkurrenz ($\kappa = 1$) wird kein mark-up erhoben, während bei $\kappa = 0$ die Höhe des mark-ups gegen unendlich läuft.

Während die „Preisgleichung“ aus der ersten Gewinnmaximierungsbedingung (hinsichtlich n bzw. p) hergeleitet wurde, läßt sich die „Lohngleichung“ aus der zweiten Gewinnmaximierungsbedingung (hinsichtlich des relativen Lohnsatzes $w/\tilde{w}$) herausziehen. Es muß

$$(6.74)\quad \frac{\partial \Pi}{\partial\left(\frac{w}{\tilde{w}}\right)} = (pf_1 + p_f f_1 f) - \tilde{w}n = (p + p_f f)e_1 n - \tilde{w}n \overset{!}{=} 0$$

sein (der Index „1“ bezeichnet die Ableitung nach $w/\tilde{w}$), was sich weiter umformen läßt (vergl. die analoge Herleitung von (6.72)) zu

$$(6.75)\quad \frac{\partial \Pi}{\partial\left(\frac{w}{\tilde{w}}\right)} = n\left[p\left(1-\frac{1}{|\varepsilon|}\right)e_1 - \tilde{w}\right] = 0.$$

Daraus ergibt sich die Bedingung[300]

$$(6.76)\quad \frac{w}{p} = \kappa \frac{w}{\tilde{w}} e_1\left(\underset{\ominus}{\frac{w}{\tilde{w}}}, \underset{\ominus}{u}\right) \qquad \text{mit } \kappa \equiv \left(1-\frac{1}{|\varepsilon|}\right).$$

Beachtet man schließlich, daß im Marktgleichgewicht $w = \tilde{w}$ gelten muß, erhält man als Lohngleichung

$$(6.77)\quad p\kappa e_1(1,u) = w.$$

---

[298] Siehe Layard/Nickell/Jackman [1991: 24].

[299] Layard/Nickell/Jackman [1991: 491, 338 f.].

[300] Siehe Layard/Nickell/Jackman [1991: 24].

Im folgenden soll untersucht werden, wie sich das Preis- und Lohnsetzungsverhalten der Unternehmen in einem Effizienzlohnmodell durch die Einführung einer ***marginalen*** Subvention vom Layard/Nickell/Jackman-Typ (siehe Gleichungen (5.69) und (5.71)) verändern würde. Die Maximierungsaufgabe des repräsentativen Unternehmen wäre nunmehr[301]

$$(6.78)\qquad \max_{\frac{w}{\tilde{w}},n} \Pi = p(f)\cdot f\left[e\left(\frac{w}{\tilde{w}},u\right),n\right] - w(1+t^{(\phi)})n^{\circ} - w(1-\phi)(n-n^{\circ})\ .$$

Die Ableitung dieser Gewinnfunktion nach dem relativen Lohnsatz ergibt (siehe hierzu auch die analogen Herleitungen von (6.77) bzw. (6.73)):

$$(6.79)\qquad \frac{\partial \Pi}{\partial\left(\frac{w}{\tilde{w}}\right)} = p\kappa e_1 n - \tilde{w}\left((1+t^{(\phi)})n^{\circ} - (1-\phi)(n-n^{\circ})\right) \stackrel{!}{=} 0\ .$$

Aufgrund von $w = \tilde{w}$ und unter Beachtung der Selbstfinanzierungseigenschaft des Instruments (d.h.: Gleichung (5.71) eingesetzt in (6.79)) erhält man

$$(6.80)\qquad p\kappa e_1(1,u) = w\ ,$$

was identisch ist mit (6.77), der Lohngleichung vor Einführung des Steuer-Subventions-Systems. Dagegen führt die zweite Bedingung erster Ordnung für ein Gewinnmaximum

$$(6.81)\qquad \frac{\partial \Pi}{\partial n} = p\kappa e - w(1-\phi) = 0$$

dazu, daß sich die ursprüngliche Preisgleichung (6.73) nach Einführung des Instruments verändert zu

$$(6.82)\qquad w = \frac{p\kappa e(1,u)}{(1-\phi)}\ .$$

Dies bedeutet, daß bei gegebener Arbeitslosenquote der Nettolohn, den die Unternehmen als optimal ansehen, als Folge der Subventionierung steigt, so daß in der Konsequenz die gleichgewichtige Arbeitslosenquote sinkt.[302] Grafisch läßt sich dieser Vorgang als eine Bewegung vom alten Gleichgewichtspunkt G zum neuen Gleichgewicht G" darstellen (Abb. 6.3.)[303]:

---

[301] Layard/Nickell/Jackman [1991: 490].

[302] Layard/Nickell/Jackman [1991: 491].

[303] Diese Abbildung findet sich nicht bei Layard/Nickell/Jackman, sondern wurde vom Verfasser zum besseren Verständnis des Sachverhalts hier eingefügt.

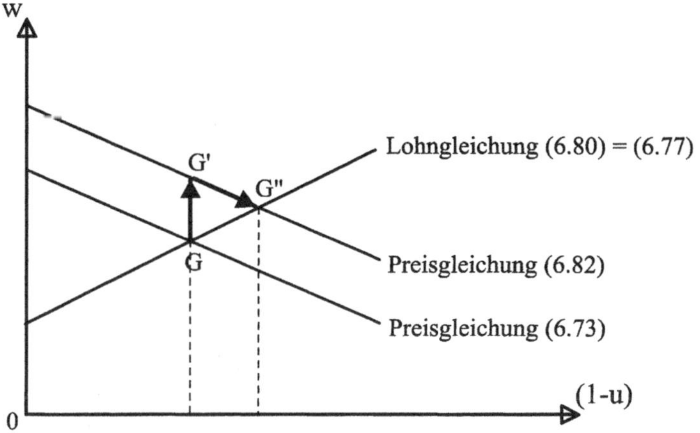

Abb. 6.3.: Beschäftigungsexpansion im Layard/Nickell/Jackman-Modell

6.5.2. Modellmodifikation: Subvention mit sich verändernder Bezugsbasis

Im Rahmen ihres Effizienzlohnmodells behandeln Layard/Nickell/Jackman des weiteren ein alternatives Subventionsinstrument, bei dem nicht wie oben die Beschäftigung jenseits eines ***fixen*** Schwellenwerts n° subventioniert wird, sondern bei dem diejenigen Arbeitsplätze subventioniert werden, um die der aktuelle Beschäftigungsstand des Unternehmens das α-fache des Beschäftigungsstandes der Vorperiode überschreitet. Der zu optimierende Gegenwartswert der Gewinne des Unternehmens, $\wp$, ergibt sich in diesem Fall als[304]

$$(6.83)\quad \wp = \sum_j (1-\delta)^j \left(pf_j \left[e\left(\frac{w_j}{W_j}, u_j \right) n_j \right] - (1+t^{(\phi)}) w_j \alpha\, n_{j-1} - (1-\phi) w_j (n_j - \alpha n_{j-1}) \right).$$

Dem Unternehmen stellt sich hier ein intertemporales Optimierungsproblem, denn eine Beschäftigungsausweitung im ersten Jahr wird zwar eine Subventionierung im gleichen Jahr auslösen, doch indem sich auch jener Schwellenwert er-

---

304 Layard/Nickell/Jackman [1991:510, Fn 8]. Die Unternehmensindizes werden im folgenden aus Gründen der Übersichtlichkeit unterdrückt. Mit δ ist die Diskontierungsrate bezeichnet, j ist der Zeitindex.

höht, nach dem die Subvention im darauffolgenden Jahr bemessen wird, verringert sich hiermit automatisch die Subventionszahlung des Folgejahres.

Die Ableitung von (6.83) nach n_j ergibt - nachdem beide Seiten durch den Term $(1-\delta)^j$ geteilt worden sind - die Beschäftigungsgleichung

$$(6.84) \quad (pf_j)' - (1-\phi)w_j - (1-\delta)\alpha\, w_{j+1}(t^{(\phi)} + \phi) = 0 .$$

Die Selbstfinanzierungsbedingung wäre dann erfüllt, wenn

$$(6.85) \quad t^{(\phi)}\alpha N_{j-1} = \phi\left(N_j - \alpha N_{j-1}\right) \quad \Rightarrow \quad t^{(\phi)} = \phi\left(\frac{N_j}{\alpha N_{j-1}} - 1\right)$$

ist. Sofern man - wie Layard/Nickell/Jackman - unterstellt, daß die optimalen Beschäftigungsentscheidungen der Unternehmen auch $N_j = N_{j-1}$ implizieren[305], läßt sich (6.85) vereinfachen zu

$$(6.86) \quad \alpha t^{(\phi)} = (1-\alpha)\phi .$$

Formt man (6.86) nach α um und setzt dies in (6.84) ein, beachtet ferner $(pf)' = p\kappa e$ (vergl. oben (6.67) bis (6.73)) und definiert als jährliche Wachstumsrate der Löhne $[(w_{j+1}/w_j) - 1] \equiv g$, dann erhält man

$$(6.87) \quad p\kappa e = w_j\left[(1-\phi) + (1-\delta)\phi(1+g)\right].$$

Die Umformung von (6.87) führt zu der „Preisgleichung"

$$(6.88) \quad w_j = \frac{e(1,u)}{1-(\delta - g + \delta g)\phi}\, p\kappa \;\approx\; \frac{ep\kappa}{1-\theta\phi} \qquad (\theta \equiv \delta - g),$$

während die Lohngleichung (6.77) unverändert bleibt. Layard/Nickell/Jackman folgern daraus, daß die gleichgewichtige Arbeitslosenquote prinzipiell die gleiche sein muß wie bei dem ersten Instrument, mit dem einzigen Unterschied, daß die effektive Höhe der Subvention nun näherungsweise θs statt s betragen würde, wobei θ die Differenz aus der Diskontierungsrate und der Wachstumsrate der Reallöhne sei.[306] Auch bei dieser speziellen Subventionsvariante käme es also zu einer Verringerung der Arbeitslosigkeit.

---

[305] Wird ein endlicher Untersuchungszeitraum zugrundegelegt, können sich Unternehmen möglicherweise besserstellen, wenn sie ihr optimales Produktionsvolumen unterschiedlich auf die einzelnen Perioden aufteilen und damit eine alternierende Beschäftigungsentwicklung erzeugen.

[306] Layard/Nickell/Jackman [1991: 491].

6.5.3. Die Modellmodifikation von Lin

Für Lin [1996] ist das Effizienzlohnmodell von Layard/Nickell/Jackman „highly simplified by a questionable assumption. That is, the expected alternative income that a worker hired by a typical firm could expect to receive elsewhere is the wage paid by other firms. In equilibrium all firms set the same wage, so that the expected alternative income of the representative worker is equal to the wage paid by his employer. In fact, when there is less than full employment, a worker leaving his firm may not find a new job and as a result become unemployed. The expected alternative income is thus a weighted average of the average wage paid by other firms and unemployment benefits ..., and the weights may simply be assumed as the employment rate and the unemployment rate, respectively“.[307] Hieraus folgt $w > \tilde{w}$. Im folgenden soll untersucht werden, ob eine derart modifizierte Annahme zu abweichenden Ergebnissen führen würde. Wird dabei ferner der Güterpreis p der Einfachheit halber als konstant angenommen und auf Eins normiert, verändert sich die obige Gleichung (6.78) unter Berücksichtigung des Umformungsschrittes (5.69) ⇒ (5.70) zu[308]

$$(6.89) \quad \max_{w,n} \Pi = f\big(e(w,u),n\big) - w\big[(1-\phi)n + Tn°\big] , \qquad T = \phi + t^{(\phi)} ,$$

mit den entsprechenden Ableitungen

$$(6.90) \quad \Pi_w = f' e_w(w,u)n - \big[(1-\phi)n + Tn°\big] \overset{!}{=} 0 \quad \text{und}$$

$$(6.91) \quad \Pi_n = f' e - (1-\phi)w \overset{!}{=} 0 .$$

Gleichung (6.90) gibt an, daß bei gegebener Beschäftigungsmenge der Lohn soweit erhöht wird, bis der Grenzerlös des Lohnes ($f'e_w n$) den Grenzkosten des Lohnes $[(1-\phi)n + Tn°]$ entspricht, während Gleichung (6.91) zeigt, daß bei gegebenem Lohn (und damit verbunden: gegebener Arbeitsleistung) die Beschäftigungsmenge so gewählt wird, daß sich der Grenzerlös der Beschäftigung ($f'e$) mit den Grenzkosten der Beschäftigung $[(1-\phi)w]$ deckt; die Arbeitslosenquote wird von den einzelnen Unternehmen als Datum betrachtet.[309]

---

[307] Lin [1996: 2]. Im Rahmen ihres Verhandlungsmodells (siehe Gleichung (5.69)) haben Layard/Nickell/Jackman die hier vorgeschlagene Spezifikation übrigens verwendet!

[308] In Lins Modell optimieren die Unternehmen ihren Gewinn nicht durch eine Variation des relativen Lohnsatzes ($w/\tilde{w}$), sondern in Bezug auf w.

[309] Lin [1996: 8].

Die komparativ-statische Analyse der Gleichungen (6.90) und (6.91) ergibt, daß sowohl $n_\phi > 0$ wie auch $w_T < 0$ das erwartete Vorzeichen aufweisen, daß jedoch die Vorzeichen von n_T und w_ϕ nicht näher bestimmt werden können. Es ist insbesondere

(6.92) $n_\phi = \frac{-1}{D}\left[\left(e_w w - e\right)e_w n^2 f'' - Tn^\circ\right)\right] > 0$ wegen $e_w w - e > 0$ [310] und

(6.93) $n_T = -\frac{n^\circ \Pi_{nw}}{D} = -\frac{n^\circ\left[e_w\left(f' + enf''\right) - (1-\phi)\right]}{D} = -\frac{n^\circ\left(ee_w n^2 f'' + Tn^\circ\right)}{D} \gtrless 0.$

Auch bei Betrachtung eines gesamtwirtschaftlichen Arbeitsmarkt-Gleichgewichts, d.h. bei endogener Arbeitslosenquote, würden die beschriebenen Beschäftigungswirkungen bestehenbleiben, denn aus der Bedingung für ein Arbeitsmarkt-Gleichgewicht

(6.94) $mn(u,\phi,T,n^\circ) = (1-u)L$

ergibt sich durch implizite Differentiation

(6.95) $u_\phi^* = \frac{-mn_\phi}{mn_u + L} < 0$ sowie

(6.96) $u_T^* = \frac{-mn_T}{mn_u + L} \gtrless 0$ falls $n_T \lesseqgtr 0$.

Allerdings ist in diese Ergebnisse die Selbstfinanzierungs-Nebenbedingung bisher noch nicht mit eingeflossen. Würde man sie berücksichtigen, würde jede Variation der Subventionsrate ϕ zu einer gleichgerichteten Veränderung des Netto-Steuersatzes T führen, so daß der Gesamteffekt von ϕ auf die Beschäftigung auf den ersten Blick ambivalent wäre.

Die Selbstfinanzierungsbedingung (5.71) verlangt, daß ex post

(6.97) $\phi n^*(\phi,T,n^\circ) = \hat{T}n^\circ$

ist (n^* ist der Gleichgewichtswert der Beschäftigung pro Unternehmen). Derjenige Steuersatz T, welcher sich aus der Selbstfinanzierungsbedingung ergibt, soll mit $\hat{T}$ bezeichnet werden; die Abhängigkeit von $\hat{T}$ von ϕ wird dann bei gegebener

---

310 Aus den Gleichungen (6.90) und (6.91) ergibt sich, daß die Elastizität der Arbeitsleistung in bezug auf den Lohn größer als Eins ist, denn es gilt:

$$e_w \frac{w}{e} = \frac{(1-\phi)n + Tn^\circ}{(1-\phi)n} > 1.$$

Subventionierungsschwelle n° beschrieben durch die implizite Ableitung von (6.97) nach ϕ:

$$(6.98)\quad \hat{T}_{\phi} = \frac{n^{*} + \phi n_{\phi}^{*}}{n° - \phi n_{T}^{*}} \gtreqless 0 \quad \text{falls } n° - \phi n_{T}^{*} \gtreqless 0 .$$

Mit $\hat{u}_{\phi}^{*}$ soll im folgenden die Auswirkung einer Variation von ϕ auf die gleichgewichtige Arbeitslosenquote ***unter der Nebenbedingung fiskalischer Kostenneutralität*** bezeichnet werden; es ist

$$(6.99)\quad \hat{u}_{\phi}^{*} = u_{\phi}^{*} + u_{T}^{*}\hat{T}_{\phi} \gtreqless 0 .$$

Auf den ersten Blick mag es so aussehen, als ob aufgrund der u.U. gegensätzlichen Vorzeichen des direkten Beschäftigungseffekts u_{ϕ}^{*} einerseits und des indirekten Beschäftigungseffekts $u_{T}^{*}\hat{T}_{\phi}$ andererseits eine Vorhersage des Gesamteffekts nicht möglich ist. Doch ein Einsetzen der Gleichungen (6.95), (6.96), (6.98), (6.92) und (6.93) in (6.99) führt zu

(6.100)

$$\hat{u}_{\phi}^{*} = \frac{-m\left(n° n_{\phi} + n^{*} n_{T}\right)}{(mn_{u} + L)\left(n° - \phi n_{T}^{*}\right)} = \frac{mn°(e_{w})^{2} wn^{2} f''}{(mn_{u} + L)\left(n° - \phi n_{T}^{*}\right)D} \gtreqless 0 \quad \text{falls } n° - \phi n_{T}^{*} \lesseqgtr 0,$$

und es zeigt sich, daß das Vorzeichen des Terms $(n° - \phi n_{T}^{*})$ hier zum einen ein entgegengesetztes Vorzeichen bei $\hat{u}_{\phi}^{*}$ bewirkt, zum anderen aber oben (Gleichung (6.98)) zu einem gleichgerichteten Vorzeichen bei $\hat{T}_{\phi}$ geführt hat. Das bedeutet, daß in jenem Fall, wo eine Erhöhung von ϕ zu einem höheren Wert von $\hat{T}$ führt, diese Erhöhung von ϕ ebenfalls eine eindeutige Senkung der gleichgewichtigen Arbeitslosenquote herbeiführt, weshalb Lin folgert, daß positive Beschäftigungswirkungen des betrachteten Instruments nicht automatisch, sondern nur unter der - eben genannten - speziellen Voraussetzung erreicht werden können.[311]

Allerdings läßt sich die Frage, welches diese konkreten Bedingungen sind, unter denen eine Erhöhung von ϕ zu einem höheren $\hat{T}$ führt, relativ leicht beantworten. Zunächst sei die Selbstfinanzierungsrestriktion (5.71) umgeformt zu

---

[311] Lin [1996: 15].

$$(6.101)\quad t^{(\phi)} = \frac{n(\phi)-n^{\circ}}{n^{\circ}}\,\phi\,,$$

so daß deutlich wird, daß jede Veränderung des unabhängigen Parameters ϕ (unter Berücksichtigung der hieraus resultierenden Beschäftigungswirkung) durch eine entsprechende Veränderung der abhängigen Größe $t^{(\phi)}$ aufgefangen werden muß, d.h. es gilt

$$(6.102)\quad \Delta t^{(\phi)} = \Delta\left(\frac{n(\phi)-n^{\circ}}{n^{\circ}}\,\phi\right).$$

Aus der Nebenbedingung $n > 0$ läßt sich folgern, daß

$$(6.103)\quad \Delta t^{(\phi)} \gtreqless \Delta(-\phi) = -\Delta\phi \quad \text{bei } (\Delta\phi) \gtreqless 0$$

sein muß. Andererseits läßt sich aus der Identität $\hat{T} \equiv \phi + t^{(\phi)}$ die Beziehung

$$(6.104)\quad \Delta\hat{T} = \Delta\phi + \Delta t^{(\phi)}$$

herleiten, und zusammen mit Gleichung (6.103) ergibt sich die Schlußfolgerung

$$(6.105)\quad \Delta\hat{T} \gtreqless 0 \quad \text{falls } \Delta\phi \gtreqless 0\,.$$

Das heißt: ***jede*** Veränderung von ϕ führt bei Beachtung der Selbstfinanzierungsbedingung zu einer gleichgerichteten Veränderung von $\hat{T}$, unabhängig von der Höhe von n. Deshalb kann der Befund von Layard/Nickell/Jackman, daß das von ihnen vorgeschlagene Steuer-Subventions-Instrument in einem Effizienzlohnmodell zu positiven Beschäftigungswirkungen führt, auch unter den allgemeineren Annahmen des Lin-Modells Gültigkeit beanspruchen.

6.6. Zwischenfazit

In einem makroökonomischen Effizienzlohnmodell, in dem das Ausmaß der Arbeitsanstrengung sowohl vom Lohnsatz wie auch von der Arbeitslosenquote abhängt, führt die Einführung von Lohn- und Beschäftigungssubventionen ***immer*** zu einer Beschäftigungssteigerung. Uneinheitlich sind hingegen die Auswirkungen auf die Löhne, weil ***Lohnsubventionen*** hier zu höheren Löhnen führen, während ***Beschäftigungssubventionen*** Lohnsenkungen hervorrufen. Eine wirtschaftspolitische Überlegenheit des Instruments der Beschäftigungssubvention läßt sich aus diesen Ergebnissen allerdings nicht herleiten, weil in Effizienzlohnmodellen steigende Löhne aus Sicht der Betriebe nicht unbedingt negativ zu bewerten sind.

Hinsichtlich der Frage der fiskalischen Wirkungen konnten Layard/Nickell/Jackman für ihr konkretes Effizienzlohnmodell (das auf demselben Subventionsinstrument aufbaut wie ihr oben vorgestelltes Verhandlungsmodell) die Erreichung des Selbstfinanzierungsziels nachweisen. Auch die Untersuchung eines modifizierten Subventionsinstruments, bei dem diejenigen Arbeitsplätze subventioniert werden, um die der aktuelle Beschäftigungsstand des Unternehmens das α-fache des Beschäftigungsstandes der Vorperiode überschreitet, führte nicht zu grundsätzlich anderen Ergebnissen.

Das genannte Effizienzlohnmodell von Layard/Nickell/Jackman sah sich hingegen der Kritik von Lin ausgesetzt, daß die Annahme $\tilde{w} = w$ (derzufolge die Höhe des Alternativlohns im Falle der Nicht-Beschäftigung beim derzeitigen Arbeitgeber dem bisherigen Lohnsatz entsprechen würde) nur bei gleichzeitiger Annahme eines Vollbeschäftigungs-Gleichgewichts zulässig sei, nicht jedoch bei Vorliegen von Arbeitslosigkeit. Es konnte jedoch gezeigt werden, daß auch unter der allgemeineren Annahme $\tilde{w} \leq w$ das obige Ergebnis positiver Beschäftigungswirkungen des Subventionsinstruments im Rahmen eines Effizienzlohnmodells bestehen bleibt.

6.7. Theoretischer Teil - Ausblick

In der theoretischen Analyse zeigte sich, daß die Beschäftigungswirkungen einer Lohn- bzw. Beschäftigungssubventionierung erwartungsgemäß von den getroffenen Annahmen über den Lohnbestimmungsprozeß abhängen. Allerdings zeigte sich andererseits auch, daß die Übereinstimmungen in den komparativ-statischen Ergebnissen doch überraschend groß sind. Es bedarf tatsächlich einiger Mühe, theoretische Fälle zu konstruieren, wo Lohn- und Beschäftigungssubventionen das ihnen zugedachte Ziel der Beschäftigungsausweitung verfehlen. In aller Regel werden durch diese Subventionen neue Arbeitsplätze in der Gesamtwirtschaft geschaffen. Zu beachten ist jedoch, daß Verdrängungseffekte diesen Effekt möglicherweise empfindlich abschwächen können, während Multiplikatoreffekte hingegen unterstützend auf das Beschäftigungsziel einwirken. Für eine wirtschaftspolitische Beurteilung des arbeitsmarktpolitischen Instruments wäre es sehr wertvoll, wenn quantitative Aussagen über das Zusammenspiel eben dieser verschiedenen Effekte getroffen werden könnten, doch ist dies jenseits der Möglichkeiten einer theoretischen Analyse.

Erwähnenswert ist ferner, daß sowohl das Modell von Snower wie auch das Modell von Layard/Nickell/Jackman plausibel nachweisen können, daß beschäftigungspolitische Subventionen theoretisch ***immer*** selbstfinanzierend durchgeführt werden können. In der Praxis allerdings könnte die Umsetzung des Layard/ Nickell/Jackman-Modells an Informationsproblemen scheitern, und der Selbstfinanzierungsmechanismus im Snower-Modell impliziert möglicherweise einen Subventionsbetrag, der so klein ist, daß er keinerlei Beschäftigungsreaktionen bei den Unternehmen bewirken kann.

Von wirtschaftspolitischem Interesse sind ferner die Ergebnisse einer Effizienzanalyse betreffend alternativer Subventionierungsverfahren. Es konnte gezeigt werden, daß allgemeine Subventionen (beziehungsweise: allgemeine Steuersenkungen) ineffizient sind gegenüber der wirtschaftspolitischen Alternative marginaler Lohn- oder Beschäftigungssubventionen.

Im nun folgenden Teil der Arbeit sollen die Auswirkungen von Lohn- und Beschäftigungssubventionen unter dem Blickwinkel empirischer Erfahrungen betrachtet werden.

TEIL III: EMPIRISCHE ERGEBNISSE

Mit Hilfe empirischer Analysen versucht man abzuschätzen, in welchem Umfang die Einführung bestimmter Subventionsprogramme zu einer Erhöhung der Beschäftigung geführt hat und inwieweit eine Selbstfinanzierung des Instruments erreicht werden konnte. In dieser Arbeit soll allerdings eine solche empirische Untersuchung nicht selbst durchgeführt werden. Vielmehr soll ein Überblick über ausgewählte vorliegende Analysen von Subventionsprogrammen gegeben werden und eine methodische Bewertung dieser Evaluationen erfolgen.

Im einleitenden Kapitel 7 sollen zunächst allgemeine methodologische Überlegungen hinsichtlich der relativen Vorteile bzw. Grenzen verschiedener Evaluationsverfahren angestellt werden, bevor dann in Kapitel 8 ausgewählte Fallstudien aus verschiedenen Ländern vorgestellt werden. In Kapitel 9 schließlich werden zwei Simulationsstudien diskutiert, die für die Bundesrepublik Deutschland die voraussichtlichen Beschäftigungswirkungen von Subventionen im Niedriglohnbereich untersuchen.

7. MÖGLICHKEITEN UND GRENZEN DER VERSCHIEDENEN EVALUATIONSMETHODEN

7.1. Überblick

Das Grundproblem einer jeden Evaluationsstudie besteht darin, jene „kontrafaktische" Entwicklung zu simulieren, die aufgetreten wäre, wenn die beschäftigungspolitische Maßnahme (hier: die Lohnsubvention oder Beschäftigungssubvention) ***nicht*** durchgeführt worden wäre.[312] Diese Frage kann - egal von welcher Evaluationsmethode - nur unter erheblicher Unsicherheit beantwortet werden.[313]

---

[312] Vergl. Schmidt [2000: 7-13]; vergl. auch Riddell [1990: 45 f.], Heckman/LaLonde/Smith [1999: 15 ff.], Heckman/Smith [1995: 82 f.], Fay [1996: 9], Lechner [1997], Hagen/Steiner [2000: 46 ff.] oder Hujer/Bellmann/Brinkmann [2000: 342].

[313] Ein spezieller Aspekt dieses Problem wird von Schmidt zum Beispiel wie folgt beleuchtet: „Keine empirische Strategie [ist] in der Lage, die Unsicherheit über die korrekte Antwort völlig aufzulösen. Stattdessen verbleibt in jeder Schätzung eine Unsicherheit, deren Größenordnung in jeder soliden wissenschaftlichen Studie zusammen mit der Schätzung des Effekts vom Analytiker zu ermitteln ist. Dabei ist die verbleibende Unsicherheit auch ein Resultat der Schärfe der getroffenen Identifikationsannahmen. Je strikter diese Annahmen ausfallen, desto geringer wird tendenziell die verbleibende Unsicherheit ausgewiesen. Sind die Annahmen

Beim Versuch, wenigstens eine näherungsweise Antwort auf diese Frage zu geben, stehen den Ökonomen unter anderem die folgenden Techniken zur Verfügung: Befragungen, klassische Feldexperimente mit Zufallszuordnung zu Versuchsgruppen bzw. Kontrollgruppen, Matching-Verfahren, „Differenz-von-Differenzen-Schätzungen" sowie ökonometrische Schätzansätze. Diese Verfahren sollen im folgenden kurz vorgestellt und ihre spezifischen Vorteile und Nachteile bei der Evaluation von Subventionsprogrammen diskutiert werden.

7.2. Befragungen

Eine naheliegende Möglichkeit, den Erfolg einer Lohn- oder Beschäftigungssubvention zu ermitteln, besteht darin, das private Wissen derjenigen abzufragen, die den Subventionsanreizen ausgesetzt sind bzw. waren: die Personalverantwortlichen in den Betrieben. Zwar sind Interviews in der Regel ein sehr teures Verfahren der Datenerhebung[314], doch ist zu berücksichtigen, daß dieses Verfahren nicht nur allein die Aufgabe der statistischen Abschätzung der Beschäftigungseffekte erfüllen kann, sondern in der Regel auch zu einer hohen ***qualitativen*** Aussagekraft der Ergebnisse führt. Neben einer zielgenauen Abfrage relevanter Informationen besteht z.B. die Möglichkeit, daß die Forscher erst durch Kommentare der Befragten auf die Unzulänglichkeit ihrer anfänglichen Hypothesen aufmerksam gemacht werden und das verwendete Evaluationsdesign entsprechend anpassen können.

Interviews mit Personalverantwortlichen können den ***mikroökonomischen*** Entscheidungsprozeß relativ gut abbilden und scheinen insbesondere für die Erforschung von Mitnahmeeffekten eine geeignete Untersuchungsmethode zu sein.[315] Allerdings muß man sich hier auf die Annahme verlassen, daß die Antworten das

---

unzutreffend - was ... zumindest für bindende Restriktionen nicht zu testen ist - dann wird die verbleibende Unsicherheit häufig vermeintlich relativ gering sein. Darüber, ob es sich allerdings um ein erfreulich präzises Resultat oder um eine verzerrte Antwort handelt, kann jedoch kein statistischer Text entscheiden, sondern nur ein kritisches Überdenken der Identifikationsstrategie. Es ist diese Abhängigkeit von den Identifikationsannahmen, die zumindest ein Grundverständnis der Möglichkeiten und Grenzen von Evaluierungsstrategien für jeden Auftraggeber in Politik und Verwaltung unabdingbar machen und eine kritische Distanz zu jeglichen allzu eindeutigen Ergebnissen nahelegen." (Schmidt [2000: 14 f.]).

[314] Siehe z.B. die Zahlenbeispiele bei Heckman/LaLonde/Smith [1999: 128 f.].

[315] Vergl. Gerlach/Stephan/Gold/Lehmann [1996: 16].

tatsächliche Verhalten zutreffend beschreiben.[316] Der Einbau von „Glaubwürdigkeitstests" in die Befragungen kann das Problem mitunter reduzieren, aber nicht vollständig beseitigen. So könnte man beispielsweise vermuten, daß Unternehmen Mitnahmen und Substitutionseffekte nicht ehrlich (d.h. nicht in voller Höhe) angeben, weil sie Sanktionen[317], zumindest aber moralische Ablehnung befürchten. Andererseits könnte es aber ebensogut zu einer Übertreibung der Mitnahmeeffekte durch verzerrte Wahrnehmungen kommen, wenn nämlich Personalverantwortliche im nachhinein einen echten Bedarf an jenen zusätzlichen Arbeitskräften erkennen, die ursprünglich für sie nur als „Sonderangebot" von Interesse waren.[318] Auch wenn die Unternehmen im Glauben sind, mit ihren Antworten die Ausgestaltung zukünftiger Subventionsprogramme beeinflussen zu können, haben sie möglicherweise einen Anreiz, den tatsächlichen Netto-Beschäftigungserfolg zu untertreiben[319] oder umgekehrt zu übertreiben. Der wohl wichtigste Einwand gegen Betriebsbefragungen bezieht sich jedoch auf die Tatsache, daß mit ihrer Hilfe keine makroökonomischen Auswirkungen (d.h. Verdrängungs- und Multiplikatoreffekte) erfaßt werden können.

7.3. Ökonometrische Regressionen versus Soziale Experimente

Im Unterschied zu Befragungen sind traditionelle ökonometrische Schätzverfahren theoretisch durchaus in der Lage, im Rahmen von Gleichgewichtsmodellen makroökonomische Rückwirkungen beschäftigungspolitischer Instrumente zu erfassen. Doch auch hier stellt sich das grundlegende Problem, daß die statistisch hergeleiteten Schätzwerte für den Netto-Beschäftigungserfolg den wahren Beschäftigungszuwächsen nur in jenem Umfang entsprechen, in dem die kontrafaktische Entwicklung korrekt geschätzt worden ist. In dem Umfang hingegen, in dem unbeobachtete Variablen einen Einfluß auf die endogene Variable des Modells (hier: den Netto-Beschäftigungserfolg) ausüben, kommt es zu Fehlspezifikationen des ökonometrischen Modells und demzufolge zu verzerrten Schätzungen. Diese Selektionsverzerrung („Selection Bias") kann erheblich sein.[320] Nun

---

316 Diese Einschränkung bezieht sich nicht nur auf bewußt falsche Angaben, sondern auch auf die Möglichkeit, daß die befragten Personalverantwortlichen sich der wahren Motive ihres Verhaltens gar nicht bewußt sind; vergl. zu diesem Punkt bereits Machlup [1946].

317 Dieser Punkt wird z.B. von Buslei et al. [1999: 38] erwähnt.

318 Ein offensichtliches Beispiel für einen solchen Effekt ist in Abschnitt 8.8. aufgeführt.

319 Vergl. Rajan [1985: 58 f.].

320 Vergl. Riddell [1990: 55 f.]. Vergl. auch Hübler [1982: 4]: „[W]egen der ... Vielzahl von Interdependenzen ökonomischer Größen [ist es] nahezu ausgeschlossen, alle Beschäftigungs-

wäre die bloße Tatsache, daß unterschiedliche Spezifikationen eines Modells (welche ja unterschiedliche Annahmen über die tatsächlichen Kausalitäten verkörpern) zwangsläufig zu unterschiedlichen Schätzwerten führen, noch kein Grund zur Ablehnung ökonometrischer Ergebnisse, sofern es technische Möglichkeiten gäbe, die „guten" von den „schlechten" Modellen zu unterscheiden. Doch ob (bzw. wie gut) dies mittels statistischer Tests erreicht werden kann, ist eine umstrittene Frage in der Evaluationsforschung.[321]

Die Selektionsverzerrung kann abgemildert werden, indem in den Schätzgleichungen nicht Niveaugrößen, sondern die Veränderungsraten der interessierenden Variablen verwendet werden.[322] Ansonsten hat die Diskussion um die Zulässigkeit bzw. Vorteilhaftigkeit bestimmter Annahmen bei der ökonometrischen Bewertung von Beschäftigungsprogrammen eine mittlerweile umfangreiche Literatur hervorgebracht, auf die an dieser Stelle jedoch nicht näher eingegangen werden soll.[323]

Ein weiteres wichtiges Instrument der Evaluationsforschung sind die klassischen Feldexperimente bzw. „Sozialen Experimente". Bei diesem Verfahren werden nach dem Zufallsprinzip Versuchsgruppen (die eine bestimmte „Behandlung" erfahren) und Kontrollgruppen (denen diese Behandlung nicht zuteil wird) gebildet und ihre jeweiligen Entwicklungen hinsichtlich der interessierenden Variablen dokumentiert. In den Wirtschaftswissenschaften wurden solche Experimente bisher fast ausschließlich auf der Mikroebene durchgeführt, um z.B. die Auswirkungen von Weiterbildungsprogrammen auf die Einkommen bzw. die Arbeitsmarktchancen der Teilnehmer zu ermitteln. Will man hingegen den Einfluß von Subventionsanreizen auf die Beschäftigungsentwicklung untersuchen, müßte man ein Subventionsprogramm zugrunde legen, bei dem die Lohnkostenzuschüsse selektiv an zufällig ausgewählte Unternehmen gewährt werden (oder alternativ an alle Unternehmen in zufällig ausgewählten Arbeitsamtsbezirken).

In den USA haben sich Soziale Experimente in letzter Zeit zur beliebtesten Untersuchungsmethode bei der Bewertung sozialer Programme entwickelt.[324] Unproblematisch ist aber auch diese Evaluationsmethode nicht. Gegen das Ver-

---

wirkungen eines staatlichen Programms quantitativ auch nur annähernd exakt zu erfassen." Auch Heckman/LaLonde/Smith [1999: 124] kommen zu der klaren Schlußfolgerung „that no universally valid estimator exists or is ever likely to be found."

321 Vergl. Riddell [1990: 59 f., 64 ff.] oder Heckman/LaLonde/Smith [1999: 148 f.].

322 Vergl. Granger/Newsbold [1974: 117-119] oder Riddell [1990: 58].

323 Vergl. hierzu z.B. den Beitrag von Lechner [1997] und insbesondere die gründliche Analyse von Heckman/LaLonde/Smith [1999].

324 Smith [2000: 350].

fahren sprechen z.B. vergleichsweise hohe Kosten[325], ein höherer Zeitaufwand als bei anderen Verfahren und möglicherweise auch ethische Gründe[326]. Außerdem müssen zwei Effekte im Auge behalten werden, die die statistische Güte der Ergebnisse möglicherweise beeinträchtigen können: wenn nämlich zum einen die Individuen die Gruppenzuordnung aktiv zu beeinflussen versuchen („Randomization Bias“[327]) oder wenn sie sich aufgrund der Kenntnis ihrer (Kontroll-)Gruppenzugehörigkeit anders verhalten, als wenn das Experiment nicht durchgeführt worden wäre (hierunter fallen die Effekte eines „Attrition Bias“ bzw. Interview-Nonresponse[328], ein möglicher „Substitution Bias“[329] sowie der Hawthorne-Effekt[330]). Die hieraus resultierenden möglichen Verzerrungen der Schätzergebnisse werden jedoch von den meisten Autoren als weniger bedeutsam eingeschätzt als jene Verzerrungen, die sich bei ökonometrischen Schätzungen ergeben[331]; es wird folglich eine Überlegenheit von experimentellen gegenüber

---

325 Allerdings weisen Heckman/LaLonde/Smith [1999: 185] darauf hin, daß ökonometrische Untersuchungen ungefähr ebenso teuer ausfallen wie experimentelle Projekte, wenn mit brauchbaren Daten in ausreichender Güte gearbeitet werden soll.

326 Ethische Bedenken wurden insofern geäußert, weil die willkürliche Einteilung in Versuchs- und Kontrollgruppen den Mitgliedern der Kontrollgruppe eine soziale Begünstigung vorenthalten würde, obwohl sie diesbezüglich nicht weniger bedürftig wären als die Mitglieder der Versuchsgruppe (vergl. Gueron [1990: 171], Hasan [1990: 12] oder Employment Department UK [1990: 161]). Dies scheint tatsächlich der Grund zu sein, warum derartige Experimente in den meisten Ländern außerhalb der USA bisher nicht durchgeführt worden sind (vergl. de Koning/ de Munnik [1990: 150] oder das Australian Department of Employment [1990: 143]). Auch in Deutschland sind soziale Experimente in der arbeitsmarktpolitischen Forschung bisher noch nicht eingesetzt worden (Hübler [1997: 30]). Die ethischen Vorbehalte gegen Experimente scheinen jedoch von ökonomischer Seite oft überbewertet zu werden (vergl. Björklund [1990: 84], Fay [1996: 11] oder Hasan [1990: 17]; siehe z.B. auch die Tatsache, daß in der Medizin experimentellen Studien schon seit langem eine zentrale Bedeutung zukommt).

327 Vergl. Heckman/Smith [1995: 99 ff.] oder Hübler [1997: 31].

328 Es ist denkbar, daß gerade Kontrollgruppenmitglieder das Interesse an einer weiteren Mitarbeit verlieren und die Kooperation aufkündigen (z.B. aus Frustration über die Tatsache, nicht zu den durch das Experiment begünstigten Mitgliedern zu gehören); vergl. Burtless [1995: 75].

329 Bei diesem Effekt versuchen die Mitglieder der Kontrollgruppe, ebenfalls in den Genuß der ihnen vorenthaltenen Behandlung zu kommen (z.B. durch Bewerbungen um Aufnahme in andere Förderprogramme); vergl. Heckman/Smith [1995: 105 ff.].

330 Beim Hawthorne-Effekt werden allein aufgrund der Tatsache der ***Beobachtung*** Verhaltensänderungen bei den Kontrollgruppenmitgliedern hervorgerufen; vergl. Garfinkel/Manski/Michalopoulos [1992: 253], Disney/Carruth et al. [1992: 49, 64] oder Hübler [1997: 31]; letzterer spricht vom „Placebo-Effekt“.

331 Vergl. Schmidt [2000: 14 f.] oder Burtless [1995: 73 f.].

nicht-experimentellen (sprich: ökonometrischen) Evaluationsverfahren behauptet.[332]

Begründet wird diese Einschätzung außerdem mit den Ergebnissen vergleichender Untersuchungen durch LaLonde [1986][333] oder Fraker/Maynard [1987]. LaLonde zum Beispiel hat in einer vielbeachteten Studie den ***experimentell*** erhobenen Datensatz eines Beschäftigungsprogramms (d.h. Versuchs- und Kontrollgruppen sind nach dem Zufallsprinzip gebildet worden) so ausgewertet, wie dies ein versierter Ökonometriker mit ***nicht-experimentell*** erhobenen Daten vermutlich getan hätte. Im Referenzszenario der experimentellen Auswertung (und unter alternativen Spezifikationen bezüglich der Berechnung der Einkommensentwicklung in der Kontrollgruppe) lagen die Schätzwerte für den Einkommenszuwachs der Programmteilnehmer sehr nahe beieinander. Ein „Attrition Bias" wurde zwar ermittelt, sein Einfluß aber als relativ gering eingeschätzt.[334] Wurde hingegen der gesamte Datensatz mit den herkömmlichen ökonometrischen Verfahren ausgewertet, lagen die erhaltenen Schätzwerte weit auseinander.[335] Kleine Änderungen in den Modellspezifikationen führten hier zu großen Veränderungen der Schätzwerte, was die gesamte Evaluation als nicht vertrauenswürdig erschienen ließ.

Fraglich ist allerdings, ob soziale Experimente tatsächlich die in sie gesetzten Erwartungen nach einer unverzerrten Schätzung erfüllen können. Nicht nur wegen der oben bereits erwähnten Bias-Effekte, sondern auch aufgrund der Möglichkeit von Verdrängungseffekten kann es sein, daß die Entwicklung der Kontrollgruppe

---

[332] Vergl. Burtless [1995: 68-73], Schmidt [2000: 15], Riddell [1990: 49 f., 58 ff.] oder Hasan [1990: 16, 12]. Selbst in der Arbeit von Heckman, LaLonde und Smith, wo nach außen hin immer wieder betont wird, daß a priori keine Methode der jeweils anderen überlegen sei, werden - zumindest nach Meinung des Verfassers - gewichtigere Argumente zugunsten von Sozialen Experimenten angeführt als gegen sie; siehe z.B. Heckman/LaLonde/Smith [1999: 185 f.].

[333] LaLonde [1986]; vergl. auch Riddell [1990: 61 ff.].

[334] LaLonde [1986: 606 f.].

[335] LaLonde [1986: 609, Tab. 4]. Siehe aber auch die Arbeit von Heckman/LaLonde/Smith [1999], wo der gewählte Ansatz kritisch beleuchtet wird und LaLondes Ergebnisse zu einem gewissen Grad relativiert werden: „... a substantial portion of the bias and sensivity reported by LaLonde is due to his failure to compare comparable people and to weight them appropriately. Further, mismatch of labor markets and questionnaires are also likely important sources of the selection bias measured in LaLonde's study. Overall, the available evidence indicates that simple parametric econometric models applied to bad data do not eliminate selection bias. Instead, better data, including a rich array of *X* variables for use in *P(X)*, and more appropriate comparison groups, go a long way toward eliminating the sensivity problems raised in LaLonde's (1986) study." (Heckman/LaLonde/Smith [1999: 137 f.]).

gerade ***nicht*** der gesuchten kontrafaktischen Entwicklung entspricht. Man stelle sich zum Beispiel vor, ein Teil der Unternehmen bzw. ein Teil der Regionen würde Lohnsubventionen erhalten, der andere Teil (die Kontrollgruppe) hingegen nicht. Subventionsbedingte Beschäftigungsexpansionen in der ersten Gruppe würden einen Teil der Güternachfrage von den nicht-subventionierten Unternehmen/Regionen abziehen, so daß die Mitglieder der Kontrollgruppe nunmehr eine schlechtere Beschäftigungsbilanz aufweisen würden als ohne Einführung der Subvention. Würde ungeachtet dieses Einwands die Beschäftigungsentwicklung in der Kontrollgruppe trotzdem mit der gesuchten „kontrafaktischen" Entwicklung (ohne Intervention) gleichgesetzt werden, würde dies zu einer Überschätzung des Beschäftigungserfolgs der Subventionierung führen. Generell gilt: je stärker einzelne Mitglieder beider Gruppen bei paarweiser Betrachtung in ihren Merkmalen übereinstimmen (ein Ziel, das durch die Prozedur der Zufallsauswahl ja explizit angestrebt wird), desto besser lassen sie bzw. ihre Produkte sich gegeneinander substituieren und desto wahrscheinlicher wird das Auftreten von Verdrängungseffekten. Die Schätzung von Verdrängungseffekten dürfte eines der derzeit größten, wenn nicht sogar ***das*** größte ungelöste Problem der arbeitsökonomischen Evaluationsforschung sein.[336] Im übrigen kann auch das Auftreten von Multiplikatorwirkungen der Nachfrage die Beschäftigungsentwicklung in der Kontrollgruppe verzerren - in diesem Fall in die entgegengesetzte Richtung.

7.4. Differenz-von-Differenzen-(DvD)-Schätzer

Wenn ***nicht-experimentell*** erhobene Daten über Teilnehmer- und Kontrollgruppen vorliegen (wenn also vermutet werden muß, daß sich - anders als bei der rein zufälligen Gruppenzuteilung - Teilnehmer und Nicht-Teilnehmer hinsichtlich ihrer beobachtbaren und/oder unbeobachtbaren Merkmale systematisch unterscheiden), dann darf der Erfolg der Subventionsmaßnahme nicht mehr aus der bloßen Differenz der Zielgrößen-Entwicklung in der Teilnehmer- bzw. Kontrollgruppe abgeleitet werden. Vielmehr muß hinsichtlich dieser Unterschiede kontrolliert werden.

---

[336] Auch Heckman/LaLonde/Smith [1999: 17 f., 151-161, 182] werden nicht müde, auf dieses Problem hinzuweisen. Erste vorsichtige Schätzungen zeigen, daß die Höhe der Verdrängungseffekte beachtlich sein kann. So zitieren Heckman/LaLonde/Smith drei Untersuchungen, wo Verdrängungseffekte gegenüber den nicht-subventionierten Arbeitnehmern einmal mit 69% (bei einem staatlichen Beschäftigungsprogramm), einmal mit 30-60% (bei Subventionen für erfolgreiche Arbeitssuche) und einmal sogar mit ca. 90 % (bei Qualifizierungsmaßnahmen) geschätzt worden sind (alle Werte im Verhältnis zum ursprünglich gemessenen Beschäftigungserfolg; vergl. Heckman/LaLonde/Smith [1999: 154, 156, 157]).

Beim DvD-Schätzer wird der Maßnahmeerfolg ermittelt, indem für die Teilnehmergruppe wie auch für die Kontrollgruppe die jeweils stattgefundenen Veränderungen der Zielgröße seit einem bestimmten Ausgangszeitpunkt miteinander verglichen werden („difference in differences"). Als schwierig hat sich die Wahl eines geeigneten Ausgangszeitpunkts herausgestellt, denn schon vor dem eigentlichen Beginn der Maßnahme (z.B. bei ihrem Bekanntwerden oder bei der Zusage oder Ablehnung der Teilnahme) könnte es zu Verhaltensänderungen der Individuen gekommen sein. Dieses Phänomen ist als „Ashenfelter's Dip" bekannt.[337] Die Vor-Subventions-Daten der Teilnehmer bzw. der Nicht-Teilnehmer müssen folglich zu einem Zeitpunkt erhoben werden, von dem vermutet wird, daß Ashenfelter's Dip noch nicht wirksam geworden ist. Die Wahl des Zeitpunktes erfolgt letztlich willkürlich und kann einen starken Einfluß auf das Schätzergebnis haben.[338]

Eine Erweiterung des einfachen DvD-Schätzers stellt der konditionale DvD-Schätzer dar. Hier findet zunächst ein „Matching" statt, bei dem aus der Gesamtstichprobe heraus Paare gebildet werden mit je einem Mitglied aus der Versuchs- und der Kontrollgruppe, die sich bezüglich eines bestimmten beobachtbaren Merkmals (oder bezüglich mehrerer, miteinander gewichteter Merkmale) hinreichend ähnlich sich.[339] Übriggebliebene Daten außerhalb dieses gemeinsamen Wertebereichs werden aus der Stichprobe entfernt; anschließend wird die DvD-Schätzung durchgeführt.

In der folgenden Tabelle 7.1. sei noch einmal dargestellt, welche Schätzmethoden üblicherweise ergriffen werden in Abhängigkeit von dem vorliegenden Datenmaterial. Ist gar keine Kontrollgruppe gebildet worden (auch nicht implizit), kann der Maßnahmeerfolg allein aus der zeitlichen Entwicklung der Zielgröße innerhalb der Gruppe der ***Teilnehmer*** abgeleitet werden. Dies kann z.B. durch Befragungen (siehe Abschnitt 7.2.) oder ökonometrische Modelle erfolgen. Bei echten Sozialen Experimenten ist es ausreichend, die unterschiedliche Entwicklung der Zielgröße in Versuchs- und Kontrollgruppe ***am Ende*** der Maßnahme zu analysieren und ihre Differenz als statistischen Schätzwert für den Maßnahmeerfolg zu interpretieren. Nicht-experimentell erhobene Daten wiederum verlangen z.B. den Einsatz von **DvD-Schätzern** (mit oder ohne Matching) oder ökonometrische Verfahren wie einfache **Regressionen** oder allgemeine **Gleichgewichtsmodelle**.

---

337 Vergl. z.B. Fitzenberger/Speckesser [2000: 362].

338 Hagen/Steiner [2000: 71].

339 Zu den Matching-Verfahren siehe z.B. Smith [2000: 352 f.], Huyer/Bellmann/Brinkmann [2000: 342] oder Fitzenberger/Speckesser [2000: 361 f.].

	Wie wird die Kontrollgruppe gebildet?			
	gar nicht	experimentell	nicht-experimentell	
Wie wird der Maßnahme-Effekt E geschätzt? ↓	Nur die Teilnehmergruppe wird untersucht	Gruppen werden zufällig gebildet	Gruppen werden nachträglich durch Matching gebildet, übriggebliebene Datensätze entfernt	Gruppenzugehörigkeit wird aus den Daten übernommen
$E = \Delta T = T_1 - T_0$	X	–	–	–
$E = T_1 - N_1$	–	X	(x)	–
$E = \Delta T - \Delta N$ $= T_1 - T_0 - (N_1 - N_0)$ => DvD-Schätzer	–	(x)	X	X
$E = \alpha_1 x_1 + \alpha_2 x_2 + u$ => Regressionen	–	–	–	X

Tab. 7.1:
Ausgewählte Methoden der Durchführung von Evaluationen arbeitsmarktpolitischer Instrumente und ihre Abhängigkeit von der Datenlage

E = Maßnahme-Erfolg , T = Beschäftigung in der Gruppe der Teilnehmer ,
N = Beschäftigung in Gruppe der Nicht-Teilnehmer , X = geeignete Schätzmethode

7.5. Zwischenfazit

Das Grundproblem jeder empirischen Bewertung von Lohn- und Beschäftigungssubventionen ist die Berechnung der kontrafaktischen Entwicklung (also jener Entwicklung, die sich ohne Einsatz der Instrumente ergeben hätte). Bei Interviews stellt sich insbesondere das Problem der Glaubwürdigkeit der Antworten; außerdem können die Auswirkungen auf nicht-geförderte Unternehmen (d.h. die Verdrängungseffekte) mit dieser Methode nicht aufgedeckt werden. Verdrängungseffekte sind übrigens ein um so schwerwiegenderes Problem, je größer der Umfang des analysierten arbeitsmarktpolitischen Programms ist. Da die in dieser Arbeit untersuchten Subventionsprogramme typischerweise einen sehr großen Anteil aller Unternehmen in der Volkswirtschaft betreffen, dürfte sich hier das

Problem der Verdrängungseffekte besonders gravierend bemerkbar machen. Auch soziale Experimente sind wie gesagt nicht in der Lage, Verdrängungseffekte zu berücksichtigen, während ökonometrische Studien - die dies zwar theoretisch könnten - mit der Gefahr erheblicher Fehlspezifizierungen zu kämpfen haben. Insofern ist Gerlach et al. beizupflichten, „daß empirische Untersuchungen die Effekte von Lohnkostenzuschußprogrammen nur sehr grob einschätzen können. [...] Insgesamt läßt sich festhalten, daß die aufgezeigten Studien zwar Tendenzen aufzeigen können, bezüglich konkreter Antworten ... jedoch noch großer Forschungsbedarf besteht."[340]

Der anhaltende methodologische Streit zwischen Ökonomen über die Frage des „richtigen" Evaluationsverfahrens führt nicht zuletzt auch dazu, das Vertrauen der Politik in wirtschaftswissenschaftliche Evaluierungsergebnisse insgesamt zu erschüttern.[341] Interessant ist in diesem Zusammenhang der kürzlich gestartete Versuch von Heckman, Smith und LaLonde (die beiden erstgenannten sind einflußreiche Verfechter ökonometrischer Methoden, der letztere ein Befürworter experimenteller Verfahren), so weit wie möglich eine Synthese zwischen den unterschiedlichen Evaluationsverfahren herbeizuführen. In ihrem Beitrag werden nicht nur die Ergebnisse des bekannten LaLonde-Papiers (siehe oben) relativiert[342] und betont, daß beide Evaluationsmethoden mit teilweise ähnlich gelagerten Probleme zu kämpfen haben[343], sondern auch der dringende Bedarf an besser geeignetem Datenmaterial[344] hervorgehoben. Als Schlußfolgerung schreiben die Autoren: „[T]here is no 'method of choice' for conducting evaluations. ... All methods for evaluating social programs are based on identifying assumptions that are difficult to test unless additional data about the unobservables in a given study are collected."[345]

Im folgenden 8. Kapitel soll mittels verschiedener Fallbeispiele aus der Praxis gezeigt werden, welche methodischen Schwierigkeiten bei der Evaluierung beschäftigungspolitischer Subventionsprogramme unter anderem auftreten können.

---

340 Gerlach/Stephan/Gold/Lehmann [1996: 32, 44]. Klös [1997: 69] hält Zurückhaltung vor voreiligen Bewertungen von Lohnsubventionen ebenfalls für angebracht. Auch nach Hujer/Bellmann/Brinkmann [2000: 343] lassen die bisherigen empirischen Ergebnisse kein eindeutiges Fazit hinsichtlich der Effekte von aktiven arbeitsmarktpolitischen Maßnahmen zu.

341 Vergl. Gueron [1990: 167, 169].

342 Vergl. Heckman/LaLonde/Smith [1999: 6 f., 137, 184].

343 Vergl. z.B. Heckman/LaLonde/Smith [1999: 15, 47 f.].

344 Vergl. Heckman/LaLonde/Smith [1999: 6, 47, 185] oder Fitzenberger/Speckesser [2000: 369].

345 Heckman/LaLonde/Smith [1999: 183].

8. ERGEBNISSE AUSGESUCHTER EMPIRISCHER EVALUATIONSSTUDIEN

8.1. Überblick

In diesem zweiten Kapitel innerhalb der empirischen Analyse soll ein Blick auf die praktischen Erfahrungen geworfen werden, die mit Lohn- und Beschäftigungssubventionen bisher gesammelt werden konnten. Zum ersten Mal wurde eine marginale Beschäftigungssubvention im Oktober 1932 im Deutschen Reich eingeführt. Diese „Mehrbeschäftigungsprämien" der Regierung Papen sollten die Unternehmer mit einem Zuschuß von 400 RM pro Person und Jahr (ca. ein Drittel des Lohnes) zur Einstellung zusätzlicher Arbeitnehmer anregen, möglichst in Verbindung mit einer Verkürzung der betrieblichen Arbeitszeit.[346] Wegen der anhaltenden konjunkturellen Abwärtsbewegung zur Zeit der Einführung hatte das Instrument jedoch anscheinend nur einen geringen beschäftigungspolitischen Einfluß, da es für kaum ein Unternehmen lohnend war, zusätzliche Arbeitskräfte einzustellen.

Das Instrument der Lohn- und Beschäftigungssubventionen erlebte eine Renaissance in den siebziger Jahren, als eine Reihe von westlichen Industriestaaten versuchte, die durch die Ölkrise ausgelösten Beschäftigungseinbrüche mit Hilfe einer aktiven Arbeitsmarktpolitik rückgängig zu machen. In den achtziger und neunziger Jahren wurde das Instrument dann seltener, gezielter und (gemessen am Umfang der bereitgestellten Mittel) auch vorsichtiger eingesetzt. Im folgenden sollen beispielhaft die Evaluationsversuche von sieben verschiedenen, teilweise recht bekannten Subventionsprogrammen in ihrer jeweiligen Methodik beschrieben und kritisch diskutiert werden. Am Rande der einzelnen Fallstudien soll dabei auf die bei Evaluierungen typischerweise auftretenden Probleme hingewiesen werden.[347]

Für die Aufnahme in dieses Kapitel wurden vor allem solche Evaluationsstudien ausgewählt, bei denen eines oder mehrere der folgenden Merkmale erfüllt waren: 1.) das Programm und/oder die Studie haben eine gewisse Bekanntheit erlangt und/oder 2.) die Methode und/oder die Daten sind in der Veröffentlichung gut dokumentiert worden, so daß die Ergebnisse bis zu einem gewissen Grade nachvollzogen werden können; und/oder 3.) in der Studie wurde der Frage der (Selbst-)

---

[346] Marcon [1974: 190-196].

[347] Vergl. hierzu auch oben Kapitel 7. Einen guten Überblick über die praktischen Schwierigkeiten der Evaluation von Lohnsubventionen gibt auch Hübler [1982].

Finanzierung nachgegangen. Im übrigen wurden nur arbeitsplatz***schaffende*** Subventionen berücksichtigt und keine arbeitsplatz***erhaltenden*** Maßnahmen wie z.B. die Temporary Employment Subsidy (TES). Tabelle 8.1. gibt eine kurze Übersicht über weitere Ausgestaltungsmerkmale der besprochenen Subventionssysteme:

Name	Kapitel	Förderung allgemein oder marginal	Lohn- (LS) oder Beschäftigungs-subvention (BS)	Förderung selektiv bezügl.		
				Arbeit-nehmern	Unter-nehmen	Regio-nen
NJTC	8.2	marginal	LS	-	-	-
SFES	8.3	marginal	BS	-	x	x
Prime (F)	8.4	marginal	BS	x	-	-
LKZ (D)	8.5	marginal	LS	-	-	x
(Schwed.)	8.6	allgemein	LS	-	x	x
EIS	8.7	marginal	LS	x	-	-
Workstart	8.8	allgemein	BS	x	-	-

Tab. 8.1.: Ausgestaltungsmerkmale der vorgestellten Subventionsprogramme

Bei den Subventionen handelte es sich ausnahmslos um Zuschüsse an Arbeitgeber, und bei fast allen Subventionen (mit Ausnahme der schwedischen Lohnsubvention) gab es eine klar begrenzte Förderungsdauer. Diese Ausgestaltungen finden sich auch bei den meisten anderen Subventionssystemen, die bisher in der Praxis eingesetzt worden sind.[348] Auch bezüglich der Merkmale „marginale versus allgemeine Förderung" und „Lohn- versus Beschäftigungssubventionen" scheinen die in diesem Kapitel vorgestellten Subventionsprogramme einigermaßen repräsentativ zu sein; nur die hinsichtlich der Arbeitskräfte selektiven Programme sind gemessen an der Gesamtheit der bisher erprobten Subventionsinstrumente in dieser Auswahl deutlich unterrepräsentiert.[349]

Angesichts der teilweise weit zurückliegenden Publikationsdaten der zu besprechenden Studien - einige sind bereits Ende der siebziger Jahre durchgeführt worden - stellt sich die Frage, ob ihre Ergebnisse nicht mittlerweile als überholt bezeichnet werden müssen. Doch ist zu berücksichtigen, daß sich zwar das theoretische Wissen, wie Evaluationen arbeitsmarktpolitischer Programme durchgeführt

[348] Vergl. die Aufstellungen bei Gerlach/Stephan/Gold/Lehmann [1996: 30, 21-29].
[349] Vergl. die sehr ausführliche Übersicht bei Gerlach/Stephan/Gold/Lehmann [1996: 30, 21-29] über die Subventionsprogramme in 15 OECD-Staaten.

werden müßten, in den letzten Jahren weiterentwickelt hat, andererseits aber speziell zu den hier interessierenden Lohn- und Beschäftigungssubventionen im letzten Jahrzehnt nicht allzu viele Evaluationen durchgeführt worden sind[350] (und keine einzige, die auf einem Programm basierte, welches vom Umfang her vergleichbar gewesen wäre mit den Programmen der siebziger Jahre). Vor allem aber ist der Großteil der Probleme, welche bei Evaluationen typischerweise auftreten, grundsätzlicher Natur und selbst durch noch so gute theoretische Ansätze nur unzulänglich in den Griff zu bekommen (vergl. Kapitel 7). Auch die oft unzureichende Qualität der vorliegenden Daten war in den neunziger Jahren noch ein ebenso aktuelles Problem wie in den siebziger Jahren, so daß es sicherlich nicht gerechtfertigt ist, die älteren Evaluationsstudien als „veraltet" abzuqualifizieren. Wie die folgenden Unterabschnitte zeigen werden, ist zwar ein Bedarf an besseren Evaluationen nicht zu leugnen; doch die wichtigsten Voraussetzungen hierfür sind bessere Daten und größer dimensionierte Subventionsprogramme.

8.2. Das US-amerikanische „New Jobs Tax Credit" (NJTC) von 1977/78

In der wirtschaftswissenschaftlichen Literatur ist dies sicherlich das bekannteste Beispiel einer marginalen Lohnsubvention. Es handelte sich hierbei um eine Steuergutschrift von 50 % auf denjenigen positiven Lohnbetrag, der sich ergab als Minimum aus ***a)*** der aktuellen Gesamtlohnsumme minus der Vorjahres-Gesamtlohnsumme, letztere multipliziert mit dem Faktor 1.05, und ***b)*** der aktuellen FUTA-Lohnsumme (d.h. derjenigen Lohnsumme, die von der „federal unemployment insurance" erfaßt wird) minus der Vorjahres-FUTA-Lohnsumme, letztere multipliziert mit 1.02. Der Höchstbetrag der Subvention betrug pro Jahr 2.100 US $ pro Arbeitnehmer sowie 100.000 US $ (bzw. 25 % der FUTA-Lohnsumme) pro Arbeitgeber.[351] Durch diese und andere Detailregelungen sollten Mitnahmen, Verdrängungseffekte, Arbeitsplatzteilungen, relative Begünstigungen neugegründeter Unternehmen und mißbräuchliche Inanspruchnahmen vermindert werden.[352] Aufgrund der fixen Subventionshöchstgrenzen gab das

---

[350] Zumindest werden nur noch sehr wenige Evaluationen in den einschlägigen Fachzeitschriften veröffentlicht; die meisten existieren als sogenannte „graue Literatur" in Form von Gutachten, Working Papers oder Vortragsmanuskripten.

[351] Siehe Perloff/Wachter [1979: 173 f.], Bishop [1981: 212] oder Kopits [1978: 500]. Der Höchstbetrag pro Arbeitnehmer und Jahr ($ 2.100) betrug damit ungefähr 20 bis 25 % des Durchschnittslohnes; vergl. Calame [1980: 19].

[352] Zur Begründung im einzelnen siehe Calame [1980: 19 f.] oder Bishop [1981: 212].

Instrument insbesondere einen Anreiz zur Einstellung von niedrig-bezahlten (geringqualifizierten) Arbeitnehmern.

Die verfügbaren Evaluationsergebnisse bezüglich des NJTC sind bei genauer Betrachtung recht dürftig bzw. methodisch sehr angreifbar[353]. Die offensichtlich am besten gesicherte Erkenntnis besteht darin, daß die Existenz dieser Lohnsubvention bei den Arbeitgebern zunächst so gut wie unbekannt war. Die Anzahl der Firmen, die von der Lohnsubvention Kenntnis hatten, stieg von 5.7 % im Juni 1977 auf 57.2 % ein Jahr später.[354] Nach einer anderen Untersuchung hatten im Februar 1978 34.4 Prozent der an der Umfrage teilnehmenden Firmen ($N = 1473$) Kenntnis von der Lohnsubvention; von diesen Unternehmen wiederum glaubten knapp 20 %, anspruchsberechtigt zu sein, während ca. 55 % glaubten, nicht anspruchsberechtigt zu sein; der Rest war sich unsicher.[355] Diese Informationslücken in Verbindung mit dem umständlichen Berechnungsschema haben dem Erfolg des Programms sicherlich geschadet; denn, wie Hamermesh schreibt: „Experience with .. subsidies suggests the importance of making the subsidy simple administratively and visible to people actually doing the hiring. Burying the credit on the back page of a tax return does not bring home the advantage of the subsidy to personnel offices."[356]

Im Jahre 1977 wurden durch das New Jobs Tax Credit insgesamt 795.000 Personenjahre bzw. mindestens 1.1 Mio. Arbeitnehmer gefördert.[357] Während der Laufzeit des Programms sank die Arbeitslosenquote in den USA von 7.4 % im Januar 1977 auf 5.8 % im Juni 1978[358], woraus aber nicht auf einen kausalen Einfluß der Beschäftigungspolitik in gleicher Höhe geschlossen werden darf. Mit ökonometrischen Mitteln schätzen Bishop/Haveman die Beschäftigungswirkung der Subvention auf 150.000 bis 670.000 zusätzliche Arbeitsplätze (je nach Mo-

---

353 Zur ausführlichen methodischen Kritik an den einschlägigen Modellen von Perloff/Wachter sowie Bishop/Haveman siehe Hübler [1982: 19-46].

354 Bishop/Haveman [1979: 127].

355 Siehe Perloff/Wachter [1979: 175]. - „Dabei hatte die Tatsache, daß einem Unternehmen die Möglichkeit der Subventionierung bekannt war, einen positiven Einfluß auf das Wachstum der Beschäftigung. Offenbar ist dieses Ergebnis aber wenig aussagekräftig, weil sich möglicherweise gerade jene Unternehmen um Informationen zu Subventionen bemüht hatten, die ohnehin die Beschäftigung ausweiten wollten" (Buslei et al. [1999: 60]). Ferner darf die Kenntnis vom Programm natürlich nicht gleichgesetzt werden mit dessen Inanspruchnahme (Hübler [1982: 24]).

356 Hamermesh [1978: 110].

357 Siehe Calame [1980: 20] bzw. Bishop [1981: 212 f.].

358 Vergl. Vollmer [1979: 10].

dell) im Handel und Baugewerbe.[359] Die Bruttokosten des Programms werden von ihnen auf 3 bis 6 Milliarden Dollar, die gegenzurechnenden Gewinne auf 1.9 bis 3.6 Milliarden Dollar geschätzt.[360] In der Untersuchung von Perloff/Wachter wird erwähnt, daß die Wachstumsrate der Beschäftigung in jenen Unternehmen, welche Kenntnis vom NJTC-Programm hatten, um 3 %[361] höher lag als in den restlichen Unternehmen, doch auch hier ist unklar, inwieweit dieses Ergebnis auf einen kausalen Zusammenhang zwischen den beiden Größen zurückgeführt werden kann.[362] Unter anderem wegen angeblich zu hoher Mitnahmeeffekte wurde das Programm im zweiten Jahr seines Bestehens kurzfristig wieder abgesetzt[363] und teilt damit das Schicksal vieler ambitionierter Beschäftigungsprogramme.[364]

---

[359] Der gesamte Beschäftigungszuwachs in diesen Sektoren (in denen damals 22.7 Mio. = 26 % aller Beschäftigten arbeiteten) betrug im Untersuchungszeitraum über eine Million Arbeitsplätze; siehe Bishop [1981: 209 f.].

[360] Bishop/Haveman [1979: 127, 129]. Zusammenfassend schreiben die Autoren „... that the finding that NJTC has had sizable employment and price effects must remain tentative. ... In sum, the case for [selective employment subsidy policies] is a strong one“ (Bishop/Haveman [1979: 130]).

[361] Gemeint ist offenbar „um drei Prozentpunkte“, wie aus den hierauf aufbauenden Berechnungen von Bishop [1981: 217] deutlich wird.

[362] Für Calame [1980: 21] liegt hier vielmehr eine Scheinkausalität vor, denn er vermutet „that the same entrepreneurial skill that was responsible for a firm knowing about the subsidy was also responsible for it achieving a higher rate of growth. In other words, firms which knew about NJTC would have expanded more than those which did not, even if the scheme had not existed.“ - Ferner ist zu beachten, daß es sich hier um eine ***mikroökonomische*** Studie handelt, mit der mögliche Verdrängungs- und Multiplikatoreffekte zwischen den Unternehmen nicht erfaßt werden können (vergl. Bishop [1981: 217 f.]).

[363] Bruche [1984: 322 f.]. Es wurde durch ein arbeitnehmerselektives Subventionsprogramm („Targeted Jobs Tax Credit“, TJTC) ersetzt, doch lassen die Bewertungen von Haveman/Saks [1985: 32 f.] vermuten, daß dieses weniger erfolgreich gewesen ist als das NJTC.

[364] Vergl. z.B. die resignierte Bilanz bei Wilensky [1985: 12]: „Many labor market policies in the U.S. are funded for such a short period and at such a meager level that the fuss about their alleged failure to solve some huge problems is absurd. Some of these programs were hardly launched before they were shot down in a cloud of complaints about great costs and limited benefits, often reinforced by short-run, single-issue evaluation research. In the rare case where careful evaluations were made and evidence was found of some modest success, the results were pronounced as benedictions at the graveside. Political success may have been inversely related to evaluated success. In the absence of effective coalitions of politicians, bureaucrats, and experts, in the absence of a system for aggregating interests, achieving consensus, and integrating social and economic planning, each interest group can interpret research results according to its preconceptions with no accommodation to opposing preconceptions. The voice of research, even scholarly analysis, is drowned out by noise.“

8.3. Die britische „Small Firms Employment Subsidy“ von 1977

Diese auf einen Vorschlag von Layard zurückgehende marginale Beschäftigungssubvention, die in Großbritannien als Gegenpol zu der struktur-konservierenden „Temporary Employment Subsidy“[365] fungieren sollte, wurde im Juli 1977 versuchsweise eingeführt; sie galt zunächst nur in bestimmten Regionen und nur für Betriebe des produzierenden Gewerbes mit bis zu 50 Beschäftigten. Bis zum Dezember 1977 gab es 5.928 geförderte Beschäftigungsverhältnisse, mit denen die Regierung eine umfangreiche Evaluationsstudie durchführte.[366] Jedes Arbeitsverhältnis oberhalb eines bestimmten Schwellenwertes wurde subventioniert; es gab ansonsten keine Versuche seitens der Administration, die Mitnahmeeffekte weiter zu senken. Die Höhe des Zuschusses pro Arbeitsverhältnis betrug 20 £ pro Woche für einen Zeitraum von höchstens 26 Wochen; dies ergab einen Subventionsanteil am Lohn von durchschnittlich ca. 40 % (bzw. im Jahresdurchschnitt 20 %).[367]

Die Evaluationsergebnisse zeigen, daß die mit der Subvention geförderten Betriebe um ca. 8 Prozentpunkte (20 % gegenüber 12 %) stärker expandierten als die ebenfalls expandierenden Unternehmen der Kontrollgruppe. Der geschätzte Netto-Beschäftigungseffekt beläuft sich somit auf 40 % des Brutto-Beschäftigungseffekts; ein Wert, der nach Meinung von Layard wegen der vermutlich günstigeren Zusammensetzung der Kontrollgruppe als Mindestwert interpretiert werden müßte.[368] Der Arbeitsplatzschaffungseffekt kam unter anderem dadurch zustande, daß Unternehmen erwartete Überstunden durch zusätzliche Beschäftigte substituierten.[369] Die Evaluationsergebnisse deuten darauf hin, daß in kleineren Unternehmen der relative Arbeitsschaffungseffekt größer und die Mitnahmequote

---

[365] Die Temporary Employment Subsidy (TES, eingeführt 1975) sollte die Erhaltung zeitweilig unrentabler Arbeitsplätze fördern und somit die negativen Multiplikatorwirkungen der Wirtschaftskrise abzufangen helfen. Zur Ausgestaltung der Subvention und zu ihren Auswirkungen siehe Deakin/Pratten [1982].

[366] Calame [1980: 16].

[367] Der damalige wöchentliche Durchschnittslohn lag bei 56 £, doch diejenigen Arbeitnehmer, die durch das Programm gefördert wurden, hatten einen Durchschnittslohn von nur 46 £ (was wohl vor allem darauf zurückzuführen ist, daß das Programm aufgrund seiner Ausgestaltung überproportional viele geringqualifizierte Arbeitslose förderte; vergl. Layard [1979: 194]).

[368] Layard [1979: 193]. Die Ergebnisse der experimentellen Studie wurden auch durch das Ergebnis einer Fragebogen-Auswertung bestätigt, demzufolge 48 % aller subventionierten Arbeitsplätze ohnehin eingerichtet worden wären, 27 % eigentlich erst zu einem späteren Zeitpunkt eingerichtet werden sollten und 25 % allein aufgrund der Subventionierung zustandekamen (Layard [1979: 194], Calame [1980: 17]).

[369] Ein solches Verhalten bestätigten 35 % der befragten Firmen (in denen sich 14 % der subventionierten Arbeitsplätze befanden); vergl. Calame [1980: 16].

kleiner ausfielen als in größeren Unternehmen.[370] Verdrängungs- und Multiplikatorwirkungen wurden im Rahmen der Evaluationsstudie nicht geschätzt.[371]

Die fiskalischen Kosten-Nutzen-Wirkungen berechnen sich aus den Einsparungen pro wiedereingegliedertem Arbeitslosen (auf 34 £ geschätzt[372]) und den Kosten pro Netto-Arbeitsplatz (20 / 0,4 = 50 £[373]); d.h. hiernach hätte jeder zusätzliche Arbeitsplatz unter dem Strich zu fiskalischen Kosten von höchstens 16 £ geführt. Diese Kosten hätten eventuell durch eine Reduzierung des Subventionsbetrages bei gleichzeitiger Ausweitung des Geltungsbereichs noch weiter gesenkt werden können. Tatsächlich beschloß die Regierung angesichts der ermutigenden Evaluationsergebnisse eine Ausweitung der Beschäftigungssubvention auch auf nicht-produzierende Betriebe mit bis zu 200 Beschäftigten in den Förderregionen sowie auf produzierende Betriebe der gleichen Größe landesweit.[374] Vor allem aber ist bei der Interpretation der obigen Evaluationsergebnisse zu berücksichtigen, daß die ermittelten Netto-Kosten nur während der Laufzeit des Programms angefallen sind, während die Einsparungen in mehr oder weniger großem Umfang auch über die Laufzeit des Programms hinaus aufgetreten sind. Da die zusätzlich geschaffenen Arbeitsplätze zum Teil auch nach Ablauf der Förderung noch weiterhin bestanden und somit fortdauernde fiskalische Minderausgaben bzw. Mehreinnahmen hervorgerufen haben, ist ein Netto-***Gewinn*** als Ergebnis einer langfristigen Kosten-Nutzen-Analyse durchaus möglich, wenn nicht sogar wahrscheinlich.

---

370 Calame [1980: 17 ff.]. Derselbe schreibt über die Anreizsituation in Großunternehmen: „The nature of the decision-making process in larger firms leads us to suspect that only a high level of subsidization, or at least a guarantee of its relative permanence, is likely to influence investment and planning in such a way as to lead to the adoption of more labour intensive methods“ (S. 18 f.). Ähnliche Auswirkungen der Betriebsgröße auf die Höhe der Arbeitsplatzschaffung wurden u.a. von Breen/Halpin [1989: 58] oder Hoy/Ryan [1984: 35] berichtet.

371 Calame [1980: 16].

372 Layard [1979: 194].

373 Ohne Verwaltungskosten.

374 Ende November 1979 wurde ein Spitzenwert von 72.800 geförderten Arbeitnehmern verzeichnet. Kurz vorher waren die Ausweitungen durch die neue konservative Regierung wieder rückgängig gemacht worden, und im März 1980 wurde das Subventionsprogramm endgültig eingestellt (vergl. Bruche/Casey [1982: 238]).

8.4. Die französische „Prime d'incitation à la création d'emploi" von 1975

Bei dieser französischen Einstellungssubvention, die im Juni 1975 eingeführt wurde, erhielt ein Arbeitgeber 500 FF pro Monat für die ersten sechs Monate der Beschäftigung eines Arbeitnehmers, der entweder mindestens sechs Monate als arbeitslos registriert war oder der als Berufseinsteiger unter 25 Jahre alt bzw. gerade aus dem Militärdienst entlassen worden war. Voraussetzung für die Förderung war, daß das Beschäftigungsverhältnis für mindestens ein Jahr abgeschlossen wurde und daß der Gesamt-Beschäftigtenstand des Unternehmens nicht aus betrieblichen Gründen unterhalb des Standes vom 4. Juni 1975 lag.[375]

Bei einem Evaluationsversuch von Kopits konnten aufgrund von Datenrestriktionen nur für die ersten zwei Quartale nach Einführung der Subvention (III/75 und IV/75) Schätzwerte gebildet werden[376] - was insofern ungünstig war, weil Kopits selbst annimmt, daß knapp die Hälfte der Beschäftigungsanpassung an veränderte Löhne/Subventionen erst mit einer Verzögerung von 6 bis 12 Monaten einsetzte.[377] Gegen Ende der beiden relevanten Quartale waren 6.900 bzw. 37.700 Arbeitnehmer im Rahmen der Einstellungssubvention eingestellt worden. Kopits führt den seiner Ansicht nach relativ bescheidenen Brutto-Erfolg unter anderem auf Informationsprobleme sowie eine zu starke Eingrenzung der Förderkriterien zurück; außerdem vermutet er, daß der Zuschußbetrag zu klein gewesen sein könnte (zumindest angesichts der geringen Förderungsdauer) und viele Arbeitgeber mit diesem Betrag noch nicht einmal die Einstellungskosten hätten abdecken können.[378]

Für eine Schätzung des Netto-Erfolgs der Subvention beschreitet Kopits zwei alternative Wege. Zum einen schätzt er in einem ökonometrischen Modell, das sich auf Daten der Jahre 1959-1975(II) stützt, die ***hypothetische*** Entwicklung ***ohne*** Subventionen im Vergleich zur ***hypothetischen*** Entwicklung ***mit*** Subvention. Er kommt dabei zu dem Ergebnis, daß die Einstellungssubvention nach zwei Quartalen eigentlich zu einem Netto(!)-Anstieg der Beschäftigung um 187.700 Arbeit-

---

[375] Kopits [1978: 498].

[376] Kopits [1978: 521, Fn].

[377] Vergl. Kopits [1978: 516, letzte Zeile].

[378] Kopits [1978: 521 f.]. Die vergleichende Aufstellung bei Kopits [1978: 501] zeigt, daß das Verhältnis des Subventionsbetrags zum (Durchschnitts-)Lohn tatsächlich bei allen anderen aufgeführten Subventionsprogrammen um ein Vielfaches höher gelegen hat als bei der französischen Anreizvariante.

nehmer hätte führen müssen.[379] Diese hohe Zahl erhält Kopits, weil er in seinem Modell die Subvention wie eine ***allgemeine*** Lohnsubvention behandelt[380], was sie jedoch definitiv nicht ist. Die Qualität der Schätzungen wird ferner dadurch beeinträchtigt, daß Kopits in seinen Schätzgleichungen (die er aus einem gleichgewichtstheoretischen Partialmodell ableitet) aufgrund von Datenrestriktionen Löhne und Güterpreise exogen setzen muß, Zinssätze nicht berücksichtigen kann und den Output als ebenfalls exogene Größe einführt.[381]

Der zweite von Kopits gewählte Weg besteht darin, die hypothetische Entwicklung ohne Subvention mit der tatsächlich gemessenen Beschäftigungsentwicklung zu vergleichen. An den hierbei erhaltenen Ergebnissen ist auffällig, daß die Höhe und die Richtungen dieser Abweichungen in den verschiedenen Industriesektoren extrem unterschiedlich ausgeprägt sind. So soll hiernach zum Beispiel die Beschäftigung im Sektor „Halbfertigprodukte“ aufgrund der Einführung der Subvention um fast 14(!) Prozent (= 187.900 Arbeitnehmer) innerhalb eines halben Jahres gestiegen sein, während sie z.B. im Sektor „Maschinen und Grundmetalle“ subventionsbedingt um 5 % (= 95.900 Arbeitnehmer) innerhalb dieses Zeitraums gefallen(!) sein soll.[382] Diese Ergebnisse sprechen eine deutliche Sprache bezüglich der (Nicht-)Eignung des Modells für die beabsichtigten Evaluierungszwecke. Die vage positive Beurteilung[383] des Instruments durch Kopits ist deshalb völlig unfundiert.

8.5. Die deutsche Lohnsubvention von 1974/75

Schmid [1979] beschreibt die Auswirkungen einer Einstellungssubvention, die Teil des deutschen Konjunkturprogramms von 1974-75 war. Die Einführung des Programms erfolgte ungewöhnlich schnell: in Reaktion auf die dramatische Be-

---

[379] Kopits [1978: 519].

[380] Siehe Kopits [1978: 509, 518].

[381] Kopits [1978: 507 f., 517, 510].

[382] In einer Situation, wo die Frage der fiskalischen Kostenneutralität davon abhängen kann, ob bei einer Bruttozahl von 39.400 geförderten Arbeitsplätzen die Netto-Beschäftigungswirkung vielleicht 8.000 oder nur 6.000 zusätzliche Arbeitsplätze (in allen Sektoren zusammen!) betragen hat, ist auch der Gedanke, Kopits Ergebnisse mit Hinweis auf unvermeidbare statistische Unschärfen zu rechtfertigen, angesichts der Dimension dieser Unschärfen nicht mehr akzeptabel.

[383] Kopits [1978: 521]: „[The subsidy] can be viewed as a success in relation to its net financial cost, which appears to have been small.“

schäftigungsentwicklung des Herbstes 1974 (die Arbeitslosenzahlen stiegen innerhalb von drei Monaten von 557.000 auf 946.000 Personen) wurde ab Mitte Dezember Unternehmen auf Antrag ein Zuschuß von 60 % zu den Lohnkosten gewährt (für die Dauer von sechs Monaten), sofern sie unbefristete Stellen für solche Arbeitslosen einrichteten, die mindestens 3 Monate lang arbeitslos gewesen waren und in einer von Arbeitslosigkeit besonders stark betroffenen Region (über 0,5 Prozentpunkte über dem Bundesdurchschnitt in den Monaten September, Oktober und November 1974) lebten. Der Arbeitgeber mußte bestätigen, daß er diese(n) Arbeitnehmer ohne Fördermittel nicht eingestellt hätte, er mußte ferner einen Nettozuwachs der Beschäftigung gegenüber dem Stichtag 10. Dezember nachweisen und sich außerdem verpflichten, infolge der Neueinstellung keinen anderen Arbeitnehmer innerhalb der nächsten sechs Monate zu entlassen, andernfalls die erhaltene Subvention zurückzuzahlen. Ob diese Regelungen ein guter Schutz gegen Mitnahmen und Substitutionseffekte waren, läßt sich schwer beurteilen. Es gibt Anzeichen dafür, daß zumindest die Absicht, keine schrumpfenden Unternehmen zu fördern, dadurch untergraben wurde, daß das Instrument im Winter eingeführt wurde, so daß Saisonbetriebe (besonders in der Baubranche) keine Mühe hatten, die Bedingung eines Netto-Beschäftigungszuwachses gegenüber dem Stichtag zu erfüllen.[384]

Insgesamt war die Beteiligung der Unternehmen geringer als erwartet: von den vorgesehenen 400 Mio. DM wurden nur 382.4 Mio. DM ausgegeben.[385] Innerhalb der fünfmonatigen Laufzeit wurden insgesamt 78.940 Beschäftigte durch das Programm gefördert, wobei die regionalen Unterschiede in der Inanspruchnahme der Mittel erheblich waren. Es zeigte sich, daß die Beschäftigung in den geförderten Regionen zwischen September 1974 und September 1975 um –3.32 % gefallen ist, wohingegen sie in den nicht-geförderten Regionen in diesem Zeitraum um –3.42 % fiel.[386] Der Index der Inanspruchnahme der Lohnsubvention $I^{(S)}$ (= geförderte Arbeitnehmer als Prozentsatz an allen Arbeitslosen, die potentiell in Frage kamen) betrug in den 44 Förderregionen $I^{(S)} = 22.57$, für alle 142 Regionen zusammengenommen lag er bei $I^{(S)} = 6.99$.

Der Netto-Beschäftigungserfolg wird von Schmid wie üblich definiert als Brutto-Beschäftigungserfolg minus Mitnahmen minus Substitution/Verdrängung minus mißbräuchliche Inanspruchnahme plus Multiplikatorwirkungen. Da aber mit Ausnahme des Brutto-Beschäftigungserfolgs alle anderen Größen weder bekannt

384 Vergl. Schmid [1979: 348, 354] oder Hackmann/Keiter [1976: 334].
385 Schmid [1980: 216 f.]
386 Schmid [1979: 351].

noch zuverlässig zu ermitteln sind, versucht Schmid, mit einer multivariaten Regressionsanalyse die Nettobeschäftigungswirkung direkt und ohne Kenntnis der einzelnen Komponenten zu schätzen. Zunächst jedoch führt er eine univariate Regressionsanalyse ***nur für die Förderregionen*** durch, bei der $g^{(S)}$, das prozentuale Beschäftigungswachstum in den geförderten Regionen zwischen September 1974 und September 1975, die abhängige Größe und $I^{(S)}$ die unabhängige Größe darstellt. Er erhält das folgende Ergebnis (mit $N = 44$ Arbeitsamtsbezirken, $R^2 = 0.35$ und Signifikanz am 0.1 %-Niveau):

(8.1) $$g^{(S)} = -4.89 + 0.07 \cdot I^{(S)}.$$

Dieses Ergebnis wird von Schmid wie folgt interpretiert: „The regression function suggests that without wage-cost subsidies employment would have declined by 4.89 % instead of actually 3.32. The mean change of employment within the control group, which is only 0.10 % higher, indicates that other factors have to be included in order to explain the real effect of [$I^{(S)}$] on employment. Although the following model explains only 37 % of the total variance, it reflects the plausible size of [$I^{(S)}$]'s real effect ...“[387]. An dieser Aussage, daß die Beschäftigungsverluste in der „Kontrollgruppe“[388] der geförderten Regionen um „nur“ 0.1 Prozentpunkte geringer ausfielen als in den nicht-geförderten Regionen, ist die Betonung des Wortes „nur“ auffällig. Sie erklärt sich dadurch, daß Schmid von der These ausgeht, daß die Unterschiede in den regionalen Arbeitslosenquoten ***vor*** September 1974 allein auf „strukturelle Arbeitslosigkeit“, die Entwicklung der Arbeitslosenquoten ***nach*** diesem Datum jedoch allein auf einen Nachfragemangel („konjunkturelle Arbeitslosigkeit“) zurückzuführen sind und daß aus diesem Grund zu erwarten gewesen wäre, daß ***im Falle der Nicht-Subventionierung*** die (negativen) Wachstumsraten der Beschäftigung in allen Regionen hätten ***identisch*** ausfallen müssen.[389]

Des weiteren beschreibt das obige Zitat, daß Schmid sein erstes, univariates Modell, welches die Beschäftigungsentwicklung in den Förderregionen schätzt, aufgibt zugunsten eines multivariaten Modells, in das er auch die Daten der nicht-geförderten Regionen einfließen läßt. Diese Modellmodifikation (bei der das R^2

---

387 Schmid [1979: 351].

388 Da die Gruppenzuordnung ***nicht*** nach dem Zufallsprinzip erfolgte, sondern die Förderregionen ***per Definition*** diejenigen Regionen waren, die von September bis November 1974 überdurchschnittlich hohe Arbeitslosenquoten aufwiesen, verbietet es sich hier, von einer „Kontrollgruppe“ im statistischen Sinne zu sprechen. Vergl. dazu auch Hübler [1982: 58 ff.], Bohm/Lind [1993: 53] sowie zum generellen Problem der „Selektionsverzerrung“ Prey/Fitzenberger/Franz [1997: 19-22, 31].

389 Vergl. Schmid [1979: 349].

praktisch unverändert bleibt) führt nach Schmidts Ansicht offensichtlich ***deshalb*** zu besseren Ergebnissen, weil die Schätzwerte für den Einfluß der Lohnsubvention nunmehr „plausibel"(!) sind.[390] Schmid übersieht jedoch, daß eine gemeinsame Regression für geförderte ***und*** nicht-geförderte Regionen nicht zulässig ist, da seine „unabhängige" Variable $I^{(S)}$ (das Ausmaß der Förderung) in diesem Fall abhängig ist von seiner „abhängigen" Variablen (der Wachstumsrate der Beschäftigung, in der sich u.a. die Beschäftigungsentwicklung von September bis November 1974 widerspiegelt).[391] Bei entsprechenden Berechnungen erhält Schmid mit $b = 0.01603$ (statt $b = 0.07$) einen wesentlich niedrigeren Koeffizienten der Beschäftigungswirkung der Subvention. Aus der Höhe des R^2 schließt er ferner, daß der Einfluß des Lohnkostenzuschusses nur zu gut 1½ Prozent die unterschiedliche Entwicklung der Wachstumsraten der Beschäftigung in seinem Modell erklären kann.

Den Netto-Beschäftigungserfolg der Subvention berechnet Schmid unter Zugrundelegung dieses neuen b-Koeffizienten als $\Delta N = 19.628$ Arbeitsplätze (≈ 25 % des Bruttoerfolgs).[392] Da nach Schmids Berechnungen die durch Arbeitslosigkeit verursachten Opportunitätskosten im Durchschnitt 1.371 DM pro Monat und Arbeitsplatz[393] ausmachen, ergäbe sich hierdurch eine monatliche Entlastungswirkung von 26.9 Mio. DM für den Staatshaushalt, die den Ausgaben von insgesamt 382.4 Mio. DM gegenüberzustellen wäre. Da Schmid die durchschnittliche Lebensdauer eines Arbeitsplatzes auf 8.6 Monate schätzt[394], erhält er unter dem

---

[390] Tatsächlich wäre das Ergebnis der ersten Regression insofern unrealistisch gewesen, weil es einen Netto-Beschäftigungserfolg der Subvention impliziert hätte, welcher um ca. 30 % ***über*** dem Brutto-Beschäftigungserfolg gelegen hätte.

[391] Vergl. Schmid [1979: 340 f.].

[392] Dieser Wert ist der Mittelwert aus Schmids Ergebnis, daß die Subvention die ***Beschäftigung*** statistisch um 23.466 Arbeitsplätze erhöht hat, die ***Arbeitslosigkeit*** jedoch um 15.790 Arbeitsplätze verringert hat (letzteren Wert erhält er durch eine weitere Regression mit der Wachstumsrate der Arbeitslosigkeit; siehe Schmid [1979: 350]). Hierzu schreibt er: „Da jeder durch das Programm erzeugte Abgang aus Arbeitslosigkeit zu einer zusätzlichen Beschäftigung führt, müßten beide Schätzwerte gleich sein. Die Tatsache, daß die empirisch ermittelten Werte relativ geringfügig differieren, bestärkt das Ergebnis trotz aller methodischen Vorbehalte." (Schmid [1980: 225]. Siehe hierzu auch Hübler [1982: 50 f., 56 f.]).

[393] 16.453 DM pro Jahr. Für die Details der Kalkulation siehe Schmid [1979: 356].

[394] Allerdings verwendet Schmid hier fälschlicherweise einen Schätzwert für die durchschnittliche Länge eines ***Arbeitslosigkeitsintervalls***, also eine ***personenbezogene*** Größe, die für den beabsichtigten Zweck unbrauchbar ist. (Daß der Beschäftigungserfolg aus Sicht des einzelnen Arbeitnehmers nicht unbedingt dem fiskalisch relevanten Beschäftigungserfolg entsprechen muß, wird zum Beispiel am Phänomen der Substitutionseffekte deutlich!). Bei Calame [1980: 27] führt der gleiche Fehler zu dem widersinnigen Ergebnis, daß zwar die ***Ausgaben*** eines Subventionsprogramms auf die ***tatsächliche*** Subventionierungsdauer bezogen werden (hier: 52 Wo-

Strich fiskalische Netto-Kosten von ca. 151 Mio. DM. In einer späteren Bewertung dieses Ergebnisses schreibt Schmid: „Gelingt es, Programmdesign und richtigen Zeitpunkt besser zu wählen, um auf diese Weise die Nettobeschäftigungswirkung wesentlich zu erhöhen, dann fällt .. die Budgetwirkung schnell positiv aus ... Das letzte Wort über 'marginale Lohnsubventionen' ist noch nicht gesprochen."[395]

Aufgrund der diversen methodischen Schwächen der Evaluation[396] erscheint es unangebracht, diesen Ergebnissen zuviel Gewicht beizumessen. Ein Beispiel soll dies demonstrieren: hätte man den Netto-Beschäftigungserfolg auf Grundlage der ersten (methodisch korrekteren) Regression von Schmid berechnet, wären die Beschäftigungswirkungen der Subvention beachtlich gewesen, und auch in fiskalischer Hinsicht hätte sich das Programm „gerechnet". Allerdings dürfte man wohl zu Recht vermuten, daß $b = 0.07$ den wahren Beschäftigungseffekt überschätzt - allein schon deshalb, weil ein Teil der subventionsinduzierten Beschäftigungsausweitungen in der Untersuchungsgruppe zu Lasten der Beschäftigungsentwicklung in der „Kontrollgruppe" gegangen sein dürfte.[397] Diese vermutete Verzerrung könnte man wiederum - zugegebenermaßen sehr willkürlich - zu korrigieren versuchen, indem man als b-Wert einfach den geometrischen Mittelwert der beiden oben ermittelten b-Koeffizienten annimmt. Man erhielte

$$(8.2) \qquad \bar{b} = \sqrt{0.07 \cdot 0.016} = 0.0335 \,,$$

und es ergäbe sich nunmehr ein rechnerischer Netto-Beschäftigungserfolg der Subvention von $\Delta N = 48.950$ Arbeitsplätzen ($\approx$ 62 % des Bruttoerfolgs). Dies ergäbe eine monatliche Entlastungswirkung von 67.1 Mio. DM, so daß sich die Kosten des Programms bereits nach weniger als sechs Monaten amortisiert hätten. Oder anders ausgedrückt: selbst unter der extrem pessimistischen Annahme, daß alle neu geschaffenen Arbeitsplätze nach Ende der sechsmonatigen Förderungsdauer wieder aufgegeben worden wären, hätte das Subventionsprojekt zu einem fiskalischen Netto-Gewinn geführt. Aber auch dieses Ergebnis bleibt selbstverständlich in höchstem Maße spekulativ.

---

chen), daß aber die ***Einsparungen*** (an Arbeitslosenunterstützung etc.) nur jeweils für den ***kürzeren*** Zeitraum von 16.3 Wochen (dies entsprach im untersuchten Fall der durchschnittlichen Dauer der Arbeitslosigkeit ohne Subventionierung) gegengerechnet werden (Calame [1980: 38 (Fn14), 29 f.]).

[395] Schmid [1980: 228].

[396] Zu den zahlreichen problematischen Punkten des Schätzansatzes siehe z.B. Hübler [1982: 46-60].

[397] Vergl. Bohm/Lind [1993: 56] sowie die Diskussion in Kapitel 7.

8.6. Die schwedische Lohnsubvention von 1984

Ab Jahresbeginn 1984 wurde Unternehmen bestimmter Branchen, die in Norrbotten (der nördlichsten und strukturschwächsten Provinz Schwedens) beheimatet waren, ein Teil der Sozialabgaben in Höhe von 10 Prozentpunkten erlassen; dies entsprach einer Senkung der Arbeitskosten um ungefähr 7 %.[398] Die schwedische Regierung kündigte an, daß es sich hierbei um eine langfristig geltende Maßnahme handeln sollte.

Eine nachfolgende Evaluationsstudie von Bohm/Lind bedient sich der Matching-Methode. Durch die paarweise Zusammenstellung vergleichbarer Unternehmen in den Förderregionen und den Kontrollregionen (nach den Kriterien Betriebsgröße, Betriebsalter, Rechtsform und Branchenzugehörigkeit) und mittels einer Auswertung ihrer jeweiligen Beschäftigungsentwicklung wird versucht, Aussagen über die Auswirkungen der Subventionierung abzuleiten. Die Autoren gelangen zu dem Ergebnis, daß die Beschäftigungsentwicklung während einer der Subventionierung zeitlich vorgelagerten Kontrollperiode (1978-1981) in den untersuchten Unternehmen in Norrbotten praktisch konstant geblieben ist, während sie in der Kontrollgruppe um 2.6 % gesunken ist. Während des eigentlichen Untersuchungszeitraums (1983-1986) stieg dann die Beschäftigung in der Kontrollgruppe um 5.3 %, während sie in den von der Subvention erfaßten Unternehmen um „nur" 5.6 % anstieg.[399] Somit ergibt sich ein Unterschied in der relativen Beschäftigungsentwicklung der subventionierten Region von minus(!) 2.3 Prozentpunkten - ohne Berücksichtigung von Verdrängungseffekten.

Da das Ergebnis nach Auskunft von Bohm/Lind nicht signifikant von Null verschieden ist, interpretieren sie es dahingehend, daß die untersuchte Subvention mit großer Wahrscheinlichkeit keinerlei Beschäftigungswirkungen hervorgerufen hat. Sie vermuten, daß einer oder mehrere der folgenden Gründe für dieses überraschende Ergebnis verantwortlich sind: entweder war die Subvention zu gering, um überhaupt wahrgenommen zu werden bzw. um die teuren Einmalkosten einer Personalexpansion zu rechtfertigen, oder die Unsicherheit hinsichtlich der Dauerhaftigkeit der Subvention war zu groß, oder die Subvention wurde einfach in steigende Löhne weitergegeben.[400] Insbesondere der erste und der letzte Aspekt sind für allgemeine Lohnsubventionen typisch. In allen diesen Fällen hätte man jedoch erwarten müssen, daß sich positive Nachfrageeffekte der Transferströme in die Förderregion bemerkbar gemacht hätten.

---

[398] Bohm/Lind [1993: 55 f., 52].

[399] Siehe Bohm/Lind [1993: 60, Tab.1].

[400] Bohm/Lind [1993: 63].

Die Studie von Bohm/Lind ist aus mehreren Gründen angreifbar. Erstens ist die Nicht-Signifikanz ihrer Ergebnisse in Bezug auf die Nullhypothese offenbar auf die relativ kleine Stichprobengröße von insgesamt $N = 44$ Unternehmenspaaren zurückzuführen. Wie die Autoren betonen, ist diese Beschränkung wiederum notwendige Folge der Datenlage.[401] Zweitens ist die Wahl der Vorperiode reichlich willkürlich, denn nähme man den gesamten der Subventionierung vorgelagerten Zeitraum von 1978 bis 1983 als Kontrollperiode[402], so erhielte man nach der Methode von Bohm/Lind einen statistischen Beschäftigungseinfluß der Subventionierung in Höhe von −11.3 %(!). Dieses Ergebnis kommt dadurch zustande, daß die Unternehmen der Kontrollgruppe in der vorgelagerten Kontrollperiode einen dramatischen Stellenabbau erlebten, im Gegensatz zu den Unternehmen der Untersuchungsgruppe. Hieran wird deutlich, wie angreifbar die Annahme ist, daß „vergleichbare" Unternehmen in jedem Zeitraum vergleichbare Wachstumsraten aufweisen. Dynamische Analysen betrieblicher Beschäftigungsentwicklungen zeigen vielmehr, daß diese nicht selten zyklisch verlaufen, d.h. nach gelegentlichen Phasen des „Gesundschrumpfens" wächst die Beschäftigung wieder um so stärker.[403] Sofern eine solche negative Autokorrelation existiert, könnte sie die vergleichsweise gute Beschäftigungsentwicklung der Kontrollgruppe in der Subventionierungsperiode aufgrund eines „Nachholbedarfs" erklären.

Die starke negative Abweichung der Beschäftigungsentwicklung der subventionierten Unternehmen (wie sie sich in den Daten manifestiert) führt zu großen Interpretationsschwierigkeiten. Denn der Einfluß der Steuernachlässe auf den Beschäftigtenstand ***kann*** aus theoretischer Sicht nicht negativ sein; er ist vielmehr gleich oder größer Null. Das heißt: die gemessene negative Abweichung zwischen Förder- und Kontrollgruppe erklärt sich durch nicht beobachtete („Zufalls"-) Einflüsse in ***mindestens*** der Höhe dieser Abweichung. Zu behaupten, die Zufallseinflüsse hätten ***genau*** die Höhe der gemessenen Abweichung, ist gewagt, denn das genaue Ausmaß dieser Einflüsse kann schlichtweg nicht bestimmt werden.

---

401 „If we had required the twins to be identical - not only of the same approximate size, age, type of ownership and line of business - we would hardly have found any" (Bohm/Lind [1993: 58]). Daß es selbst hinsichtlich der angeführten Merkmale mit einer Vergleichbarkeit nicht weit her ist, kann man daran ersehen, daß die Unternehmen der Kontrollgruppe im Durchschnitt etwa doppelt so groß sind wie die Unternehmen der Fördergruppe (siehe Bohm/Lind [1993: 60 (Tab.1)]).

402 Hier könnte allerdings wiederum die Gefahr auftreten, in „Ashenfelter's Dip" zu geraten (vergl. Abschnitt 7.4.) und hierdurch verzerrte Ergebnisse zu erhalten.

403 Eine mögliche Erklärung für eine solche zyklische Entwicklung liefert Breitung [1994: 34 f.], der mit speziellen Schätzverfahren eine zeitweilige „Anpassungs-Überreaktion" der Arbeitsnachfrage als Folge von Lohnänderungen feststellte, welche dann im Zeitablauf von den Unternehmen wieder korrigiert wurde.

Die interessante Frage, die diese Evaluationsstudie aufwirft, ist folgende: wie wären ihre Ergebnisse interpretiert worden, wenn sie zufällig im „vernünftigen" Bereich subventionsbedingter Beschäftigungsgewinne gelegen hätten? Hätte man auch in diesem Fall entdecken können, daß die ausgewählten Unternehmen nicht „vergleichbar genug" waren? Hätte man Verzerrungen durch Zufallseinflüsse in der oben genannten Höhe für möglich gehalten? Die Autoren der schwedischen Studie haben nach eigenem Bekunden ihr Modell ohne vorherige Kenntnis der Daten entwickelt, um es nicht - unbewußt - den Ergebnissen anzupassen. Mit dieser ehrlichen Haltung haben sie ungewollt dazu beigetragen, die Hilflosigkeit des gewählten empirischen Schätzverfahrens bei der Ermittlung von Beschäftigungseffekten zu demonstrieren. Denn erst durch solche eindeutig „falschen" Ergebnisse wird deutlich, wie groß die Gefahr ist, auch bei plausibel erscheinenden Ergebnissen dramatischen Fehlschlüssen aufzusitzen.[404]

8.7. Das irische Employment Incentive Scheme (EIS) von 1977

Diese marginale, arbeitnehmer-selektive Lohnsubvention wurde in der Republik Irland 1977 mit dem Ziel eingeführt, das damalige Konjunkturtief zu überbrükken. Wegen der sich 1981 wieder stark verschlechternden Arbeitsmarktsituation wurde die Laufzeit des Programms (mit geringfügigen Änderungen) immer wieder verlängert.[405] Im Durchschnitt wurden zwischen 1977 und 1987 ca. 6.500 Arbeitsplätze pro Jahr durch die Subvention gefördert. Antragsberechtigt waren Arbeitgeber aller Branchen, mit Ausnahme des öffentlichen Dienstes und bestimmter Finanzunternehmen. Die Antragstellung erforderte nur einen geringen Verwaltungsaufwand. Pro Jahr konnten jeweils maximal vier subventionsberechtigte Arbeitnehmer eingestellt werden. Deren Subventionsberechtigung war bei Vorliegen mindestens eines der folgenden sechs Merkmale erfüllt: (1) Berufsanfänger, (2) mindestens 13 Wochen arbeitslos, (3) über 24 Jahre alt und mindestens

[404] Die Möglichkeit, zu derartigen Fehlschlüssen zu gelangen, beschränkt sich natürlich nicht nur auf derartige quasi-experimentelle Matching-Studien. Selten allerdings kann man so offenkundig „falsche" Ergebnisse wie in diesem Fall veröffentlicht finden, da beim Verfassen empirischer Studien das „data mining" weitverbreitet zu sein scheint. Mit „data mining" wird die Tätigkeit bezeichnet, aus mehreren alternativen Modellspezifikationen nachträglich diejenigen für eine Veröffentlichung auszuwählen, die „am besten passen". Ob eine solche Vorgehensweise als notwendiges Übel, als wissenschaftlich unseriöse Manipulation oder als Tugend anzusehen ist, ist unter Ökonomen umstritten; vergl. hierzu Mayer [2000] oder Backhouse/Morgan [2000].

[405] Zur Geschichte und den Ausgestaltungsdetails des EIS siehe Breen/Halpin [1989: 6-9].

52 Wochen arbeitslos, (4) schwerbehindert, (5) Abgänger aus Umschulungsmaßnahme oder (6) Abgänger aus Arbeitsbeschaffungsmaßnahme. Bei Einstellung eines Arbeitnehmers aus einer dieser Gruppen für einen Zeitraum von mindestens 24 Wochen erhielten die Unternehmen im nachhinein einen wöchentlichen Zuschußbetrag von £ 30 ausgezahlt; für Arbeitnehmer der Kategorie 3 („Langzeitarbeitslose") gab es eine erhöhte Prämie von £60 pro Woche.[406] Damit betrug die Subvention etwa 30–50 % des durchschnittlichen Bruttolohns dieser Arbeitnehmer.[407] Zuschüsse wurden außerdem nur an diejenigen Unternehmen ausgezahlt, deren Beschäftigtenstand während des 24-wöchigen Beschäftigungszeitraums nicht gesunken war.

Über die Beschäftigungs- und Budgetwirkungen des EIS liegt eine sorgfältig ausgearbeitete Evaluationsstudie von Breen und Halpin vor, in der 1986 insgesamt 405 Unternehmen ungefähr acht Monate nach Ende der Förderung über ihre Erfahrungen mit dem Programm befragt wurden. Der Inhalt der Interviews bezog sich jeweils auf eine ganz konkrete, namentlich bekannte Person, die im Rahmen des Programms in diesem Unternehmen beschäftigt gewesen war. Dies hatte den Vorteil, daß in jedem einzelnen Fall die Länge des Arbeitsverhältnisses (bis zum Befragungsdatum) bekannt war, daß außerdem für ***jeden*** bezuschußten Arbeitnehmer das entgangene Alternativeinkommen aus der Arbeitslosenversicherung - welches er/ sie bezogen hätte, wenn er/sie nicht eingestellt worden wäre - kalkuliert werden konnte, und daß sich die Personalverantwortlichen noch vergleichsweise gut an die Umstände der einzelnen Beschäftigungsentscheidungen erinnern konnten.

Für die verschiedenen Einzeleffekte ermittelten Breen/Halpin dann die folgenden Schätzwerte: (a) für die Netto-Erfolgsquote: $\Delta N/F = 9\ \%$, (b) für die partielle Mitnahmequote (umfaßt das zeitliche Vorziehen ohnehin geplanter Einstellungen): $M^{(P)}/F = 23\ \%$, (c) für die Mitnahmequote: $M/F = 68\ \%$, (d) für die Arbeitskraft-Substitutionsquote: $A/F = 23\ \%$ sowie (e) für die Quote der volkswirtschaftlichen

---

[406] Offensichtlich hat jedoch selbst dieser beträchtliche Prämienunterschied in vielen Fällen nicht ausgereicht, um die Unternehmen zur Einstellung von Langzeitarbeitslosen zu bewegen. Wie sich zeigte, war die Beschäftigung dieser Personengruppe ceteris paribus mit höheren(!) Löhnen verbunden, was jedoch nicht etwa an den eventuell höheren Qualifikationsanforderungen dieser Arbeitsplätze lag (das Gegenteil war zutreffend), sondern am deutlich höheren Alter der Langzeitarbeitslosen (wobei diese letztere Größe möglicherweise als Proxy für „Berufserfahrung" angesehen werden kann und/oder einfach nur einen höheren Reservationslohn widerspiegelt). Zusätzlich wurde die Einstellung Langzeitarbeitsloser offensichtlich durch das Vorurteil erschwert, diese Gruppe würde schlechte Arbeitsgewohnheiten und eine geringere geistige Flexibilität aufweisen (Breen/Halpin [1989: 61-64]).

[407] Berechnet nach: Breen/Halpin [1989: 61, Tab. 6.2.].

Verdrängungseffekte: $A^{(V)}/F = 4$ %. (Die einzelnen Werte addieren sich nicht zu hundert Prozent, weil nicht ermittelt werden konnte, in welchem Ausmaß sich die Substitutionsfälle bzw. Verdrängungseffekte auf Mitnahmen oder auf echte Arbeitsplatzzuwächse verteilt haben). Diese Schätzwerte entsprechen übrigens grob den Ergebnissen zweier früherer Evaluationsstudien des EIS, wie die nachfolgende Übersicht (Tab. 8.2.)[408] zeigt.

Autoren	Jahr:	$N=$	$\Delta N/F$	$M^{(P)}/F$	M/F	A/F	$A^{(V)}/F$
Breen/Halpin	1989	405	0.09	0.23	0.68	0.23	0.04
Walsh/O'Donnell	1978	180	0.17	0.17	0.66	0.14	?
O'Mahony	1983	319	0.20	0.07	0.73	?	0.00

Tab. 8.2.: Vergleichende Übersicht verschiedener Evaluationen vom EIS; Schätzwerte einzelner Parameter als Anteil an der Zahl der geförderten Arbeitsplätze F

Fiskalische Kosten-Gewinn-Rechnungen wurden von Breen/Halpin für jeweils zwei verschiedene Zeitpunkte vorgenommen: für das Ende der Förderungsdauer und für den Termin der Umfrage (d.h. 8 Monate später). Die ***Ausgaben*** waren zu beiden Zeitpunkten identisch, doch die ***Einnahmen bzw. Kostenersparnisse*** des Staates lagen zum Zeitpunkt der Umfrage höher als bei Beendigung der Förderung, weil zum Umfragetermin immer noch knapp 65 % der vorher subventionierten Arbeitsplätze existierten.[409] In Tab. 8.3. sind die entsprechenden Kosten und Gewinne für beide Zeitpunkte wiedergegeben, allerdings an dieser Stelle noch berechnet unter der Fiktion, daß ***keinerlei*** Mitnahme- oder Substitutionseffekte aufgetreten sind.

---

[408] Vergl. Breen/Halpin [1989: 16 f.]. - Fay [1996: 18] erwähnt zudem eine methodisch an die EIS-Evaluation angelehnte Studie aus Belgien (van der Linden [1995]), die für die Mitnahmequote einen Wert von M/F = 0.53 sowie für die Substitutionsquote A/F = 0.36 ermittelt.

[409] Breen/Halpin [1989: 25]. Bei diesen noch existierenden Arbeitsplätzen handelte es sich übrigens nicht ausschließlich (wie man bei einer vereinfachten neoklassischen Analyse vielleicht vermuten könnte) um Mitnahmen; vielmehr bestand auch jeder zweite Arbeitsplatz, bei dem Mitnahmeüberlegungen ausgeschlossen wurden, zum Zeitpunkt der Umfrage noch (Breen/Halpin [1989: 41]). Dieser Umstand wird von den beiden Autoren so interpretiert, daß manche Unternehmen die dauerhafte Einstellung eines zusätzlichen Mitarbeiters als vorteilhaft und rentabel erfahren haben, auch wenn ihnen dieser Umstand vorher nicht bewußt gewesen war. Zusätzlich könnte man vermuten, daß die Subvention gerade kleinen Unternehmen geholfen hat, die oft finanziell kritische Einarbeitungsphase des neuen Arbeitnehmers zu bewältigen; ist diese Phase erst einmal abgeschlossen, trägt sich mancher Arbeitsplatz offensichtlich von selbst.

Ausgaben/Einnahmen zum ...	Abschluß der Förderung	Erhebungs-zeitpunkt
I. Fiskalische Ausgaben:		
(1) Subventionszahlungen	+ 635.24	+ 635.24
(2) Verwaltungskosten	+ 9.45	+ 9.45
II. Fiskalische Einnahmen/ Minderausgaben:		
(3) Zuschuß des Europäischen Sozialfonds (ESF)	– 320.24	– 320.24
(4) eingesparte Arbeitslosenunterstützung	– 597.76	– 1.107.86
(5) höheres Einkommensteuer/Lohnsteueraufkommen	– 83.78	– 290.31
(6) höhere Einnahmen bei der Sozialversicherung	– 368.55	– 889.00
(7) höheres Umsatzsteueraufkommen	– 180.06	– 346.63

Tab. 8.3.: Kosten des EIS: durchschnittliche Kosten pro zusätzlich geschaffenem Arbeitsplatz ***ohne*** Berücksichtigung von Mitnahme- oder Substitutionseffekten[410]

Wie man sieht, würden bei dieser Art der Berechnung die Einnahmen die Ausgaben bei weitem übersteigen. Das Bild wandelt sich jedoch, sobald man Mitnahmen und Substitutionseffekte berücksichtigt; der Netto-Gewinn zum Umfragezeitpunkt würde hier nur noch knapp 82 £ pro Arbeitsplatz betragen (siehe Tab. 8.4.).

Berücksichtigung von Mitnahmen und Substitution:	nein	ja
Netto-Kosten bei Abschluß der Förderung	– 913.05	– 7.22
Netto-Kosten zum Erhebungszeitpunkt	– 2.546.89	– 81.80

Tab. 8.4.: Durchschnittliche Netto-Kosten des EIS pro Einstellung (negative Beträge stellen Gewinne dar!) [411]

Wenn man darüber hinaus die Zuwendungen des Europäischen Sozialfonds aus der Einnahmerechnung herausnähme[412], würde sich für den Fiskus ein Minus von 238 £ pro subventioniertem Arbeitsplatz ergeben, d.h. bezogen auf das eigentliche Subventionsvolumen eine Finanzierungslücke von immerhin 38 %. Diese Fi-

---

[410] Breen/Halpin [1989: 39 (Tab. 4.1.)].

[411] Breen/Halpin [1989: 40 (Tab. 4.2.)].

[412] Die ESF-Einnahmen bedeuten lediglich eine Überwälzung von Kosten auf eine übergeordnete institutionelle Ebene. Vergl. hierzu auch die Diskussion in Kapitel 1.

nanzierungslücke würde allerdings durch eine Variation bestimmter Programm-Merkmale vollständig zum Verschwinden gebracht werden können; denn Breen/ Halpin weisen nach, daß sich die fiskalischen Gewinne stark verbessern, sobald die Arbeitnehmer-Kategorien 1 (Berufsanfänger) sowie 6 (Wechsler aus ABM) aus der Subventionsberechtigung herausgenommen werden (wie es im Juni 1987 auch tatsächlich geschah).[413] Da die Berufsanfänger 37 % aller geförderten Arbeitnehmer ausmachten[414] und die Mitglieder dieser Gruppe in aller Regel keinerlei Ansprüche auf Arbeitslosenunterstützung erworben hatten, ist intuitiv einleuchtend, warum sich die fiskalischen Einsparungspotentiale durch diesen Schritt entscheidend vergrößern ließen.

Insgesamt beurteilen Breen/Halpin das Employment Incentive Scheme als „einigermaßen erfolgreich" und führen dessen fiskalischen Erfolg vor allem darauf zurück, daß einem geringen Prozentsatz an Arbeitgebern demonstriert werden konnte, daß es für sie rentabel sei, die Anzahl ihrer Beschäftigten zu erhöhen. Trotzdem schlagen die Autoren einige Veränderungen des Programms vor: unter anderem, die Subvention zukünftig fast nur noch auf Langzeitarbeitslose auszurichten, die Subventionierungsdauer auf 39 oder 52 Wochen zu verlängern, keine Höchstzahl an subventionierten Arbeitnehmern pro Betrieb zu verlangen sowie das Instrument bekannter zu machen. Durch diese Maßnahmen soll nach den Vorstellungen von Breen und Halpin das Rotationselement der Subvention (von ihnen „soziales Ziel" genannt) gestärkt werden, ohne daß dabei das „ökonomische Ziel" (fiskalische Kostenneutralität bzw. Netto-Gewinne) aufgegeben werden müßte.

---

413 Breen/Halpin [1989: 42 (Tab. 4.3.)] ermitteln für diesen Fall Netto-Gewinne von 80 £ bzw. 194 £ pro gefördertem Arbeitsplatz. Bei Nicht-Berücksichtigung der Mittel des Europäischen Sozialfonds würde zum Zeitpunkt der Erhebung eine ungefähre Kostenneutralität des Instruments vorgelegen haben, doch nach diesem Zeitpunkt würden auch hier fiskalische Netto-Gewinne auftreten, die um so höher wären, je länger die subventionsbedingt geschaffenen Arbeitsplätze noch bestehen bleiben. Zusätzlich wären Multiplikatorwirkungen (vergl. Abschnitt 4.2.3.) zu beachten, die von Breen/ Halpin nicht berücksichtigt worden sind. Allerdings müßten alle diese zukünftigen fiskalischen Nutzen auf ihren Gegenwartswert hin abgezinst werden (Breen/Halpin [1989: 41 (Fn 14)]).

414 Breen/Halpin [1989: 23].

8.8. Die britischen „Workstart Pilots" von 1993

Diese Versuchsprogramme, die das Einstellungsverhalten der Unternehmen zugunsten von Langzeitarbeitslosen verändern sollten, wurden im Frühjahr 1993 in vier Regionen in England (East London, Kent, Devon and Cornwall sowie Tyneside) eingeführt. Sie waren ursprünglich auf ein Jahr begrenzt, wurden dann jedoch verlängert. Die Teilnehmerzahlen betrugen 1.200 Personen (1994/95) bzw. 5.000 Personen (1995/96); außerdem wurden im Haushaltsjahr 1996/97 2.35 Mio. britische Pfund für diese Programme bereitgestellt.[415]

Mit der Durchführung der Pilotprogramme wurde in zwei Fällen der „Employment Service" (Ämter für Arbeitsvermittlung und Arbeitsunterstützung), in den anderen beiden Fällen die „Training and Enterprise Councils" (örtliche Kommissionen für unternehmensorientierte Berufsbildung) beauftragt. Arbeitgeber, die einen Langzeitarbeitslosen einstellen wollten, der mindestens zwei Jahre (in London: mindestens vier Jahre) durchgängig arbeitslos war, konnten eine entsprechende Vakanz anmelden; gegebenenfalls half die Behörde, dem Unternehmen geeignete Bewerber zu vermitteln.[416] Die Subvention wurde für ein Jahr gezahlt; ihr Betrag belief sich auf £ 60 pro Woche im ersten halben Jahr bzw. auf £ 30 wöchentlich im zweiten Halbjahr. Insgesamt ergab sich damit ein Förderbetrag von £ 2.340, womit die Subventionshöhe deutlich hinter den Empfehlungen von Snower[417] zurückblieb: dieser hatte einen Subventionsbetrag von anfangs £ 150 pro Woche vorgeschlagen, der innerhalb von zwei Jahren bis auf Null hätte zurückgehen sollen.[418] Die theoretische Möglichkeit, wenigstens in einer Region die Auswirkungen höherer Förderbeträge zu testen, wurde von der Politik nicht wahrgenommen; vielmehr stellten sich die Programmverantwortlichen im nachhinein offenbar sogar die Frage, ob nicht bereits geringere Subventionsbeträge für die Erreichung des Subventionierungsziels ausreichend gewesen wären.[419]

Mit 399 teilnehmenden Unternehmen wurde im August 1994 eine Evaluationsstudie auf Basis einer schriftlichen Befragung durchgeführt. Knapp 70 Prozent der befragten Firmen waren im Dienstleistungsbereich tätig; hierbei handelte es sich zu zwei Dritteln um kleine und sehr kleine Unternehmen mit bis zu 10 Be-

---

[415] Quelle: Meager [1997: 77].

[416] Atkinson/Meager [1994: 3, 44].

[417] Snower hatte die Anregung zu einem solchen Subventionsschema gegeben; vergl. auch Abschnitt 4.5

[418] Atkinson/Meager [1994: 62].

[419] Atkinson/Meager [1994: 62].

schäftigten.[420] Für das letztere Phänomen bieten die Autoren verschiedene mögliche Erklärungen an: Kleinbetriebe haben einen ohnehin stärkeren Kontakt zu den Arbeitsämtern als Großbetriebe und waren deshalb leichter ansprechbar für die Behörden; unter Umständen haben die Behörden ihre Angebote auch bevorzugt auf kleine Unternehmen ausgerichtet. In kleineren Betrieben laufen zudem Einstellungsverfahren informeller ab; es gibt schnellere Entscheidungswege, weil Personal- und Finanzverantwortlichkeit in einer Hand liegen. Auch sind Subventionen in kleinen Unternehmen „spürbarer" als in großen, weil jede subventionierte Arbeitskraft zwangsläufig einen vergleichsweise größeren Anteil an der Gesamtbeschäftigtenzahl darstellt (bzw. die Subvention einen relativ größeren Betrag in Beziehung zu den Gesamtarbeitskosten); dieser Effekt wird durch die im Durchschnitt geringeren Bruttolöhne in Kleinbetrieben noch verstärkt.[421] Die Autoren bedauern die geringe Teilnahme von Großunternehmen insofern, weil sie vermuten, daß es bei der gleichzeitigen Beschäftigung mehrerer Workstart-Teilnehmer zu positiven Synergieeffekten hätte kommen können.

Die Größenordnung der von Atkinson/Meager ermittelten Beschäftigungswirkungen entspricht den bisherigen Evaluationsergebnissen bei anderen Subventionsprogrammen. Die geschätzten Mitnahmeeffekte betragen hier 53 %, die partiellen Mitnahmen 27 % und die Arbeitsplatzschaffung (der Netto-Erfolg) 17 % der geförderten Arbeitsplätze.[422] Angesichts dieser Befragungsergebnisse ist allerdings unklar, warum andererseits 37 % der Unternehmen behaupteten, ihre Entscheidung zur Teilnahme an dem Programm wäre zu einem großen Teil durch die Möglichkeit beeinflußt worden, zu einer Reduzierung der Arbeitslosigkeit beitragen zu können (und bei weiteren 41 % der Unternehmen war dies „zu einem gewissen Teil" der Fall).[423] Für einen Teil dieser - angeblich sozial motivierten - Unternehmen kann damit ein inkonsistentes Antwortverhalten nachgewiesen werden in dem Sinne, daß diese Unternehmen hätten wissen müssen, daß mit Hilfe ***ihrer*** subventionierten Arbeitsplätze (die ihrer eigenen Auskunft zufolge ja Mitnahmen waren und ohnehin existiert hätten) gerade keine Arbeitslosigkeit abgebaut wurde.

Probleme mit widersprüchlichen Aussagen der Personalverantwortlichen hatten die Autoren auch bei der Schätzung der Substitutionseffekte. So gaben nur 18 % der Befragten an, daß sie in den vergangenen zwei bis drei Jahren Arbeitskräfte

---

420 Atkinson/Meager [1994: 13, 23, 69].

421 Atkinson/Meager [1994: 24 f.].

422 Atkinson/Meager [1994: 47]; die Werte addieren sich nicht zu 100 %, weil 2 % der Befragten mit „Ich weiß nicht" antworteten; 1 % sind Rundungsdifferenzen.

423 Atkinson/Meager [1994: 29].

aus der Zielgruppe des Workstart-Programms (d.h. Langzeitarbeitslose) rekrutiert hätten; 77 % antworten mit Nein, der Rest war sich unsicher. Auf die Frage jedoch, ob die Unternehmen auch ohne den Workstart-Zuschuß Langzeitarbeitslose eingestellt hätten, antworteten erstaunlicherweise 45 % mit Ja (und ebenfalls 45 % mit Nein).[424] Die Autoren der Studie entschieden sich, nur diese 45 % (statt der 77 % aus der letzten Frage) als tatsächliche Substitutionseffekte zu interpretieren, und stellten weiterhin fest, daß anscheinend über die Hälfte dieser Substitution zu Lasten der übrigen (Kurzzeit-)Arbeitslosen gegangen war. Das Programm führte jedenfalls zu einer deutlichen Änderung der Wahrnehmung von Langzeitarbeitslosen durch die Arbeitgeber: 60 % der befragten Firmen sagten, sie könnten sich vorstellen, auch in Zukunft Langzeitarbeitslose einzustellen, und sogar 83 % halten es für wahrscheinlich bzw. sehr wahrscheinlich, daß der geförderte Arbeitnehmer auch nach Ablauf der Förderungsdauer im Unternehmen bleibt.[425]

Bezüglich der Verdrängungseffekte weisen die Autoren darauf hin, daß diese mit Hilfe von Betriebsbefragungen nur sehr schwer zu schätzen sind. Nach Auswertung einiger indirekter Fragen vermuten Atkinson/Meager, daß diese Nebenwirkungen wohl weit verbreitet, aber für das einzelne Unternehmen nur von geringer Intensität sind.[426] Interessant sind die Auswertungen hinsichtlich der Frage, ob die Unternehmen auch unter geringeren Subventionsbeträgen am Workstart-Programm teilgenommen hätten. Bei £ 1.500 wäre der Netto-Beschäftigungserfolg von 18 % auf 8 % gesunken, bei nur noch £ 750 wäre er sogar bis auf 3 % zusammengeschmolzen.[427] Auf Basis der bei Atkinson/Meager veröffentlichten Zahlen lassen sich die folgenden Brutto-Kosten (d.h. Kosten ohne Entlastungswirkungen) pro neugeschaffenem Arbeitsplatz, $C/(\Delta N)$, berechnen (Tab. 8.5.):

s [in £]	(ΔN)/F	M/F	C/(ΔN)
750	0.03	0.97	**25.000**
1.500	0.08	0.92	**18.750**
2.340	0.18	0.82	**13.000**

Tab. 8.5.: Auswirkungen verschiedener Subventionshöhen auf die Brutto-Kosten der Arbeitsplatzschaffung im Workstart-Programm[428]

[424] Atkinson/Meager [1994: 48-51].
[425] Atkinson/Meager [1994: 58 f.].
[426] Atkinson/Meager [1994: 55 ff.].
[427] Atkinson/Meager [1994: 62-64].
[428] Quelle für die Werte in Spalte 1+2: Atkinson/Meager [1994: 64]. Man erhält die Werte in Spalte 4, indem man Sp.1 durch Sp.2 teilt.

Die Ergebnisse müssen so interpretiert werden, daß - sofern sich in den Befragungsergebnissen reale Verhaltensmuster widerspiegeln - Kostengründe eindeutig für eine ***Erhöhung*** des Subventionsbetrages sprechen würden, weil hierdurch offenbar überproportionale Steigerungen des Netto-Beschäftigungserfolgs zu erzielen sind.

8.9. Ausblick

Bei den in diesem Kapitel vorgestellten Fallstudien wurde deutlich, wie stark arbeitsmarktpolitische Evaluationen von der Güte des verwendeten Datenmaterials abhängig sind und mit welchen grundsätzlichen methodischen Schwierigkeiten diese Bewertungsversuche zu kämpfen haben. In der Mehrzahl der Fälle (siehe Abschnitte 8.2., 8.4., 8.5. und 8.6.) waren die Ergebnisse der Studien zu fragil, um daraus zuverlässige wirtschaftspolitische Forderungen ableiten zu können.

Die theoretischen Überlegungen aus Kapitel 7, denen zufolge es keine Evaluationsmethode gibt, die allen anderen Methoden konzeptionell überlegen ist, konnten durch die empirischen Fallstudien durchaus bestätigt werden. Das ideale Instrument für die Abschätzung der Netto-Beschäftigungswirkungen von Lohn- und Beschäftigungssubventionen dürfte ein Experiment mit zufällig verteilten Subventionsberechtigungen sein, das zwecks Aufdeckung von Verdrängungseffekten mit einer ökonometrischen Untersuchung kombiniert wird .

Falls Subventionsprogramme, welche nicht gerade in einem engen regionalen Rahmen durchgeführt werden, ausschließlich mittels ***ökonometrischer Verfahren*** bewertet werden sollen, so ist dies ohnehin nur bei großzügig dimensionierten Subventionsprojekten zu empfehlen. Bei kleinen Programmen hingegen wäre die Wirkung der Interventionen vermutlich so gering, daß jede induzierte Netto-Beschäftigungsveränderung in den normalen konjunkturbedingten Schwankungen „untergehen" muß. Diese komparativen Nachteile ökonometrischer Methoden gegenüber Befragungen und Sozialen Experimenten speziell bei der Evaluation ***kleiner*** Subventionsprogramme werden zum Beispiel bei Breen/Halpin (vergl. Abschnitt 8.7.) ausführlich diskutiert:

„An alternative strategy to that adopted here would be to examine the aggregate effect of EIS on employment via a modelling approach. For example, one simple strategy would be to regress the trend in unemployment (over a period longer than that during which EIS has been in operation) on an set of explanatory variables plus a dummy variable representing the period during which EIS has been available. Here the magnitude of the dummy variable's coefficient would give an indication of the effect of EIS. One important objection to using this approach is that, given the relatively small size of EIS, any effect of the scheme would be unlikely to be registered. So, EIS in 1987 had around 5.000 participants, which must be set against the estimate of approximately 200.000 recruitments per annum in the economy as a whole. A second objection is related to this. Following a modelling strategy we are implicitly asking the question of what the trend in unemployment would have been had EIS not been in operation: the effect of EIS is then the difference between the actual and this counter-factual state of affairs. However, this approach requires that we correctly specify the trend of unemployment - in other words, we include all the variables that influence this trend and model their relationship with it in the correct manner. Because EIS is a small scheme when set alongside the numbers unemployed and the annual number of recruitments by firms, any small inaccuracy in this specification will be enough to 'muddy the waters' sufficiently to make it impossible to detect an effect of the scheme. In more technical terms, a hypothesis test using this approach would, in fact, be testing two hypotheses simultaneously - namely a hypothesis concerning the correctness of our specified model and the hypothesis we want to test concerning the effects of EIS on the trend in unemployment. Therefore, if, for example, we found no effect of EIS on unemployment using this approach that could mean either that EIS really had no effect or that our model was incorrectly specified. Finally the issue of causality in such an approach is not clear and may lead to problems of identification due to endogeneity of the variable measuring EIS participation. That is to say, while it is reasonable to suppose that EIS will influence the trend in unemployment, it is equally true that the level of participation in EIS may be responsive to the level of unemployment in so far as the budget available for EIS is determined by government. For these reasons, then, we chose not to pursue this particular approach.“[429]

Je größer das gewährte Subventionsvolumen ist und je größer also ceteris paribus der Beschäftigungserfolg der Subvention im Vergleich zu den exogenen, konjunkturbedingten Schwankungen des gesamtwirtschaftlichen Beschäftigungsniveaus ist, desto besser läßt sich der Erfolg des Subventionsprogramms statistisch nachweisen. Zum Beispiel könnte unter Umständen ein subventionsbedingter Abbau der Arbeitslosigkeit um einen Prozentpunkt innerhalb eines Jahres (gerade) groß genug sein, um aus den üblichen Beschäftigungsschwankungen „herauszuragen“. Interessant ist deshalb die Frage, wie groß ein selbstfinanzierendes Subventionsprogramm eigentlich sein müßte, um einen Beschäftigungszuwachs in dieser Größenordnung hervorzurufen. Die Erkenntnisse der vorliegenden Arbeit, nach denen die Netto-Erfolgsquoten selbstfinanzierender Programme bei ca. 20 % und teilweise sogar darunter liegen[430], implizieren, daß für einen selbstfinanzierten Abbau der Arbeitslosigkeit um einen Prozentpunkt eine Subventionierung von möglicherweise mehr als fünf Prozent aller bestehenden Arbeitsplätze erforderlich sein könnte. Ein marginales oder selektives Sub-

---

[429] Breen/Halpin [1989: 33 f.]. - Vergl. auch Lindley [1986: 165 f.].

[430] Vergl. Abschnitt 8.7. oder auch Tabelle 4.7. (Abschnitt 4.6.4.). Vergl. auch Altzinger, der für Österreich (1985) berechnet hat, daß für die eingesetzten Subventionsinstrumente schon ein Netto-Beschäftigungseffekt von 20 % kostendeckend gewesen wäre (Altzinger [1990: 157 f.]).

ventionsprogramm in einem solchen „heroischen Maßstab“ (Phelps) ist aber noch niemals bisher aufgelegt worden[431]; vielmehr wurde selbst bei den ambitioniertesten Programmen im Jahresdurchschnitt nie mehr als ein Prozent der Beschäftigten gefördert.[432]

Durchaus zutreffend ist deshalb der zusammenfassende Kommentar von Schmid zur (kurzen) Geschichte der Lohnsubventionen: „Im Rahmen eines Konjunkturprogramms von 1974 wurde in der Bundesrepublik erstmalig die mittlerweile von Gösta Rehn wiederbelebte Idee halbwegs zu realisieren versucht, mit Lohnsubventionen auch den Abbau von Massenarbeitslosigkeit zu beschleunigen ... Fast alle OECD-Länder folgten halbherzig und mit mehr oder weniger verwässerten Programmen dem Gedanken, Lohnsubventionen auch als konjunkturelles und beschäftigungspolitisches Instrument einzusetzen. Rehns vehementes und in allen wichtigen Konferenzen vorgetragenes Plädoyer für eine ‘nackte und schamlose’ Subventionsstrategie wurde jedoch in keinem Lande in dem gewünschten Umfang realisiert ... Eine empirische Falsifikation der ursprünglich von Pigou und Kaldor vorgetragenen Idee [der Lohnsubventionierung] ist heute also nicht möglich.“[433]

Solange die Politik sich nicht entschließen kann, ausreichend groß dimensionierte Lohn- oder Beschäftigungssubventionen einzuführen, müssen empirische Aussagen über die fiskalische Wirksamkeit dieses Instruments notgedrungen auf schwachen Füßen stehen. Die überzeugenderen Begründungen für Lohn- und Beschäftigungssubventionen (oder gegebenenfalls gegen sie) sind deshalb bislang nicht empirischer, sondern theoretischer Natur.

---

[431] Vergl. Sengenberger [1980: 23 f.], nach dessen Ansicht die meisten Subventionsprogramme nicht über ein Experimental-Stadium hinausgekommen sind.

[432] Vergl. z.B. bezüglich der internationalen Evidenz die Übersicht der Teilnehmerzahlen bei Calame [1980: 4-7, 12]. Zur Zahl der geförderten Personen in deutschen Subventionsprogrammen 1988–1997 siehe z.B. Buslei et al. [1999: 20]; die dort genannten Gesamt-Teilnehmerzahlen schwanken zwischen 30.000 und 120.000 pro Jahr.

[433] Schmid [1980: 202].

9. EXKURS: ZUR DISKUSSION UM GESTAFFELTE LOHNSUBVENTIONEN IM NIEDRIGLOHNBERICH

9.1. Überblick

In den letzten Jahren gab es in Deutschland eine breite politische Diskussion um die Vor- und Nachteile von Lohnsubventionen (bzw. ermäßigten Sozialversicherungsbeiträgen) im Niedriglohnbereich. Zugunsten einer Beschränkung der Subventionen auf den Niedriglohnbereich wird angeführt, daß in diesem Bereich ein besonders starker Angebotsüberhang besteht (z.B. durch Sortierprozesse am Arbeitsmarkt in Zeiten hoher Arbeitslosigkeit und durch den technischen Fortschritt, der zu einem Wegfall einfacher Tätigkeiten führt). Auch werden im Niedriglohnbereich höhere Lohnelastizitäten des Arbeitsangebots und der Arbeitsnachfrage vermutet. Von Bedeutung sind auch bestehende Anreiz-Barrieren im Niedriglohnbereich (Mindestlohnregelungen, Untergrenzen der Tariflöhne, bestimmte Ausgestaltungen des Sozialrechts), welche die Bereitstellung arbeitsintensiver Produkte und personennaher Dienstleistungen verhindern. Da eine stärkere Lohnspreizung auf Arbeitnehmerseite die Gefahr einer Niedriglohnarmut („working poor") in sich bergen würde, könnten Lohnsubventionen an Arbeitgeber einen Ausweg aus dem Dilemma darstellen. Die Tarifpolitik würde auf diese Weise von verteilungspolitischen Aufgaben entlastet werden.[434]

Es wurden bislang mehrere Simulationsstudien erstellt zu der Frage, wie sich eine arbeitgeberseitige Subventionierung des Niedriglohnbereichs auf die Beschäftigung bzw. die Staatsfinanzen auswirken würde. Zwei bekannte Studien auf diesem Gebiet sollen im folgenden kurz vorgestellt werden.

9.2. Simulationsstudie von Buslei/Steiner et al.

Buslei/Steiner et al. untersuchen in einer Simulationsstudie die Beschäftigungswirkungen einer Lohnsubvention, bei der Bruttolöhne unter 18 DM subventioniert werden. Die Höhe des Zuschusses steigt mit sinkenden Löhnen; an den Obergrenzen der Lohngruppen kommt es dabei zu den folgenden Zuschußbeträgen:

---

[434] Bender et al. [1999: 6].

Stundenlohn in DM	≤ 10	11	12	13	14	15	16	17	18
Subvention in Prozent des Stundenlohns	40,0	31,8	25,0	19,2	14,3	10,0	6,3	2,9	0,0
Erstattung in DM an der Gruppenobergrenze	4,00	3,50	3,00	2,50	2,00	1,50	1,00	0,50	0,00

Tab. 9.1.: Subventionsvariante nach Buslei/Steiner [1999: 111]

Die Autoren simulieren die Beschäftigungswirkungen zunächst in einem Partialmodell des Arbeitsmarktes, wo von vollständiger Konkurrenz auf dem Arbeitsmarkt ausgegangen wird. Die Lohnsubvention im Niedriglohnbereich - so wird zunächst unterstellt - hat dabei keinen Einfluß auf das allgemeine Lohnniveau. Ferner wird das Arbeitsangebot als vollkommen lohnelastisch unterstellt. Das formale Vorgehen von Buslei/Steiner et al. orientiert sich an Katz [1996], der diesen Spezialfall eines konstanten Lohnniveaus dann als gegeben ansieht, wenn strukturelle Arbeitslosigkeit herrscht. Die unter der Fixlohn-Prämisse ermittelten Beschäftigungswirkungen stellen die maximal erreichbaren Beschäftigungswirkungen dar; die Berücksichtigung steigender Löhne (siehe unten) würde hingegen zu ungünstigeren Ergebnissen führen.

Die Autoren berechnen die Verteilung der Stundenlöhne (Anzahl der Beschäftigten je Stundenlohngruppe) und nehmen eine detaillierte Schätzung der Arbeitsnachfragefunktion vor. Sie erhalten Lohnelastizitäten der Arbeitsnachfrage von –0,17 für Frauen sowie –0,65 für Männer, weisen allerdings gleichzeitig darauf hin, daß diese Elastizitäten die Reaktionen der Beschäftigung auf ***kleine*** Änderungen des Lohnes abbilden und nicht unbedingt auch für ***große*** Änderungen der Arbeitskosten gelten, welche ja im Subventionierungsfall auftreten würden.[435]

Unter den Annahmen des obigen Fixlohnmodells und unter der weiteren Annahme, daß es sich um eine ***dauerhafte*** Subvention handelt, kommen die Autoren zum Ergebnis, daß die Subvention den Beschäftigungsstand um **278.100 Personen** erhöht.

---

[435] Buslei/Steiner et al. [1999:124].

Als nächstes verändern die Autoren ihre Modellannahmen dahingehend, daß eine Erhöhung der Löhne im Zuge der Subventionierung möglich ist. Die Beschäftigung hängt nunmehr zusätzlich von der Höhe der Arbeitsangebotselastizität ab, wobei sich das Ausmaß der Beschäftigungsänderungen anhand der folgenden Gleichung bestimmen läßt:

$$(9.1) \qquad \frac{d \ln L}{ds} = \frac{\eta \varepsilon}{\eta + \varepsilon}$$

Als Arbeitsangebotselastizität wurde die Elastizität der Arbeitsstunden in Bezug auf den Lohnsatz verwendet. Die Elastizitäten wurden getrennt für die Gruppen der westdeutschen bzw. ostdeutschen Arbeitnehmer, für Männer bzw. Frauen sowie für Paare bzw. Single-Haushalte berechnet, und die Beschäftigungswirkungen wurden innerhalb jeder Stundenlohngruppe einzeln für jede der genannten Untergruppen berechnet und anschließend aggregiert.[436]

Im Ergebnis führt die Berücksichtigung der ermittelten Angebotselastizitäten (die meist kleiner als Eins, aber deutlich größer als Null sind) zu einer prozentualen Veränderung der Zahl der Arbeitskräfte im Niedriglohnbereich von +0.9 Prozent; dies entspricht einem Nettoeffekt von nur noch **55.600 Personen**. Das Arbeitsvolumen verändert sich um +1.4 Prozent. (Katz [1996], der in seiner Untersuchung höhere Elastizitäten unterstellt hat, prognostiziert eine entsprechend höhere Beschäftigungswirkung).

Bei dem zuletzt genannten Schätzwert von 55.600 Personen ist allerdings nicht die Möglichkeit berücksichtigt worden, daß Arbeitnehmer zu einem nicht unerheblichen Teil durch eine hochlohnbedingt niedrige Arbeitsnachfrage restringiert sein können. Dies würde eine geringere Lohnsteigerung als angenommen bedeuten (die z.B. durch Vereinbarungen wie das „Bündnis für Arbeit“ abgesichert werden könnte) und folglich einen höheren Zuwachs der Beschäftigung bedeuten.[437] Für eine realistischere Bewertung der Beschäftigungswirkungen müßten des weiteren Substitutionseffekte und Komplementaritätseffekte[438] berücksichtigt werden, die sich jedoch nach Ansicht der Autoren in ihrer Wir-

---

[436] Buslei/Steiner et al. [1999:126].

[437] Buslei/Steiner et al. [1999:129].

[438] Komplementäreffekte entstehen dann, wenn eine erhöhte Nachfrage nach geringqualifizierter Arbeit auch zu einem Anstieg der Nachfrage nach qualifizierter Arbeit führt. Die von Buslei/Steiner ermittelten Kreuzpreiselastizitäten zeigen zum Beispiel, daß Qualifikationen Substitute sind, der Einsatz der Geschlechter in der Produktion jedoch komplementär erfolgt. Allerdings sind diese Beziehungen teilweise nur schwach ausgeprägt.

kung weitestgehend kompensieren würden; ferner Verdrängungseffekte und Finanzierungseffekte, die als eher gering eingestuft werden.

Ein dritter, realistischer Schätzwert, der die genannten Aspekte mit berücksichtigen soll, wird von den Autoren ad hoc mit **100.000 neuen Arbeitsplätzen** angesetzt. Dieses Ergebnis würde Angebotselastizitäten implizieren, die dreimal so hoch sind wie die oben ermittelten - oder anders ausgedrückt: während der erwartete durchschnittliche Lohnanstieg im vorangegangenen Szenario zwei Drittel des durchschnittlichen Subventionsbetrags ausgemacht hätte, würde in diesem Fall nur die Hälfte des durchschnittlichen Subventionsbetrags durch die Lohnsteigerung abgeschöpft werden.[439]

Auf die (Selbst-)Finanzierungswirkungen der analysierten Subventionsvariante gehen die Autoren nur mit einem einzigen Satz ein: „Nach einer Überschlagsrechnung unter Berücksichtigung der mit den Lohnsteigerungen verbundenen zusätzlichen Steuereinnahmen ergeben sich für den betrachteten exemplarischen Vorschlag Nettokosten von etwa **7 Mrd. DM pro Jahr**".[440] Bei den prognostizierten 100.000 Arbeitsplätzen wären das 5.830 DM pro Monat und Arbeitsplatz. An anderer Stelle wird erwähnt, daß Einsparungen bei der Arbeitslosenunterstützung in Höhe von monatlich 2.330 DM (bei Empfängern von Arbeitslosengeld) bzw. 1.780 DM (bei Beziehern von Arbeitslosenhilfe) diesen Ausgaben gegenzurechnen wären.[441]

Buslei/Steiner et al. kommen zu dem Ergebnis, daß die von ihnen untersuchte Lohnsubventionierungsvariante ihr fiskalpolitisches Ziel verfehlt. Ihrer Ansicht nach könnte die Subvention allenfalls durch verteilungspolitische Ziele legitimiert sein. Die Autoren merken jedoch auch kritisch an, daß im Zusammenhang mit der Subvention nicht - bzw. nur mit unangemessen hohem Verwaltungsaufwand - das gesamte verfügbare (Haushalts-)Einkommen geprüft werden kann und deshalb auch Arbeitnehmer gefördert werden würden, die unter sozialpolitischen Aspekten nicht unbedingt förderungswürdig wären.

Bezüglich der längerfristigen Wirkungen dieses arbeitsmarktpolitischen Instruments befürchten die Autoren, daß Lohnsubventionen den Anreiz zur Weiterbildung reduzieren könnten, so daß die daraufhin schlechtere Qualifikation der Arbeitskräfte langfristig deren Beschäftigungschancen wieder reduzieren wür-

---

[439] Buslei/Steiner et al. [1999:130].

[440] Buslei/Steiner et al. [1999:130].

[441] Hagen/Steiner [2000:213].

de.[442] Dieser Effekt ist aber keineswegs ein spezielles Problem von Lohnsubventionen, sondern tritt allgemein bei einer Verbesserung der Arbeitsmarktlage auf, wenn Arbeitnehmer zunehmend von dem Druck befreit sind, ihre Position am Arbeitsmarkt mittels Weiterbildungsmaßnahmen verbessern zu müssen. Das obengenannte Argument wäre ein Argument gegen ***jeden*** Abbau von Arbeitslosigkeit - egal mit welchen Instrumenten.

Die fiskalischen Ergebnisse in der Simulationsstudie von Buslei/Steiner et al. stützen die Ergebnisse aus den Kapiteln 4.6.4. und 4.4.4., wonach ***allgemeine*** Lohnsubventionen bei Zugrundelegung realistischer Arbeitsnachfrageelastizitäten nicht selbstfinanzierend sein können. Möglicherweise führt die untersuchte Variante einer selektiven Subventionierung des Niedriglohnbereichs aber zu günstigeren fiskalischen Ergebnissen als eine allgemeine Lohnsubvention bzw. Steuersenkung ***ohne*** Einschränkung des Empfängerkreises. Die obige Gegenüberstelllung der Belastungen des Staatshaushalts einerseits und der Einsparungen der Bundesanstalt für Arbeit andererseits würde unter dem Strich eine Selbstfinanzierungsquote von 30 bis 40 Prozent implizieren.[443] Im Vergleich zu Ergebnissen anderer Studien über allgemeine Lohnsubventionen sind dies sogar noch recht positive Werte.

9.3. Simulationsstudie von Riphahn/Zimmermann

In dieser Studie wird der Modellvorschlag „Gestaffelter Zuschuß zu den Sozialversicherungsbeiträgen" untersucht, durch den ebenfalls Arbeitsplätze im Bereich niedrig-entlohnter Tätigkeiten geschaffen werden sollen.[444] Bei Beschäftigungsverhältnissen bis zu einem Monatseinkommen von 1.500 DM würde der Bund die Sozialversicherungsbeiträge in voller Höhe übernehmen; im Bereich zwischen 1.500 und 3.000 DM würde sich der Zuschußbetrag nach folgender Formel errechnen:

$$(9.2) \quad \text{Zuschuß} = \left(2 - \frac{\text{Arbeitsentgelt / Monat}}{\text{Teilzeitfaktor} \cdot 1500}\right) \cdot \text{Sozialversicherungsbeitrag}$$

---

[442] Buslei/Steiner et al. [1999:130].

[443] Die Tatsache, daß Einsparungen und Belastungen aus der Subvention (möglicherweise) bei unterschiedlichen Trägern der Arbeitsmarktpolitik anfallen, soll hier zunächst unberücksichtigt bleiben.

[444] Dieser Vorschlag stammt aus der „Benchmarking-Gruppe" des „Bündnisses für Arbeit, Ausbildung und Wettbewerbsfähigkeit"; vergl. Zimmermann [2000: 79].

Die Verfasser des Gutachtens interpretieren die Modellvorgaben im übrigen so, daß die Zuschüsse in voller Höhe an die Unternehmen und nicht auch an die Arbeitnehmer vergeben werden, denn für den Fall einer Einbeziehung der Arbeitnehmerseite in die Subventionierung diagnostizieren sie Effizienzverluste, weil die Subvention - bei gegebener Arbeitslosigkeit - ihrer Ansicht nach schlichtweg an der falschen Marktseite ansetzen würde.[445]

Weiterhin gehen Riphahn/Zimmermann in ihrer Simulationsstudie davon aus, daß das Arbeitsangebot aufgrund empirischer Untersuchungen als weitgehend starr angesehen werden müßte. Insbesondere das Arbeitsangebot der Männer würde nur sehr gering auf Lohneffekte reagieren. Aus Gründen der Einfachheit wird von einer Arbeitsangebotselastizität von Null ausgegangen (vertikale Arbeitsangebotskurve).[446]

Der zentrale Parameter für die Beschäftigungsreaktionen ist für Riphahn/Zimmermann folglich die Arbeitsnachfrageelastizität. Diese wird aufgrund der bei Hamermesh [1993] veröffentlichten Schätzwerte im Intervall [–0.3, –0.9] gesehen; die Simulationen werden für $\eta = -0.3$, $\eta = -0.6$ und $\eta = -0.9$ durchgeführt.

Weiterhin wird die Verteilung der Bruttolöhne (unter Zuhilfenahme zweier unterschiedlicher Datenquellen) simuliert und auf das aktuelle Jahr hochgerechnet. Aus Annahmen über die Verteilung der Stillen Reserve wird die Anzahl der Personen ermittelt, die dem Arbeitsmarkt nahestehen. Bei der Schätzung der Steuereinnahmen müssen Annahmen über die Verteilung auf die Steuerklassen getroffen werden.

Eine zusätzliche methodische Schwierigkeit bestand darin, daß sich während der Abfassung des Gutachtens die Rahmenbedingungen bezüglich der sogenannten geringfügigen Beschäftigungsverhältnisse („630-DM-Jobs“) in Deutschland geändert haben. Die bisherige pauschale Lohnbesteuerung dieser Beschäftigungsverhältnisse wurde durch eine allgemeine Sozialversicherungspflicht ersetzt bzw. ergänzt. Die Autoren haben versucht, dieser Umbruchsituation durch zwei alternative Szenarien gerecht zu werden. In ihrem Referenz-Szenario „Vergleichsbasis: **vor** dem 1.4.99“ handeln sie beide Änderungen des institutionellen Rahmens (den Wechsel bei der Behandlung der 630-DM-Jobs

---

[445] Vergl. Riphahn/Zimmermann [1999: 22 ff.]. Für die Autoren ist es eindeutig kontraproduktiv, in Zeiten eines Angebotsüberhangs die Angebotsseite subventionieren zu wollen (weshalb sie auch der vorgeschlagenen Begleitmaßnahme einer Erhöhung des Kindergeldes für Niedriglohnempfänger skeptisch gegenüberstehen; siehe S.31 a.a.O.).

[446] Vergl. Riphahn/Zimmermann [1999: 27, 25].

und die hypothetische Bezuschussung der Sozialversicherungsbeiträge) in einer ***gemeinsamen*** Simulation ab, während in dem zweiten Szenario „Vergleichsbasis: **nach** dem 1.4.99" nur ***eine*** Politikänderung (die Zuschuß-Komponente) simuliert wird. Nur dieses letztgenannte Szenario ist also für die ökonomische Beurteilung der Subvention von Interesse. Doch auch wenn in diesem Fall die veränderte rechtliche Situation bei den 630-DM-Jobs als gegeben angenommen wird, ändert dies nichts daran, daß die Auswirkungen der Reform auf die Beschäftigung zum Zeitpunkt der Erstellung des Gutachtens noch völlig ungewiß waren und ebenfalls geschätzt werden mußten.[447] Die Anpassungsreaktionen auf dem Arbeitsmarkt lassen sich nicht mit Hilfe der üblichen Lohnelastizitäten abbilden. In Ermangelung eines strukturellen Modells blieb den Autoren nur der Ausweg, die Beschäftigungswirkungen der Reform unter plausiblen Annahmen zu schätzen.[448]

Nicht berücksichtigt wird ferner in der Analyse das mögliche Auftreten von Substitutionseffekten, Komplementäreffekten sowie volkswirtschaftlichen Feedbackwirkungen. Auch wird von den Autoren kritisch angemerkt, daß es für Unternehmen, die in den Genuß von (höheren) Zuschüssen kommen wollen, möglicherweise Moral-Hazard-Anreize gibt, den Lohnsatz geringer anzugeben, als er tatsächlich ausgezahlt wird bzw. - noch einfacher - die Stundenzahl anzuheben, um auf diese Weise den Stundenlohnsatz zu senken.[449]

Nach den Schätzungen von Riphahn/Zimmermann führt der gestaffelte Zuschuß zu den Sozialversicherungsbeiträgen zu einer Beschäftigungszunahme um 250.000 Vollzeit- und 40.000 Teilzeit-Arbeitsplätze (bei einer angenommenen Nachfrageelastizität von $\eta = -0.6$). Hinzu kommen umgerechnet 133.000 Vollzeit-Stellen aus vormals sozialversicherungsfreier Beschäftigung.[450]

Die Nettokosten bzw. Nettogewinne aus der Subventionierung werden für die Gebietskörperschaften und die Sozialversicherungsträger getrennt geschätzt. Die Kosten für die Gebietskörperschaften setzen sich zusammen aus den zu zahlenden Zuschußbeträgen für bestehende Beschäftigungsverhältnisse (=Mitnahmeeffekte) plus den Zuschußbeträgen für die durch die Subvention

---

[447] Schon vor der Gesetzesnovelle bezüglich der 630-DM-Jobs herrschte Unklarheit, wie viele derartige Beschäftigungsverhältnisse überhaupt existierten. Die Schätzungen lagen zwischen 2 und 5,6 Millionen Personen. Die Autoren weisen deshalb zu Recht auf die erhebliche Unsicherheit ihrer Ergebnisse hin (Riphahn/Zimmermann [1999: 41]).

[448] Riphahn/Zimmermann [1999: 44 f.].

[449] Riphahn/Zimmermann [1999: 32].

[450] Riphahn/Zimmermann [1999: 38-41].

neuentstandenen Beschäftigungsverhältnisse minus den Steuermehreinnahmen bzw. den Einsparungen bei Arbeitslosenhilfe und Sozialhilfe. Unter der Annahme einer Lohnelastizität der Arbeitsnachfrage von –0,6 ergeben sich Nettokosten in Höhe von 14,22 Mrd. DM (für η= -0.3 wären es 14,87 Mrd. DM und für η= -0,9 wären es 13,62 Mrd. DM gewesen; alle Angaben für das Szenario *nach* dem 1.4.99).

Die Nettoentlastungen für die Sozialversicherungsträger setzen sich zusammen aus den zusätzlichen Einnahmen aus den neuen Beschäftigungsverhältnissen sowie den Einsparungen bei der Arbeitslosenunterstützung. Für das Szenario *nach* dem 1.4.99 kalkulieren Riphahn/Zimmermann diese Entlastungen auf 12,67 Mrd. DM bei η= -0.6 (bzw. 8,87 Mrd. DM bei η= -0.3 und 16,37 Mrd. DM bei η= -0.9). Allerdings scheint sich hier ein Fehler eingeschlichen zu haben, der dazu führt, daß die genannten Werte um 5,24 Mrd. DM zu hoch angegeben worden sind.[451]

Auf Wunsch ihres Auftraggebers simulieren die Autoren in einem Anhang beide Szenarien unter der zusätzlichen Annahme, daß die Ausweitung der Sozialversicherungspflicht die Anzahl der Arbeitsverhältnisse sinken läßt und das gesamte Arbeitszeit-Volumen sich dabei ***nicht*** verändert. Die Nettokosten für die Gebietskörperschaften verändern sich unter diesen Annahmen sehr geringfügig nach unten, die Schätzwerte für die Nettoentlastungen sinken etwas stärker (ca. 10% bzw. 25%).

---

[451] Dieser Fehler läßt sich z.B. wie folgt nachweisen: Wenn man bei Riphahn/Zimmermann in Tabelle 18, Spalte 7 (η=)ε=0 setzt, würde man hiermit jene potentielle Entlastungswirkung der Sozialversicherungen ausschließen, die allein aufgrund des Zuschusses auftritt (denn die verwendete Elastizität impliziert ja einen Beschäftigungseffekt von Null). Folglich wären die verbleibenden Entlastungswirkungen aus dieser Spalte in voller Höhe der Ausweitung der Sozialversicherungspflicht zuzuschreiben. Dies wären 10,56 Mrd. DM, um die sich das Szenario I (Vergleichsbasis *vor* dem 1.4.99) vom Szenario II (Vergleichsbasis *nach* dem 1.4.99) unterscheiden müßte. Laut Riphahn/Zimmermann jedoch beträgt dieser Differenzbetrag lediglich 5,34 Mrd. DM (siehe Tabelle 20). Grund für die Abweichung der beiden Werte ist, daß Riphahn/Zimmermann die zusätzlichen Einnahmen der Sozialversicherungen durch die Ausweitung der Versicherungspflicht offensichtlich zu niedrig kalkulieren. Die von ihnen errechneten 5,322 Mrd. DM wären dann entstanden, wenn *alle* 630 DM-Jobs nach der Gesetzesänderung weiterhin mit dieser Stundenzahl bzw. dieser Entlohnung bestanden hätten (S.56). Im Unterschied dazu gehen die Autoren jedoch an anderer Stelle ihres Gutachtens (S.45 sowie Tab.13) davon aus, daß *ein Teil* der vormals sozialversicherungsfreien Jobs nach Ausweitung der Versicherungspflicht *höher* entlohnt werden, was also auch insgesamt höhere Einnahmen der Sozialversicherungsträger bedeuten würde.

Rechnet man die Einsparungen und Mehreinnahmen bei den Sozialversicherungsträgern und die Nettokosten der Gebietskörperschaften gegeneinander auf, so würde man eine Selbstfinanzierungsquote von 50% erhalten. Ein solches Vorgehen wäre jedoch allein schon deshalb unzulässig, weil die Mehreinnahmen bei den Sozialversicherungen nicht mit Gewinnen gleichgesetzt werden dürfen, sondern teilweise (z.B. in der Rentenversicherung) zu höheren Ansprüchen der Versicherten führen. Die traditionelle Ermittlung der Selbstfinanzierungsquote (Steuermehreinnahmen + Einsparungen Arbeitslosenhilfe und Sozialhilfe + Einsparungen Arbeitslosengeld als Anteil am Subventionsvolumen) würde für den mittleren Fall mit $\eta = -0.6$ immerhin noch eine Selbstfinanzierungsquote von 43% bedeuten.[452]

Der relativ hohe Nettoeffekt in dieser Simulationsstudie beruht auf der Annahme eines fixen Tariflohns im Niedriglohnbereich. Hagen/Steiner [2000] beurteilen diese Annahme als wenig realistisch und weisen darauf hin, daß gerade im Niedriglohnbereich die Arbeitsangebotselastizität wegen der fast vollständigen Anrechnung von Erwerbseinkommen auf Sozial- und Arbeitslosenhilfe gering ist.[453]

9.4. Zwischenfazit

Die beiden vorgestellten Simulationsstudien zur Subventionierung niedrigentlohnter Beschäftigungsverhältnisse unterscheiden sich insbesondere durch die Modellierung der Arbeitsangebotsreaktionen. Riphahn/Zimmermann, die die Arbeitsangebotseffekte gänzlich ausblenden, ermitteln Beschäftigungseffekte zwischen 135.000 und 405.000 neuen Arbeitsplätzen (je nach Nachfrageelastizität), während bei Buslei/Steiner et al. die Ergebnisse im Bereich [55.000, 278.000] liegen, mit einem mittleren Nettoeffekt von 100.000 Personen als plausiblem „guesstimate“.

Die Selbstfinanzierungseffekte der jeweiligen Modellvorschläge werden in beiden Studien nur kurz angesprochen. Bei ermittelten Selbstfinanzierungsquoten von ca. 40% wird das Selbstfinanzierungsziel in beiden Fällen klar verpaßt - was bei allgemeinen Subventionen allerdings auch nicht anders zu erwarten gewesen wäre.

---

452 In Zahlen: (5,814 + 1,327 + 2,063) Mrd. DM / 21,360 = 0.43.

453 Hagen/Steiner [2000: 213].

9.5. Empirischer Teil - Ausblick

Die Ausführungen der vorangegangenen Kapitel zeigen, wie schwierig sich die Evaluation von beschäftigungspolitischen Maßnahmen in der Praxis gestaltet. Dies beginnt bereits bei der Entscheidung für ein geeignetes Evaluierungsverfahren. Soziale Experimente, denen mehrheitlich attestiert wird, daß sie in der Regel zu weniger verzerrten Ergebnissen führen als die herkömmlichen ökonometrischen Verfahren, sind nicht nur aufwendiger und teurer in der Durchführung, sondern weisen auch den Nachteil auf, daß mit ihrer Hilfe keine Verdrängungs- oder Multiplikatoreffekte nachgewiesen werden können (was den allgemeinen Gleichgewichtsmodellen zumindest in der Theorie gelingt).

Ein weiteres gravierendes Problem besteht darin, daß die Forscher oft mit einem Datenmaterial arbeiten müssen, welches für die gestellten Aufgaben ungeeignet ist. Einige der internationalen Fallstudien aus Kapitel 8 belegen dies. Aber selbst bei Vorhandensein idealer Daten müßten die Ergebnisse von Evaluationen stets mit einer gewissen Wachsamkeit interpretiert werden, da sie naturgemäß auf Annahmen beruhen, deren Wahrheitsgehalt sich nicht nachweisen läßt. So wichtig Evaluationen als Hilfsmittel für wirtschaftspolitische Entscheidungen zweifellos sind, so wenig sollte man sich allein auf sie verlassen. Nicht nur wäre es wünschenswert, daß die Offenlegung bzw. Diskussion der zugrundeliegenden Annahmen einen breiteren Raum als bisher einnehmen würde; auch das Verständnis für jene kausalen Zusammenhänge, die im Falle einer staatlichen Beschäftigungspolitik wirksam werden, sollte explizit gefördert werden.[454]

---

[454] Vergl. Blaschke/Plath [2000: 473 f.] oder Hujer/Bellmann/Brinkmann [2000: 343].

TEIL IV: ZUSAMMENFASSUNG UND AUSBLICK

Im folgenden 10. Kapitel werden die wichtigsten Thesen der vorliegenden Arbeit stichpunktartig im Überblick dargestellt. Im daran anschließenden Kapitel werden wirtschaftspolitische Implikationen diskutiert und ein Ausblick auf zukünftigen Forschungsbedarf gegeben, bevor schließlich im Kapitel 12 eine Kurz-Zusammenfassung der Arbeit erfolgt.

10. DIE WICHTIGSTEN ERGEBNISSE IM ÜBERBLICK

A.) Grundsätzliches:

(A.1) **Untersuchungsgegenstand** dieser Arbeit sind Lohn- und Beschäftigungssubventionen, die an Unternehmen gezahlt werden und entweder allgemein oder marginal[455] gewährt werden. **Untersuchungsziel** der Arbeit ist die Frage, ob und wie der Einsatz dieser beschäftigungspolitischen Instrumente selbstfinanzierend durchgeführt werden kann (im Rahmen alternativer Lohnbildungsmodelle sowie unter Beachtung der politischen Akzeptanz der jeweiligen Maßnahmen).

(A.2) Die Verwendung der Begriffe **Lohnsubvention bzw. Beschäftigungssubvention** sollte nicht synonym erfolgen, sondern sich danach richten, ob mit dem fraglichen Subventionsinstrument eine prozentuale Minderung der Lohnkosten bewirkt wird (=Lohnsubvention) oder ein fester Zuschußbetrag pro Arbeitsverhältnis gezahlt wird (=Beschäftigungssubvention).

(A.3) Sofern die Zielsetzung der Beschäftigungspolitik darin besteht, neue Arbeitsplätze speziell im **Niedriglohnbereich** zu schaffen, sind Beschäftigungssubventionen Lohnsubventionen überlegen, da hier der Anteil der Subvention am Bruttolohn größer ist (bei gegebenen Programmkosten).

(A.4) **Selektive Subventionen** sind anderen Subventionsformen ökonomisch **nicht** überlegen. Weder lassen sich der behauptete positive Disziplinierungseffekt der erhöhten Arbeitsmarkt-Fluktuation noch ein angeblich positiver Humankapitaleffekt theoretisch nachvollziehen. Auch die be-

[455] Im Gegensatz zu allgemeinen Subventionen werden bei marginalen Subventionen nicht alle Arbeitsplätze im subventionsberechtigten Unternehmen subventioniert, sondern nur jene, die einen vorher festgelegten Schwellenwert der Beschäftigung überschreiten (vergl. Kap. 3.1.4.).

hapteten positiven sozialen Auswirkungen selektiver Subventionen sind umstritten.

(A.5) Lohn- und Beschäftigungssubventionen sind **marktwirtschaftliche Anreizinstrumente**. Indem sie die steuerliche Belastung des Faktors Arbeit verringern, korrigieren sie die diesbezügliche Verzerrung der Marktergebnisse.

(A.6) Die mathematische Behandlung echter marginaler Subventionen gestaltet sich schwieriger als die von allgemeinen Subventionen, da im Zusammenhang mit der Einführung marginaler Subventionen **nicht-stetige Funktionen** entstehen (mit Sprungstellen z.B. in den Arbeitsnachfragekurven der Unternehmen).

B.) Beschäftigungseffekte der untersuchten Subventionen:

(B.1) Lohn- und Beschäftigungssubventionen führen in aller Regel zu einer **Steigerung** der gesamtwirtschaftlichen Beschäftigung, und zwar unabhängig davon, ob der Analyse ein Fixlohnmodell, ein Verhandlungsmodell oder ein Effizienzlohnmodell zugrundeliegt. Die wichtigste Ausnahme von dieser Regel - abgesehen vom trivialen Fall einer völlig lohnunelastischen Arbeitsnachfrage - wird unter (B.2) erwähnt.

(B.2) In einem **Insider-Outsider-Modell**, in dem die Gewerkschaften eigenmächtig die Löhne festsetzen können, kommt es im Zuge einer **allgemeinen** Lohn- oder Beschäftigungssubventionierung nicht zu einer Ausweitung der Beschäftigung, weil eventuelle Subventionszahlungen von den Insidern vollständig mittels Lohnerhöhungen abgeschöpft werden.

(B.3) Wird hingegen im beschriebenen **Insider-Outsider-Modell** eine **marginale** Lohn- oder Beschäftigungssubventionierung eingeführt, kommt es sehr wohl zu Beschäftigungssteigerungen, weil die Insider nunmehr ein aktives Interesse an der Neueinstellung von Outsidern haben (denn nur eine Beschäftigungsausweitung eröffnet ihnen die Möglichkeit, die hieraus resultierenden Zusatzgewinne ihres Unternehmens in höhere Löhne umzuwandeln).

(B.4) Beschäftigungszuwächse lassen sich entweder auf **Substitutionseffekte** oder auf **Outputeffekte** zurückführen. Eine Substitution des Produktionsfaktors Kapital durch Arbeit muß allerdings als eher unwahrscheinlich eingestuft werden, vor allem bei allgemeinen Subventionen, wo maschinenherstellende Unternehmen ihre Subventionsgewinne vollständig in Preissenkungen weitergeben können und damit das Faktorpreisgefüge unverändert lassen würden.

(B.5) Lohn- oder Beschäftigungssubventionen führen dazu, daß Unternehmen die Zahl ihrer Beschäftigten erhöhen bei gleichzeitiger Verkürzung der

Wochenarbeitszeit. Subventionen stellen damit eine interessante Alternative zu dirigistisch verordneten **Arbeitszeitverkürzungen** dar.

(B.6) Die direkten Beschäftigungswirkungen von Subventionen werden möglicherweise überlagert durch anschließende **Verdrängungs- und Multiplikatoreffekte**. Die Größenordnung dieser beiden entgegengesetzt wirkenden Nebeneffekte kann beachtlich sein.

C.) Lohnwirkungen der untersuchten Subventionen:

(C.1) Lohn- und Beschäftigungssubventionen führen in **Verhandlungsmodellen** (einschließlich der Spezialfälle Gewerkschaftsmonopolmodell bzw. Insider-Outsider-Modell) in aller Regel zu Lohnsteigerungen. Ausnahmen sind in den Punkten (C.2) und (C.3) beschrieben.

(C.2) Bei einer **konstanten Lohnelastizität der Arbeitsnachfrage** (die jedoch nicht notwendigerweise Null sein muß) kommt es im Gewerkschaftsmonopolmodell nicht zu einer Steigerung der Löhne.

(C.3) Bei einem Einsatz sogenannter **„Lohnsenkungssubventionen“** kommt es in Verhandlungsmodellen zu sinkenden (bzw. stagnierenden) Löhnen bei erhöhter (bzw. stagnierender) Beschäftigung.

(C.4) In **Effizienzlohnmodellen** kommt es bei Einführung von Lohnsubventionen zu steigenden, bei Einführung von Beschäftigungssubventionen zu sinkenden Löhnen. Aus diesem Grund sind Beschäftigungssubventionen im Zweifel Lohnsubventionen vorzuziehen - zwar nicht aus Sicht der Unternehmen, welche in Effizienzlohnmodellen Lohnveränderungen nach unten ***oder*** oben als Mittel der Gewinnoptimierung einsetzen, aber möglicherweise aus politischen Gründen, wenn eine Präferenz für möglichst niedrige Lohn- und Preissteigerungsraten besteht.

D.) Zum Modell selbstfinanzierender Subventionen von Kaldor:

(D.1) Wie Kaldor nachgewiesen hat, ist der **gesamtwirtschaftliche Nutzensaldo** einer allgemeinen Lohnsubventionierung positiv, solange der Subventionssatz weniger als das Doppelte der durchschnittlichen Arbeitslosenunterstützung beträgt. Dies gilt unabhängig von der Höhe der Elastizität der Arbeitsnachfrage, sofern diese positiv ist. Allerdings würde in diesem Fall der Staat erhebliche Netto-Kosten zu tragen haben.

(D.2) Notwendige Bedingung für eine **fiskalische Selbstfinanzierung** von allgemeinen Lohnsubventionen ist, daß der Betrag der Lohnelastizität der Arbeitsnachfrage größer ist als das Verhältnis des Lohnes zur Arbeitslosenunterstützung. Selbst wenn diese Forderung erfüllt sein sollte (was eher unwahrscheinlich ist), so würde das im Umkehrschluß bedeuten, daß eine Steuer existieren muß, die „selbstverzehrend“ ist in dem Sinne, daß diese Steuer restlos dazu benötigt wird, diejenigen Arbeitnehmer zu unterstützen, die aufgrund der Besteuerung erst arbeitslos geworden sind.

(D.3) **Steuersenkungen** weisen keine fiskalischen Vorteile gegenüber allgemeinen Lohnsubventionen auf.

(D.4) Befürchtungen, daß die Einführung allgemeiner Lohnsubventionen den natürlichen **Strukturwandel** verzögert, sind unbegründet.

E.) Zum Modell selbstfinanzierender Subventionen von Layard et al.:

(E.1) Wie Layard/Nickell/Jackman in ihren beiden Modellen **(Effizienzlohn- bzw. Verhandlungsmodell)** gezeigt haben, können gesamtwirtschaftliche Beschäftigungssteigerungen kostenneutral für den Staat herbeigeführt werden. Zu diesem Zweck müssen marginale Beschäftigungsverhältnisse subventioniert werden, während gleichzeitig die intramarginalen (d.h. zum Stichtag bereits bestehenden) Arbeitsplätze der Unternehmen besteuert werden und außerdem der Steuersatz stets so gewählt wird, daß mit der Summe der Steuereinnahmen das gesamte Subventionsvolumen finanziert werden kann. Das hergeleitete Ergebnis gilt selbst in jenem Fall, wo der Staat keine Arbeitslosenunterstützung gewährt.

(E.2) Die Unternehmen im Layard/Nickell/Jackman-Modell haben einen Anreiz, ihre Beschäftigung auszuweiten, obwohl sich ihre Gewinne aufgrund volkswirtschaftlicher Rückkopplungseffekte nicht verändern. Der Erfolg des Instruments kommt durch die geschickte **Ausnutzung eines „Sozialen Dilemmas“** zustande.

(E.3) Im Modell von Layard/Nickell/Jackman wird die Annahme $w = \tilde{w}$ getroffen (d.h.: **Lohnsatz = Alternativlohn**). Es kann jedoch gezeigt werden, daß die hauptsächlichen Ergebnisse des Modells auch unter der allgemeineren und realistischeren Annahme $w \geq \tilde{w}$ Bestand haben.

F.) Zum Modell selbstfinanzierender Subventionen von Snower:

(F.1) Im **Modell von Snower** wird der maximale Netto-Beschäftigungserfolg einer Subvention, der unter der Bedingung der Selbstfinanzierung des Instruments gerade noch erreichbar ist, determiniert durch die Höhe der Mitnahmen, der Arbeitskraft-Substitutionseffekte, der Lohnelastizität der Beschäftigung sowie der Lohnersatzrate.

(F.2) Snowers Modell ist **selbstfinanzierend**, solange der Quotient aus dem

Subventionsbetrag s und dem pro Arbeitslosem eingesparten Betrag b kleiner ist als der Quotient aus der Zahl der zusätzlich geschaffenen Arbeitsplätze ΔN (dem Netto-Beschäftigungserfolg) und der Zahl der subventionierten Arbeitsverhältnisse F (dem Brutto-Beschäftigungserfolg).

(F.3) Ist der Wert des Quotienten ΔN/F sehr klein, wird auch s einen sehr kleinen Wert annehmen müssen (bei gegebenem b). Ob der **Anreiz zur Beschäftigungsausweitung** dann noch vorhanden sein wird, ist fraglich. Auch könnte es für den Staat schwierig sein, Informationen über die genaue Höhe von ΔN/F zu erhalten.

(F.4) Die Beschäftigungserfolge, die Snower im Rahmen einer **Simulation** mit ad hoc gewählten Parametern für verschiedene Länder schätzt, sind teilweise sehr beachtlich.

G.) Effizienzvergleich der unterschiedlichen Subventionsformen:

(G.1) Für jede Subventionsform (**allgemeine Subventionen, marginale Subventionen oder Einstellungssubventionen**) läßt sich diejenige Höhe der Lohnelastizität der Beschäftigung $\overline{\eta}$ ermitteln, die mindestens erforderlich wäre, um die Subvention selbstfinanzierend durchführen zu können. Es ist

$$\overline{\eta}_{min} = \frac{\Delta N - A + M}{N_0} \cdot \frac{1}{r} \quad \text{(siehe Gl. (4.69))},$$

mit N_0 als Zahl der Beschäftigten in der Volkswirtschaft, ΔN als Netto-Beschäftigungserfolg, M als Mitnahmen, A als Substitutions- bzw. Verdrängungseffekte ($A < 0$) sowie r als dem Anteil der eingesparten Beträge pro Arbeitslosem an dem herrschenden Lohnsatz.

(G.2) Um einen **Effizienzvergleich** zwischen den alternativen Subventionsformen durchzuführen, müssen die in der oben genannten Bedingung enthaltenen Parameter empirisch geschätzt werden. Unter der Annahme, daß die Laufzeit der Subvention ein Jahr beträgt, erhält man zum Beispiel das Ergebnis, daß für einen Abbau der Arbeitslosigkeit um zwei Prozentpunkte eine Subventionselastizität der Beschäftigung erforderlich wäre, die bei allgemeinen Subventionen mindestens $\overline{\eta} = 1.85$, bei selektiven Einstellungssubventionen für Arbeitslose mindestens $\overline{\eta} = 0.39$ und bei marginalen Subventionen mindestens $\overline{\eta} = 0.15$ betragen muß. Hiernach stellen also **marginale Lohn- und Beschäftigungssubventionen** die eindeutig effizienteste Subventionierungsvariante dar, und die Wahrscheinlichkeit, daß sie in der Praxis selbstfinanzierend durchgeführt werden können, ist - angesichts des nur relativ geringen erforderlichen Wertes von $\overline{\eta}$ - recht groß.

(G.3) Es läßt sich zeigen, daß bei einer Variation des Subventionsvolumens die **Mitnahmequote eines Subventionsinstruments** und sein fiskalischer Erfolg ceteris paribus positiv miteinander korreliert sind. Die übliche Praxis, Mitnahmequoten als Indikator für die Güte eines beschäftigungspolitischen Instruments zu verwenden, ist zumindest dann nicht angebracht, wenn Subventionssysteme mit einem unterschiedlichen Subventionsvolumen miteinander verglichen werden sollen.

(G.4) Aufgrund der **im Zeitablauf steigenden Mitnahmen** muß der Subventionsbetrag mit zunehmender Laufzeit des Instruments sinken, wenn ein Zustand der Selbstfinanzierung durchgehend gewährleistet sein soll.

H.) Ergebnisse der Analyse empirischer Evaluationen:

(H.1) Empirische Evaluationen beschäftigungspolitischer Programme haben das Ziel, jene **kontrafaktische Entwicklung** zu schätzen, die sich ohne die Durchführung der beschäftigungspolitischen Maßnahme eingestellt hätte. Aus theoretischer Sicht gibt es jedoch keine Methode, mit der diese Aufgabe restlos zufriedenstellend gelöst werden kann. Offenbar noch am besten für diese Aufgabe geeignet sind **Soziale Experimente** mit zufallsverteilten Subventionsberechtigungen; diese Verfahren sollten um ökonometrische Untersuchungen ergänzt werden, um mögliche Verdrängungs- und Multiplikatoreffekte besser erfassen zu können.

(H.2) Bei der Untersuchung sieben verschiedener **Evaluationsstudien** zu Subventionsprogrammen, welche zwischen 1974 und 1993 in sechs verschiedenen Staaten durchgeführt worden waren, zeigte sich, daß viele Studien mit teilweise massiven methodischen Problemen zu kämpfen haben. Als die wichtigsten Problemstellen wurden ermittelt: schlechtes Datenmaterial (zu kleine Grundgesamtheit, zu wenig verwertbare Informationen o.ä.), Fehlspezifikationen bzw. wenig robuste Ergebnisse, fehlerhafte Festlegung der Kontrollgruppen und/oder der Kontrollperioden, widersprüchliche Ergebnisse aus Interviews, keine Berücksichtigung von Verdrängungseffekten. Die Ergebnisse hinsichtlich einer möglichen Selbstfinanzierung der jeweiligen Programme fielen uneinheitlich aus.

(H.3) Um zuverlässigere empirische Aussagen über die Wirkungen von Lohn- und Beschäftigungssubventionen zu erhalten, müßten diese **in einem deutlich größeren Maßstab als bisher geschehen** eingeführt werden.

11. AUSBLICK UND WIRTSCHAFTSPOLITISCHE IMPLIKATIONEN

In der vorliegenden Arbeit wurde gezeigt, daß beschäftigungspolitische Subventionen unter bestimmten Bedingungen selbstfinanzierend durchgeführt werden können. Es konnte im Rahmen der theoretischen Analyse nachgewiesen werden, daß zumindest **marginale Subventionen** deutlich effizienter sind als **allgemeine Subventionen**, die vor allem unter hohen Mitnahmeeffekten zu leiden haben. Da die Gewährung allgemeiner Lohn- bzw. Beschäftigungssubventionen faktisch einem Abbau lohnbezogener Steuern und Sozialabgaben entspricht, sollten (geplante) Steuersenkungen, die eine beschäftigungspolitische Zielsetzung haben, aus ökonomischen Gründen stets durch marginale Lohn- oder Beschäftigungssubventionen ersetzt werden.

Eine weitere wichtige wirtschaftspolitische Implikation, die aus den Ergebnissen der Effizienzanalyse hergeleitet werden kann, besteht darin, daß **nicht-selektive**, marginale Lohn- und Beschäftigungssubventionen **selektiven** Subventionierungsvarianten vorzuziehen sind. Dieses Resultat widerspricht der herrschenden ökonomischen Lehrmeinung, die der Ansicht ist, daß Subventionen um so effizienter sind, je zielgruppenspezifischer sie ausgerichtet werden. Auch die mitunter ins Feld geführten nicht-ökonomischen Argumente zugunsten selektiver Subventionen wurden einer näheren Betrachtung unterzogen und als nicht stichhaltig befunden.

Die Frage, ob **Lohnsubventionen** oder **Beschäftigungssubventionen** ökonomisch effizienter sind, konnte nicht abschließend entschieden werden. Jedoch sollte aus sozialpolitischen und stabilitätspolitischen Gründen die Entscheidung zugunsten von **Beschäftigungssubventionen** fallen, denn im Unterschied zu Lohnsubventionen werden hier überproportional viele Arbeitsverhältnisse im Niedriglohnbereich gefördert. Außerdem könnten Beschäftigungssubventionen eine Verringerung des Lohndrucks bewirken, sofern Löhne - im Sinne eines Effizienzlohnmodells - *auch* dazu dienen, die Arbeitsleistung der Beschäftigten zu steigern.

Auch zur Frage der **optimalen Ausgestaltung marginaler Subventionssysteme** lassen sich aus der vorliegenden Arbeit Aussagen ableiten. So muß beispielsweise der Subventionsbetrag im Zeitablauf sukzessive verringert werden, wenn angesichts der im Zeitablauf steigenden Zahl der Mitnahmen[456] die Selbstfinanzie-

---

[456] Die Annahme im Zeitablauf ***steigender*** Mitnahmeeffekte bezieht sich wohlgemerkt nur auf marginale Subventionsformen und ist hier sehr plausibel. Bei Subventionsformen hinge-

rungsbedingung weiterhin erfüllt werden soll. Um zum Beispiel innerhalb eines Jahres mit einer Subventionierung marginaler Arbeitsplätze einen selbstfinanzierten Abbau der Arbeitslosigkeit um 2 Prozentpunkte zu erreichen, müßte der gewährte Subventionsbetrag (unter der Annahme, daß $\overline{\eta} = \overline{\eta}_{min}$ ist) ungefähr 700 DM betragen.[457] In den Folgejahren hingegen müßte der Subventionsbetrag geringer angesetzt werden, um weiterhin der Selbstfinanzierungsbedingung zu genügen (wobei dann aber vermutlich auch eine geringere Beschäftigungswirkung in Kauf genommen werden müßte). Alternativ könnte man nach Ablauf eines Jahres die Subventionierungsschwelle n° dem Status quo anpassen, um auf diese Weise die Mitnahmen wieder auf Null zu bringen. In diesem Fall wäre eine Anpassung des Subventionsbetrags nicht erforderlich.[458]

Werden Subventionen wie vorgeschlagen als marginale Beschäftigungssubventionen ausgestaltet, so stehen die Chancen nicht schlecht, daß sie **selbstfinanzierend** durchgeführt werden können (siehe Ergebnisse der Effizienzanalyse). Zur Absicherung und weiteren Bestätigung dieses positiven Befundes wäre es natürlich wünschenswert, die theoretischen Forschungsanstrengungen auf diesem Gebiet zu intensivieren. Hilfreich wäre auch - mit Blick auf zukünftige Simulationsrechnungen - die Durchführung weiterer Schätzungen bezüglich der Höhe der zu erwartenden Mitnahmeeffekte, Substitutionseffekte, Verdrängungseffekte und der Subventionselastizität der Beschäftigung, obwohl oder gerade weil zuverlässige Schätzwerte (zumindest für die beiden letztgenannten Größen) extrem schwer zu erzielen sind. Um schließlich die Ergebnisse dieser Arbeit empirisch testen zu können, empfiehlt sich der Einsatz einer ausreichend groß dimensionierten marginalen Beschäftigungssubvention in der wirtschaftspolitischen Praxis.

Allerdings sind gerade in diesen ersten Jahren des 21. Jahrhunderts, in denen der fortschreitende Prozeß der europäischen Integration eine politische Umbruchsituation erzeugt, die Rahmenbedingungen für die Einführung einer solchen Subvention in Deutschland oder Europa nicht allzu optimal. Die in dieser Arbeit vorge-

---

gen, die lediglich den Akt der Einstellung subventionieren, ist die Zahl der Mitnahmen annahmegemäß konstant. Folgt man dem Modell von Orszag/Snower (siehe Kapitel 4.5.7.), so müßten sich in diesem Fall die Subventionsbeträge im Zeitablauf erhöhen.

457 Dieses Ergebnis erhält man, wenn man in Gleichung (4.19) $\Delta N = 0.02 \cdot N_0$ und $w_0 = 5223$ (siehe Abschnitt 4.6.1.) einsetzt und den Wert für $\overline{\eta}$ der Tabelle 4.6. (links) entnimmt. Falls $\overline{\eta} > \overline{\eta}_{min}$ ist, erhält man für Beschäftigungserfolg und Subventionsbetrag entsprechend höhere Werte auf Basis der Selbstfinanzierungsbedingung.

458 Allerdings könnten sich bei dieser Regelung Anreizprobleme wie die in Abschnitt 6.5.2. beschriebenen ergeben, die zu einer verringerten Beschäftigungswirkung der Subvention führen.

stellten Modelle sind implizit von der Annahme ausgegangen, daß Subventionen in einer gegebenen ***Volkswirtschaft*** zum Einsatz kommen - wobei sich der Begriff „Volkswirtschaft“ üblicherweise auf einen zusammenhängenden Wirtschaftsraum bezieht mit (beispielsweise) einer einheitlichen Währung, einer gemeinsamen Rechtsprechung und einer praktisch ungehinderten Faktor- und Warenmobilität innerhalb des Wirtschaftsraumes, aber mit Mobilitätsschranken an dessen Grenzen. Für die Mitgliedsstaaten der Europäischen Union läßt sich jedoch derzeit feststellen, daß in diesen ehemals klar abgrenzbaren Volkswirtschaften die obengenannten Charakteristika zunehmend schwächer ausgeprägt sind, weil die Mitgliedsstaaten im Zuge der voranschreitenden politischen und wirtschaftlichen Integration Europas immer mehr nationalstaatliche Kompetenzen an die übergeordnete Ebene übertragen. Der Vertrag von Maastricht beispielsweise bereitete die Einführung einer einheitlichen europäischen Währung und einer Europäischen Zentralbank vor, während mit der Errichtung des Europäischen Binnenmarktes Anfang 1993 u.a. die freie Wahl des Arbeitsplatzes für alle Bürger innerhalb der Europäischen Union garantiert wurde. Dagegen ist die Gesetzgebung in vielen anderen Politikbereichen - so auch in der Beschäftigungspolitik und in der Sozialpolitik - noch immer hauptsächliche Aufgabe der einzelnen Mitgliedsstaaten.

Die gegenwärtige Konstellation führt dazu, daß eine nationale Beschäftigungspolitik einerseits positive externe Effekte bei den anderen Mitgliedsstaaten der EU auslöst; denn wenn in einem Staat die Anzahl der Arbeitsplätze mit bestimmten Maßnahmen erhöht werden, stehen die neugeschaffenen Arbeitsplätze prinzipiell auch EU-Bürgern aus anderen Staaten offen. Andererseits sind auch tendenziell negative externe Effekte zu erwarten, wenn das durch die regionale Förderung ausgelöste Wirtschafts- und Beschäftigungswachstum Verdrängungswirkungen zu Lasten der umliegenden Wirtschaftsregionen hervorruft. Langfristig wäre es deshalb erstrebenswert, die Verantwortung für die Beschäftigungspolitik ebenfalls vollständig auf die EU-Ebene zu verlagern. Erst wenn dies geschehen sein wird und Europa zu einer wirtschaftlichen ***und*** politisch-rechtlichen bzw. fiskalischen Einheit geworden ist, werden beschäftigungspolitische Subventionen ihr volles Potential entfalten können.

Ob es andere beschäftigungspolitische Instrumente - bzw. andere Subventionierungsvarianten - gibt, die dem Staat möglicherweise noch größere fiskalische Netto-Gewinne bescheren, als dies von marginalen Subventionen zu erwarten ist, muß weiterer Forschung vorbehalten bleiben. Die Ergebnisse der vorliegenden Arbeit könnten dabei als Referenzpunkt dienen.

12. KURZ-ZUSAMMENFASSUNG

In Zeiten hoher Arbeitslosigkeit und knapper öffentlicher Mittel ist es sinnvoll, die potentiellen beschäftigungspolitischen Instrumente auf eine mögliche Selbstfinanzierungseigenschaft hin zu überprüfen. Dies geschieht in dieser Arbeit für das Instrument der Lohn- und Beschäftigungssubvention.

Die theoretische Analyse zeigt, daß Lohn- und Beschäftigungssubventionen in der Lage sind, eine Steigerung der gesamtwirtschaftlichen Beschäftigungsmenge hervorzurufen. Bei geeigneter Ausgestaltung des Instruments gilt dies sogar für sehr pessimistische Szenarien wie z.B. Insider-Outsider-Modelle. In der Regel kommt es im Zuge der Subventionierung außerdem zu Lohnsteigerungen, doch können diese Folgen bei geeigneter Ausgestaltung des Instruments vermieden werden.

Die Frage einer Selbstfinanzierbarkeit dieser Subventionssysteme muß differenziert beantwortet werden. So konnte eine Selbstfinanzierungseigenschaft für ***marginale*** Lohn- und Beschäftigungssubventionen als durchaus wahrscheinlich hergeleitet werden. Dieses Ergebnis gilt mit Abstrichen auch für ***Einstellungssubventionen*** für Arbeitslose. Snower hat nachgewiesen, daß bei hinreichend kleinem Subventionsbetrag eine selbstfinanzierende Durchführung beschäftigungspolitischer Subventionen theoretisch immer möglich ist. Auch aus den Modellen von Layard/Nickell/Jackman läßt sich eine theoretische Erklärung herleiten, warum speziell ausgestaltete Subventionssysteme fiskalisch kostenneutral durchgeführt werden können.

Verneint werden muß dagegen - unter plausiblen Annahmen - eine Selbstfinanzierungseigenschaft ***allgemeiner*** Lohn- und Beschäftigungssubventionen. Dies bedeutet im Umkehrschluß, daß auch die Senkung lohnbezogener Unternehmenssteuern oder Sozialabgaben nicht selbstfinanzierend durchgeführt werden kann. Entsprechende politische Pläne sollten aufgegeben werden zugunsten der Einführung marginaler Lohn- oder Beschäftigungssubventionen auf breiter Ebene.

LITERATURVERZEICHNIS

◆ Anmerkungen:
- Bei einer doppelten Jahreszahl (z.B. [1952/78]) steht die erste für das Erscheinungsjahr der Erstausgabe, die zweite für das Erscheinungsjahr des Nachdrucks/ der Neuauflage, aus dem/der zitiert wird.
- Hg. = Herausgeber.

Agell, Jonas / **Lundborg**, Per **[1995]**: „Theories of Pay and Unemployment: Survey Evidence from Swedish Manufacturing Firms", in: Scandinavian Journal of Economics 97, 1995, S. 295-307.

Akerlof, George A. / **Yellen**, Janet L. **[1990]**: „The Fair Wage-Effort Hypothesis and Unemployment", in: Quarterly Journal of Economics 105, 1990, S. 255-283.

Akerlof, George A. / **Rose**, Andrew K. / **Yellen**, Janet L. / **Hessenius**, Helga **[1991]**: „East Germany in from the Cold: The Economic Aftermath of Currency Union", in: Brookings Papers on Economic Activity, 1:1991, S. 1-105.

Albach, Horst **[1996]**: „Die Beschäftigungsentscheidungen der Unternehmungen - Arbeitslosigkeit aus betriebswirtschaftlicher Sicht", Discussion Paper FS IV 96-2, Wissenschaftszentrum Berlin, 1996.

Albeck, Hermann **[1982]**: „Lohnsubventionen als Mittel der Arbeitsmarktpolitik", in: Phillip Herder-Dorneich (Hg.): „Arbeitsmarkt und Arbeitsmarktpolitik", Schriften des Vereins für Socialpolitik 127, 1982, S. 9-27.

Allen, R.G.D. **[1950]**: „Mathematical Analysis for Economists", MacMillan, London 1950.

Altzinger, Wilfried **[1990]**: „Lohnkostenzuschüsse zur Verringerung der Langzeitarbeitslosigkeit - Eine Evaluation der Arbeitsnachfrage am Beispiel von betrieblichen Einstellungs- und Einschulungsförderungen", Peter Lang, Frankfurt a.M., 1990.

Andel, Norbert **[1977]**: „Subventionen", in: W. Albers / K.E. Born et al. (Hg.): „Handbuch der Wirtschaftswissenschaften (HDWW)", Band 7, Stuttgart u.a. 1977, S. 491-510.

Atkinson, J. / **Meager**, N. **[1994]**: „Evaluation of Workstart Pilots", Report 279, Institute for Employment Studies, Brighton, 1994.

Auerbach, Alan J. **[1985]**: „The Theory of Excess Burden and Optimal Taxation", in: A.J. Auerbach / M. Feldstein (Hg.): „Handbook of Public Economics", Bd. I, Elsevier, Amsterdam u.a., 1985, S. 61-127.

Australian Department of Employment, Education and Training **[1990]**: „Australia: The Evaluation of Labour Market and Social Programmes", in: OECD (Hg.): „Evaluating Labour Market and Social Programmes - The State of a Complex Art", Paris 1990, S. 139-144.

Baily, Martin Neil / **Tobin**, James **[1978]**: „Inflation-Unemployment Consequences of Job Creation Policies", in: John L. Palmer (Hg.): „Creating Jobs: Public Employment Programs and Wage Subsidies", Brookings Institution, Washington D.C. 1978, S. 43-76.

Backhouse, Roger E. / **Morgan**, Mary S. **[2000]**: „Introduction: is data mining a methodological problem?", in: Journal of Economic Methodology, Juni 2000, S.171-181.

Barth, Alfons **[1994]**: „Längerfristige IAB-Arbeitsmarktprojektion und Politiksimulation mit dem makroökonomischen Modell SYSIFO - Konzeption und Anwendung"; in: IAB Werkstattbericht Nr. 14 vom 28.12.1994, S. 1-17.

Bassi, Laurie J. **[1985]**: „Evaluating Alternative Job Creation Strategies", in: Economic Inquiry 23, 1985, S. 671-690.

Baumol, William J. **[1952/65]**: „Welfare Economics and the Theory of the State", G. Bell and Sons, London, 2. Aufl. 1965.

Bell, David N.F. / **Hart**, Robert A. **[1999]**: „Unpaid Work", in: Economica 66, 1999, S. 271-290.

Bellmann, Lutz **[1991]**: „Lohn- und Arbeitsmarktpolitik in den neuen Bundesländern", in: Wirtschaftsdienst, 8:1991, S. 402-404.

Bellmann, Lutz / **Jackman**, Richard **[1996]**: „Aggregate Impact Analysis", in: Günther Schmid / Jacqueline O'Reilly / Klaus Schömann (Hg.): „International Handbook of Labour Market Policy and Evaluation", Edward Elgar, Cheltenham/Brookfield, 1996, S. 143-162.

Bender, Stefan / **Kaltenborn**, Bruno / **Rudolph**, Helmut / **Walwei**, Ulrich **[1999]**: „Förderung eines Niedriglohnsektors - Die Diagnose stimmt, die Therapie noch nicht", in: IAB Kurzbericht, Ausgabe Nr. 6 vom 14.6.1999.

Berthold, Norbert / **Fehn**, Rainer **[1996]**: „Arbeitslosigkeit in Deutschland - Diagnose und Therapie", in: Robert Holzmann (Hg.): „Löhne und Beschäftigung: Konzeptionelle und empirische Untersuchungen für die BRD", Nomos, Baden-Baden 1996, S. 43-117.

Berthold, Norbert / **Thode**, Eric / **von Berchem**, Sascha **[2000]**: „Arbeitslosenhilfe und Sozialhilfe: Zwei sind eine zuviel", in: Wirtschaftsdienst, Heft IX, 2000, S.576-584.

Bewley, Truman F. **[1995]**: „A Depressed Labor Market as Explained by Participants", in: American Economic Association Papers and Proceedings 85, 2:1995, S. 250-254.

Bishop, John **[1981]**: „Employment in Construction and Distribution Industries: The Impact of the New Jobs Tax Credit", in: Sherwin Rosen (Hg.): „Studies in Labor Markets", University of Chicago, Chicago/London, 1981, S. 209-246.

Bishop, John / **Haveman**, Robert **[1979]**: „Selective Employment Subsidies: Can Okun's Law Be Repealed?" In: American Economic Association Papers and Proceedings 69, 2:1979, S. 124-130.

Björklund, Anders **[1990]**: „Evaluation of Labour Market Policy in Sweden", in: OECD (Hg.): „Evaluating Labour Market and Social Programmes - The State of a Complex Art", Paris 1990, S. 73-88.

Blanchflower, David G. / **Oswald**, Andrew J. **[1988]**: „Internal and External Influences Upon Pay Settlements", in: British Journal of Industrial Relations 26, 1988, S. 363-370.

Blanchflower, David G. / **Oswald**, Andrew J. / **Sanfey**, Peter **[1996]**: „Wages, Profits, and Rent-Sharing", in: Quarterly Journal of Economics 111, 1996, S. 227-251.

Blaschke, Dieter / **Plath**, Hans-Eberhard **[2000]**: „Möglichkeiten und Grenzen des Erkenntnisgewinns durch Evaluation aktiver Arbeitsmarktpolitik", in: Mitteilungen aus der Arbeitsmarkt- und Berufsforschung (MittAB), 33 Jg., Heft 3/2000, S. 462-482.

Blinder, Alan S. **[1987]**: „Hard Heads, Soft Hearts - Tough-Minded Economics for a Just Society", Addison-Wesley, Reading/MA u.a., 1987.

Boeri, Tito / **Cramer**, Ulrich **[1991]**: „Betriebliche Wachstumsprozesse: Eine statistische Analyse mit der Beschäftigtenstatistik 1977-1987", in: Mitteilungen aus der Arbeitsmarkt- und Berufsforschung (MittAB), 1:1991, S. 70-79.

Bohlen, Christoph **[1993]**: „Zur Theorie und Empirie von Lohnsubventionen - Ein Beitrag zur Analyse der ökonomischen Wirkungen sozialrechtlicher Normen und zur Arbeitsmarktpolitik in der Bundesrepublik Deutschland 1980 bis 1989", Duncker & Humblot, Berlin 1993.

Bohm, Peter / **Lind**, Hans **[1993]**: „Policy evaluation quality - A quasi-experimental study of regional employment subsidies in Sweden", in: Regional Science and Urban Economics 23, 1993, S. 51-65.

Borjas, George J. **[1996]**: „Labor Economics", McGraw-Hill, New York, 1996.

Bosch, Gerhard **[1997]**: „Rentabilitätskonsequenzen unterschiedlicher Arbeits- und Betriebszeiten im internationalen Vergleich", in: Dieter Sadowski / Kerstin Pull (Hg.): „Vorschläge jenseits der Lohnpolitik - Optionen für mehr Beschäftigung II“, Campus, Frankfurt/New York, 1997, S. 137-161.

Breen, Richard / **Halpin**, Brendan **[1989]**: „Subsidising Jobs: An Evaluation of the Employment Incentive Scheme“, Economic and Social Research Institute, Dublin, 1989.

Breitung, Jörg **[1994]**: „Die Arbeitsnachfrage niedersächsischer Industriebetriebe - Eine dynamische Paneldatenanalyse mit Zeitreihenmethoden“, in: U. Hochmuth / J. Wagner (Hg.): „Firmenpanelstudien in Deutschland - Konzeptionelle Überlegungen und empirische Analysen“, Tübingen / Basel, 1994, S. 17-38.

Brinkmann, Christian **[1984]**: „Die individuellen Folgen langfristiger Arbeitslosigkeit - Ergebnisse einer repräsentativen Längsschnittuntersuchung“, in: Mitteilungen aus der Arbeitsmarkt- und Berufsforschung, 4:1984, S. 454-473.

Bruche, Gert **[1984]**: „Zwischen antizyklischer Beschäftigungspolitik und Förderung benachteiligter Gruppen - Zwei Jahrzehnte amerikanischer Arbeitsmarktpolitik“, in: Mitteilungen aus der Arbeitsmarkt- und Berufsforschung, 3:1984, S. 321-329.

Bruche, Gert / **Casey**, Bernard **[1982]**: „Arbeitsmarktpolitik unter Stagflationsbedingungen - Ein internationaler Überblick über die wichtigsten Maßnahmen seit der Weltwirtschaftskrise 1974/75“, in: Mitteilungen aus der Arbeitsmarkt- und Berufsforschung, 3:1982, S. 232-250.

Buchanan, James M. **[1959]**: „Positive Economics, Welfare Economics, and Political Economy“, in: Journal of Law and Economics 2, 1959, S. 124-138.

Bundesministerium der Finanzen [1997]: „Der Bundeshaushalt 1996, 1.-3. Quartal - Volkswirtschaftliche Analysen. Arbeitslosigkeit - Auswirkungen auf den Bundeshaushalt“, Referat I A 3, Bonn, 1997.

Burtless, Gary **[1985]**: „Are Targeted Wage Subsidies Harmful? Evidence from a Voucher Experiment“, Industrial and Labor Relations Review 39, 1985, S. 105-114.

Burtless, Gary **[1995]**: „The Case for Randomized Field Trials in Economic and Policy Research“, in: Journal of Economic Perspectives 9, 2:1995, S. 63-84.

Buslei, Hermann / **Steiner**, Viktor / **Brosius**, Felix / **Jacobebbinghaus**, Peter / **Martin**, Ralf **[1999]**: „Beschäftigungseffekte von Lohnsubventionen im Niedriglohnbereich - Gutachten im Auftrag der Hans-Böckler-Stiftung“, hg. vom Zentrum für Europäische Wirtschaftsforschung (ZEW), Mannheim, Mai 1999.

Calame, André **[1980]**: „Impact and Costs of Wage Subsidy Programmes: Experiences in Great Britain, Sweden and the USA", IIM papers, IIM 80-1a, Wissenschaftszentrum Berlin, Juli 1980.

Calmfors, Lars **[1994]**: „Active Labour Market Policy and Unemployment - A Framework for the Analysis of Crucial Design Features", in: OECD Economic Studies Nr. 22, 1994, S. 7-47.

Calmfors, Lars / **Hoel**, Michael **[1988]**: „Work Sharing and Overtime", in: Scandinavian Journal of Economics 90, 1:1988, S. 45-62.

Calvo, Guillermo A. **[1985]**: „The Inefficiency of Unemployment: The Supervision Perspective", in: Quarterly Journal of Economics 100, 1985, S. 373-387.

Card, David / **Krueger**, Alan **[1995]**: „Myth and Measurement - The New Economics of the Minimum Wage", University Press, Princeton 1995.

Carlin, Wendy / **Soskice**, David **[1990]**: „Macroeconomics and the Wage Bargain - A Modern Approach to Employment, Inflation, and the Exchange Rate", Oxford University Press, Oxford, 1990.

Carmichael, H. Lorne **[1990]**: „Efficiency Wage Models of Unemployment - One View", Economic Inquiry 28, 1990, S. 269-295.

Chiang, Alpha C. **[1984]**: „Fundamental Methods of Mathematical Economics", 3. Aufl., McGraw-Hill, New York, 1984 (erste Auflage: 1967).

Coe, David T. **[1997]**: „Discussion", in: Dennis J. Snower / Guillermo de la Dehesa (Hg.): „Unemployment policy: government options for the labour market", University Press, Cambridge (UK), 1997, S. 199-202.

Contini, Bruno / **Revelli**, Riccardo **[1997]**: „Gross flows vs. net flows in the labor market: What is there to be learned?", in: Labour Economics 4, 1997, S.245-263.

Cooley, Thomas F. / **LeRoy**, Stephen F. **[1985]**: „Atheoretical Macroeconomics - A Critique", in: Journal of Monetary Economics 16, 1985, S. 283-308.

Cramer, Ulrich / **Koller**, Martin **[1988]**: „Gewinne und Verluste von Arbeitsplätzen in Betrieben - der 'Job-Turnover'-Ansatz", Mitteilungen aus der Arbeitsmarkt- und Berufsforschung, 3:1988, S. 361-377.

Creedy, John / **McDonald**, Ian M. **[1991]**: „Models of Trade Union Behaviour: A Synthesis", in: Economic Record, 1991, S. 346-359.

Dawson, Graham **[1992]**: „Inflation and Unemployment - Causes, Consequences and Cures", Edward Elgar, Aldershot, 1992.

de Koning, J. / **de Munnik**, R.F. **[1990]**: „Netherlands: Evaluation of Manpower Policy: The Dutch Position", in: OECD (Hg.): „Evaluating Labour Market and Social Programmes - The State of a Complex Art", Paris 1990, S. 145-157.

Deakin, B.M. / **Pratten**, C.F. **[1982]**: „Effects of the Temporary Employment Subsidy“, University Press, Cambridge (UK) u.a., 1982.

Disney, Richard / **Carruth**, Alan / **Bellmann**, Lutz / **Franz**, Wolfgang / **Jackman**, Richard / **Layard**, Richard / **Lehmann**, Hartmut / **Philpott**, John **[1992]**: „Evaluating active labour market policies“, in: Richard Disney et al. (Hg.): „Helping the Unemployed - Active Labour Market Policies in Britain and Germany“, Worcester 1992, S. 49-66.

Drèze, Jacques H. **[1997]**: „Discussion“, in: Dennis J. Snower / Guillermo de la Dehesa (Hg.): „Unemployment policy: government options for the labour market“, University Press, Cambridge (UK), 1997, S. 202-205.

Drèze, Jacques H. / **Malinvaud**, Edmond **[1994]**: „Growth and employment: The scope of a European initiative“, in: European Economic Review 38, 1994, S. 489-504.

Dupuit, J. **[1844]**: „De la mesure de l'utilité des travaux publics - Annales des Ponts et Chaussées 8“, übersetzt („On the Measurement of Utility of Public Work“) abgedruckt in: Kenneth Arrow / Tibor Scitovsky (Hg.): „AEA Readings in Welfare Economics“, Allen and Unwin, London, 1969, S. 255-283.

Employment Department UK [1990]: „United Kingdom: The Evaluation of Employment Policies and Programmes“, in: OECD (Hg.): „Evaluating Labour Market and Social Programmes - The State of a Complex Art“, Paris 1990, S. 159-165.

Fay, Robert G. **[1996]:** „Enhancing the Effectiveness of Active Labour Market Policies: Evidence from Programme Evaluations in OECD Countries“, OECD (Hg.), Labour Market and Social Policy Occasional Papers No. 18, Paris 1996.

Fehr, Ernst **[1990]**: „Fiscal Incentives in a Model of Equilibrium Unemployment“, in: Journal of Institutional and Theoretical Economics (JITE), 1990, S. 617-639.

Fehr, Ernst / **Gächter**, Simon / **Kirchsteiger**, Georg **[1996]**: „Reciprocal Fairness and Noncompensating Wage Differentials“, in: Journal of Institutional and Theoretical Economics (JITE), Bd. 152, 1996, S. 608-640.

Feist, Holger / **Schöb**, Ronnie **[2000]**: „Hilfe zur Arbeit - Lehren aus dem Leipziger Modell“, in: Wirtschaftsdienst, Heft III, 2000, S.159-166.

Felderer, Bernhard / **Homburg**, Stefan **[1991]**: „Makroökonomik und neue Makroökonomik“, Springer, Berlin u.a., 5. Aufl., 1991.

Fethke, Gary C. / **Policano**, Andrew J. / **Williamson**, Samuel H. **[1979]**: „Macroeconomic Implications of Employment Tax Credit Policy“, in: Southern Economic Journal 46, 1979, S. 513-527.

Feynman, Richard P. **[1991]**: „'Sie belieben wohl zu scherzen, Mr. Feynman!' - Abenteuer eines neugierigen Physikers", Piper, München, Neuauflage 1991.

Fitzenberger, Bernd / **Speckesser**, Stefan **[2000]**: „Zur wissenschaftlichen Evaluation der Aktiven Arbeitsmarktpolitik in Deutschland: Ein Überblick", in: Mitteilungen aus der Arbeitsmarkt- und Berufsforschung (MittAB), 33 Jg., Heft 3/2000, S. 357-370.

Flassbeck, Heiner **[2000]**: „Lohnzurückhaltung für mehr Beschäftigung - Über eine zentrale Inkonsistenz im jüngsten SVR-Gutachten", in: Wirtschaftsdienst, Heft II, 2000, S.84-9.

Franz, Wolfgang **[1991]**: „Arbeitsmarktökonomik", Springer, Berlin u.a., 1991.

Franz, Wolfgang **[1995]**: „Theoretische Ansätze zur Erklärung der Arbeitslosigkeit: Wo stehen wir 1995?" Diskussionspapier Nr. 27, Universität Konstanz, August 1995.

Friedman, Milton **[1975/79]**: „Es gibt nichts umsonst: warum in einer Volkswirtschaft jede Mark verdient werden muß", Moderne Industrie, München 1979 (Titel der Originalausgabe: „There is no such thing as a free lunch", 1975).

Funk, Lothar / **Knappe**, Eckhard **[1997]**: „Neue Wege aus der Arbeitslosigkeit", in: Leo Montada (Hg.): „Beschäftigungspolitik zwischen Effizienz und Gerechtigkeit", Campus, Frankfurt/ New York 1997, S. 81-97.

Garfinkel, Irwin / **Manski**, Charles F. / **Michalopoulos**, Charles **[1992]**: „Micro Experiments and Macro Effects", in: Charles F. Manski / Irwin Garfinkel (Hg.): „Evaluating Welfare and Training Programs", Harvard University Press, Cambridge (USA)/ London, 1992, S. 253-273.

Gerlach, Knut / **Stephan**, Gesine / **Gold**, Michael / **Lehmann**, Karen **[1996]**: „Lohnkostenzuschüsse für Arbeitsplätze in der Privatwirtschaft - Programme in verschiedenen Industrieländern und ihre Bewertung · Kurzgutachten im Auftrag der Wirtschaftsbehörde der Freien und Hansestadt Hamburg", Hannover, Juli 1996.

Gerlach, Knut / **Wagner**, Joachim **[1992]**: „Die Beschäftigungsdynamik im Bergbau und Verarbeitenden Gewerbe in Niedersachsen: Eine Komponentenanalyse für den Zeitraum 1978 bis 1990", Statistische Monatshefte Niedersachsen 1:1992, S. 5-10.

Goerke, Laszlo **[1998]**: „Taxes on Payroll and Revenues in Labour Demand Curve Models - A Supplement", in: Scottish Journal of Political Economy 45, 2:1998, S. 221-223.

Goerke, Laszlo / **Holler**, Manfred J. **[1997]**: „Arbeitsmarktmodelle", Springer, Berlin / Heidelberg, 1997.

Granger, C.W.J. **[1987/91]**: „Causal Inference", in: John Eatwell / Murray Milgate / Peter Newman (Hg.): „The New Palgrave - A Dictionary of Economics", Volume 1: A–D, MacMillan, London, 1987, S. 380-382.

Gueron, Judith **[1990]**: „United States: Evaluation and Policy: Experience with Employment and Training Programmes", in: OECD (Hg.): „Evaluating Labour Market and Social Programmes - The State of a Complex Art", Paris 1990. S. 167-173.

Hackmann, Johannes / **Keiter**, Harald **[1976]**: „Lohnkostenzuschüsse nach dem 'Programm zur Förderung von Beschäftigung und Wachstum bei Stabilität' vom 12. Dezember 1974 in theoretischer Sicht", in: Finanzarchiv, 1:1976, S. 329-338.

Hagen, Tobias / **Steiner**, Viktor **[2000]**: „Von der Finanzierung der Arbeitslosigkeit zur Förderung von Arbeit - Analysen und Handlungsempfehlungen zur Arbeitsmarktpolitik, ZEW Wirtschaftsanalysen Band 51, Nomos, Baden-Baden, 2000.

Hamermesh, Daniel S. **[1976]**: „Econometric Studies of Labor Demand and Their Application to Policy Analysis", in: Journal of Human Resources 11, 4:1976, S. 507-525.

Hamermesh, Daniel S. **[1978]**: „Subsidies for Jobs in the Private Sector", in: John L. Palmer (Hg.): „Creating Jobs: Public Employment Programs and Wage Subsidies", Brookings Institution, Washington D.C. 1978, S. 87-115.

Hamermesh, Daniel S. **[1993]**: „Labor Demand", University Press, Princeton, 1993.

Hart, Robert A. **[1987]**: „Working Time and Employment", Allen & Unwin, Boston u.a., 1987.

Hart, Robert A. **[1989]**: „The Employment and Hours Effects of a Marginal Employment Subsidy", in: Scottish Journal of Political Economy 36, 4:1989, S. 385-395.

Hartz, Peter **[1994]**: „Jeder Arbeitsplatz hat ein Gesicht - Die Volkswagen-Lösung", Campus, Frankfurt/ New York, 1994.

Hasan, Abrar **[1990]**: „Evaluation of Employment, Training and Social Programmes: An Overview of Issues", in: OECD (Hg.): „Evaluating Labour Market and Social Programmes - The State of a Complex Art", Paris 1990, S. 7-18.

Haveman, Robert H. **[1980]**: „Direct Job Creation", in: Eli Ginzberg (Hg.): „Employing the Unemployed", New York, 1980, S. 142-159.

Haveman, Robert H. **[1982]**: „The Potential of Targeted Marginal Employment Subsidies“, in: OECD (Hg.): „Marginal Employment Subsidies“, Paris, 1982, S. 12-51.

Haveman, Robert H. / **Saks**, Daniel H. **[1985]**: „Transatlantic Lessons for Employment and Training Policy“, in: Industrial Relations 24, 1:1985, S. 20-36.

Heckman, James J. / **Lalonde**, Robert J. / **Smith**, Jeffey A. **[1999]**: „The Economics and Econometrics of Active Labor Market Programs,“ in: A. Ashenfelter / David Card (Hg.): „Handbook of Labor Economics“, Vol. 3, Elsevier Science, Amsterdam 1999.

Heckman, James J. / **Smith**, Jeffrey A. **[1995]**: „Assessing the Case for Social Experiments“, in: Journal of Economic Perspectives 9, 2:1995, S. 85-110.

Heckman, James J. / **Smith**, Jeffrey A. **[1996]**: „Experimental and Nonexperimental Evaluation“, in: Günther Schmid / Jacqueline O'Reilly / Klaus Schömann (Hg.): „International Handbook of Labour Market Policy and Evaluation“, Edward Elgar, Cheltenham/Brookfield, 1996, S. 37-88.

Hegner, Friedhart **[1995]**: „Wettbewerbsfähig trotz tariflicher Arbeitszeitverkürzung“, in: Personal, 11:1995, S. 564-569.

Hendry, David F. / **Richard**, Jean-François **[1983/93]**: „The Econometric Analysis of Economic Time Series“, in: David F. Hendry (Hg.): „Econometrics - Alchemy or Science? Essays in Econometric Methodology“, Oxford UK/ Cambridge USA 1993, Kap. 17 (ursprünglich erschienen in: International Statistical Review 51, 1983, S.111-163).

Hinze, Jörg **[2000]**: „Relation zwischen Bruttoarbeitskosten und Nettolöhnen“, HWWA-Report 202, Hamburg, 2000.

Hoy, Mavis / **Ryan**, Christopher A. **[1984]**: „Participating Employer's Responses to the SYETP Wage Subsidy Scheme“, [Australian] Bureau of Labour Market Research, Working Paper No. 40, Canberra, März 1984.

Hübler, Olaf **[1982]**: „Arbeitsmarktpolitik und Beschäftigung - Ökonometrische Methoden und Modelle“, Campus, Frankfurt/ New York, 1982.

Hübler, Olaf **[1997]**: „Evaluation beschäftigungspolitischer Maßnahmen in Ostdeutschland“, in: Jahrbücher für Nationalökonomie und Statistik, Bd. 216/1, Stuttgart 1997, S. 21-44.

Hujer, Reinhard / **Bellmann**, Lutz / **Brinkmann**, Christian **[2000]**: „Evaluation aktiver Arbeitsmarktpolitik - Probleme und Perspektiven, Einführung in das Schwerpunktheft“, in: Mitteilungen aus der Arbeitsmarkt- und Berufsforschung (MittAB), 33 Jg., Heft 3/2000, S. 341-344.

Hummell, Hans J. / **Ziegler**, Rolf **[1976]**: „Einleitung: Zur Verwendung linearer Modelle bei der Kausalanalyse nicht-experimenteller Daten“, in: dieselben: „Korrelation und Kausalität“, Band 1, Stuttgart 1976.

HWWA [2000]: „Konjunktur-Schlaglicht: Hohe Abgabenbelastung der Arbeit“, in: Wirtschaftsdienst, Heft IV, 2000, S.247-248.

Jackman, R.A. / **Layard**, P.R.G. **[1980]**: „The Efficiency Case for Long-run Labour Market Costs“, in: Economica, 1980, S. 331-349.

Jacobs, Rodney L. / **Leamer**, Edward E. / **Ward**, Michael P. **[1979]**: „Difficulties with Testing for Causation“, in: Economic Inquiry 17, Juli 1979, S. 401-413.

Jerger, Jürgen / **Spermann**, Alexander **[1997]**: „Wege aus der Arbeitslosenfalle - ein Vergleich alternativer Lösungskonzepte“, Zeitschrift für Wirtschaftspolitik 46, 1997, S. 51-73.

Johnson, George E. **[1980]**: „The Theory of Labour Market Intervention“, in: Economica 47, 1980, S. 309-327.

Johnson, George E. **[1983]**: „Potentials of Labor Market Policy: A View from the Eighties“, in: Industrial Relations 22, 2:1983, S. 283-297.

Johnson, George E. / **Layard**, Richard **[1986]**: „The Natural Rate of Unemployment: Explanation and Policy“, in: Orley Ashenfelter / Richard Layard (Hg.): „Handbook of Labor Economics“, Bd. II, North-Holland, Amsterdam u.a., 1986, S. 921-999.

Kaldor, Nicholas **[1936]**: „Wage Subsidies as a Remedy for Unemployment“, in: Journal of Political Economy 44, 6:1936, S. 721-742.

Katz, Lawrence F. **[1996]**: „Wage Subsidies for the Disadvantaged“, NBER Working Paper 5679, Cambridge MA, 1996.

Klodt, Henning **[1996]**: „Lohnsubventionen und Beschäftigungsgutscheine: Arbeitsmarktpolitik im Spannungsfeld zwischen ökonomischer Effizienz und gesellschaftlicher Akzeptanz“, in: Dieter Sadowski / Martin Schneider (Hg.): „Vorschläge zu einer neuen Lohnpolitik - Optionen für mehr Beschäftigung I“, Campus, Frankfurt/New York, 1996, S. 289-309.

Klös, Hans-Peter **[1997]**: „Arbeitsmarktpolitik in der Beschäftigungskrise - Grundzüge eines ordnungskonformen ‘zweitbesten’ Arrangements“, in: Dieter Sadowski / Kerstin Pull (Hg.): „Vorschläge jenseits der Lohnpolitik - Optionen für mehr Beschäftigung II“, Campus, Frankfurt/New York, 1997, S. 63-94.

Kopits, George F. **[1978]**: „Wage Subsidies and Employment: An Analysis of the French Experience“, in: International Monetary Fund Staff Papers 25, 1978, S. 494-527.

Kronauer, Martin / **Vogel**, Berthold / **Gerlach**, Frank **[1993]**: „Im Schatten der Arbeitsgesellschaft - Arbeitslose und die Dynamik sozialer Ausgrenzung", Campus, Frankfurt/NewYork, 1993.

LaLonde, Robert J. **[1986]**: „Evaluating the Econometric Evaluations of Training Programs with Experimental Data", in: American Economic Review 76, 4: 1986, S. 604-620.

Layard, Richard **[1979]**: „The Costs and Benefits of Selective Employment Policies: The British Case", in: British Journal of Industrial Relations 17, 1979, S. 187-204.

Layard, Richard **[1986]**: „How to Beat Unemployment", University Press, Oxford, 1986.

Layard, Richard **[1997]**: „Preventing long-term unemployment: an economic analysis", in: Dennis J. Snower / Guillermo de la Dehesa (Hg.): „Unemployment policy: government options for the labour market", University Press, Cambridge (UK), 1997, S. 333-349.

Layard, Richard / **Nickell**, Stephen **[1980]**: „The Case for Subsidizing Extra Jobs", in: Economic Journal 90, 1980, S. 51-73.

Layard, Richard / **Nickell**, Stephen / **Jackman**, Richard **[1991]**: „Unemployment - Macroeconomic Performance and the Labour Market", University Press, Oxford, 1991.

Lechner, Michael **[1997]**: „Mikroökonomische Evaluationsstudien: Anmerkungen zu Theorie und Praxis", Uni Mannheim, Fakultät für Volkswirtschaftslehre, 1997 (ebenfalls abgedruckt in: Friedhelm Pfeiffer / Winfried Pohlmeyer (Hg.): „Qualifikation, Weiterbildung und Arbeitsmarkterfolg", ZEW-Wirtschaftsanalysen, Nomos, Baden-Baden 1998).

Lester, Richard A. **[1946]**: „Shortcomings of Marginal Analysis for Wage-Employment Problems", in: American Economic Review 36, 1946, S. 63-82.

Lin, Chung-cheng **[1996]**: „Does a Marginal Employment Subsidy Increase Equilibrium Employment When Firms Set Wages Efficiently?", University of Taipei (Taiwan), Institute of Economics, Discussion Paper No. 9628, November 1996.

Lindbeck, Assar **[1993]**: „Unemployment and Macroeconomics", Cambridge (MA) / London 1993.

Lindbeck, Assar / **Snower**, Dennis J. **[1988]**: „The Insider-Outsider-Theory of Employment and Unemployment", Cambridge (MA), MIT Press, 1988.

Linden, B. van der **[1995]**: „Effets de Perte Seche et de Substitution des Formations Professionales et des Aides à l'Embauche: Une Evaluation Par Enquête

Auprès d'Employeurs", IRES, Université Catholique de Louvain, No. 180, Mai 1995.

Lindley, Robert **[1986]**: „Labour Demand: Microeconomic Aspects of State Intervention", in: P.E. Hart (Hg.): „Unemployment and Labour Market Policies", Gower, 1986.

Lindley, Robert **[1987]**: „British Employment Measures: Policy and Evidence", in: Labour 1, 2:1987, S. 3-27.

Lucas, Robert E. jr. **[1976]**: „Econometric Policy Evaluation: A Critique"; in: Karl Brunner / Allan H. Meltzer (Hg.): „The Phillips Curve and Labor Markets", North-Holland, Amsterdam u.a. 1976, S. 19-46.

Machlup, Fritz **[1946]**: „Marginal Analysis and Empirical Research", in: American Economic Review 36, 1946, S. 518-554.

McDonald, Ian M. / **Solow**, Robert M. **[1981]**: „Wage Bargaining and Employment", in: American Economic Review 71, 5:1981, S. 896-908.

Mangan, John **[1990]**: „Eingliederung von Behinderten in den australischen Arbeitsmarkt: Sind Lohnzuschüsse wirksam?", Internationale Revue für Soziale Sicherheit 43, 2:1990, S. 212-222.

Marcon, Helmut **[1974]**: „Arbeitsbeschaffungspolitik der Regierungen Papen und Schleicher - Grundsteinlegung für die Beschäftigungspolitik im Dritten Reich", Herbert Lang, Bern / Peter Lang, Frankfurt a.M., 1974.

Marshall, Alfred **[1920]**: „Principles of Economics - An introductory volume", MacMillan, London, 8. Aufl., 1920.

Mayer, Thomas **[2000]**: „Data mining: a reconsideration", in: Journal of Economic Methodology, Juni 2000, S.183-194.

Meager, Nigel **[1997]**: „Aktivierung der Arbeitsmarktpolitik - Vereinigtes Königreich", Beschäftigungsobservatorium SYSDEM Trends Nr. 28, Sommer 1997, 73-79.

Minford, Patrick **[1997]**: „Discussion", in: Dennis J. Snower/ Guillermo de la Dehesa (Hg.): „Unemployment policy: government options for the labour market", University Press, Cambridge (UK), 1997, S. 351-356.

Möller, Joachim **[1990]**: „Unemployment and Deterioration of Human Capital - A Labour Market Model with Hysteresis Implications", in: Empirical Economics 15, 2:1990, S. 199-215.

Möller, Joachim **[1996]**: „Lohnhöhe und Beschäftigungsvolumen - Eine makroökonomische Betrachtung", in: Robert Holzmann (Hg.): „Löhne und Beschäftigung: Konzeptionelle und empirische Untersuchungen für die BRD", Nomos, Baden-Baden 1996, S. 17-42.

OECD (Organization for Economic Cooperation and Development) **[1982]**: „The Direct Stimulation of Job Creation Through Employment Subsidies - The Secretariat's Views", in: OECD (Hg.): „Marginal Employment Subsidies", Paris, 1982, S. 8-11.

OECD (Organization for Economic Cooperation and Development) **[1990]**: „Employment Outlook", Paris, 1990.

OECD (Organization for Economic Cooperation and Development) **[1997]**: „Making Work Pay - Taxation, Benefits, Employment and Unemployment", The OECD Jobs Strategy, Paris, 1997.

Orszag, J. Michael / **Snower**, Dennis J. **[2000]**: „The Effectiveness of Employment Vouchers: A Simple Approach", in: German Economic Review, Vol. 1, Heft 4, Nov. 2000, S. 385-419.

Oswald, Andrew J. **[1984]**: „Three Theorems on Inflation Taxes and Marginal Employment Subsidies", in: Economic Journal 94, 1984, S. 599-611.

Oswald, Andrew J. **[1985]**: „The Economic Theory of Trade Unions: An Introductory Survey", in: Scandinavian Journal of Economics 87, 2:1985, S. 160-193.

Pelzmann, Linde **[1985]**: „Wirtschaftspsychologie: Arbeitslosenforschung, Schattenwirtschaft, Steuerpsychologie", Springer, Wien/NewYork, 1985.

Perloff, Jeffrey M. / **Wachter**, Michael L. **[1979]**: „The New Jobs Tax Credit: An Evaluation of the 1977-78 Wage Subsidy Program", in: American Economic Association Papers and Proceedings 69, 2:1979, S. 173-179.

Phelps, Edmund S. **[1997]**: „Wage subsidy programmes: alternative designs", in: Dennis J. Snower / Guillermo de la Dehesa (Hg.): „Unemployment policy: government options for the labour market", University Press, Cambridge (UK), 1997, 206-244.

Pigou, Arthur C. **[1933/68]**: „The Theory of Unemployment", Cass & Co., London, Nachdruck 1968.

Pisauro, Giuseppe **[1991]**: „The effect of taxes on labour in efficiency wage models", in: Journal of Public Economics 46, 1991, S. 329-345.

Prey, Hedwig / **Fitzenberger**, Bernd / **Franz**, Wolfgang **[1997]**: „Wirkungen von Maßnahmen staatlicher Arbeitsmarkt- und Beschäftigungspolitik", Universität Konstanz, Diskussionspapier Nr. 45, Oktober 1997.

Rabe, Birgitta **[1993]**: „Lohnsubventionen in den neuen Bundesländern - Theoretische Grundlagen und Programmentwürfe", Discussion Paper FS I 93-207, Wissenschaftszentrum Berlin für Sozialforschung, 1993.

Raivio, Tuuli **[1995]**: „Finnland: Tagesschichten von 6+6 Stunden für ein beschäftigungsintensives Wirtschaftswachstum“, in: inforMISEP (Beschäftigungsobservatorium Maßnahmen, Hg.: I.A.S. Berlin), Heft 52, 1995, S.12-13.

Rajan, Amin **[1985]**: „Job Subsidies: Do They Work?“ Institut of Manpower Studies, Gower, Aldershot/Brookfield, 1985.

Rehn, Gösta **[1980]**: „Mit Expansionskostensenkung gegen die Stagflation - Beschäftigungsprämien in der Wirtschaftspolitik“, Mitteilungen aus der Arbeitsmarkt- und Berufsforschung (MittAB), 4:1980, S. 543-551.

Richardson, James **[1997]**: „Can Active Labour Market Policy Work? Some Theoretical Considerations“, Centre for Economic Performance, London, 1997.

Richardson, Ray **[1980]**: „Unemployment and Special Employment Programs in the United Kingdom“, in: Friedrich Buttler / Knut Gerlach / Werner Sengenberger (Hg.): „Job Creation and Job Maintenance - Experience from Western Countries in the 1970s“, Arbeitspapier aus dem Arbeitskreis SAMF, Paderborn, September 1980, S. 43-63.

Riddell, Craig **[1990]**: „Evaluation of Manpower and Training Programmes: The North American Experience“, in: OECD (Hg.): „Evaluating Labour Market and Social Programmes - The State of a Complex Art“, Paris 1990, S. 43-72.

Riphahn, Regina / **Thalmaier**, Anja / **Zimmermann**, Klaus F. **[1999]**: „Schaffung von Arbeitsplätzen für Geringqualifizierte“, Bonn, Juli 1999.

Rothschild, Kurt W. **[1985]**: „Lohnhöhe und Beschäftigung - Einige theoretische Bemerkungen“, in: Wirtschaftspolitische Blätter 32, 6:1985, S. 540-546 (ebenfalls abgedruckt in: ders. (Hg.): „Arbeitslose - gibt’s die?“, Marburg 1990).

Sachverständigenrat zur Begutachtung der gesamtwirtschaftlichen Entwicklung **[1999]**: „Wirtschaftspolitik unter Reformdruck - Jahresgutachten 1999/2000“, Metzler-Poeschel, Stuttgart 1999.

Sanfey, Peter J. **[1995]**: „Insiders and Outsiders in Union Models“, in: Journal of Economic Surveys 9, 3:1995, S. 255-284.

Santoni, Michele **[1995]**: „A Note on Oswald’s ‘The Economic Theory of Trade Unions’“, in: Scandinavian Journal of Economics 97, 1:1995, S. 169-171.

Schellhaaß, Horst-Manfred / **Kelp**, Lars **[1995]**: „Subventionen als Steuerungsinstrumente des Arbeitsmarktes“, in: Mitteilungen aus der Arbeitsmarkt- und Berufsforschung, 3:1995, S. 399-411.

Schmid, Günther **[1979]**: „The Impact of Selective Employment Policy: The Case of a Wage-Cost Subsidy Scheme in Germany 1974-75“, in: Journal of Industrial Economics 27, 4:1979, S. 339-358.

Schmid, Günther **[1980]**: „Strukturierte Arbeitslosigkeit und Arbeitsmarktpolitik - Empirische und theoretische Analysen zur Verteilungsdynamik der Arbeitslosigkeit und zur Arbeitsmarktpolitik in der Bundesrepublik Deutschland", Athenäum, Königstein/Ts., 1980.

Schmid, Günther / **Reissert**, Bernd **[1996]**: „Unemployment Compensation and Labour Market Transitions", in: Günther Schmid / Jacqueline O'Reilly / Klaus Schömann (Hg.): „International Handbook of Labour Market Policy and Evaluation", Edward Elgar, Cheltenham/Brookfield, 1996, S. 235-276.

Schmidt-Sørensen, Jan Beyer **[1990]**: „The Equilibrium Effort-Wage Elasticity in Efficiency-Wage Models", In: Economics Letters 32, 1990, S. 365-369.

Schmid, Günther / **Mosley**, Hugh / **Hilbert**, Christoph / **Schütz**, Holger **[1999]**: „Zur Effektivität aktiver Arbeitsmarktpolitik", in: Mitteilungen aus der Arbeitsmarkt- und Berufsforschung (MittAB), Heft 4/1999, S. 547-563.

Schmidt, Christoph M. **[2000]**: „Arbeitsmarktpolitische Maßnahmen und ihre Evaluierung: eine Bestandsaufnahme", IZA Discussion Paper No. 207, Oktober 2000.

Schöpf, Carl-Günter **[1987]**: „Wachstumsmodelle", in: Friedrich Geigant / Dieter Sobotka / Horst M. Westphal (Hg.): „Lexikon der Volkswirtschaft", Moderne Industrie, Landsberg/Lech, 5. Aufl., 1987.

Schramm, Florian / **Schlese**, Michael **[1995]**: „Beschäftigte wünschen auch in den Neunziger Jahren kürzere Arbeitszeiten", in: Personal, 11:1995, S. 571-576.

Schulze Buschoff, Karin **[1999]**: „Arbeitszeiten - individuelle Bedürfnisse und Präferenzen, in: Joachim Gutmann (Hg.): Arbeitszeitmodelle - Die neue Zeit der Arbeit: Erfahrungen mit Konzepten der Flexibilisierung, Schäffer-Poeschel Verlag Stuttgart, 1999, S. 3-34.

Schuster, Helmut / **Weiß**, Christoph **[1991]**: „Lohnhöhe und Beschäftigung - Kaufkraft- und Kostenargument", in: Zeitschrift für Wirtschafts- und Sozialwissenschaften (ZWS) 111, 1991, S. 55-64.

Sengenberger, Werner **[1980]**: „Public Policies of Job Creation and Job Maintenance: An Introduction", in: Friedrich Buttler / Knut Gerlach / Werner Sengenberger (Hg.): „Job Creation and Job Maintenance - Experience from Western Countries in the 1970s", Arbeitspapier aus dem Arbeitskreis SAMF, Paderborn, September 1980, S. 4-24.

Shapiro, Carl / **Stiglitz**, Joseph E. **[1984]**: „Equilibrium Unemployment as a Worker Discipline Device", in: American Economic Review 74, 3:1984, S. 433-444.

Siebert, Horst / **Klodt**, Henning **[1991]**: „Qualifizierungsgutscheine: Eintrittskarten in den Arbeitsmarkt", Kieler Diskussionsbeiträge 175, IW Kiel, 1991.

Simon, Herbert A. **[1954/76]**: „Scheinkorrelationen: ihre kausale Interpretation", in: Hans J. Hummell / Rolf Ziegler (Hg.): „Korrelation und Kausalität", Band 1, Stuttgart 1976, S.55-67 (Originalbeitrag: „Spurious Correlation: A Causal Interpretation", in: Journal of the American Statistical Association 49, 1954, S. 467-479).

Sinn, Hans-Werner **[1994]**: „Schlingerkurs - Lohnpolitik und Investitionsförderung in den Neuen Bundesländern", CES Working Paper No. 67, Universität München, 1994.

Smith, Jeffrey **[2000]**: „Evaluation aktiver Arbeitsmarktpolitik: Erfahrungen aus Nordamerika", in: Mitteilungen aus der Arbeitsmarkt- und Berufsforschung (MittAB), 33 Jg., Heft 3/2000, S. 345-356.

Snower, Dennis J. **[1994]**: „Converting Unemployment Benefits into Employment Subsidies", American Economic Association Papers and Proceedings 84, 2:1994, S. 65-70.

Snower, Dennis J. **[1997]**: „The simple economics of benefit transfers", in: Dennis J. Snower / Guillermo de la Dehesa (Hg.): „Unemployment policy: government options for the labour market", University Press, Cambridge (UK), 1997, 163-198.

Solow, Robert M. **[1979]**: „The Intelligent Citizen's Guide to Inflation", in: David C. Colander (Hg.): „Solutions to Inflation", New York u.a., 1979, S. 33-52.

Solow, Robert M. **[1980]**: „Employment Policy in Inflationary Times", in: Eli Ginzberg (Hg.): „Employing the Unemployed", Basic Books, New York 1980, S. 129-141.

Soltwedel, Rüdiger **[1983]**: „Reform der Arbeitslosenversicherung und Neuorientierung der Arbeitsmarktpolitik", in: Herbert Giersch (Hg.): „Wie es zu schaffen ist - Agenda für die deutsche Wirtschaftspolitik", Deutsche Verlags-Anstalt, Stuttgart, 1983, S. 326-348.

Spitznagel, Eugen / **Bach**, Hans-Uwe **[2000]**: „Volkswirtschaftliche Kosten der Arbeitslosigkeit und gesamtfiskalische Budgeteffekte arbeitsmarktpolitischer Maßnahmen", in: Mitteilungen aus der Arbeitsmarkt- und Berufsforschung (MittAB), 33 Jg., Heft 3/2000, S. 500-517.

Streißler, Erich / **Beinsen**, Lutz / **Schleicher**, Stefan / **Suppanz**, Hannes **[1976]**: „Zur Relativierung des Zieles der Geldwertstabilität", Otto Schwartz & Co., Göttingen, 1976.

Teschner, Manfred **[1978]**: „Faktorsubstitution durch Änderung der Faktorpreisrelation?", in: Mitteilungen aus der Arbeitsmarkt- und Berufsforschung, 3:1978, S. 352-357.

Tirole, Jean **[1995]**: „Industrieökonomik", München/ Wien, 1995.

Ulph, Alistair / **Ulph**, David **[1990]**: „Union Bargaining: A Survey of Recent Work", in: David Sapsford/ Zafiris Tzannatos (Hg.): „Current issues in labour economics", Basingstoke / London, 1990, S. 86-125.

Varian, Hal R. **[1984]**: „Microeconomic Analysis", New York/ London, 2. Aufl., 1984.

Vollmer, Rudolf J. **[1979]**: „[Amerikanische Beschäftigungspolitik:] Ehrgeizige Ziele", in: Bundesarbeitsblatt, 12:1979, S. 10-16.

Weimann, Joachim **[1991]**: „Umweltökonomik - Eine theorieorientierte Einführung", 2. Aufl., Berlin/ Heidelberg 1991.

Weiss, Andrew **[1980]**: „Job Queues and Layoffs in Labor Markets with Flexible Wages", in: Journal of Political Economy 88, 3:1980, S. 526-538.

Whitley, J.D. / **Wilson**, R.A. **[1983]**: „The Macroeconomic Merits of a Marginal Employment Subsidy", in: Economic Journal 93, 1983, S. 862-880.

Wilensky, Harold L. **[1985]**: „Nothing Fails Like Success: The Evaluation-Research Industry and Labor Market Policy", in: Industrial Relations 24, 1:1985, S. 1-19.

Wissenschaftlicher Beirat beim Bundesministerium für Wirtschaft **[1991]**: „Lohn- und Arbeitsmarktprobleme in den neuen Bundesländern", Gutachten, BMWi Studienreihe Nr. 75, 1991.

Woodbury, Stephen A. / **Spiegelman**, Robert G. **[1987]**: „Bonuses to Workers and Employers to Reduce Unemployment: Randomized Trials in Illinois", in: American Economic Review 77, 4:1987, S. 513-530.

Working, E.J. **[1926]**: „What Do Statistical 'Demand Curves' Show?", in: Quarterly Journal of Economics 41, 1926, S. 212-235.

Yellen, Janet L. **[1984]**: „Efficiency Wage Models of Unemployment", in: American Economic Review 74, 2:1984, S. 200-205.

Zimmermann, Horst **[1987]**: „Der Mitnahmeeffekt", in: Wirtschaftswissenschaftliches Studium (WiSt), 7:1987, S. 339-343.

Zimmermann, Klaus F. **[2000]**: „Kombi-Lohn - Schmale Brücke zur Wiedereingliederung der Arbeitslosen", in: Johannes Esswein (Hg.): "Vollbeschäftigung - kein Wunschtraum; Schritte zur Verbesserung der Beschäftigungslage in Deutschland", Seminarbericht der Friedrich-Ebert-Stiftung, Bund-Verlag, Frankfurt a.M. 2000, S. 75-84.

Robert Stehrer

Strukturwandel und Beschäftigungsdynamik

Langfristige Trends und komplexe Modellierung sozio-ökonomischer Transformationen

Frankfurt/M., Berlin, Bern, Bruxelles, New York, Oxford, Wien, 2002. X. 210 S., zahlr. Abb. und Tab.
Europäische Hochschulschriften: Reihe 5, Volks- und Betriebswirtschaft. Bd. 2839
ISBN 3-631-37933-1 · br. € 35.30*

Arbeit und Beschäftigung in fortgeschrittenen Gesellschaften unterliegen einem ständigen Wandel. Die Publikation gibt im ersten Teil einen Überblick über die Beschäftigungstrends der letzten Jahrzehnte in den OECD-Ländern und analysiert den Zusammenhang von Strukturwandel und Arbeitslosigkeit. Im zweiten Teil wird daran anschließend argumentiert, dass Beschäftigungssysteme als dynamische Netzwerke aufgefasst werden können, die sich mit komplexen Modellen analysieren lassen. Als konkrete Anwendung wird ein Mastergleichungsmodell mit zwölf sozio-ökonomischen Statusgruppen, die von Ausbildung über Erwerbsbereiche bis zur Pension reichen, erstellt und empirisch analysiert. In Simulationsstudien werden die Effekte verschiedener Szenarien, wie Migration, Änderung der wirtschaftlichen Dynamik und Änderung des Pensionseintrittsalters, auf die langfristige Beschäftigungsstruktur analysiert.

Aus dem Inhalt: Strukturwandel der Beschäftigung · Strukturwandel und Arbeitslosigkeit · Dynamische und komplexe Modellierung · Mastergleichungen , Szenarienanalyse

Frankfurt/M · Berlin · Bern · Bruxelles · New York · Oxford · Wien
Auslieferung: Verlag Peter Lang AG
Jupiterstr. 15, CH-3000 Bern 15
Telefax (004131) 9402131

*inklusive der in Deutschland gültigen Mehrwertsteuer
Preisänderungen vorbehalten

Homepage http://www.peterlang.de

Kolibri 360 GmbH
Ferdinand-Jühlke-Straße 7
99095 Erfurt, Deutschland
produktsicherheit@kolibri360.de

Druck:
CPI Druckdienstleistungen GmbH
im Auftrag der
Kolibri 360 GmbH
Ferdinand-Jühlke-Str. 7
99095 Erfurt